"十四五"普通高等教育本科部委级规划教材

U0740802

服务礼仪培训
标准教程

黄笑笑　吴锦雅 / 主　编

潘慧君　莫　莉　梁競元　吴玺睿　张嘉瑶 / 副主编

中国纺织出版社有限公司

内 容 提 要

本书围绕服务礼仪的核心原则与关键技巧，详细阐述了服务礼仪的通识和医疗行业、物业行业、餐饮行业的服务标准与服务礼仪的细节操作要求，也从长远角度分析了服务礼仪的落地方法、管理方式与未来的创新思路，旨在帮助读者更快地了解行业特性，了解各行业服务礼仪的要求。

图书在版编目（CIP）数据

服务礼仪培训标准教程 / 黄笑笑，吴锦雅主编；潘慧君等副主编. -- 北京：中国纺织出版社有限公司，2025.4. --（"十四五"普通高等教育本科部委级规划教材）. -- ISBN 978-7-5229-2419-9

Ⅰ. F719

中国国家版本馆CIP数据核字第2025G58Z59号

责任编辑：刘 丹　责任校对：高 涵　责任印制：储志伟

中国纺织出版社有限公司出版发行
地址：北京市朝阳区百子湾东里 A407 号楼　邮政编码：100124
销售电话：010—67004422　传真：010—87155801
http://www.c-textilep.com
中国纺织出版社天猫旗舰店
官方微博 http://weibo.com/2119887771
三河市宏盛印务有限公司印刷　各地新华书店经销
2025 年 4 月第 1 版第 1 次印刷
开本：787×1092　1/16　印张：25
字数：419 千字　定价：59.80 元

编委会

序一

这是继《礼仪培训标准教程》一书之后，又一本汇聚了众多专家学者的智慧和心血，历时近3年精心策划、反复修改和完善，含金量十足的行业教材。

说起这本书的创作缘起，还是颇费周折。2022年春节期间，我准备研发一门面向服务行业的礼仪课程——服务礼仪培训师。之所以研发这门课程，是因为我发现不少礼仪培训师，在面对某一行业的礼仪培训时，缺乏对该行业的认知，因而讲出的课程深度不够，难以满足行业的服务礼仪需求。所以整个服务行业迫切需要一门将礼仪服务与行业规范相结合的课程。非常遗憾，我找遍了整个市场，没有这样的课程，也没看到这样的书籍。

因此，我下定决心研发这样的课程，不为其他，只想解决这一痛点，算是为行业尽点微薄之力。于是我和海纳川讲师认证班核心导师，也是本书的主编黄笑笑老师沟通，希望和她一起牵头来完成这样一门课程。我负责物色老师，她负责对老师进行筛选和课程审核，确保课程的高质量呈现。最终我们选择了客户采购需求比较大，行业特征明显，具有代表性的三大行业，即医疗、物业、餐饮。

认真的人可敬，认真的人又很痛苦。而我就是那个极其认真又有着完美主义情结的人。我对授课老师的要求是拥有"双十"素质，即在礼仪培训行业至少10年以上经验，并在其主讲的行业里至少有10年以上从业和管理经验，这是基本要求。因为只有在本行业具有10年以上从业经验，其才有足够的专业度、实践度和信誉度。

虽然我们在礼仪行业有着十几年的经验和人脉资源，找老师对我来说易如反掌，但要找到既能满足"双十"条件，又擅长讲课的本行业老师确实有些困难。在前后经历了将近半年的时间后，我最终从符合条件的三十多位老师中进一步筛选确定了五位行业的佼佼者参与到本课程的研发和授课中。

功夫不负有心人，因为对老师严格的审核和把关，课程一经推出，便受到了行业内的热烈欢迎，填补了礼仪行业培训的空白。学习课程之后，有部分学员将老师讲课内容变成逐字稿在学员中传阅，但整理的逐字稿毕竟不乏错误和疏漏。我想与其这样，何不顺应需求进行系统编撰，将知识内容转化为更易于学员理解、存留和应用的形式。于是，这本《服务礼仪培训标准教程》横空出世。

这也是我组织出版的第二本礼仪行业教程，第一本书《礼仪培训标准教程》于2022年出版，一经出版就产生了良好的社会影响力和好评度，曾被礼仪培训师们誉为必备教材。这本书在第一本书的基础上由七位行业专家率领起草，更有业内八十多位老师共同参与编写、献策、校对，另外我们还邀请了来自日本的服务专家栗原道子老师补充了日式服务礼仪知识，让这本书从内容深度、文化价值以及个人感受等方面都呈现出更高的水准。

能用众力，则无敌于天下矣；能用众智，则无畏于圣人矣。这里，感谢主创团队的付出，感谢编委们的共同参与，感谢在礼仪行业发光发热的同仁们的宝贵建议。由于参与者众多，工作量颇大，本书难免有不尽如人意的地方和瑕疵，恳请读者批评指正！

愿此书能给每一位服务行业的从业者、服务礼仪培训师们带来收获和启发，这亦是我最大的心愿。

是为序。

本书总策划　刘瀚阳

中国成人教育协会礼仪专委会理事长

中华文化促进会礼仪专委会副主任

上海海纳川教育科技有限公司创始人、董事长

2025 年 1 月

· 序二 ·

亲爱的读者，当您翻开这本书，意味着我们因为同样的梦想走到了一起。感谢您的信任，也期待我们可以在这里共同孕育出服务之花，以礼之心，以仪之行，共同灌注，让服务之花更加繁盛。

在繁忙的现代社会中，服务行业的崛起无疑为我们的生活带来了极大的便利。然而，随着消费者需求的日益多元化和个性化，服务的质量与细节，以及顾客情绪价值的提供等因素逐渐成为决定企业成败的关键因素。

正是在这样的时代背景下，我与海纳川教育的创始人、校长刘瀚阳先生不谋而合，打算邀请各服务领域的专家老师来共同编写一本关于服务礼仪的书籍，希望汇聚他们的智慧和经验，旨在为服务行业的从业者和培训师们提供一本实用的指导手册。我们希望通过这本书，为服务行业的从业者提供一套系统的服务礼仪培训体系，帮助他们更好地掌握服务礼仪的精髓，提高服务质量，为企业赢得更多的客户信赖和口碑，帮助服务工作者在一线服务工作与管理工作中提升企业的服务品质，增强员工的职业素养；帮助服务礼仪培训老师们在培训中有理论、有方法、有案例，培训更实用、更落地。

这是一本适合一线服务工作者、服务行业管理者、服务行业培训师等相关人士阅读的书籍。在构思这本书的初衷时，我与刘校长多次讨论交流，面对众多的服务行业，如何甄选相关的行业会更有代表性，在过程中也得到了业内老师们的建议，最终决定将内容聚焦在服务通识、医疗、物业、餐饮这几类代表性领域。

非常荣幸我们邀请到了吴锦雅教授（医疗篇的作者），潘慧君老师（物业篇的作者），梁兢元老师、吴玺睿老师（餐饮篇的作者）。这四位老师在各自的领域里都是资深专家，在行业内深耕多年，具备非常丰富的实战经验与完整的理论体系。非常感谢几位老师共同携手编撰本书，将相关的学术理论和工作经验沉淀下来，帮助更多的同行们。

令人惊喜的是，我们不仅吸引到了国内的专家老师助力，同时也得到了日本服务行业标杆企业 Cresco Partners Inc. 创始人栗原道子（日本）老师的助力，特地为我们分享了日本服务礼仪的精髓。本书的编写不仅有几位行业专家老师率领，更有着业内八十几位老师共同参与和献策。特别是吴锦雅教授，作为本书的主编之一，更是认真投入。吴教授与我从计划到审稿，多次讨论交流与细心核对，尽可能地让这本书有更强的参考价值。还要特别感谢副主编莫莉老师和张嘉瑶老师，在审稿校对的环节给予大力的支持与帮助。有了大家的共同努力，才有了今天这本书的出版。

我们广泛汲取了国内外服务礼仪领域的先进理念和实践经验，结合中国服务行业的实际情况，进行了深入的剖析和研究。在通识篇中，我们从服务行业的概论、客户心理、服务形象、服务行为、服务沟通、情绪管理、服务管理等方面进行了概括性的剖析和阐述。在各专业篇章，从行业的特点、特色、行业的具体要求、岗位要求、投诉管理等实用领域进行分析和阐述。每一个章节都有练习题与内容回顾，帮助读者及时回顾与检验，力争具有实用性、落地性、可操作性。

同时，我们也邀请了众多业内专家和学者进行审稿和点评，以确保书中的内容科学、实用、前沿。此外，还要特别感谢那些为本书提供案例和素材的企业和个人，正是他们的支持和帮助，才使得这本书更加生动、具体、有说服力。

在此，我要特别感谢我的团队和所有为这本书付出努力的人。没有他们的辛勤工作和无私奉献，这本书是无法完成的。同时，我也要感谢广大读者对本书的关注和支持。希望这本书能够成为您提升服务品质的良师益友，为您的职业发展助力加油。

当然，因为参与本书编写的人员众多，涉及领域较广，难免会有些不尽如人意之处和瑕疵，也敬请各位读者朋友提出宝贵的意见和建议，让我们共同持续进步！

最后，我想说的是，服务礼仪是一门永无止境的学问。随着社会的不断发展和进步，服务礼仪的内涵和要求也在不断变化。因此，我们将持续关注服务行业的发展动态和客户需求的变化趋势，不断更新和完善这本书的内容。我们将不断努力，让《服务礼仪培训标准教程》为更多的从业者提供宝贵的帮助和支持。

主编 黄笑笑

中国成人教育协会礼仪专委会专家组副组长

《礼仪培训师能力培训服务规范》标准起草委员会常务副主任

"我是好讲师"全国总决赛礼仪专场评委团团长

目录

附录　日式服务礼仪介绍

第一部分

通识篇

引 子

在这个瞬息万变的时代，行业的构成在发生巨大的变化，线上与线下正在结合，经营战略需要调整，客户的需求日益增加，企业的管理模式需要不断调整适应变化，服务的竞争成了企业竞争的核心。

在产品同质化的当下，企业如何利用服务优势在竞争中独树一帜？作为服务礼仪培训师，如何适应这个时代的变化，担负起肩上的责任，乃至脱颖而出？了解服务型企业的特征、当代顾客的特点，把握时代的脉络，在当下恰到好处地调整战略举措、守正创新，将成为企业当下与未来的发展方向，也是服务礼仪培训的发展之路。

第一章
服务行业概述

第一节 服务行业发展历程

"服务"这个词由来已久,所有的企业都是服务企业。我们常说的迪士尼、希尔顿酒店、星巴克这些都是以服务为业务的核心,而我们耳熟能详的奔驰、惠普、小米、通用电气等这些有实际产品的公司,实际上也是服务的提供者。服务具备多样性,服务也是跨行业广泛分布的。服务与营销亦是密不可分的。

什么是服务?服务是行动、过程和表现,是由一个实体或个人为另一个实体所提供或联合生产或创造的绩效。《服务营销》一书中指出"服务是一种经济活动,它并不产出有形的产品或构造,在生产的同时便进行了消费,提供便利、娱乐、省时、舒适或健康等各种形式的附加值。"

"服务"一般只是指社会成员之间相互提供方便的一类活动,通常可分为有偿的、直接或间接地提供方便的经济性劳动服务。随着时代的发展,"服务"被不断赋予新意,如今"服务"已成为整个社会不可或缺的人际关系的基础。经济学意义上的服务,是指以等价交换的形式,为满足企业、公共团体或其他社会公众的需要而提供的劳务活动,它通常与有形的产品联系在一起。

1960 年,美国市场营销协会(AMA)最先给服务下的定义为:"用于出售或者是同产品连在一起进行出售的活动、利益或满足感。"这一定义在此后的很多年里一直被人们广泛采用。

1974 年,斯坦通(Stanton)指出:"服务是一种特殊的无形活动。它向顾客或工业用户提供所需的满足感,它与其他产品销售和其他服务并无必然联系。"

1983 年,莱特南(Lehtinen)认为:"服务是与某个中介人或机器设备相互作用并为消费者提供满足的一种或一系列活动。"

1990 年,格鲁诺斯(Gronroos)给服务下的定义是:"服务是以无形的方式,在顾客与服务职员、有形资源等产品或服务系统之间发生的,可以解决顾客问题的一种或一系列行为。"

当代市场营销学泰斗菲利普·科特勒(Philip Kotler)给服务下的定义是:"一方提供给另一方的不可感知且不导致任何所有权转移的活动或利益,它在本质上是无形的，它的生产可能与实际产品有关，也可能无关。"我们也可以这样来理解服务：服务就是本着诚恳的态度，为他人着想，为他人提供方便或帮助。

服务的提供可涉及：

（1）在为顾客提供的有形产品（如手机、咖啡）上所完成的活动。

（2）在为顾客提供的无形产品（如为准备税款申报书所需的收益表）上所完成的活动。

（3）无形产品的交付（如向理财顾客提供专业知识与信息的咨询）。

（4）为顾客创造氛围（如在宾馆和咖啡厅）。

第二节　服务行业改革史

根据《国民经济行业分类》（GB/T 4754—2011），我国的三次产业划分是：第一产业是指农、林、牧、渔业（不含农、林、牧、渔服务业）；第二产业是指采矿业（不含开采辅助活动），制造业（不含金属制品、机械和设备修理业），电力、热力、燃气及水生产和供应业，建筑业；第三产业即服务业，是指除第一产业、第二产业以外的其他行业。

服务业与其他产业部门的基本区别是，服务业生产的是服务产品，服务产品具有非实物性、不可储存性和生产与消费同时性等特征。

根据国际通用的服务业分类标准，一般认为，传统服务业是指运用传统的生产经营方式，并且在工业化以前就存在的服务业。主要包括医疗卫生服务业、餐饮住宿服务业、修理业、商业等。而现代服务业是指其需求受工业化进程、社会生产分工的深入影响而加速发展的服务业和运用现代科学技术、新型服务方式及新型经营形态对传统服务业进行改造的行业。现代服务业既包含新兴服务业，也包括对传统服务业的技术改造和升级。

现今，物流、金融、信息服务等生产性服务业的带动作用开始显现，旅游、文化、养老、教育培训、医疗卫生、体育、会展、中介服务、动漫、创意等需求潜力大的新兴服务业发展迅猛。现代技术型、知识型服务业迅速发展，各种新兴业态层出不穷。有经济学家指出，随着信息通信技术的发展和广泛应用，传统意义上的制造业与服务业的边界越来越模糊。在高科技产品中，服务价值的比重往往超过实物价值的比重。譬如，机械、电子设备制造企业事实上不再是简单地销售产品，而是在销售产品的同时，提供与该产品配套的包括电子控制、信息系统、软件包、操作程序以及维护服务在内的一个完整的服务系统，也称为"产品－服务包"。因此，许多制造业企业同时也是服务业企业。与此同时，信息技术改变了许多服务难以储存、生产和消费同时进行以及生产者与消费者需要实体接触等特征，使大量的服务物化，具有与产品同样的特征，如线上产品、软件光盘和电子书籍等，从形态上已很难说它们属于产品还是服务。所以说，其实我们不能简单地将服务业划入第三产业之中，它包含了更综合的内容，而这也是我们社会未来发展的趋势。

第三节　服务业的未来发展

放眼未来，服务业开放合作正日益成为推动发展的重要力量。"十三五"规划以来，我国服务业发展进入一个新时期，服务业一直以高于 GDP 增速的速度增长，保持着第一大产业地位，占比持续上升。服务业对经济增长的贡献接近 60%，位居第一。展望未来，随着物质文明的不断丰富，人们对精神服务需求的不断提升，在服务需求加速增长、服务领域改革持续推进、服务创新能力提升、产业融合不断深化等动力作用之下，服务业仍将保持较快增长。

随着 AI 时代的到来，人工智能将替代更多的岗位，尤其是一些操作性岗位，从事单一、重复、低技能工作的岗位。但人工智能却无法真正替代人的创造能力、社交智慧，无法对个体进行敏锐的觉察与关怀，无法敏锐捕捉人的个体需求，无法提供有温度的服务，或者创造出一些新的服务体验。而未来的服务业更看中的是人的个体需求，随时提供的温暖服务体验。

服务业日趋壮大，服务行业缺少新思想、新血液、新方法。作为服务行业的工作者，日益精进、推陈出新，将服务业推上一个新高度就成为我们的使命。深入研究、不断精进，拥有跨界思维、精雕细琢，是每一位服务研究者和推广者应该具备的行业态度。

【思考与练习】‖‖

你如何看待服务业未来的发展？请结合你所在的行业想一想。

【回顾与总结】 ▌▊▊▊

1."服务"一词由来已久，最早是1960年美国市场营销协会（AMA）给服务下的定义。

2.不能简单地将服务业划归第三产业，它包含了更综合的内容，而这也是社会未来发展的趋势。

3.未来，服务行业的发展前景更为广阔。

第二章
构建服务认知

第一节　服务增量带来企业价值的增量

咖啡店给顾客提供的是什么产品？我们会说："当然是咖啡啊。"但实际上你一算成本，一杯咖啡的成本可能才几块钱，但却卖到了几十块钱一杯。顾客买的是什么？除了那一杯咖啡外，还有冲咖啡的工艺、咖啡厅里接待你的服务员的态度、咖啡厅的环境带来的舒适感以及咖啡带来的品牌价值等。

顾客消费不仅买的是产品，还有消费和享受产品过程中的了解环节、购买环节、享受环节，以及售后环节。服务带来的是除产品之外的精细化的过程体验以及超预期的精神感受价值。

【案例】

花旗银行曾经发生过这样一件事。

一天，一位客户来到该银行的某营业网点要求换一张崭新的 100 美元钞票，说是要为他的公司做奖品用。当时该网点恰好找不到新钞票，于是银行的工作人员马上跟客户说："先生，请您稍等，我马上为您想办法。"他当即打电话到其他网点联系。15 分钟后，从其他网点调来了一张新钞票。

该员工特意十分郑重地把这张钞票放进一个盒子里，并附上名片，上面写着：谢谢您想到我们银行。

客户满意地离去了。

几天后，这位本来是偶然到这家银行网点换钞票的客户又来了。这次，他过来开了一个账户，并存入了 100 万美元。

有时候，我们可能因为一些客观原因，无法在第一时间满足客户的需求，但所谓服务，就是服务人员要想办法满足客户需求，没有条件就创造条件，积极主动，为客户解决问题，赢得客户满意。案例中，银行当天没有新钞，但银行工作人员不是直接告知客户"不能换"，而是想办法从其他行调取，免去了客户麻烦，尽力为客户服务，满足客户需求，从而获得客户信任。因此，客户在离开之后因为好感，记住了该银行，因为信任，在银行开户，成为银行的长期客户。

在满足需求的同时，服务也会产生价值：

（1）好的服务可以树立和巩固品牌形象，增加品牌价值。

（2）好的服务有利于创造良好的口碑，好口碑有利于争取新顾客和维护老顾客。

（3）好的服务可以发现和挖掘市场潜力，充分利用现有的商品，最大限度地占领市场。

（4）好的服务本身就是企业的利润增长点。在企业的经营管理中，要以服务为核心，围绕服务开展经营管理工作；从服务中找到产品的设计、生产、管理、销售的最佳模式。

2022年，国际著名会计师事务所安永发布了一份《未来消费者指数报告》。这份报告显示，全球消费者在不约而同"节衣缩食"的同时，却愿意在这些方面增加支出：爱护地球、性价比优先、体验至上、健康优先、关心社会。和2020年的报告相比，"体验至上"这一项的优先级大大提高，有42%的受访者计划把有限的预算更多花在体验项目上，为精神层面的感受付费。

趋势很明显：在当下这个时代，体验经济将成为一个确定性的高增长领域。

第二节　客户满意系统

【案例】

某日，业主李小姐通过公司客诉专线投诉，认为项目的物业管理真的是越来越糟糕，物业服务一直处于下滑的趋势，总是漠视客户的需求。一个车库漏水的问题已经反映到物业好几个月了还没有解决，且漏水的原因非常简单，只是车位上方的水管在滴水，只要工人拿个梯子简单维修一下就好了，如此简单的事情却一直得不到处理。客服反馈"好的，我已经记录了您的问题，会向上级反馈"，而事实上，李小姐针对这类问题已经投诉了无数次，每次的回答都是这样，而事情却没有得到解决……一年后，李小姐卖掉了此处房产。

【分析】

物业公司在房屋交付之后就起到了至关重要的作用，物业公司的服务品质也将影响房屋的使用，影响着业主的满意度。李小姐在使用过程中，因为车库漏水的问题受到困扰，希望通过向物业管理投诉的方式得到解决。但按流程申诉之后，并没有得到及时的反馈处理，再次反馈的时候，也只得到让她感到敷衍的回复。这样的感受让李小姐非常不舒服，大大降低了满意度。

好的物业创造更多的好口碑，而不济的物业则面临更多与业主的纠纷和不良口碑，甚至品牌的"塌房"。好的服务会让客户满意并产生好的口碑，从而引导客户重复购买或者诚意的推荐。不好的服务会带来客户的抱怨或者投诉，甚至让客户永远离开，并很大可能性进行负向信息的传播，从而影响企业品牌，以及该小区的市场流通价值。

寻求"客户满意"，是每一家服务企业的追求。

一、客户满意概念

客户满意，即 customer satisfaction（简称 CS），是人的一种感觉水平，它源于对产品或者服务所设想的绩效或产出与人们的期望所进行的比较。

关于客户满意的概念，《消费者行为学和营销策略》一书的作者亨利·阿赛尔认为："客户满意取决于商品的实际消费效果和消费者预期的对比，当商品的实际效果达到消费者的预期时，就导致了满意。否则，就会导致客户不满意。""现代营销学之父"菲利普·科特勒认为：满意是指个人通过对产品的可感知效果与他的期望值相比较后所形成的愉悦或失望的感觉状态。

客户满意度也称为客户满意指数，是对服务性行业的顾客满意度调查系统的简称。它是一个相对的概念，表示客户期望值与客户实际体验的匹配程度，即客户对一种产品可感知的效果与其期望值相比较后得出的指数。

客户满意度=实际体验−客户预期

如果实际体验比预期更好，会提升客户满意度，客户会重复购买、成为忠诚客户。

如果实际体验与预期相差不大，在没有竞争的情况下尚能继续经营；如果实际体验比预期要差，则会引起客户的不满、投诉或者离开。

要想做好客户服务，就要研究客户心理，赢得客户满意。

二、服务的四个层级

顾客消费的过程中，需要的既有产品，又有服务，但并不是所有企业提供的服务都是一样的。一般来讲，服务分为四个层级。

1. 第一层级——基本服务

基本服务是指客户的基本利益价值得到满足。对于顾客来说，进到一家服务企业，顾客希望得到相应的服务。而这些基本服务仅可以满足他们的基本需求，比如吃饭、睡觉、存钱、购物等。基本服务就是按行业或企业的规范和标准向顾客提供最基础的服务，也就是俗称的"钱货两清"，不存在其他的服务要求。基本服务包含规范的服务流程，及流程中应该有的过程，它仅仅是一种基础交易。比如我们要去存款 2 万元，走进银行，大堂经理会上前对你说："您好，欢迎光临，请问您需要办理什么业务？"接着指引你到柜台办理业务。柜员会用规范的语言说："请输入密码""请核对信息""请问您还需要办理其他业务吗？""您的业务已经办理完毕，请带齐您的随身物品"，会用规范的手势指引、递接等。这些服务言行就是基本服务。因为在各个银行中，所有工作人员都是这样操作的，客户认为这是应该的。因此，我们常说标准化和规范化仅仅是最基本的服务。基本服务是满足顾客的基本需求。基本需求是顾客对企业提供的产品、服务因素的基本要求。这是顾客认为产品、服务"必须有"的属性或功能。当其特性不充足（不满足顾客需求）时，顾客很不满意；当其特性充足（满足顾客需求）时，顾客也可能不会因而表现出满意。对于基本型需求，即使超过了顾客的期望，但顾客充其量感到满意，不会对此表现出更多的好感。不过只要稍有一些疏忽，未达到顾客的期望，则顾客满意度将一落千丈。

因此，如果只单纯满足顾客这个层面的需要，一旦出现竞争对手，顾客下次可能便不会再光顾了。

2. 第二层级——满意服务

满意服务就是提供服务的商家态度友善，使客户得到精神方面的满足。比如，顾客去超市购物，超市的服务人员殷勤备至、嘘寒问暖、热情接待、语气友善、态度礼貌，亦会根据客户的需求提供个性化的服务，这就是满意服务。

企业要想具有战略上的竞争力，有两种途径：一是低成本，二是差异化。差异化意味着满足客户更高层面的需求。在接待顾客的过程中，我们会注重顾客的体验和感受，亲切热情地进行接待，满足顾客的心理需求。在顾客提出个性化的需求时，我们也会想办法为他提供和解决，以便为顾客带来更多的满足感。让客户感受到尊重，也体现了企业的独特性，使客户获得情感上的满足。这也就是我们所说的第二层级的服务：满意服务。满意服务一定是有情感的满足和与客户之间的互动带来的良好体验。

优质服务的水准线至少应该是满意服务，优质的服务不但要满足客户特质上的需求，还要满足客户精神上的需求。

3.第三层级——超值服务

超值服务是指具有附加值的服务，指那些可提供可不提供，但是提供了之后能够使客户更加满意，觉得有更大收获的服务。

超值服务就是向消费者提供超越其心理期待的满意服务。

服务中力所能及地让客户感受到超值，比如，站在顾客立场上，给顾客提供咨询服务；主动为顾客提供其所需要的额外信息；注重情感投资，逢年过节寄卡片、赠送小礼品等；主动向顾客寻求信息反馈并提供所需的服务；实实在在地替顾客做一些延伸服务，使顾客不由自主地体会到所接受服务的"超值"；在业务和道德允许的范围内，为顾客提供一些办理私人事务的方便等。这样的服务在客户的眼里就会是物超所值。提供的服务给客户带来的超值感，是在原本服务期待之外。换句话来说，就是"人无我有，人有我优"。比如，我们一直在谈的海底捞火锅店，从一根头绳到门口的等候服务，再到店里的生日服务、用餐服务、送别服务，不断地创新、引领行业发展。

所以，在提供超值服务的路上，服务人员和服务机构需要在实际的工作中不断地去创新、去探索。

4.第四层级——难忘服务

难忘服务也是惊喜服务，是客户根本没有想到，远远超出他们预料的服务。

在客户服务中，真正打动顾客的，是他没想到，或是认为不可能做到，我们却为他想到、并为他做到了的服务，这样的服务给客户带来惊喜和感动，从情感层面打动客户，让客户记忆良久，难以忘怀。

关注客户的需求，从客户体验和感受出发，做在客户开口之前，创造一个个惊喜服务。一次的惊喜创造的是一次的感受，一连串的惊喜将改变事物的性质。好的企业，会去创造每一次难忘的服务，而好的服务不是仅仅一个员工做得好，而是每个员工都能够找到客户需要被关注的点去为客户提供令人惊喜的服务。

三、提升服务体验

瑞典著名服务市场营销学专家格罗鲁斯在1982年提出，服务质量在于感知服务与期望服务的差距。服务质量从本质上而言是一种感知，由顾客的服务期望与感知到的服务质量水平之间的比较决定。服务质量的最终评价者是顾客。顾客对于服务质量的感知会影响顾客的满意度。

有研究发现，客户的期望值是来自企业的前期营销传播、企业的口碑和形象、公共关系，以及顾客过去个人的经验、知识与信息。而顾客到了企业之后，就会使用个体的感知感觉系统去感受与评价。个体的感知感觉系统包括人们的视觉、听觉、嗅觉、味觉、触觉。顾客在体验之后，会与之前的期望值做一个对比，得出三类不同的结果：第一类是超越期望值，顾客则会选择再次光顾并推荐给更多的潜在顾客；第二类是等于期望水平，顾客没有惊喜也没有不满，下次如果没有竞争对手，顾客还可能再次光顾，如果出现了竞争对手，则不一定；第三类是低于期望水平，顾客会产生不满情绪，将投诉或直接离开，给企业和服务人员带来巨大的影响。

（一）服务体验的概念

服务体验是客户在接受服务的过程中感受到的主观体验，包括对服务过程的感知、情感、态度等方面的评价。它是客户与服务提供者之间互动的结果，反映了客户对服务质量和价值的整体感受。

在客户的眼里，花钱购买的不仅是产品本身，还包括与之相关的服务以及过程中的服务系统。也就是说，客户购买的是：

服务体验=产品+服务系统+服务态度

案例中的李小姐，花钱买的是房屋，使用房屋过程中，物业费购买的是服务，这些都属于"产品"；投诉的反馈系统、操作系统等属于"服务系统"；服务人员接待时的态度、反馈方式等属于"服务态度"。这三者如果出现了问题，均会降低客户的服务体验。

（二）服务的基本特征

（1）无形性。与有形产品不同，服务在很大程度上是无形的和抽象的。

（2）差异性。服务不像有形产品那样有固定的质量标准，具有较大的差异性。

（3）不可分离性。服务的生产过程与消费过程同时进行，顾客只有加入服务的生产过程才能最终消费到服务。

（4）不可储存性。服务的无形性和不可分享性，使得服务不可能像有形产品一样储存起来，以备未来销售。

在服务的过程中，要注意触点管理、细节管理、流程管理、产品管理等，综合全面地给客户带来良好的体验感受。

（三）优质服务五要素

如何才能让客户有更良好的服务体验呢？

北美学派在研究时，通过对服务质量的决定因素和顾客如何对服务质量进行感知的研究发现约有 10 个维度决定了服务质量。之后，他们将这 10 个维度归纳总结为 5 个，分别是有形性、可靠性、响应性、安全性、移情性。美国绩效研究协会的学者则称之为有形性、可靠性、及时性、放心性、同理性。本书将前者归纳的 5 个维度称为优质服务五要素。

1. 有形性

指有形的设施、设备、人员和沟通材料的外表。具体指公司应该有的设备、设备的外观是否吸引人，公司员工穿着是否得体、整洁干净，与所提供服务相关的资料是否齐全，公司的营业时间是否使顾客感到方便等。

2. 可靠性

指可靠、准确地履行服务承诺的能力。具体表现在当公司承诺了在某个时间内做到某事，事实上正是如此；当顾客遇到问题时公司及服务人员尽力帮助顾客解决问题；公司自始至终提供良好的服务；公司在承诺的时间提供了相应的服务；公司会告知顾客开始提供服务的时间、内容以及相关事宜。

3. 响应性

指帮助并迅速提供服务的愿望。响应性体现在顾客期望公司员工提供迅速及时的服务，公司的员工总是会乐于帮助顾客，员工无论多忙都会及时回应顾客的要求。

4. 安全性

指员工所具备的知识、礼节以及表达出自信和可信的能力。当公司员工的行为举止是值得信赖的，公司员工始终热情对待顾客，公司员工具备了足够的专业知识回答顾客的问题，公司给客户的感觉是可以被信赖的。

5. 移情性

指设身处地为顾客着想和对顾客给予特别关注。公司员工会了解顾客最感兴趣的东西，公司员工可以在过程中了解顾客的需要，公司员工会对每位顾客给予个别的关注，也会适当给予个别的关照，能用同理心理解顾客，会让顾客感受到移情性。

在服务中，我们需要时刻留意这五要素。从客户感知和客户体验来说，若是没有满足客户的需求，将引起客户的不满。关注优质服务五要素并落实到位，这将指导我们在服务中为客户创造更好的体验。

【思考与练习】 ||||||||||||||||||||||||||||||||||||||||||||||||||||||||||||||||||

1.请根据自己的行业和企业，列举出四个层级服务分别可以触及的行为建议。

2.以优质服务五要素为核心，思考：如果你的企业或者你服务的客户公司需要提升服务体验，从这五要素进行设计，分别可以做些什么？

【回顾与总结】||||||||||||||||||||||||||||||||||||||||||||||||||||||||||||||||||||||||||||||||||||||

1.服务增量会带来企业价值的增量。

2.客户满意度是客户期待与实际体验之间的差距。

3.服务的四个层级：基本服务、满意服务、超值服务、难忘服务。

4.提升服务体验可以从优质服务五要素——有形性、可靠性、响应性、安全性、移情性着手。

第三章
服务礼仪促进服务体验

第一节　服务礼仪符合人类心理需求

从周公制礼作乐到孔子传《礼》，再到郑玄注"礼"，中华文明向来尊礼安人以礼敬人，传承至今从未改变。人际交往受文化的传承和影响，礼仪也成为人们传递信息和表达情感的一种必要方式。礼仪礼貌是文明的起码要求，是人与人之间在交往接触过程中，相互表示敬重和友好的行为规范。

美国心理学家亚伯拉罕·马斯洛 1943 年在《人类激励理论》中提出了马斯洛需求层次理论。书中他将人类需求从低到高按层次分为五种，分别是：生理需求、安全需求、社交需求、尊重需求和自我实现需求。其中提到的第四层需求就是"尊重需求"。他说：人人都希望自己有稳定的社会地位，要求个人的能力和成就得到社会的承认。尊重的需要又可分为内部尊重和外部尊重。内部尊重是指一个人希望在各种不同情境中有实力、能胜任、充满信心、能独立自主。总之，内部尊重就是人的自尊。外部尊重是指一个人希望有地位、有威信，受到他人的尊重、信赖和高度评价。马斯洛认为，尊重需要得到满足，能使人对自己充满信心，对社会满腔热情，体验到自己活着的用处和价值。

在实际的企业行为中，服务与营销从来不分家，服务是为了促进营销，营销则建立在良好服务的基础上。服务与营销的目标在于满足客户的需求。而客户的需求不仅是商品的需求、服务的系统，也在于过程中的体验感。客户在消费的过程中，无论是有形的商品还是无形的服务，环境的体验、消费过程的体验、服务态度的体验等，都成了企业在竞争中不可或缺，甚至是关键的因素。服务礼仪是指服务人员在工作岗位上，通过言谈、举止、行为等，对客户表示尊重和友好的行为规范和惯例。在现今市场经济条件下，商品的竞争就是服务的竞争。把客户服务放在首位的企业和服务人员，他们关注客户的感受和体验，最大限度为客户提供规范化、人性化的服务，以满足客户的需求。通过良好而规范的服务礼仪，体现企业规范的管理、良好的运营，是企业对待客户的一种态度的表现，也是体现优质服务的具体过程和手段。服务礼仪在过程中将无形的服务有形化、规范化、系统化，不仅可以树立服务人员和企业良好的形象，更可以在受客户欢迎的服务规范和服务技巧基础上，帮助服务人员在与客户交往的过程中赢得理解、好感和信任。

　　作为服务人员，学习和运用服务礼仪，有助于提升企业形象，提升自我修养，同时也可以提升服务价值，创设良好的客户沟通先机，最终达到提高企业竞争力、提升服务效益的目的。

第二节　服务礼仪的特点

　　服务礼仪的内容非常广泛。涉及服务人员在为服务对象服务过程中的方方面面。就其表现的具体服务内容而言，主要有服务人员的仪容规范、仪态规范、服饰规范、语言规范和岗位规范等。其中的每个方面都包含了一系列的具体做法，从而构成了服务礼仪完整的内容体系。

　　服务礼仪是一种操作性非常强的礼仪，与其他礼仪门类相比，具有明显的规范性和可操作性的特点。它在仪容、仪态、服饰、语言和岗位操作等方面，对于服务人员具体该做什么，什么时候做，如何做，做到什么程度，达到什么标准；不该做什么，有哪些特殊要求等，都有详细而明确的规定。这些规定构成了服务人员在工作岗位上的行为规范，具有极强的可操作性。

　　服务行业的范围非常广，比如银行、汽车、美容、酒店、物业、餐饮……各行各业都需要服务礼仪。那么各行各业中的服务礼仪是否相同？又有什么样的特征呢？

服务礼仪的四个基本特点

　　服务礼仪具有四个基本特点：普遍性、继承性、差异性、时代性。

　　（1）普遍性。虽然行业各不相同，但只要是与人打交道，不同行业的服务都需要服务礼仪。

　　（2）继承性。不同行业的具体礼仪要求和规范可能不尽相同，但是每个行业都具备相应的继承性。每个行业的服务各有特点。时代在进步，社会在发展，各行业服务的方式和流程以及细节也会随着客户需求而不断地调整和改变，但总体来说还是会具备行业特征。

　　（3）差异性。行业不同，礼仪细节各不相同。在本书的各行业礼仪细则中可以深刻体会到这一点。此外，中外文化的差异性也会体现在礼仪中。比如，日韩文化中，特别注重层级的差异，人与人见面通常会以鞠躬礼来表达；而在德国系的企业中，会注重平等交流，因此遇见客户则常以点头礼来表达。

（4）时代性。服务礼仪是一种规范，会随着时代的发展而发展，随着客户需求的改变而调整，并非一成不变。唯一不变的是服务礼仪中"尊重"这一核心。在当今的服务礼仪中，人们会更注重将心理学、行为学、社会学的相关内容融入其中，更注重服务人员的内在修炼，更关注给客户提供情绪价值，而不仅仅在于表面的一言一行。

在使用服务礼仪的过程中，服务人员要注重职业道德、职业修养、角色定位，关注客户的心理需求，与时俱进，为客户提供令其满意的服务。理解沟通、敬重他人、首因效应、亲和效应，也是在服务中必不可少的注意要点。

第三节　优质服务的四个核心原则

在 20 世纪 80 年代，北欧航空公司的总裁卡尔森先生写了一本书叫《关键时刻》，书中统计，一年中，他们航空公司接待的旅客大致是 1000 万人次；而一位旅客从进入候机大厅开始一直到飞机降落，基本上会遇到 5 位工作人员为其服务。所以他说，抓住整个企业命脉和服务口碑的这 5 乘 1000 万次的 5000 万个机会，在每一个环节，每一位服务人员，每一位客户的身上都体现了服务的重要性。在服务过程中应如何提升客户满意度？如何从基本服务到满意服务再上升到惊喜服务？提供优质的服务，我们需要关注四个核心原则。

1. 以客户为中心

就是把客户放在第一位，站在客户的立场上，从客户的角度考虑问题，想客户之所想，急客户之所急。满足客户的需要，重视客户的意见，不断完善服务体系，最大限度地使客户满意。

2. 客户永远是对的

这是客户满意服务的重要表现。因为客户是商品或服务的购买者，不是麻烦的制造者。马斯洛需求理论的第四个层级的需求是尊重的需求。客户需要的是尊重和认可。沃尔玛集团曾经有一名言"顾客永远是对的，如果不对，请参照上一条"，并要求全体员工参照执行。在这里，并不是说顾客就永远不会犯错，而是我们在与顾客交往的时候，把"对"留给顾客，让顾客保有面子，感受到被尊重。

3.关注服务细节

有一句话是这样说的：细节决定成败，素养来自细节。服务礼仪涉及的行业非常多，各行各业的服务流程和细节不尽相同，但是各行各业的服务礼仪都应该符合企业的实际情况，切实可行，并且让客户和服务人员都感到舒服和自然。礼仪的核心是不变的。诚如惠普创始人戴维·帕卡德曾经说过的："小事成就大事，细节成就完美。"生活的一切原本由细节构成，如果一切归于有序，决定成败的必将是微若沙砾的细节。

服务中有一个不变的公式：100-1=0。这是顾客满意经营中非常著名的公式。在服务中尽管有100位顾客对你的服务感到满意，但只要有一位顾客说"不"，服务满意度和知名度就会变成零；服务中有100个细节都做得不错，但只要有一个细节你忽略了，客户的服务体验就可能因此而不好；服务环节中有100位服务人员都做得不错，但有一位做得不好，整个的服务就可能功亏一篑。所以，服务要讲究细节，服务不是一件容易的事。

4.超出客户的预期

我们都知道，客户在需要一项服务之前，比如进入一个营业场所之前，他对于此营业场所或者对此行业一定是有心理预期的。如果他感知到的服务小于他的预期服务，那么这个服务就是低于期望的；如果他预期的服务和感知的服务是相同的，那么这就是一份令人满意的服务；如果他感知到的服务是大于他自己的预期的，那就是一份超出期望的惊喜服务。

通常我们会将服务分为功能服务和心理服务。功能服务就是为顾客提供方便，解决他各种各样实际的业务问题，即实际需求。心理服务就是要在为顾客解决问题的过程当中，让他在心理上得到一种满足，经历愉快的人际交往过程。我们也可以将这两种服务看作是硬服务和软服务。硬服务是指我们的基础能力，是我们必须掌握的行为、知识、技能等，这些都是可以考核衡量的，是兑现承诺满足顾客需求的一些工作。软服务是我们的提升空间，是指我们服务人员的态度、价值观、信念和思维方式，它是一种附加特性的服务，在服务中赋予了企业文化理念层次的精神价值，在过程中可以更大程度地提升客户的满意度。作为服务人员，我们要让客户的服务感受从理所当然到满足，最后到惊喜，从而达到优质服务。

【思考与练习】 ||||||||||||||||||||||||||||||||||||||||||||||||||||||||||||||||||||||||||||||||

1. 对于服务礼仪的四个基本特点你是如何理解的？能举出你所在行业里服务礼仪的相关特点吗？

2. 在优质服务的四个核心原则中，"客户永远是对的"这句话你是如何理解的？

【回顾与总结】 ||||||||||||||||||||||||||||||||||||||||||||||||||||||||||||||||||||||||||||||||

1. 服务礼仪符合人类的心理需求。

2. 服务礼仪具有四个基本特点：普遍性、继承性、差异性、时代性。

3. 优质服务的四个核心原则：以客户为中心、客户永远是对的、关注服务细节、超出客户的预期。

第四章
服务礼仪的形象要求

第一节　服务形象在顾客接待中的重要性

　　试想一下，我们在接受服务的时候，看到走过来的服务人员，着装整洁、发型干净、妆容适度，会有什么感觉？美国心理学教授艾伯特·麦拉宾（Albert Mehrabian）在 20 世纪 70 年代提出了梅拉宾法则，也叫梅拉比安沟通模型或麦拉宾法则。他说人与人在最初见面的 3 ～ 15 秒这个短短的时间就会对彼此产生第一印象，而接下来这个印象将会影响到双方交流与交往的方式。在影响第一印象的因素中，7% 指的是谈话的内容，38% 指的是谈话的语音语调，55% 指的是可视化的形象，即视觉信息。我们也称为 55387 定律。我们试着在脑海里回想一下第一次见到的某人，可以是应聘时来面试你的上级，可以是相亲的对象，可以是一位合作的伙伴。通常情况下，我们在很短的时间就会对他产生一个印象，形成初步的判断，从而影响接下来与这个人的交往方式。那这个印象是如何产生的呢？你会从他的服装、发型妆容、表情动作、谈吐表达等具体方面，也就是"音容笑貌""言行举止"，收集大致信息，对他产生一个初步印象。所以，在人际交往中，我们不可忽视的，是我们经常提到的仪容、仪表、仪态。这些行为举止的背后，是一个人的身份、态度、素养、教养等的体现。

　　在服务中，往往最初的几秒钟印象已经奠定了该企业和该服务人员在顾客心目中的印象，影响接下来的服务体验。

　　影响第一印象的各项要素中，7% 是谈话的内容，38% 是语音语调，55% 是视觉信息。别看 7% 占比少，却很重要，这是我们谈话表达的内容和信息，就像中国人谈到的"画龙点睛"的"睛"，是一条龙的魂。文字信息是交流中的核心要素。38% 的语音语调，不仅能够传递情感、强调信息、表达态度，还能够增强沟通效果，促进人际沟通的和谐发展。

　　55% 的视觉信息通常是指我们能看得见的"仪容""仪表""仪态"。仪容指的是人的容貌，仪表指的是人的服饰，仪态指的是人的举止行为。我们在服务中，也需要用心管理好我们的形象，仪容整洁、仪表规范、仪态得体，树立良好的职业形象，让顾客放心、信任。

【思考与练习】▊▊

在您的企业里，您是如何管理员工的服务形象的？您认为服务形象包含哪些具体内容？

【回顾与总结】▊▊

影响第一印象的各项要素中，7%是谈话的内容，38%是语音语调，55%是视觉信息。

第二节　服务形象要求

绝大多数服务型企业都有自己规范统一的标准制服，要求服务人员规范穿着，统一妆容与发型，干净无污渍、整洁无破损。

服务人员的形象标准不能以自我审美或自我意识为准。有的服务人员可能会说自己行业的制服不好看，不愿意穿，或者将制服修改成自己喜欢的样子。殊不知，服务人员整齐统一的穿着与修饰，既是职业素养，同时也会带给顾客规范管理的安全感以及统一协调的美感。就如同我们在欣赏一场集体舞，也许舞者的舞台服装并不一定适合每一位的个体特征，但整体来看就是一幅气势磅礴的美丽画卷。

一、仪表要求

仪表是指人的服饰。服务人员统一着装，这是服务人员的职业素养的具体表现，也可以在顾客面前展示出良好的职业风范。

服务人员的着装制服有着一种无声语言的表达作用。当一位穿着干净整洁、规范统一的服务人员出现在顾客面前的时候，是在用自己的形象向顾客表明："我很认真，我值得依赖""我已经做好了为您服务的准备！"

不同的行业会有不同的制服，不要小看服务从业者服装的表达功能。服装有标识的作用，顾客可以通过服装一眼识别服务人员的身份，从而快速找到对应的服务人员。服装也会有美学的功能，顾客更希望在一种视觉美的环境中享受服务。服装也是一种团队的语言，向顾客传达着信息，"不是我一个人，而是我们整个团队在为您服务"。服装还有一种辅助工作的功能型的作用，所以，银行人员的制服与餐厅人员的工作服，在设计上就会有所不同。不同行业的形象要求在本书的后续专业章节中也会有介绍。

（一）男士制服的着装要求

男性服务人员的常见制服款式类型有西服款式、军装风格款式和华服款式，穿着时都应符合各自的礼仪特点和规范。

（1）西服款式通常分为两件套和三件套。两件套包括一件西服上衣和一条西服裤子；三件套包括一件西服上衣、一条西服裤子和一件西服背心。作为制服穿时，通常选择的是深色系，有严谨保守之意。常规情况下穿西服会佩戴领带，给人稳重规范之感。作为服务人员的制服，所有人员的领带颜色和款式也应是统一的。西服的纽扣，一般双排扣的需要全部系好，单排扣的，最下面一粒扣子可不系。若单位有规定，可按单位规定穿着。西服、西裤、衬衣都应熨烫了再穿着。

配套西服穿着的皮鞋应该是黑色商务皮鞋，无破损无污渍。有些行业统一管理也可着深咖、深棕色系，无任何装饰的系带皮鞋。袜子应与西裤的颜色保持一致，以中筒袜为宜，忌彩色袜、透明薄丝袜。

（2）男士穿军装风格款式的制服时，应按规定配套穿着，不可将制服与便服外衣混穿。其他搭配的领带、帽子、腰带等饰品按规范配套穿着整齐。不得依个人喜好随意增减。

（3）华服是指有中国元素、朝代感、民族特点的服装。着华服时应注意：所有的扣子要全部系好，不可随意挽起袖子或裤腿，相应的饰品佩戴好，保持干净整洁无异味。

（二）女士制服的着装要求

女性服务人员的常见制服款式类型有西服款式、华服款式、其他款式，穿着时也各有礼仪规范。

（1）女士服务人员的西服款式，最常见的是套裙或成套的裤装。套裙的穿着参照商务着装的标准，但颜色选择上，多采用的是保守严谨的深色系。配套裙装穿着的丝袜也应以肉色系为宜，不露袜口、不抽丝、不破洞、无花纹。

与西服相配的是深色的皮鞋，材质为亚光皮面料，款式为船鞋，即包住脚趾和脚后跟，露出脚背，鞋跟3～5厘米高，鞋面无装饰，低调干净无破损，便于行走，走路无声响。

西服内可根据行业特点搭配丝巾。具体系法可参看形象礼仪的相关介绍。

（2）华服款式具有民族的独特魅力和韵味，常以旗袍为主。中国的旗袍主要特色是修身、立领、盘扣等，服务行业使用时，常常会加以改良，便于穿脱和工作作业，不会过于暴露。穿旗袍时同样需要配连裤袜，鞋的款式也需要与服装相匹配。

同时，务必注意穿着人员的举止仪态。

（3）其他款式。随着时代的发展，服务行业也各具特色。根据行业特性而选择的款式也各色各样。但无论是何行业，款式上应尽量符合行业的工作性质，统一款式和色彩，方便行走等。

（三）配饰要求

与服装一起穿搭，常常会有相应的配饰。配饰需要与整体相协调，同时体现行业的审美，为服装添彩。

配饰一般是指项链、耳环、戒指等首饰，也包括鞋子、帽子、包、腰带等除了服装之外所有穿戴在身上的物件。

1. 胸牌

胸牌作为服务人员的工作身份标志，应严格按照公司规定佩戴上岗。一般胸牌可标明单位名称、所属部门、员工职位、姓名以及 logo 等信息。广义的胸牌，还包括徽章、胸章、工号牌等。

服务人员佩戴胸牌上岗，有利于顾客识别自己的身份，同时也符合礼仪的基本原则。人际交往中"尊者有优先的知情权"，在工作岗位上服务人员规范佩戴胸牌，是主动向顾客表明自己身份，体现对顾客的尊重感。

常规佩戴时，应注意按照公司规定位置平整佩戴，并且保持其干净整洁，无污渍，字迹无损毁。如果胸牌破损或字迹损坏，应主动更换新胸牌。工整佩戴胸牌也同时在向顾客传递认真工作的态度。

胸牌一般是佩戴在衣服的左胸位置，因为中国古代的阅读习惯是自右向左，人们在观察他人时，也习惯先从他人的右边（即对方的左边）开始看。但有时候，衣服是左斜襟的，也有佩戴在右边的情况。总之，依照公司的规范统一佩戴就可以了。如果是挂绳的工牌，则需要注意正面朝外，不影响工作。

2. 饰品

饰品在整体的服饰中起到装饰的作用。饰品分为发饰、耳饰、颈饰、手饰、胸饰、腰饰、足饰等。饰品主要是起到装饰的作用，千万不要喧宾夺主，更不要影响工作。服务人员在工作岗位上，所佩戴的饰品以少为佳。通常在服务岗位，对于所佩戴的首饰也有相应的要求。

（1）首饰材质有要求。通常首饰的材质多种多样，有金属、钻石、玉石、翡翠、珠宝、木质、竹质、塑料质等。在服务岗位上，通常只可以佩戴金色或银色金属质地、珍珠质地的首饰。从美观上来讲，会要求同色同质，也就是佩戴的首饰要属于同一色系同一材质。从数量上来讲，不宜多，一般以三样为宜。

（2）珠宝大小有规范。在服务岗位，讲究低调，不可炫富。常规情况下，宝石的直径应在 5 毫米以内。

（3）不可佩戴夸张的首饰上岗。比如有些服务人员喜欢个性化的首饰，长吊坠、体积较大的，或者较为粗犷的首饰，以及有暗黑风的首饰，这几类首饰禁止佩戴上岗。在岗位上应佩戴比较精巧细致符合要求的首饰。

具体来说，对于男女服务人员，首饰的佩戴还有以下具体要求。

耳饰，指耳朵上的饰品，以简单精巧为宜。女性服务人员以佩戴耳钉为首选，男性服务人员不得佩戴任何耳饰上岗。

颈饰，指佩戴在脖子上的饰品。女性服务人员可以佩戴精巧的细项链，男性服务人员不得佩戴任何颈饰。尤其是红绳子、皮绳子、玉器、夸张的金饰，均不可佩戴。

手饰，指佩戴在手上的饰品，一般包括手镯、手链、戒指等。通常情况，服务岗位由于手上的作业很多，为了避免给工作带来影响，手饰以少戴或不戴为宜。手镯和手链在工作中不要佩戴。戒指可以根据个人情况和岗位情况选择性佩戴。一般来讲，一只手上最多佩戴一枚戒指，宝石大小符合规定，最好是指环，有戒托的戒指怕损坏或者影响工作。而有一些岗位，比如医生护士、汽车销售及售后、食品加工行业，出于安全和健康的考虑，均不得佩戴戒指上岗。

3. 手表和眼镜

通常情况下，手表和眼镜可能是部分服务人员的工作必需品。

佩戴手表上岗的服务人员易给他人"有时间观念"的感觉。而有些岗位需要经常读取时间，也需要佩戴手表。

两者在公司没有要求的情况下，要求符合工作场合佩戴，商务款式，造型简洁大方，不可浮夸个性。

二、仪容要求

仪容是指人的容貌，具体指的是面部、头发、手部、体味等。在待人接物的服务活动中，干净整洁的仪容形象会给人赏心悦目的感觉，留下良好的印象，令顾客心情愉悦。

在服务行业，对于仪容的整体要求是要符合岗位规范，干净卫生、没有体味。具体来讲有如下要求。

（一）女性仪容要求

1. 发型管理

从发型管理上来讲，讲究干净整洁、稳重干练、没有碎发，给人精神饱满的感觉。管理发型有"三不"：前不遮眉、侧不盖耳、后不及领。一定要管理好前额刘海，不能影响工作，这也就是我们常说的"前不遮眉"。最好是刘海全部后梳，露出前额，也就是大家常说的"大光明"发型，这样的发型看上去更朝气阳光。前额留有刘海的女性，建议梳斜刘海，且刘海长度不要超过眉毛。否则如果在工作中频繁用手抚摸刘海，不仅给人不卫生的感觉，同时会带来过多多余动作，给人不够专业之感。"侧不盖耳"指的是侧面的头发一定要挂到耳后，并用黑色发夹或发胶固定；"后不及领"则是指头发的长度如果碰到领子，则须束起。干净干练整齐的发型会增加顾客的好感和信任度。

发型上则应根据行业特点而定。大部分的行业为了体现端庄得体，会要求盘发上岗。要注意盘发的高度不宜太高也不宜太低，刚好在耳廓上沿后沿线高度为宜。盘发可以统一发型，也可以用统一的发网饰品进行装饰。有些行业因为行业特点，也有束发的要求。发型整理好之后，一定要整理好碎发，可以用发胶或发蜡，头上不可有彩色的装饰发夹或皮筋，可见的黑色发夹不宜多于四个。头发的发色以黑色为宜，避免将其染至夸张的鲜艳色。

发型的干净整齐非常重要。服务人员应经常洗头，保持干净。女性服务人员建议每两天洗一次头发。切不可以在公众场合整理发型，以免给人轻浮之感。

2. 面部管理

俗话说"三分长相七分打扮"。在现代商务社会，化妆不仅仅可以更好地修饰容貌，也是对交往对象的一种尊重。

女性服务人员一般要求淡妆上岗，妆容自然大方，肉眼可视，朴实无华。要求岗前上妆，化妆和补妆应选择避人。随时留意妆容的完整。有些服务岗位因为安全卫生的原因会另有要求，详见后续的专业板块章节。

应注意口腔卫生。餐后刷牙或漱口，牙齿间无食物残渣，口腔内无异味。上岗前不吃有异味的食物，保持口气清新。

3. 手部管理

我们经常说手是人的第二张脸。对于服务人员来说更是如此，服务人员经常用手来为顾客提供服务。服务人员的手部护理也非常重要，注意干净卫生，同时避免手部生疮、干燥、脱皮等问题，应常使用护手霜对其护理。指甲应经常修剪，保持甲缝洁净，不留长指甲，不涂指甲油。有些服务岗位因为有统一的美观要求，要求涂指甲油并规定了色号，则指甲油便被视为制服的一部分，上岗时必须按要求装饰好。

（二）男性仪容要求

1. 发型管理

从事服务岗位的男性服务人员，在发型管理上，整体要求是干净清爽、符合要求。至少每月理一次发，做到前不遮眉，不遮盖视线，侧不盖耳，不留鬓角，后不及领，不得剃光。不留怪异或者过于新潮的发型。

头发避免出油、有味、有头皮屑，要求每天清洗。可适量涂抹定型水或发胶，保持头发的风度。

发色最好以黑色或自然色为宜，不得染浅色，也不允许任何形式的挑染。

2. 面部管理

男士每天都要剃须，同时注意耳部及鼻腔和鼻毛的清理；注意眼部卫生，洁面彻底；饭后洁牙，保持口气清新。

3. 手部管理

男性也同样要注意手部的清洁和护理，避免脱皮、干裂、生疮，可常用护手霜做手部护理。不留长指甲，指甲长度保持 1 毫米以内，留意指缝清洁，手部干净卫生。

【思考与练习】 ▏▏▏

1. 什么是第一印象？第一印象为什么重要？

2. 女性服务人员妆容应该注意什么？

3. 男性服务人员仪容管理中应注意什么？

4. 对照规范检查自己的形象是否符合岗位规范。

【回顾与总结】 ▏▏▏

1. 服务人员的仪容要求（男性与女性）。

2. 服务人员的仪表要求（男性与女性）。

第三节 服务举止与表情管理

【案例】

王阿姨一个人走进营业厅想开通手机银行。进门之后，她径直走进了等候区。刚坐下来，保安就追了过来："是要办业务吗？要办业务到那边取号！"同时用手指了指叫号机。王阿姨也没说什么，朝柜机走了过去。拿了号之后，等了半个多小时，终于叫到了自己的号。坐在柜台前，柜员抬眼看了一下王阿姨，面无表情地说："请出示一下您的身份证件。"王阿姨把身份证从卡槽递了过去，柜员单手拿了进去。办业务的时候，又单手将单据递出，让王阿姨签字。王阿姨终于不乐意了："你们银行什么意思呀，是不是看不起老年人？态度这么差。我要投诉！"

【分析】

服务是一项综合技能的集中体现，仪态举止也是服务中一个重要的组成部分。在服务过程中，应充分使用规范的举止来展现对顾客的尊重。案例中的保安、柜员都忽略了举止的重要性。

在人际交往的过程中，四指并拢、大拇指靠紧的手掌语给人以尊重之感。如果服务中没有注意到这个细节，使用手指作出指示，而非标准规范的手掌语，会让顾客感到不被重视，从而引起不悦的情绪。

服务举止是指服务人员在服务的过程中的仪态，包括站姿、坐姿、走姿、蹲姿、手势等，本节中涉及的服务举止还包含服务人员的表情管理。

在服务行业，服务举止被认为是提升服务品质和档次的重要依据。一个不恰当的行为不单单是肢体的动作，更是一个人的道德意识、思想观点、文化水平的综合反映。人格有高低之分，行为也有美丑之别，而美好优雅的行为常常是高尚人格的写照。服务人员在自己的工作岗位上，要高度重视体态语的正确运用。在实际工作中，服务人员要对个人形象和仪态具有较高的、较为规范的要求，在工作中既要有效地运用自身的体态语，也要正确地理解他人的体态语。

在整个服务过程中，肢体语言都是非常重要的服务语言，得体的肢体语言及仪态会让服务增值，给顾客带来更好的服务体验。首先，优雅的举止可以提升服务品质；其次，得体的举止能够弥补服务中的不足；最后，恰当的举止能够增进双方沟通。

人际交往中肢体语言是比有声语言更重要的一种语言信息。在首因效应中，视觉的影响力占到了55%。在人们接收信息的过程中，除了文字信息，大部分来自听觉信息，也就是我们所说的语调语气，以及视觉信息，就是我们能看到的仪容、仪表、仪态。人们接收信息时，往往视觉信息占更重要的比重，因此，在人际交往过程中，视觉对人的影响力是最大的。而服务人员的举止姿态，正是产生强烈的视觉影响力的因素。服务人员在服务的过程中，通过这些信息，向顾客传递出尊重和友好态度。因此，现在很多服务型企业都非常注重员工仪态礼仪的培训，学习如何正确地站、坐、行、走、手势等，避免一些错误的姿态。

一、建立信任的身体语言

在顾客服务中，建立顾客信任是创造良好服务体验的前提。当服务人员能够恰到好处地与顾客建立信任，在接下来的接待互动中，就更容易准确了解顾客的期待，提供令顾客满意的服务，让顾客心情愉悦。

建立信任不是一件容易的事情，需要很多元素的累积。人是感性动物，在人与人的接触中，人的右脑负责感性部分，也就是看到的、听到的、闻到的、摸到的，以及这些产生的感觉、情绪、记忆等。而左脑是负责理性部分，就是数据、逻辑、文字等。人与人见面，首先映入眼帘的便是音容笑貌、举手投足，通过看到的、听到的信息从而对眼前这个人产生印象。如果产生好印象，便能够顺利地开始第二步的接触。当服务人员在面对顾客的时候，若是能展现出良好的修养、规范的举止、热情的语气、亲切的态度、专业的风范，便更容易获得顾客的信任。

（一）站姿

站立是人最基本的姿态，是一种静态的美。

古人云：站如松。拥有挺拔的身姿是一个人健康的象征，是体态之根，是好形象的基础。美国著名作家威廉姆·丹福斯曾经说过："我相信一个站立很直的人的思想也同样是正直的。"站姿是职场人士工作和日常生活中第一引人注视的姿态，良好的站姿能衬托出美好的气质和风度。它是仪态美的起点。

1.站姿要点

站立时身体应与地面垂直，保持身形挺拔，从侧面看：耳朵，脖子，肩膀，大腿呈一条直线。

抬头下颌微收，脖子立起，双肩下沉打开，挺胸收腹，气息向上，双臂自然下垂或在体前交叉，身体重心在两前脚掌上，眼神平视前方，面带微笑，平稳站立，头正身正，端庄大方。女性要求双膝并拢。

2. 站姿禁忌

站立时避免总是低头，或歪脖、驼背、斜腰、屈腿等不良姿态。

在正式场合不要将手插在裤袋里，不交叉在胸前，不双手背在后面，更不要身子东歪西倒或下意识做些小动作，那样不但显得拘谨不自信，也有失仪态的庄重。

3. 女性站姿

（1）基本站姿：如图4-1所示。

在正式场合或工作场合可使用这种站姿，得体大方。

双手四指伸直并拢，虎口交叉，大拇指内收于掌心，叠放在腹前（大拇指靠在肚脐下3厘米处）右手在上方。脚位可采用小八字步，即脚后跟并拢，脚尖微开30度。

图4-1　基本站姿

（2）交谈站姿：如图4-2所示。

在演讲或与人交流时可使用这种站姿，自信从容。

双手虎口交叉相握放在腰际，微压手腕，掌心向下，四指可自然弯曲，右手在上方。脚位可采用小八字步，即脚后跟并拢，脚尖微开30度。

图4-2　交谈站姿

（3）礼宾式站姿：如图 4-3 所示。

在迎接宾客或举行隆重的仪式时可使用这种站姿，以表隆重和正式。

双手四指伸直并拢，虎口交叉，大拇指内收于掌心，放在腰际，肘关节向两侧展开，右手放上方。脚位可采用丁字步，即后脚的脚尖朝向斜前方大概 45 度，前脚的脚跟放在后脚的足弓处脚尖朝正前方，双脚呈丁字状，双腿直立且不能有缝隙，身体重心在后腿上。

图4-3　礼宾式站姿

4. 男士站姿

体现健壮挺拔、成熟稳重之感。

（1）前握式站姿：如图 4-4 所示。

这种站姿适合与人交流时使用。

双脚平行站立，双脚分开不超过肩宽，左手握住右手手腕，注意左手大拇指不要藏内里，不可上翘，双手自然下垂于腹部。

图4-4　前握式站姿

（2）双手垂放式站姿：如图 4-5 所示。

这种站姿适合严肃的正式场合。

双脚平行，双脚分开不超过肩宽，双手自然下垂，放在身体两侧，中指贴于裤缝两侧。

图4-5 双手垂放式站姿

（二）坐姿

古人云：坐如钟。坐姿是一种静态之美，端庄优美的坐姿会给人留下文雅稳重大方之美的印象。

1. 坐姿要点

腰背挺直，双肩放松，女性双膝要并拢，男性双膝可分开但不超过肩宽，双手放在双膝上。无论何种坐姿，上半身都要保持直挺，久坐想靠椅背时要坐满椅子。

2. 坐姿禁忌

在正式场合入座离座要轻缓，端庄稳重，不要弄得桌椅乱响，造成尴尬气氛，不可瘫坐在椅子上、鞋底朝外、晃动椅子、抖脚、身体后仰等，这些动作都是不礼貌的行为。

3. 入座要求

从椅子左侧入座，左侧离座。正式场合入座不可太深，一般坐椅面的三分之二，上半身要保持直立。

坐下后，如身边有人，身体略微倾向交谈对象，面带微笑，微欠身问候，以表谦恭有礼。

4. 女性坐姿

（1）正位式坐姿：如图 4-6 所示。

这是基础坐姿，在正式场合以及大多数的服务场合均使用这种坐姿。

双腿并拢，双脚并拢，踩实地面，双手虎口交叉相叠放在大腿一侧中间，右手在上方。呈 3 个 90 度，即上半身和大腿呈 90 度、大腿和小腿呈 90 度，小腿和脚掌呈 90 度。

图4-6　正位式坐姿

（2）曲直式坐姿：如图 4-7 所示。

这种坐姿在生活和工作中都可以使用。

双膝并拢，前脚微前伸，后脚向后撤一小步，使后脚的脚尖与前脚的脚跟位于同一水平线。双手虎口交叉相叠放在大腿一侧中间，右手在上方，上半身要保持直立。

图4-7　曲直式坐姿

（3）斜放式坐姿：如图 4-8 所示。

这种坐姿在穿裙装并且座位较低时更舒适，通用场合使用。

双膝并拢，双腿的小腿和脚踝都要并拢，双脚向一侧斜放，脚尖顺着小腿方向延伸出去，大腿与小腿保持 90 度夹角。双手虎口交叉相叠放在大腿一侧中间，右手在上方，上半身要保持直立。

图4-8 斜放式坐姿

5.男士坐姿

如图 4-9 所示，上身保持直挺，肩平头正，目光平和，坐椅面的三分之二。双腿分开，平行不超过肩宽，大腿与小腿呈 90 度夹角，双手可以半握或者握空拳式放在大腿靠近膝盖的位置。服务人员一般采用这种标准式坐姿。

图4-9 标准式坐姿

（三）走姿

走姿是站姿的延续动作，是在站姿的基础上展示人的动态美。在服务工作场合，走路往往是最引人注目的身体语言，也最能表现一个人的风度和活力。

在奥运会开幕仪式、颁奖仪式上，当礼仪小姐昂首挺胸、整齐划一、仪态万方地走进场时，瞬间吸引了全世界人民的目光；在厅堂里拿着资料走过的服务工作人员，传递专业和可信赖感给顾客；国庆大典的阅兵式中，当威武的步兵方阵迈着整齐而坚定的步伐走过天安门广场时，全国人民都为之自豪。走姿，展现着服务人员的精神风貌，也体现着企业精神和职业素养。

1. 走姿的要求

（1）步位：步位指的是走路时脚迈出后落地的位置，工作场合走路时步位应为一条直线，左脚内侧边缘与右脚内侧边缘落在一条直线上，从正面看时两腿之间基本无缝隙，脚尖朝向正前方。

（2）步距：步距指的是每跨出一步时，前脚跟到后脚尖之间的距离，正常工作场合，步距应控制在1只脚到1脚半的距离。一般来说，个子较高的人腿比较长，步距也比较大，个子较小的人腿比较短，步距也会较小。如果大个子的人迈小步，小个子的人迈大步，看上去就会很不协调。

（3）起步：走路时步伐轻快，有节奏。抬头、挺胸、收腹、双肩自然下垂，保持身形的挺拔。步伐稳健，步履自然。起步时，身体微向前倾，身体重心落于前脚掌，行走中身体的重心要随着移动的脚步不断向前过渡，而不要让重心停留在后脚，并注意在前脚着地和后脚离地时伸直膝部。

（4）摆臂：走路时，小臂带动大臂自然摆动，摆臂幅度不要超过身体正中线。

（5）稳定：走姿训练时可以在头上顶一本书，在整个行走过程中保持书不落下，以控制头正肩平，并确保身体的稳定性。

走姿如图4-10所示。

图4-10　走姿

2. 走姿的注意事项

（1）超过两人，或多人一起行走时，尽量不要横排，否则可能会阻塞道路，妨

40

碍他人行走。

（2）在工作场合不可随意奔跑，奔跑给人的感觉是有事发生，或着急，控制不了场面。

（3）同行时，要照顾到顾客的步距，步距大的人要适当照顾步距小的人，不能只顾自己，而让步距小的人紧追慢赶。

（4）在马路上行走时，让尊者、顾客、女士走在内侧，即靠近人行道或靠墙的一侧。

（四）蹲姿

在日常工作中，服务人员常需要降低体位以便捡起掉在地上的东西，或者插插头，收拾地面物品，或与座位上的顾客、小朋友沟通等。如果在一些比较正式的场合，采取弯腰捡拾的姿势，难免不合适。尤其是女士穿裙装时采取这种弯腰拾物的姿势更是不雅观。正确的方式是采用蹲姿。

服务人员一般采用高低式蹲姿，它的基本特征是双膝一高一低，下蹲时双脚一前一后，左脚在前，脚掌完全着地，右脚脚掌着地，脚跟提起，双手交叉轻握放在左腿上。女士双腿并拢，男士双腿可以微分。

下蹲时的基本要求：用1~3秒的时间速度撤右腿蹲下去，避免摇晃，上身直立，重心放在后一条腿上。如下蹲时旁边站着其他人，尽量使身体的侧面对着他人（图4-11）。

图4-11　蹲姿

（五）手势

在服务过程中手势的运用非常普遍，如为顾客递物、指示方向、展示物品、介绍商品等，我们都会用到手势。手势是身体语言的一种表达方式。试想一下，有一天你去到一家商场，想找某品牌的专柜，刚好碰到一位商场的工作人员，你上去询问，他用食指一指："那边！"作为顾客的你，此时会有什么感受呢？是不是会觉得他不够尊重你，而且觉得他不够专业？会不会影响你在商场购物的心情呢？

规范的手势，除了体现服务人员的专业外，还可以体现对顾客的尊重，从而影响顾客的心情，影响顾客的消费行为。服务中，我们要特别注意手势的规范性和使用的正确性。

手势礼仪是一种动态语言，表现的含义非常丰富，不同的手势应用在不同的场景中，如引导入座，指引方向，介绍人或物等，心有所思，手有所指。手势礼仪对他人表达的不仅是一种感情也是一份尊重。

1. 手势礼仪要点

掌心朝上或倾斜45度，使用右手，五指伸直并拢，手掌与小臂呈一条线，配合语言和表情。

2. 手势礼仪禁忌

不可掌心朝下，不可用手指指点点，不可当众做掏耳抠鼻等不雅动作，否则不但不礼貌，还严重影响形象。

3. 商务场合的6种手势

（1）前伸式手势：如图4-12所示。

右手向正前方伸出，手掌斜切地面约45度，小臂与手掌呈一条线，五指伸直并拢，身体微前倾，左手自然下垂。

前伸式的手势，用于面对面的指示，如柜面服务，"您好，请坐"。

图4-12　前伸式手势

（2）斜臂式手势：如图4-13所示。

手掌与小臂呈一条线，肘关节自然弯曲，手臂与身体呈30度夹角，手指伸直，五指并拢，指向斜上方或者斜下方。

斜臂式的手势，用于向斜上方或斜下方的介绍或提醒。如"请看这里""请小心台阶"。

图4-13　斜臂式手势

（3）提臂式手势：如图4-14所示。

小臂自然提起，大臂与小臂呈90度左右夹角，肘关节与身体保持一拳的距离，小臂与掌心呈一条直线，五指并拢，倾斜45度。

提臂式的手势，用于室内或近距离的指引或指示，如"请往右边""请到1号柜台"。

图4-14　提臂式手势

（4）直臂式手势：如图4-15所示。

手掌小臂大臂与肩平行，呈一条线，五指并拢，手掌倾斜45度，指向远方。

直臂式的手势，用于室外或远距离的指引或指示，如"请往前走"。

图4-15　直臂式手势

（5）横摆式手势：如图 4-16 所示。

手掌和小臂从身前提起，并向一侧展开，手掌与小臂呈一条线与地面平行，大臂与小臂呈 90 度角，五指并拢，掌心向上。

横摆式的手势，用于引导或重要人物的介绍，如"请随我来""这位是王总"。

图4-16　横摆式手势

（6）曲臂式手势：如图 4-17 所示。

五指并拢，手掌与小臂呈一条线，自然弯曲摆置腹前，小臂与腹前距离约一拳。

图4-17　曲臂式手势

曲臂式的手势，用于开门的指示，或电梯间的指示。如一手拉开门，一手使用手势，"请进""您先请"。

4.递接资料或物品

（1）递接资料：递资料时，双手拿在资料两侧或下方，文字正面朝对方，身体微微前倾，面带微笑，递于对方手中，配合礼貌用语。

接资料时，身体微前倾，双手接拿，面带微笑并道谢。

（2）递接物品：双手拿物，将把手一方朝向对方，如拿笔给对方时可笔尖朝右边，或朝向自己，以方便对方拿握为前提，身体微前倾，面带微笑，配合礼貌用语。

（六）"洁癖"管理

这里讲的"洁癖"指的是多余的动作或多余的语言。如果服务人员在工作中不时地出现一些个人不经意的小动作、小习惯，比如喜欢摸耳朵、撩头发、抖动身体等，尤其是眼前没有顾客的时候，更会随心所欲，甚至出现在岗位上剪指甲、挖耳朵、抠鼻子等不雅动作。人的大脑具备想象的能力，当顾客不经意间看到服务人员的这些动作后，大脑里一定会浮现出不好的画面。除了感觉对面的服务人员素质低下，无自我约束力外，还会对公司的管理水平和产品质量产生联想，质疑公司提供的服务和产品，从而使公司失去顾客。

礼仪是律己，律己时体现出对他人的尊重。服务中，规范和规矩非常重要。服务人员的一切举止行为表现出来都应该是训练有素、彬彬有礼、亲切热情、细致入微。这样的服务更容易让顾客对服务人员产生好感，对企业的管理产生信任，拉近彼此的距离。

在服务中，举止仪态需要规范，不可以出现任何多余的动作。具体如下。

（1）不出现多余的动作，比如抓耳挠腮、倚物站立、整理自己、清理卫生等。

（2）待岗待机时不交头接耳，除非有必要的工作沟通，但需要抓紧时间简短交流。

（3）岗位上不做与工作无关的事情，比如看手机或书报等。

在服务接待中，如果经常出现语言表达不顺畅，或者频繁出现"嗯""啊""这个""还有"之类的口头禅，不仅会影响顾客对信息的接收，同时也会让顾客感觉不够专业，影响接待的有效性和顾客的信任感。因此，在服务接待中，语言的表达也应当规范、清晰，不能有多余的话语，去掉多余的非必要信息。训练有素的表达能进一步建立顾客的信任，能有效与顾客拉近关系，缓解矛盾，快速解决问题。

二、塑造有亲和力的表情

【案例】

赵奶奶走进网点取钱。柜员询问："请问您办理什么业务？"

赵奶奶："我取钱，取美金2000块。"

柜员："您有预约吗？"

赵奶奶："有的，有的。"

柜员开始帮助赵奶奶办理取款业务。等待的时候赵奶奶说："我大孙子在美国读书，三年没回来了。他在美国×××大学读书。这个大学你知道不？"

柜员一听，这个大学应该是个"水校"，奶奶还这么兴奋，不由自主地斜看了赵奶奶一眼，嘴角不自觉地向下瘪了一下。赵奶奶一看这表情，兴奋上扬的脸一下就掉了下来，满脸不高兴地说："你什么意思啊？你看不起我大孙子啊？"

……

在服务接待中，表情往往最能映射我们的内心，也最能拉近我们与顾客的距离。服务人员需要通过刻意训练来加强在岗位中的表情管理。表情管理包含眼神管理和微笑管理。

（一）眼神管理

都说眼睛是心灵的窗户，千万不要关了这扇"窗户"，更不要让眼睛传递出不恰当的信息。与人交流，眼神传神，也会传递出很多没有说出口的信息。管理眼神应该从以下几个要点着手。

1.注意视线接触的向度

（1）正视对方：即在注视他人的时候，面向对方，同时还须将身体正面朝向对方。正视对方是交往中的一种基本礼貌，其含义表示重视对方。

（2）平视对方：在注视他人的时候，目光与对方相比处于相似的高度。在服务工作中平视服务对象，除了可以体现尊重的态度以外，同时也表现出双方地位平等和不卑不亢的精神面貌。这种眼神一般适用于在普通场合与身份、地位平等之人交往时使用。

（3）仰视对方：在注视他人的时候，本人所处的位置比对方低，就需要抬头向上仰望对方。在仰视对方的状况下，往往可以给对方留下信任、重视的感觉。它表示着尊重，敬畏之意，适用于面对尊长之时。

（4）俯视对方：即抬眼向下注视他人，一般用于身居高处之时。它虽然可对晚辈表示宽容、怜爱，但也可对他人表示轻慢、歧视。在服务沟通中切忌使用俯视、上下打量、斜视的目光。

（5）其他禁忌的眼神：正确地运用眼神是直视对方，但不能总盯着对方，比如"盯视""眯视"。

"盯视"，常常传递着一种不礼貌的语言。如果死死地盯着一个人看，特别是盯住他的眼睛，无论有意无意，都是一种失礼的表现，这样的眼神会让对方感到局促不安，像是你在打他的什么主意。因为，人们在凝视对方时，自己内心肯定会有心理活动，而对方也会有较强烈的心理反应。盯视，在某些特定场合，是作为心理战的招数使用的，在正常社交场合贸然使用，便容易造成误会，让对方有受到侮辱甚至挑衅的感觉。在我们的日常生活中经常遇到一些人的眼神令人生厌。比如，有的人看到对方的服饰或是长相比较出众，就"视无忌惮"地盯视对方，而人的第六感官都是敏感的，只要有人在盯视他，他马上本能地意识到，而且会马上将视线转向这个人。假装有涵养的不屑一顾，稍有不慎可能会激怒对方。比如，东北有一个著名的段子，说两个人互相对视时，其中一方说"你瞅啥？"另一方回答道"瞅你咋地！"仅仅因为这一个眼神和两句对话，他们打了一架。原本只是无意的一个眼神，却成了挑衅的开始，多无辜啊！所以，尽管你不是恶意的，也不要盯住他人使劲看，毕竟这种眼神很不礼貌。

"眯视"，它除了给人有傲慢无礼的感觉外，同时也是一种漠然的语态。另外，在西方，对异性眯起一只眼睛并眨两下眼皮，是一种调情的动作。眼睛发出的语言，其实透露着一个人的品质与修养。成熟的、有教养的人会善于控制自己的情感，不轻易让它从眼睛里流露出来侵犯他人。即使不喜欢交往对象的人和事，也不会轻易地露出一种鄙夷或不屑一顾的眼神，这也是一个人的修养。

在服务中，管理好眼神，向顾客正确地传递亲切、热情、友好的信息，让每次的接待都留下温暖的回忆。

2. 把握视线接触的时长

（1）眼睛注视对方的时长低于整个交谈时长的30%，属"低时型注视"，也是失礼的注视，表明他的内心自卑或企图掩饰什么或对人对话题都不感兴趣。

（2）眼睛注视对方的时长超过整个交谈时长的60%，属于"超时型注视"，一般使用这种眼神看人也是失礼的。

（3）标准注视时长占交谈时长的30%～60%，这叫"社交注视"。社交注视同样也受文化的影响，如瑞典人则要长久地看着对方的眼睛才不失礼。

在服务接待中，与顾客交流时，应根据情形调整与顾客目光交流的时间点。比如，倾听和表达中，建议尽量与顾客目光交流而不要回避。

3. 控制视线接触的位置

场合不同，注视目光也不同，分为公务目光、社交目光、亲密目光，注视的位置也不同。

（1）公务目光。在洽谈、磋商、谈判等严肃场合，目光要给人一种严肃、认真的感觉。注视的位置在对方双眼或双眼与额头之间的三角区域。通常服务场合、职场同事之间，顾客之间，上下级之间在工作场合都会运用公务目光进行交流。

（2）社交目光。这是指在各种社交场合使用的注视方式。注视的位置在对方唇心到双眼之间的三角区域。通常休闲时间，聚会时间、朋友之间会运用社交目光进行交流。

（3）亲密目光。这是亲人之间、恋人之间、家庭成员之间使用的注视方式，注视的位置在对方双眼到胸之间。通常在私人生活中才会运用亲密目光进行交流。

综上所述，我们要在不同的场合运用相应的眼神，避免因场合不对运用错误的眼神引起不必要的尴尬和误会。

4. 善用目光的变化

（1）交流过程中，直视对方的眼睛，通常在5~10秒，一般不超过10秒，这会让对方感觉更自然。如果直视时间过久，就会给对方以"盯视"的感觉，让人倍感压力。10秒钟后，可以让目光自然放松，做到散点柔视。

（2）散点柔视，即将目光柔和地照在对方面部的某个区域，而不是仅聚焦于对方的眼睛。避免凝视或转移视线，视线自然飘动。切忌盯视，眯视。

（3）眼睛转动的幅度与快慢都必须遵循一个"度"，不要太快或太慢。眼睛转动稍快表示聪明、有活力，但如果过度闪烁则会给人不诚实、不成熟，轻浮、不庄重的印象，如"挤眉弄眼""贼眉鼠眼"指的就是这种情况。但是，眼睛也不能转得太慢，否则就是"死鱼眼睛"或"反应迟钝"。鲁迅描写祥林嫂遭受巨大打击迫害后，眼珠许久才转一下，表示她已被迫害得头脑迟钝了。眼睛转动的范围也要适度，范围过大会给人以白眼多的感觉，过小则显得木讷。

（4）注视全场时，可用环视的目光，照顾到每位客人或者每位聆听者。

在服务中，服务人员把握好眼神的使用至关重要，应善用眼神与顾客交流，建立与顾客的信任。

（二）微笑管理

相由心生，微笑总是能快速拉近人与人的关系，流露出彼此友好的状态，以及内心的美好。微笑是全世界最通用的语言，微笑是人与人之间最容易拉近距离的人际交往艺术，微笑在服务中是投入的成本最小、但获得收益最大的一种服务方式。在与顾客接触的过程中，主动地向顾客展示得体合宜的笑容不仅可以展示出服务人员的职业修养，也会迅速拉近与顾客间的距离，建立服务人员大方优雅的个人形象，同时带来有温度的服务体验。人的情绪是可以传递的，服务人员要善于利用亲切的表情管理促进与顾客之间的关系。笑得自然、真诚、适度、主动，为顾客营造宾至如归之感。服务中，真诚地面对顾客，真心地对待顾客，微笑具有神奇的力量。

1．微笑的作用

（1）微笑表示心境良好。面露平和欢愉的微笑，说明心情愉快，充实满足，乐观向上，善待人生，这样的人才会产生吸引他人的魅力。

（2）微笑表示充满自信。面带微笑，表明对自己的能力有充分的信心，以不卑不亢的态度与人交往，使人产生信任感，容易被他人真正地接受。

（3）微笑表示真诚友善。微笑反映自己心底坦荡，善良友好，待人真心实意，而非虚情假意，使人在与其交往中自然放松，不知不觉地缩短了心理距离。

（4）微笑表示乐业敬业。工作岗位上保持微笑，说明热爱本职工作，乐于恪尽职守。在服务岗位，微笑更是可以创造一种和谐融洽的气氛，让服务对象倍感愉快和温暖。

2．微笑的"四要"与"四不要"

微笑的"四要"：

（1）要口眼鼻眉肌结合，做到真笑。发自内心的微笑，会自然调动人的五官，使眼睛略眯、眉毛上扬、鼻翼张开、脸肌收拢、嘴角上翘。

（2）要神情结合，显出气质。笑的时候要精神饱满、神采奕奕、亲切甜美。

（3）要声情并茂，相辅相成。只有声情并茂，你的热情、诚意才能为人所理解，并收到锦上添花的效果。

（4）要与仪表举止的美和谐一致，从外表上形成完美统一的效果。

微笑的"四不要"：

（1）不要缺乏诚意、强装笑脸。

（2）不要露出笑容随即收起。

（3）不要仅为情绪左右而笑。

（4）不要把微笑只留给上级、朋友等少数人。

3. 微笑的分类

微笑要灵动，灵动的表情才会带给人更亲切真诚的感受。有变化的微笑才能更入人心。微笑的变化有以下三个"度"。

（1）一度：优雅微笑（笑不露齿）。如图4-18所示。

优雅微笑（俗称的笑不露齿），微笑时嘴角肌上提，眼中有浅浅的笑意。待岗等候时或办理业务过程中，非交流的状态下，用一度微笑会创造温暖、温馨的环境和氛围。

图4-18　优雅微笑

（2）二度：亲切微笑（露4～6齿微笑）。如图4-19所示。与顾客交流时用二度微笑，以传递重视和亲切。

图4-19　亲切微笑

（3）三度：热情微笑（露8齿微笑）。如图4-20所示。

这是微笑的最高境界，一般会露出8颗牙齿，微笑时口轮匝肌、颧肌、眼轮匝肌同时运动。迎接、送客时可以采用三度微笑，以传递热情和友好。

图4-20　热情微笑

在岗位中，也要自然运用好"三度微笑"，做到"来时热情迎接、相处亲切交流、走时微笑送别、待岗温馨自然"。见到客人点头微笑，服务时保持微笑，称呼对方时真诚微笑，向人询问时礼貌微笑，递送物品时面带微笑，联系业务时和蔼微笑。由心而发的"微笑"，传递真诚用心的关注，让每一次接待都留下温暖的记忆。

4．微笑的训练方法

第一阶段，微笑训练的准备。

（1）给嘴唇肌肉增加弹性。张大嘴使口轮匝肌最大限度地伸张，并保持 10 秒，使嘴角紧张。这个过程，就像我们在"吃鸡蛋"，你想象自己在吃一整个鸡蛋，必须把嘴巴张得很大才能把鸡蛋放进你的嘴巴中。

（2）闭嘴鼓腮，使气体充盈整个口腔，同时让口腔内的气体快速在左右两颊来回晃动，持续半分钟到 1 分钟，以放松面部所有肌肉。

（3）丰富自己的"开心金库"。发自内心的微笑才会有感染力，所以培养积极乐观的心态是最重要的。"开心金库"里面存放能让自己开心发笑的"东西"，可以是笑话，搞笑视频，你自己经历过的令你开心的事情，等等。在微笑训练时，想想这些，会心一笑吧。

第二阶段，微笑的外在训练。

（1）眼中含笑训练：找一面镜子，到一个光线充足的地方，让柔和的光线照着你的表情。用一本书挡住眼睛以下的部位，对着镜子，想象你喜欢的人，或是令你有憧憬有期待的事情，让你的脸上露出自然的微笑。注意观察你的眼睛和嘴唇是不是带有笑意。然后放松嘴唇，只保留眼睛的微笑，记住这种感觉，同时体会自己的面部状态和心情。

（2）咬筷子训练：用门牙轻轻地咬住木筷，把嘴角对准木筷，嘴角两边翘起，露出 6～8 颗牙齿，每天坚持练习至少 10 分钟以上。

（3）嘴角训练：张开嘴，拉紧两侧嘴角，练习时可发字母读音"VISKY""茄子""田七"等音，保持 10 秒。每天坚持练习 5 分钟以上。

（4）手指带动训练：伸出两个手的食指，放在嘴角两边，向前移动 10 厘米左右的距离，目视前方。从 1 报数到 5，每报一个数，把两个食指往两边拉开一格，随着手指拉开，微笑也一度一度地增加，从眼中含笑，到露出牙齿，到绽放露出更多的牙齿，报到 5 的时候，露出 8 颗牙齿的灿烂笑容。之后再从 5 报到 1，依次把两个食指一格一格收回，笑容也慢慢收回。报到 1 的时候，嘴巴闭上，眼中含笑。

用内心去感受微笑，做以上训练时，可以同时配上愉快的音乐或回忆美好的往事，喜悦的心情油然而生，找到满意的微笑，维持 30 秒。

第三阶段，相对训练。

两人或多人一组，相对训练，互相纠正。

优雅微笑养成，以上这些动作要记得对着镜子经常练习，只要勤加练习，就能养成肌肉的记忆习惯。请记得，"你最经常的表情，终将雕铸成你的脸孔"。从今天开始，每天都给自己一些微笑吧。多一些微笑，给自己也给他人，用微笑的力量慢慢地融化我们生活中的烦恼。微笑不仅仅是一种表情，更是一种态度，一种对生活的美好向往。每天出门上班、准备接待顾客的时候，记得抬头挺胸，深深呼吸一口新鲜的空气，感受一下阳光的存在，感受一下内心的宁静愉悦，向你见到的所有人微笑问好。

【思考与练习】

1. 你觉得应该从哪些方面训练自己的仪态，使自己符合礼仪规范要求？

2. 每天花 10 分钟时间，练习自己的站姿、坐姿。观察自己做得是否标准，如果有不规范的地方，加以纠正和练习。

3. 每天用 5 分钟时间，从微笑准备开始，练习微笑，可用咬筷子法或手指带动法训练，坚持 21 天。有条件时，也可以与小伙伴一起训练。

4. 如果你向顾客介绍你的产品，应该用几度微笑，用哪种目光注视对方呢？

【回顾与总结】

1. 服务中应使用规范的举止和表情管理来与顾客建立信任。

2. 规范的站姿、坐姿、走姿、蹲姿、手势、递接物品的动作标准。

3. 塑造亲和力的表情包括眼神管理和微笑管理。

第五章
客户服务沟通

【案例】

业主孙女士急匆匆地跑到物业，气急败坏地说："我楼上的住户又出现漏水情况了，我家被漏得乱七八糟。太不像话了！"物业管理人员听到孙女士的抱怨，关切地问："严重吗？我马上帮您联系您楼上的业主。请问您的房间号？"业主回道："我住××。这业主太不像话了，上次就漏过一次了，这次又漏。我上次就没找他们理赔，这次肯定是要找他们理赔的！"物业管理员迅速在电脑上查找相关资料，同时用关切的眼神看着业主，接过话："家里漏水肯定麻烦的。孙女士，我刚帮您查过，您楼上的业主今天早上还来充了水费，说是家里停水了。我马上给他打电话。"

那边电话拨通之后，物业在电话里说："朱先生您好，请问您是××房屋的业主吗？我是××物业管理员，工号1234。您家里的水泵又漏水了，您楼下的业主找过来了。您能不能赶紧回来看一下？目前我们已经将您房屋租客的水泵关掉了，但这个事情您可能需要赶快回来处理一下。听您楼下的业主说前不久也漏过一次，这次还有损失。"

电话挂了之后，跟业主说："孙女士您好，您放心，我刚才已经跟楼上的业主说过了，他会尽快回来处理这个事情。您看我需不需要把他的电话给您，您也可以联系他。另外，您家里现在情况怎么样了？需要我安排清洁阿姨上门帮您打扫吗？"

业主心里本来都是火，看到物业这样说，就没再追究。对安排阿姨上门帮忙处理水灾现场也表示满意。

等到业主回到家，清洁阿姨也上门了。业主客气地说："进来吧，不用换鞋了。"两位清洁人员穿着雨鞋，没穿鞋套，就走进了业主的家。业主眉头皱了一下，然后跟清洁人员说："楼上我自己弄吧，楼下这里比较厉害，你们可能需要帮忙把地上的水弄干净，地板怕是要泡坏了。辛苦你们了。"两位清洁人员走进屋子，环视着业主的家，开始相互交流："他们家的东西太多了，好挤啊。""是啊，怎么这么多东西，东西少点清爽点。你看那个某某家也是这个面积，看上去就舒服多了……"

业主本来还在腾着地方，拿工具出来，看到清洁人员站在那里说着这些，心中自然不舒服，但碍于修养不便发火。于是压住心中的不悦，跟两位保洁人员说："阿姨，要不我自己弄吧，谢谢你们上门……"清洁人员听后马上说："哦，那好。我们走了……"

送走两位，关上门。业主重新将地拖了一遍，又开始自己清理屋子。之前的好感在这一刻所剩无几。

【分析】

顾客服务的过程中，沟通是一件重要的事。成也沟通，败也沟通。

在上述案例中，物业管理人员在接待的时候，有几处做得特别好的地方：

（1）有同理心。物业管理人员在业主遇到难事的时候，能够发挥同理心理解业主，又能在当下关注业主的需求，主动提出服务的方式，以及合理的建议，站在业主的角度为业主考虑。

（2）主动服务。孙女士在上门找物业的时候更多的语言中表达的是抱怨，物业人员在倾听理解同理对方的同时，关注事情的解决。恰当的时机提出问题的解决方式。比如"我马上帮您联系他""您看我是否需要把他的电话给您""需要为您安排保洁上门打扫吗"等，主动服务。

（3）获得业主的认可。在提出服务建议后，本着"以客户为中心"的原则，征求客户同意，从情感上满足客户的需求，提供情绪价值。

而保洁人员却刚好相反，业主一句"不用脱鞋"本是客气，作为服务人员应当遵守服务规范，不能把他人的客气当理所当然。在服务中按规范操作，对顾客保持应有的尊重和分寸，才能带给客户更专业的职业感和安全感。

在服务的过程中，不能随意对业主评头论足。关注自己的工作领域，非礼勿视，非礼勿言，做好本职工作才是本分和规矩。

人际交往离不开沟通。每个人的思想、情感、信息都需要相互交流，来获得彼此的理解、认可和支持。同样的意思，不同的表达可能达到的效果会大相径庭。"会说话"也成为职场人士的必修课。

在服务中，沟通更是必不可少。礼以敬为主，在服务的场合，服务沟通亦需要秉持"自谦而敬人"的理念，以恰到好处的方式与顾客交流。有时候，商品好，服务人员形象管理佳，但不会服务沟通，仍然会让顾客不满意，甚至产生投诉。服务礼仪的核心在于恰到好处地向宾客表达自己的尊敬之意。所以，规范、巧妙使用服务语言在服务工作中就显得特别重要了。

服务沟通是服务人员在服务宾客时所用的语言。恰当得体的沟通技巧，不仅可以表现出服务人员的亲切、友好、热情，也能传递出对宾客的尊重，进而提升服务的满意度，同时还可以提高服务的效率。因此，在服务工作中，准确而适当地使用沟通技巧，对于服务人员来说是必备的服务技能。

顾客服务工作，最根本的目的是给顾客带来愉快美好的服务感受。服务人员在与顾客沟通时，要注意使用文明语言、礼貌用语，吐字清晰、用词文雅，根据恰当的情境使用合适的沟通技巧。

第一节　服务沟通的3A法则

根据服务礼仪的规范，服务人员在工作岗位上应当向顾客表示尊敬之意，给顾客带来美好的感受，必须善于抓住以下三个重点：接受对方、重视对方、赞美对方。这就是我们常说的"3A法则"。"3A法则"是由美国学者布吉尼教授提出来的。在英文中，"接受"（Accept）、"重视"（Appreciate）、"赞美"（Admire）三个词汇都是以字母"A"打头，因此又称为"3A法则"。按照3A法则的规定和要求与顾客沟通和交流，这样更加方便和准确。

（一）接受对方

服务人员接待的顾客来源非常广泛，顾客千差万别。在这些顾客中，有些顾客高雅得体，也有些顾客的行为或表现并不是我们的服务人员所喜欢和接受的。而想要做好服务，就不能以自己的好恶为标准，更不能带着情绪上岗。接受对方包括三个方面。

（1）能换位思考理解顾客并接受对方。热情相待，来者不拒；不怠慢、不冷落、不排斥、不挑剔、不为难；积极、热情、主动地接近对方，淡化彼此之间的戒备、抵触和对立的情绪，这就是接受对方。

（2）接受对方的风俗习惯和交际礼仪。在人际交往和服务过程中，不因服务对象的身份地位不同、学识教养不同、性别背景不同而区别对待，也不因个人喜好而选择对待，而是站在服务对象的角度去理解对方、接受对方，帮助对方。

（3）接受对方也包括包容和理解服务对象。在岗位服务时，即使顾客的理解或者操作是错误的，也不要直接与顾客争辩，或直接指出顾客的错误，而是尽可能地采取委婉的语气进行表达，让顾客能充分理解，更易于接受。

（二）重视对方

重视服务对象，是服务人员对服务对象表示敬重之意的具体表现。应当表现为认真对待服务对象，并主动关心服务对象。让对方在被服务的过程中感觉自己的重要性和独特性。

重视对方，是在心里尊重对方，尊重对方的心理感受，尊重对方的需求，把对方放在重要的位置，这远比我们给对方送个小礼品更重要。

服务人员有时候总会觉得自己的工作不被重视，其实尊重了对方就是尊重了自己。尊重了他人，相互的交往过程中，自己的才华才有机会得以显现。

在服务中重视对方具体体现在三个方面。

1.记住对方的姓名

人对自己的名字总是最敏感的，被对方记住，就意味着对方对自己重视有加。在我们的服务中，有四类顾客的姓名是一定要记住的：

VVIP顾客，非常非常重要的客人，是指国宾或本国的国家领导人；

VIP顾客，非常重要的客人，是指重要的外宾、政府的高级官员和社会各界知名人士；

IP顾客，重要的客人，一般包括与本公司关系密切的其他公司的负责人、领导，以及政界、商界、军界、学术界、新闻界人士；

SP顾客，特殊的客人，包括常来消费、曾经有投诉或特殊要求、需要特别关照的客人。

在记住这些重要顾客的姓名的同时，也一定要记住千万不要叫错人的姓氏，张冠李戴，反而弄巧成拙，这就要求服务人员一定要花心思，要特别留意和细心，提前做好功课。

是不是只要注意特别重视这些顾客呢？显然不是，来者都是客。所以，在特别重视这几类顾客的同时，接待普通顾客也要注意随时留心他们的个性化需求，以满足顾客需求为己任，同时还要注意在普通顾客面前为特殊顾客提供特殊服务时，服务差异带来的差异感受，尽量尊重普通顾客的心理感受。

2.随时随地使用尊称

服务开口两件事："称呼＋问候"。服务中，礼貌地称呼对方，是重视顾客的一种具体表现。在服务过程中，见到顾客主动招呼，并规范使用尊称，是服务中对交往对象表示尊重的一种常规表现。称呼随着地区不同，方式也不一样。在广东地区，会经常称呼顾客"靓女""靓仔"；在江浙沪地区，会经常称呼对方"先生""女士"；在北方会经常称呼顾客"大姐""大哥""大叔""大妈"等。服务人员要因地制宜，规范标准地礼貌称呼，体现对顾客的尊敬之意。

3.倾听服务对象的要求

在服务中，我们需要注意倾听顾客的心声，并准确理解顾客的需求和意图，从而达到满足顾客的目的。认真倾听，是一种礼貌，也是一种能力。顾客表达自己的服务需求时，服务人员应该认真聆听，不打断，不厌其烦，耐心倾听，准确而充分地理解对方，接纳对方的意见和建议，并及时给予反馈。

（三）赞美对方

罗伯特·西奥迪尼在《影响力》（*Influence*）中提到"喜好"这一原则，人们会因为你喜欢他们而喜欢你。赞美是一种直接向他人表达喜爱的方式。一个人无论是通过语言还是通过行为表达出对他人的优点和长处真诚的肯定和喜爱，都是赞美。人际交往的过程中，欣赏并认可对方，不仅是一种礼貌，更是一种修养。

赞美有以下几个基本原则。

1. 实事求是

赞美要在事实的基础上，不可浮夸。有的服务人员为了让顾客开心，尽其所能地搜刮赞美词，名不副实，过度夸张，反而会让顾客心中不快。每个人身上都有优点，我们需要有一双发现美的眼睛去观察每一个人身上存在的优点，欣赏他并通过语言表达出来。比如顾客带来的孩子张嘴称呼你"阿姨"，你可以夸孩子"真有礼貌"；一位个子不高的女生来试衣服，你可以夸她"身材比例真好"。

2. 恰到好处

赞美能让人愉悦，但如果过度就容易适得其反。在服务中，恰到好处的赞美，是"刚刚好"的度的把握。比如，顾客看中了店里刚进的新款，你可以夸一句"您真有眼光"；当接待常来的老年顾客，进门的时候就可以夸他"您今天气色真好"。夸人的时候还应该因人而异，有的顾客特别喜欢听夸赞的话，你不妨多说一些；有的顾客更关注实际的服务过程和产品细节，这时候你就可以把夸赞放到顾客的关注点上以及对产品或行业的专业度上。

3. 真诚赞美

无论你会不会说赞美的词，只要是真心的发现、真心的表达，顾客都会接受。真诚，顾客就能接受。赞美，发自内心，真诚就好。

4. 及时赞美

当下赞美才是最恰到好处的欣赏。当顾客猜出了一个菜的制作工艺，可以夸赞他"您真是行家"；当顾客非常耐心地等待，你可以感谢他"谢谢您的等待"；当顾客给予我们充分的理解和支持，你可以对他说"谢谢您的理解"。事情一发生就即刻赞美对方，及时的赞美润物细无声，悄无声息地打动顾客。

5. 赞美内在高于外在

赞美是一种发自内心的欣赏与认可，除了以上的四个基本原则之外，服务人员还应该把握人心、把握关系，让赞美成为彼此关系的润滑剂。在彼此不熟的时候，可以通过对顾客的外在进行赞美。比如，夸气色，"您今天气色真好，真精神"；夸衣品，"您这身衣服真适合您"；夸声音，"您的声音真好听"；夸发型，"您的发型真好看"；夸皮肤，"您的皮肤保养得真好"……如果我们夸对方"您真有品位""您对我们的行业真了解""您真的跟其他顾客不一样""您的眼光真好"等，则是夸赞对方内在的修养、眼光。夸人内在高于夸人外在。夸人内在给人的感觉是"懂我""了解我"，内在的品质被对方欣赏，是更高层次的理解。

赞美是与对方交往的一种情感纽带，是表达欣赏和接纳对方的方式。真诚地、实事求是地赞美对方的长处，是用心地发现并及时地表达情感的一种方式。在我们的服务过程中，真诚相待、真心接纳、包容顾客、表达尊重的同时，也不要忘记赞美对方，真正把对方放在心上。

3A 法则是服务人员与顾客沟通时候的基本指导原则，在服务中应当秉承着 3A 法则与顾客沟通，提升顾客的满意度。

【思考与练习】

1. 服务沟通的"3A 法则"是指的哪三个？
2. 请对 3A 法则的具体内容分别举例说明。

【回顾与总结】

服务人员在工作岗位上应当合理使用 3A 法则，在沟通中向顾客表示尊敬之意，给顾客带来美好的感受。

第二节　服务沟通的时机

【案例】

头等舱门口，乘务员一切准备就绪，迎接上来的每一位旅客。上岗不久的晓晴很是紧张，想着一定要好好表现，在机舱门口热情地迎接并问候每一位登机的旅客。这时上来一位旅客，手里拿着充电宝正给手机充着电，晓晴礼貌热情地说："先生，欢迎乘机。飞机起飞时不可以使用充电宝充电。"旅客白了她一眼，有点不开心地回道："难道我第一次坐飞机吗？"晓晴更紧张了，她好像说错话了……等迎接服务做完之后，她跑去问乘务长怎么回事，乘务长告诉她："提醒旅客安全注意事项没错，但是时机很重要。如果放在客舱安全检查时再提醒就会恰当一些了。"

【分析】

在服务中，什么时候应该说话，什么时候不应该说话，时机的选择很重要。案例中的晓晴想提醒乘客在飞行过程中不可以用锂电池充电，但是她选的时机不对，可能会造成乘客的误会，让乘客感觉被冒犯。因为乘客可能也清楚在飞行过程中不可以充电，也有打算安全检查的时候结束充电。但乘务员选择登机的时候提醒，就可能会让乘客感觉自己被误会不懂规矩，甚至可能感觉被命令，从而引发情绪，带来欠佳的体验。

在服务中，哪些情境是我们需要注意的沟通时机呢？

1. 顾客来时有迎接声

首因效应是指最初接触到的信息所形成的印象对人们以后的行为活动和评价的影响。人与人的第一次交往会给人留下较为深刻的印象，在对方的头脑中形成并占据着主导地位，这种效应即为首因效应。

我们在接待顾客之初，也要积极留给顾客主动热情的首轮好印象。欢迎用语使用在顾客光临之初，与顾客一见面，主动热情地使用"欢迎"等话语，会在人际交往的首因效应中塑造良好的第一印象，为接下来的顾客服务情感体验奠定好基础。

在使用欢迎用语的时候，要注意语气语调可以比平时略为上扬，给人朝气积极的感觉。语言上通常是使用"称呼 + 欢迎光临！"或"欢迎您的到来！""见到您很高兴"等话语。需要注意的是，行业不同，欢迎词需要区别使用。比如汽车 4S 店的售后维修部门，我们就不方便说"欢迎光临"，以免给顾客带来不好的感受，而是改说为"有什么可以帮到您"；医院里的导诊前台，迎接时会说："请问您挂哪个科室？"

2. 顾客提问时有回应声

快速反应，及时应答，让顾客感受无处不在的关注和照顾。每个人都需要被关注和重视。在服务中，当顾客呼唤服务人员，服务人员应当第一时间回应，给予顾客足够的关注感。回应时规范使用应答语，也是服务的品质。

应答语的使用要求规范、灵活、热情、礼貌。应答时，可根据情境灵活使用。但需要提醒的是，在服务中，不要跟顾客说"不"。常规使用的应答语有："是的""好的""马上来""一定照办""马上改进""我会注意的""谢谢您的指教""您过奖了""这是我应该做的"等语言。

当顾客提出问题，如果服务人员知道，应在第一时间向顾客解释清楚，注意语言清晰明了。比如：

顾客："这个活动什么时候开始？"

服务人员："先生您好，您关注的这个活动目前正在进行中，需要我为您提供一些详细的介绍吗？"

回答的时候要注意：称呼问候顾客，回应顾客的问题，并主动提供进一步的信息。这样的回复会让顾客感觉被关注，也能让服务更进一步。

当顾客提出的问题服务人员不清楚时，则应当告知对方如何找到问题的解决方案，最好能主动帮助顾客找到答案或协助顾客找到解决方法。比如：

顾客："我在你们这里买的电脑，但现在我不会安装软件，你们能帮我看看吗？"

客服人员："女士您好，您是需要我们协助您进行软件的安装是吗？这可能需要我们的技术部提供专业的远程协助。请您稍等，我请技术部的同事给您回电可以吗？确认一下，您的电话号码是×××对吗？"

顾客是需要被关注、被帮助的人群。在服务中，满足了他们真正的需求，才能获得顾客的满意。

3. 造成不便有致歉声

在服务的时候，因为种种原因给顾客造成不便、妨碍、打扰等的时候，服务人员应当真心诚意地向顾客表达歉意。

表达歉意时，常规情况下，可以使用"非常抱歉""对不起""请您原谅""不好意思""请多包涵"等抱歉用语。

但如果事情比较严重，还应该说明自己歉意和失误之处，同时表示一定会为此负责，为顾客排忧解难。主动承担的责任心更加能够表现出道歉的诚意，取得顾客的谅解。

客服人员："非常抱歉！由于我们海外商品的报关问题，没能按您预定的时间将商品送到，真的非常抱歉。我这边已经将您的情况上报领导，我们也特别标注了会重点关注。这边有任何信息，我第一时间向您汇报进度。您看可以吗？"

歉意是来自内心的真诚，因为个人或者服务机构的原因而给顾客带来不便或造成损失，一定要注意表达时的语气语调传递正确的情绪给顾客，方能获得对方的谅解。

4. 服务之前有提醒声

服务是满足顾客的需求。在服务前，服务人员应当礼貌地征求顾客的意见，确认顾客的需求，再提供令其满意的服务，这才是服务的宗旨。

一般来说，在以下时刻服务人员需要使用征询用语征询顾客的意见：主动提供服务时，了解顾客需求时，请对方选择时，启发对方思路时，征询对方意见时，等等。征询时要注意表达的态度，以客人为主。"征询"主要是了解和探询客人的意见，千万不要给客人造成强迫之感。

一般情况下，征询用语有三种形式。

（1）封闭式。即便初步感知到客户的需求，在服务之前，仍然应该主动向顾客征求意见，以表示尊重。比如说"需要为您加水吗？""需要我为您介绍一下商品吗？"

（2）开放式。在不明确顾客需求的时候，我们可以使用"您有什么需要？""我可以为您做点什么？"等语言来了解顾客的真正需求。

（3）选择式。在顾客需求不明确之时，或者顾客也没有明确表达的时候，我们则可以使用选择性征询语来确定顾客的意见，比如"您是自用还是送人？""您是喜欢浓一点还是淡一点？"

服务前的征询语在服务中必不可少。征询的表达可以将选择权和自主权交给顾客，让顾客感受到尊重。不加征询直接为顾客提供服务，会让顾客有不尊重之感。征询之后再提供服务，真正将关注点放在顾客的需求上，提供切中需要的服务，增加顾客满意度。

服务之前的提醒声，也会在一定程度上提醒顾客注意安全，顾客往往会配合做出相对安全的举止。比如，我们在帮顾客加水时，服务之前提醒一声："我帮您加点热水，当心烫。"顾客就会侧身腾出位置让我们提供服务，同时添加好的热水也不会导致顾客因急于入口而被烫伤。

服务之前的提醒声，是尊重，是礼貌，也是关心，既可以提高顾客的满意度，又可以让我们在服务的过程中获得顾客的支持，更加顺利。

5. 顾客体谅有感谢声

致谢用语是表达感谢之情的。过去的服务中，可能会有这样的情形：让顾客等待了一段时间之后，服务人员再回到服务台为顾客提供服务时，往往会说："抱歉，让您久等了。"当我们在说这一段话时，往往会把顾客的情绪带到过去，有可能个别顾客这时候会接一句："你怎么这么慢，让我等这么久？"从而引起不好的体验感。当下的服务，建议你可以巧用语言把顾客带到未来："谢谢您的等待／感谢您的理解和支持。我现在马上为您办理。"我们为顾客的等待和体谅表达感谢，引导顾客更多地关注未来，同时建立起相互的信任感和好感。

在提供服务的过程中，除了顾客体谅，在顾客配合或者是为我们提供了方便，以及受到顾客赞美的时候，我们都应当表达对顾客的感激。在应当致谢而不说出口时，可能会引起顾客的不悦甚至反感，顾客会认为他为我们的付出没有被我们看到或接收。所以，情感是需要表达的，表达出来的情感才能让对方感受到。

致谢时，常用的语言是"谢谢您！""太感谢您了！""谢谢您的理解！"这在服务场合会经常用到。如果是有具体的事情需要充分表达感谢，则还应该在致谢时将致谢的原因一并提到。比如"太谢谢您理解我们的工作了""谢谢您帮忙调换了座位"等，这样的致谢给人的感觉更加有诚意。

6. 顾客离开有送别声

与顾客离别之时，也是留下良好印象的关键时刻。千万不要以为送别时已经结束了服务，实际上送别比迎接更为重要。在人际交往心理学中，末轮效应是相对于首轮效应而言的，末轮效应留给人们更强烈更持久的印象。强调服务结尾的完美和完善，即要"完美收官"。在实际情景中，它是一家服务型企业或某位具体的服务人员留给服务对象的整体印象中重要的组成部分。它甚至直接决定着该公司或个人的整体形象是否完美，以及完美的整体形象能否继续得以维持。末轮效应理论的核心思想，是要求人们在塑造公司或个人的整体形象时，必须有始有终，始终如一。

很多时候，服务人员在服务的过程中都特别的热情，但在送别顾客的时候，这份热情就开始减淡了，态度也不如之前的好了。这样反而会让顾客将之前留下的好印象冲淡，甚至留下了不好的印象。所以，送别时刻也同样重要，甚至比迎接更加重要。

送别的时候，我们常规会使用一些送别的语言，比如"再见，请慢走！""欢迎下次再来！""请慢走，希望下次有机会再次为您服务！"与迎接语言一样，我们要注意行业的区别性。比如，医院的医生护士送别患者，通常说"祝您早日康复！"汽车 4S 店售后人员送别顾客时则应当说"祝您一路平安！"

【思考与练习】||||||||||||||||||||||||||||||||||||||||||||||||||||||||||||||||||

1. 请说明六个服务沟通时机分别是哪些。

2. 每一个服务沟通时机的关键表达是什么？请结合您所在的行业举例说明。

【回顾与总结】|||||||||||||||||||||||||||||||||||||||||||||||||||||||||||||||||||

1. 服务沟通要讲究时机方能恰到好处。

2. 服务沟通中抓住六个关键时机进行有效沟通能更好地提升客户满意度。

第三节　服务沟通的语言要求

【案例】

刘女士带着女儿在眼镜店里想为她挑一副眼镜。女儿处在爱美的青春期，希望能挑一副时尚一点的镜架。两人在店里的各个柜台转来转去，转了好几圈了，服务人员过来问："你女儿的近视度数很高，能戴的就这么几个款，你们挑花了眼也没用。前面老师推荐的那几款你们看一下。"女儿看到营业员放到柜台上的几款，又回头去看之前试的一款，问营业员："阿姨，我可不可以选那个。"营业员有些不耐烦："不是跟你说过了吗？你度数这么高，那个镜架支撑不起镜片的重量。小姑娘，眼睛健康最重要，哪能只为了美不顾实用性，都说了好几遍了。"女儿小脸涨得红红的，拉住身边的母亲悄悄地说："妈妈，我不想在这家买。"于是，刘女士带着女儿离开了眼镜店。

【分析】

眼镜店的柜面营销人员在接待顾客的过程中，既要提供实际的服务，即为顾客挑选到合适且心仪的眼镜，同时也要让顾客获得良好的过程体验感受。案例中的柜员显然只关注到了实际需要，而忽略了女孩的感受需要。语言表达虽然从专业上来说有道理，但表达方式却不恰当，表现出不耐烦，最终导致顾客选择离去。语言管理在服务中是件非常重要的事。

一、服务沟通语言的四大禁忌

在服务中构建良好的客户体验，礼貌举止会让人心生喜悦，拉近人与人的关系；恰到好处的语言可以让人如沐春风，礼貌用语可以促进服务品质的提升。在服务岗位中，也有一些语言是不可以说的。如果一不小心使用了这些语言，除了伤害客户外，还会给我们的服务增加难度，甚至是麻烦。服务沟通中以下四大语言禁忌是我们一定要知晓的。

1.不说不尊重的话

尊重他人是人的基本素养，每个人都希望被尊重。在人际交往的过程中，不尊重他人的话是绝对不可以说的。特别是对对方的长相、身材、衣着等进行不好的评价，或者评论对方的缺陷，会大大伤害对方，让对方难堪。礼仪是一种尊重，也需维护他人的面子。在服务岗位中，一定要避免使用不尊重的语言。

2. 不说不友好的话

有的时候在服务岗位，服务人员可能被顾客抱怨了几句，或者本身自己生活中的事情影响了工作的情绪，服务人员在与顾客沟通的时候，逞一时口舌之快，急于在口舌上战胜对方。殊不知赢了一时却弄丢了顾客。人际交往时，想要让对方接纳你，你先要向对方展示友好。服务中，即便对方不够友好，服务人员也应友好相待，展现出良好的职业修养。

3. 不说不耐烦的话

服务工作本来就是繁琐的、细致的。在服务的工作中，我们遇到的顾客也是形形色色的，有的顾客喜欢表达，有的顾客喜欢提问。如果我们在服务中没有耐心，在顾客兴致勃勃地表达的时候不耐烦地打断顾客，会让顾客感觉特别不被尊重。在人际沟通中，认真倾听对方是尊重对方的一种表现。在服务中，顾客愿意向你表达，也是他对你有信任，愿意向你倾诉。如果这个时候你愿意花时间来倾听对方，不仅是一种礼貌和修养，更可以在倾听中与顾客培养感情，同时更好地了解顾客的想法和需求。如果你真的想要打断对方，千万不要太直接，应该在恰当的时候巧妙地打断，不让对方觉得尴尬。在与对方交流的时候，更不能流露出嫌弃的表情，甚至直接指责对方。

4. 不说不客气的话

在服务中，说话不能太直接，也不要直接指出顾客的问题。有的人生活中说话很直接，也把这种直接带到服务工作中。与顾客交流的时候，如果顾客出现了错误，马上指出来，丝毫不留情面。这样不客气的表达会让顾客感觉被冒犯，失了面子，因此离你而去。

在服务中，表达时一定要注意对方的感受，不能太直接、太生硬，要照顾对方的面子。一定要指出来的时候，也要用对方能接受的方式。

二、语气表达的注意事项

与顾客沟通，语气语调非常重要。热不热情、欢不欢迎，从声音的高低就可以听出来。所谓抑扬顿挫，就是情感的表达。在与顾客交流的过程中，仅仅使用规范的语言还不够，还需要有亲切热情的态度。

（1）语音语调悦耳清晰。音色轻柔，发音清晰，语气平和，可以增强服务中顾客的舒适感。试想，服务人员如果粗声粗气地说话，顾客的感觉也一定不好，温和清晰的语气，更能拉近彼此的距离。

（2）语气诚恳亲切。跟顾客交流，要有亲切的态度，让顾客宾至如归，交谈的语气诚恳，更容易与顾客建立信任感，从而更好地提供服务。

（3）首选普通话。普通话全国通用，在各个服务场合，也应当尽量使用普通话。各地也会有各地的方言，有时候在接待老年顾客的时候，可能老年顾客还是会更习惯用方言交流，服务人员可以照顾顾客的习惯，首选普通话，其他交流则可以使用方言。

（4）语速适中。每个人性格特点、说话习惯不同，有人语速快，有人语速慢。但在给顾客提供服务时，要注意语速适中，务必让顾客听清楚。

（5）音量适中。适当的音量，既能让顾客听清楚，又不至于影响他人。与人交流，适中的音量是最让人舒服的，声音过大，会让人觉得聒噪，又影响服务区的其他顾客；声音太小，可能会导致顾客听不清楚，影响服务效果。在服务中，恰到好处的音量是刚好让顾客听得见，而不会影响其他人。除了保持服务场合适度音量的优雅环境和顾客的良好体验，还要注意保护顾客隐私，尤其是在顾客买单或者支取大额现金时，更要注意保证顾客安全。

【思考与练习】 ||||||||||||||||||||||||||||||||||||||||||||||||||||||||||||

1.顾客服务中沟通语言的四大禁忌是哪四项？

2.练习使用亲切的语气与您身边的同学交流，并问问他们的感受。

【回顾与总结】 ||||||||||||||||||||||||||||||||||||||||||||||||||||||||||||

1.顾客服务中，要注意避开禁忌语言，避免造成顾客不快。

2.服务沟通中，要注意把握恰当的语气语调。

第四节 善用倾听，构建良好的顾客关系

【案例】

小张在一家线上店购入了一件春天外套。一个半月后，她才恍惚想起了这件曾让她心驰神往的梦中情衣还没到货，于是向线上客服发起对话。

小张：您好，请问什么时候发货？

客服：亲亲，小二接待过的人运气都是不会差的哦！您这么温柔可爱，肯定很快就可以收到发货的消息啦！

小张：已经下单 47 天了，所以我的运气差到爆棚，我是一点也不温柔可爱吗？

客服：亲亲，这边知道咱们等待几天了呢，我们每次相遇我都倍加珍惜～

小张：……好的，能不能帮忙催下发货！

客服：不好意思哦，我们这边不是库房，不负责发货的呢！

小张：你们不是一家店的吗？

客服：亲亲，抱歉久等了，暂未查询到物流信息呢！

小张：这还不是因为没发货哇，所以什么时候能发货？

客服：明白，会尽快的。

小张：……

不懂得倾听，就无从谈沟通，更谈不上为顾客解决问题。古希腊哲人曾经说过，造物主给了我们每个人两只耳朵和一张嘴，就是要我们多听少说。现代社会学家们经过研究也发现，通常情况下，人与人沟通的成败，并不在于他们说话时间的长短，而是在于他们说了什么，以及所说的内容被正确理解的程度。而沟通的成功度，一定程度也取决于倾听者是否会倾听。

无论与什么顾客沟通，也无论是沟通什么问题，先听对方把话说完，这是最基本的礼貌。如果顾客想表达自己观点，他当然希望你能听完；如果他对某件事有不同的观点，他也希望你能让他充分表达自己的意见；如果顾客想跟你交流讨论，他也希望你先听他讲，你可以充分理解他的处境和想法；如果顾客遇到了不开心的事

情，他也希望他的发泄和倾诉你可以认真听完。倾听会让顾客对你产生好感、产生信任。

倾听是一种能力。倾听时，有的人喜欢站在自己角度去听，总是在拿自己的观点来评价对方"对"或者"不对"；有人倾听时人在心不在，根本没注意聆听对方；还有人倾听时喜欢打断对方，急于表达自己的观点。这些都是不恰当的。倾听是一个从心到脑、从头到脚、由内而外的全身心活动，全面的倾听要注意两点。

1. 心态倾听

指要注意全心全意地听，认真地听，关注顾客说了什么，他有什么样的想法、情感和意图。

2. 体态倾听

尤其要注意以下五个方面。

（1）眼睛倾听。眼睛是心灵的窗户，与人沟通时，眼神的交流会让对方感受到被关注，被重视，同时还能进行相应的情感交流。

（2）表情倾听。倾听者的情绪会随着表达者而发生变化，这正是认真倾听的一种重要表现。当顾客在表达时，真诚的微笑能鼓励对方说得更多；倾听时，是一种情感的交流，能同理对方，能让对方感受自己的被理解。当听到顾客在表达欣喜时，倾听者会面露微笑；当顾客表达受挫时，倾听者则应当表达出担心等相应的表情。

（3）体态倾听。体态是一种无声的语言。在顾客说话时，如果我们可以停下手中的事情，认真地转向他，并目光交流，顾客会感受到尊重。而在顾客向我们表达的时候，我们如表现得漠不关心，依然做着自己手上的事情，则会让顾客感受被忽视，顾客会选择离开或者投诉。所以，在顾客表达的时候，要停下手中的事情，认真地倾听。同时，身体的前倾是对讲述者有兴趣的一种表现，通过身体前倾，希望获得更多的信息。所以，当表述者看到倾听的人身体前倾时，他是愿意说得更多的。如果在倾听的时候拿着笔和本子认真做记录，则顾客更会觉得自己的意见是被重视的。这些都有利于接下来处理问题。

从心理学角度来说，在倾听时，如果出现抱胸、背手等动作，表示内心并不接纳对方的意见，而叉腰动作则可能被理解为具有挑战之意。所以，在倾听时，要注意姿态开放，不要出现环抱双手、双手背后或叉腰等动作。

（4）点头倾听。在倾听的过程中，适时地点头并不一定代表我们同意对方的观点，而是表示我们在认真倾听对方的意见。倾听的时候，点头的动作能让对方感受到意见被人聆听，从而更愿意表达。

（5）用嘴倾听。用嘴倾听并不是让你急于表达。"善者不辩，辩者不善。"用嘴倾听，是指在倾听的过程中要有回应。如果顾客在说，而服务人员一直都是无声倾听，顾客也会认为服务人员没有真正在听，尤其是在电话沟通时，服务人员在电话另一端更需要适时地发出"嗯""哦""明白了""好的"等，以免长时间没有发声，顾客以为电话另一头已没有人倾听或电话已经挂断。与顾客交流倾听时，应当有语气词作相应的回应。一般来说，在对方表达时，可以用"嗯""是""好的""明白了""原来是这样"等词语表达正在倾听，同时也是鼓励对方说更多。当对方的表达中有比较重要的词汇或者涉及需要执行服务的关键词汇，应该逐字重复，比如"好的，一份牛排，七分熟，不用铁板。"当对方的表述告一段落时，则可以用自己的语言简单总结顾客的意思："您的意思是……您希望我们这样处理对吗？"以此来确定已经完全理解对方的意思。沟通本来就是双向的，服务人员要善用简洁的语言对听到的内容进行回应和总结，这既是倾听的礼貌，也是保证信息有效交换的重要过程。

有句话叫"久医成疲"，每天接待各类顾客，难免会有疲惫的心态，这就需要服务人员自我调节，唤醒身上的正能量，不抱怨、不逃避、不推卸、积极倾听，乐观面对，做一名优秀的倾听者。

带着让顾客更满意的心态去倾听，使用良好的体态去倾听，去真正理解顾客。无论顾客是提意见、询问问题，还是抱怨，哪怕是挑刺，都是你倾听的内容。积极地倾听，正确地反馈，可以让顾客感受到尊重，意见得以表达，情绪得以抒发，缓解顾客的情绪，帮助双方更高效地解决问题。

积极倾听是礼貌，也是有效服务沟通的保障。

【思考与练习】

1. 体态倾听的六个方面分别是什么？

2. 使用积极倾听的体态与你周边的同学练习，让你的积极倾听形成习惯，坚持21天。

【回顾与总结】

1. 服务沟通中，应积极倾听顾客的需求。

2. 积极倾听要注意心态倾听和体态倾听两个方面。

第五节　服务沟通的技巧

【案例】

大堂经理：您好！请问您办理什么业务？

客户：我取30万元。

大堂经理：您带身份证了吗？

客户：带了。

大堂经理：那您预约了吗？

客户：没有。

大堂经理：不好意思。按我们银行的规定，您取30万元现金是需要提前一天预约的。

客户：规定是死的，人是活的嘛！我上次来取20多万元时，也没预约，就取到了。

大堂经理：不可能，我们银行是有这个规定的，大额取款需要提前一天预约。

客户：怎么不可能，不信你问问那个戴眼镜高高胖胖的男孩。

大堂经理：不好意思，那位员工今天休息了。您取这30万元是干吗用呢？

客户：你管我干吗用？

大堂经理：是这样的先生，支取大量现金也不安全，我们这里是可以转账的。

客户：不行，我就要现金。明天我们单位的员工就放假了，我得给他们发年终奖。

大堂经理：哦，是这样啊，那直接转到他们的工资卡上就行了，您不需要取这么多现金。如果非要取的话，就只能明天了。

客户：什么只能明天！明天就放假了，我今天就非取不可。我的这些员工都是从农村来的，也不用什么卡，一直都是发现金给他们，他们看不到现金心里不踏实，你就别多问了，快想办法帮我取了。

大堂经理：那没办法，实在对不起，您没有预约，今天真取不了。

【分析】

案例中，客户不清楚银行的规定，所以没有提前预约，导致取不到钱。本来就有情绪，大堂经理的解释听起来也比较生硬，就会导致客户关系紧张，而引起投诉事件。

在沟通的过程中，人们都会更关心自己的利益得失。如果感受到对方强硬的态度，则更容易引起对抗的情绪和反应。想要说服对方，我们需要换位思考，理解对方，让对方缓解紧张情绪，若能站在对方的角度为对方考虑，就更容易让对方配合与协助。

在遇到客户不满时，作为服务人员，应该充分发挥同理心，表达对客户的理解，关注客户的需要，做出合理的解释，并提出相应的解决方案，才是客户想要的。

人际沟通本来就是件复杂的事情，会受到很多因素的影响，比如身份、认知、价值观、目标、信息、情绪、时间、情境、任务、背景等。在服务中，服务人员的任务是"为顾客提供令之满意的服务"，之前的内容中我们提到，顾客的满意，一方面是来自实际服务需求被满足，另一方面是来自在服务过程中的情感需求。这就对服务人员在服务过程中的沟通提出了更高的要求，需要我们构建有温度的服务体验。

创建有温度的表达需要遵循以下四项具体要求。

第一，征询顾客，而不是告诉。

有时我们需要告诉顾客需要做一些什么事，这样我们才能向客户提供良好的服务。在这种情况下，我们应该采用"征询客户"的表述方式，而不是"告诉客户应该做什么"的表述方式。

在实际工作中会看到这样的情形：服务人员需要顾客填写一些个人资料，会跟顾客说"请把信息填写完整"；顾客打电话来咨询一些问题，服务人员需要向同事了解更多的情况才能回答，于是跟顾客说"不要挂电话"。类似这些情形中，这些客服人员忘了到底谁服务谁，向顾客直接发出"指示"。从人的大脑来看，人们容易会把"指令性"语言视为"威胁"。当顾客听到这些"指令"，很可能会引发不悦的情绪，认为服务人员没有尊重自己，从而导致服务体验下降，甚至投诉。

上面的情形，我们换种做法，看看会不会更好。

"先生，为了更好地为您提供后续一对一的个性化服务，可以请您完善一下您的个人资料好吗？谢谢啦！"

"我现在马上帮您问一下，请稍等。请您不要挂电话可以吗？马上就可以回复您。"

征询客户，而不是告诉客户，会带给客户更好的尊重感。所以在遇到类似的情形，不要忘记征询客户，让客户感受到尊重，拥有主动权和掌控权。

第二，积极主动。

在与客户打交道的过程中我们永远都应该采用积极主动的方式，而不是消极的方式，对我们的想法进行表达。这并不是说我们在客户服务过程中要对客户进行"欺瞒"，或者对客户"两面三刀"，而是要尽量采取一种乐观向上、轻松活泼的方式与客户打交道。人们会更关注自己的需要和自己的利益。开篇案例中的大堂经理的表达明显更关注银行的规则，而忽略了客户的实际情况与需求。如果我们在服务中，只关注自己关心的，而客户正好也关注他关心的，就可能产生理解上的分歧，认为你不关心他的需求，从而导致情绪的产生，影响服务体验。

在我们看到的事例中也有很多类似的情形："这项活动到 11 月就结束了""我们这个部门只负责接待商务客户"。采用这些"消极"的表述方式，让客户有种被泼了一头冷水的感觉。

因此，我们在服务客户的过程中，应当积极主动地为顾客解决问题，亲切而关心的表达则会让客户感受温暖。比如"这项活动虽然到 11 月就结束了，不过我们后续还会有类似的活动。如果您感兴趣，您也可以加一下我们的企业微信，有相关活动我们也会主动推送给您。""我们这个部门目前是主要接待商务客户，我马上请接待个人客户的同事过来跟您接洽。请您稍等。"有时候，虽然条件不符合，顾客不能在第一时间得到我们的服务，但因为表达恰当，让客户感受到他的需求被关注，也更容易得到顾客的理解；同时进一步积极主动地提供更多的服务或者更多的信息，也会给客户留下温暖的好印象。

第三，以客为主。

我们是否听过这样的语言："您不可以在这里吸烟""这是我们银行的规定"，如果您是顾客，当听到这类语言，肯定感觉特别不舒服。听到这类指令性语言，大脑会马上识别为"威胁"从而下意识会产生"对抗"行为。在服务中我们需要关注客户体验，关注语言和行为是否会让顾客感受到"尊重"。尊重，则是以客为尊，将从"我"出发的表达换成以"客户"角度出发的表达。我们来看看是否感受会不同。"先生，如果您想吸烟，我带您去我们的吸烟室好吗？请随我来。""我们为了保障像您这样的大额储户的资金安全，所以在取大额现金前需要核对一下您的身份。谢谢您的支持和理解。"换种表达，注意语气语调的输出，顾客的感受就会不一样，感受到服务人员是在为自己着想，便更愿意配合。

从客户角度出发的表述方式都会在字里行间让客户感受到"客户至上"。

第四，乐于助人。

【案例】

某银行来了一位办理对公业务的客户，到了柜台后，发现需要携带的资料不齐全，不能办理，当下决定赶快回公司去取，可打车怎么也打不到，正急得团团转时，细心的大堂经理发现并上前了解情况："女士您是叫不到车吗？"客户回答："材料不够，得回去拿。来的时候也没问，但我今天必须开户，否则就来不及了。现在这打车怎么那么难，一来一回，不知道你们几点下班啊？"

大堂经理回复说："我们行这附近叫车确实不容易。您先别着急，要不我问问主管，看是否可以帮您安排一下车辆。您这一来一回也够辛苦的。我也帮您跟办理的柜员约好，一会儿您回来不用重复取号，直接办理。您看可以吗？"

客户到网点需要办理业务，但因为自身原因并没有顺利办好。在了解了对方需求之后，大堂经理不仅共情安抚客户，还积极为对方想办法，主动提出力所能及之事。让客户充分感受到"客户至上"。在服务中，服务人员不仅需要做到自己的本分之事，还应力所能及地为客户着想，为客户解决问题。

服务沟通，既需要为顾客解决问题，又需要给顾客带来温暖之感。服务人员需要了解人心，把握需求，积极沟通，关注符合服务思维的回答原则，尊重、温和而坚定地表达自己；负责，拒绝推卸责任或寻找借口；换位思考，提供准确而易于理解的信息；保持开放的局面，给出可能的解决方案。发自内心地真诚而有技巧的服务沟通，让每一次的接待都留下温暖的回忆。

【思考与练习】

1. 创建有温度的表达有哪四项具体要求？

2. 客户陈小姐来到 A 城，当晚入住了酒店。当她在房间安顿下来，换好拖鞋，打开电脑准备工作时，发现台灯坏了。陈小姐给前台打电话，前台了解情况之后发现维修部的人员外出办事不在酒店。如果你是前台，你打算如何回应陈小姐？

【回顾与总结】

1. 良好的服务沟通应该是发自内心的。

2. 切记创建有温度的表达需要遵循的四项具体要求。

第六章
掌控情绪，做积极沟通者

【案例】

客户走进银行厅堂，要求取款 10 万元，柜员小何按流程要求询问："是否有预约？"客户回复："没有。"小何对客户说："先生，不好意思，按照我们银行规定，支取超过 5 万元的需要提前预约。您没有预约，今天肯定是取不了了。"客户一听不高兴了："凭什么呀？你这规定根本就不合理！存款的时候怎么没有要求我预约啊？你们是属貔貅的吗？"小何赶快解释说："先生，这确实是我们银行的规定，我也没办法。"客户更不开心了："你们这是霸王条款！我取我自己的钱怎么还受你约束了？我今天如果取不到，我就要投诉。"

我们在提供服务的时候，也许常常会碰到一些不好沟通的顾客，甚至遇到一些情绪激动的顾客，有时候错不在我们，但也可能会引起彼此之间的不愉快甚至冲突，从而引发投诉事件。这不仅给我们的工作带来麻烦，更带来我们个体情绪上的困扰。

那么我们在服务接待中，应该如何来面对有情绪的顾客呢？

让我们一起先来了解一下情绪，理解了情绪，才更好与情绪共舞，管理好自己的情绪，也知晓如何恰到好处地与有情绪的客户相处。

第一节　情绪与三脑原理

人类的大脑生理构成与情绪之间有没有关系？这又会如何影响到人类的行为呢？

了解人类天生的生理构造和功能是真正透彻了解情绪和运用情绪的起点。

人类经历了漫长的进化过程，进化后的现代人类有三层大脑，分别是：本能脑、情绪脑、思维脑。

一、三脑原理之本能脑

本能脑也叫主干脑，位于大脑的最里层，是最古老的一层大脑。它是我们和其他动物共有的大脑结构。这个小小的脑干突出部分位于脊柱顶端，它的主要功能是保证身体的安全。因此，当你感到恐惧时，本能脑就会被激活，自动做出战斗、逃跑或静止的反应。

当我们需要迅速反应时，本能脑非常有用。本能脑的功能和天赋让我们能迅速对刺激做出反应。当我们的生命或躯体遇到危险时，这种反应的速度非常快，有时甚至比意识还快。比如，当你不小心把手伸向水壶喷出的蒸汽时，在你意识到之前，你已经把手抽回来，保护好自己了。

尽管本能脑负责迅速反应以保证身体安全，但它有时候也会犯错误，会混淆假想的威胁和现实的危险。当假想或真实的危险刺激本能脑时，本能脑都会迅速夺取身体的控制权，同时做出战斗、逃跑或静止的动作，来保证身体的安全。这种反应有时是有效的，也值得肯定，但有些情况下则是无效的，甚至会阻碍你获得想要的东西。

二、三脑原理之情绪脑

第二层大脑是大脑边缘系统，人们常常称为情绪脑。它代表了我们大脑系统的下一个发展水平。

大脑边缘系统（Limbic Brain）：管理情绪、记忆、注意力等，这从生理上决定了，我们只会因情绪而真正记住一些人或事，没能引发我们情绪的事情将不在我们的记忆系统里存在，情绪产生得越强烈，记忆也就越深刻，反之则越淡。

所有的哺乳动物都有情绪脑，能把爱、愤怒、害怕、尊重等情绪带到行动中去。如果需求被满足，会产生带来正能量的愉悦的感受；如果需求没被满足，则产生相反的带来负能量的感受。情绪脑（边缘系统）给哺乳动物带来了情绪化的生活。

在恐龙时代后期，至少 5000 万年以前，基本的哺乳动物的情绪脑开始发展。它像一个小手套一样包裹着大脑的顶部。所有的高等动物，比如猫、狗以及和人类进化上相近的大象，它们的大脑有 98% 与人类大脑的结构和功能相同。这个现象或许可以解释，至少在某种程度上可以解释，为什么我们那么喜欢宠物。因为，我们和它们至少有一部分大脑是相同的。

本能脑和情绪脑有很长的协作史，它们已经发展到可以密切配合的程度。两者共同连接身体意识和情绪意识，提供了主动记忆和当下意识。你的情绪脑会把过去学到的东西与当下体会到的东西结合起来，但不会想到将来和长远的结果。

情绪脑特征之一是，其反思记忆的方式是由内而外的。换句话说，它会投入所有的记忆，就像那些事情正在重演了一样。当你投入某个记忆时，你就踏进了过去的某个时刻，重新体会当时的感觉，重新经历那个事件，就像往事重演一样。在沟通中理解这一点非常关键：投入式记忆（associated memories）就像重新经历过去的事，并伴随着那一刻的强烈情绪。比如曾经经历过相似的情境，就更容易伴随产生相关相似的情绪。

情绪脑特征之二是，它喜欢让事物维持原样。当你感到对变化的抵制时，就是情绪脑在控制你的思想。所以，当你设想的东西不能完成，如你打算来到银行就要取到钱，或者又一次对你的孩子大吼时，你不是有毛病，只不过是陷入了原有的情绪模式中罢了。

情绪脑也与口头交流的发展有关系。所有哺乳动物都表现为除了交流情绪的能力外，在某种情况下，它们还会有意识地运用不同的音调。你可能注意到了，还听不懂人话的婴儿会对音调的变化做出很好的反应。狗可以发出很多种声音，以此来表达不同的意思。如果你学会了认真倾听，你就能通过狗发出的声音分辨出它在"说"什么。回想一下狗的不同叫声，有的可能意味着"注意！外面有人！"有的则可能意味着"现在到游戏时间了，扔个球吧！"等。

情绪脑特征之三是，它考虑问题的方式是"是"或"否"，"对"或"错"，"这个"或"那个"，没有灰色地带或阴影地带。黑就是黑，白就是白，黑白之间没有灰色地带。

情绪脑的基本功能与本能脑类似，也是在紧急情况下做出反应。情绪脑最关注的是群体、家庭或部落的生存。由于这个原因，当一个人与组织成员共同朝着整体的幸福努力时，情绪脑的作用会发挥到最好。

在一个人发生重大变化前，情绪脑必须确认群体是安全的。理解这一点很重要。即使在当今社会，也有一些次文化群体把群体外的任何人都视为敌人。在一个较小的范围里，你是否遇到过非常坚持自己观点的人？固执的人在很大程度上是被他们的情绪脑控制了。

作为一个习惯性的系统，情绪脑关注的是此时此景，关注的是当下和当下的欲望。这个强大的系统与投入式记忆相关，共同阻止了转化式的改变。

应该如何克服情绪脑的惯性，获得生活中自己想要的东西呢？你要学会充分运用大脑皮层的力量。

三、三脑原理之思维脑

为了聚焦未来，完成计划，实现目标，你需要运用大脑皮层中的左脑或右脑系统的视觉想象能力。这个视觉大脑系统出现在距今 200 万年到 250 万年前。与本能脑和情绪脑相比，思维脑即大脑皮层相当年轻。

思维脑，脑皮质（cortical brain）：管理语言、计算、逻辑分析等，这是我们的智力中心。

大脑皮层掌控着人的绝大部分智力，拥有16万亿个相关联的神经元。凭借它的速度和处理能力，你的大脑比只靠惯性情绪支配的大脑灵活1000倍。所有这些灵活性和能力使我们能够适应视觉投射（visual projection）和视觉推理（visual logic）。与情绪脑投入过去的记忆不同，大脑皮层通过分离的图景来思考。它会将一个事件中的图片组合起来，在自己脑子里放电影，就像这件事是发生在他人身上一样。当记忆事件以分离的方式呈现时，涉及情绪的部分就会大大减弱。在我们看来，这不是真实的。因此，我们可以想象并考虑很多种方式，以便做出最佳选择。这就像我们在看电影一样，我们是自己生活的导演！此外，大脑皮层是极具合作性的大脑组成部分。它会把战略路径视觉化，从而解决团队中最重要的问题。

【思考与练习】||||||||||||||||||||||||||||||||||||||||||||||||||||||||||||||||||||

说说看，人类的三层大脑分别是如何工作的？

【回顾与总结】||||||||||||||||||||||||||||||||||||||||||||||||||||||||||||||||||||

1. 人类的大脑由本能脑、情绪脑、思维脑组成。

2. 大脑的结构与情绪的产生相关。

第二节　情绪脑的工作原理

在神经生物学上，情绪属于化学物质，是一种神经肽，是由一串肽蛋白组成的一种独有的结构。与荷尔蒙一样，情绪分子携带着能够影响我们体内各种机能的信息流经我们的大脑和身体的其他部位，任何刺激都会引发边缘系统产生各种情绪分子。海马神经是一组灵活敏捷的情绪搜集器，它们高度敏感地将我们的所见所闻所感的信息（纯粹情绪的反应信息）搜集起来迅速传递给丘脑。丘脑是边缘系统中负责调控的中心，好像情绪的司令部一样，它负责将海马神经搜集到的情绪信息进行分类整理，例如，哪些信息是与我们的情绪模式相关，哪些是新的信息，哪些是极端信号等。然后，将信息传送给杏仁核和负责逻辑分析的脑皮质。杏仁核释放出各种各样的神经肽，接着同样极迅速地将这些化学信息传递到大脑的各个角落，几乎无处不在，因而，我们身体的各项机能也就开始迅速运作。比如，当丘脑搜集到烦扰的时候，只是瞬间我们的眉头就开始紧皱，我们的呼吸开始不均匀，眼神开始逃离眼前的事物。这一切都在极为短暂、难以计算的时速内形成了。注意！这时是完全没有经过思考的。而6秒后，丘脑发出的信息抵达脑皮质，我们的逻辑分析开始运行。

当海马神经搜集的情绪信息非常强烈的时候，我们的丘脑就将其视为紧急信息，这时，它将完全阻断送达脑皮质的过程而将信息以更加快的速度发送给杏仁核，以便令杏仁核尽快运行反应机制。每当我们的大脑感到了威胁，它就会立刻做出保护我们的反应。根据生理反应结构与大脑所积累的经验，我们通常会在第一时间产生反击、逃跑或者惊呆等反应，有些人也会产生群聚反应（人群聚集在一起），这些都属于人类的"存活反应"，它们发自我们的边缘系统。然而，要想让我们大量避免这些反应是根本不可能的，事实上，这种抵御威胁的反应机制已在我们的大脑中形成了硬链接，这种"存活反应"在生物学上称为"绑架杏仁核"现象，在情商理论中称为"情绪绑架"。

"情绪绑架"产生的状况是，海马神经搜集的信息是与我们某种长期习惯的情绪反应模式相吻合，丘脑也因此常出现阻断送达脑皮质的状况，一切行为紧随我们的习惯反应模式而产生。比如，我一听见谁在反驳我的观点，我的情绪模式就是生气，并立即采取反击对方的方式，而完全不去考虑这样做是否正确。这就是我们常见的情绪模式导致的"情绪绑架"。

说到这儿，大家就能理解了，案例中取钱的顾客一听到"没预约不能取""按照银行的规定"这类话，就会发火、质疑，甚至投诉，这就是陷入了"情绪绑架"。当人陷入"情绪绑架"后，所有的注意力就会集中在眼前认为的"威胁"中，思维脑也停止工作，直到"威胁"信号解除。

【思考与练习】||||||||||||||||||||||||||||||||||||||||||||||||||||||||||||

请用"情绪绑架"的理论解释你身边的现象。

【回顾与总结】||||||||||||||||||||||||||||||||||||||||||||||||||||||||||||

1.在神经生物学上，情绪属于化学物质，是一种神经肽，是由一串肽蛋白组成的一种独有的结构。

2."情绪绑架"与海马体、丘脑、边缘系统均有关系。

第三节　如何解除"情绪绑架"

想要解除"情绪绑架"，仅仅了解情绪脑的工作模式还不够，还需要了解情绪为何会产生。

我们来看一个情形：

你要求女儿在假期按之前约定好的作息制度进行自我管理，这天你回家发现女儿并没有认真执行，而是看电视超过了时间，还完全没有停下来的意思。你可能会有些生气，并问女儿为什么没有按照约定好的作息制度执行。但女儿并没有改正的意思，你会更加生气，甚至会有些愤怒地朝她大吼……

为什么当你看到女儿没有按照之前约定的作息制度好好学习时会生气呢？因为你认为孩子跟你约定好了，就应该按照约定来执行，如果没按照约定执行，你可能会认为自己的权威受到挑战，或者自己没被重视或者尊重，你期待孩子可以重视你们的约定，因为你是她的母亲/父亲。

情绪的背后是你对这件事情的认知以及你的期望，如果期望没有得到满足，就会引发情绪（生气），从而引发行为（吼）。

"行为—感受—认知—期待—行为"这是我们情绪引发行为的一系列过程。看到一个或一系列行为或情境，引发情绪感受，引起感受的原因是我们对这件事情的看法或认知，而背后藏着我们对这件事情或面前这个人的期待。若期待没有被满足，则可能引发相关的情绪或行动。情绪之下的行动往往表现为战斗、逃跑或者僵持。

所以，服务人员在与顾客打交道的过程中，需要了解情绪的基本原理，及时敏锐地识别顾客表现出来或者没有表现出来的情绪，及时安抚，避免事态的扩大。

服务中，面对有情绪的顾客应该如何进行有效沟通呢？

第一，识别情绪，关注需要。

要识别情绪，可以通过观察表情、动作、聆听语气语调等方式进行辨识。但更多的时候，我们需要识别的是顾客尚未说出口的情绪。怎么识别呢？这里我们需要掌握一个基本功：区分"事实"与"评论"。

"事实"是事情的真实情况，包括事物、事件、事态，即客观存在的；"评论"

是对于事物的主观或客观的自我印象阐述。比如，"你们网点的服务很不好"这是评论；"网点在周末的时候，只开了两个窗口，接待两位顾客花了30分钟，却没有新开窗口，现在现场超过10名顾客在等候，平均等候时间在20分钟以上"，这是事实。

评论的背后是顾客对事件经过加工之后的主观看法，往往带着情绪。"你们网点的服务很不好"，这句是顾客的评论，带着个体对事件的看法，背后表达的是对服务的不满意，有意见。如果服务人员在沟通中忽略了这样的评论词，并没有对顾客的情绪做出相应反应，顾客的需求没有得到满足，同时也会感觉没有被理解或重视，情绪脑开始起作用，就可能会导致矛盾的升级或者发生冲突。

如果服务人员没有听出评论词背后的情绪，而将之误认为是"事实"，就可能与顾客产生一场辩论，导致冲突升级："我们的服务哪里不好了？"这就很有可能引发顾客情绪脑占据主导地位，将顾客的关注点引导到人际冲突上，让我们的工作困难升级。

第二，反馈情绪，承担责任。

当我们听到这类情绪语言时，应该给予足够的重视和相应的反馈，比如"抱歉让您有这样的感受。您可以告诉我发生了什么吗？我看看可以怎样帮您解决？"这样的表达与顾客的情绪共情，关注了顾客的需要。当顾客感受自己被重视，被关注、被聆听，他的杏仁核才会停止"绑架"，恢复常态下思维脑的工作，将关注点放到事情的解决上来，与我们共同探讨问题的解决方案。

第三，关注事实，探寻需求。

当顾客的情绪恢复正常状态，我们可以通过询问来了解发生了哪些"事实"，事情的过程如何，是什么原因导致，顾客对这件事情的态度和诉求等等。通过这些充分的信息收集，以此判断事情的原委和责任所在。这些都将有助于我们为顾客解决问题。在这里要提醒大家，提问的时候，不能使用质问的语气、反问句，连珠炮式提问，这些提问的方式会瞬间激活顾客的情绪脑，让我们再次陷入僵局。

第四，讨论方案，谋求一致。

顾客要的是解决方案来解决问题。当思维脑正常工作后，我们需要与他共同讨论解决方案，并获得他的认同。在这里有三个小技巧。

（1）提出方案的时候，需要本着服务沟通的四项要求（见第五章"客户服务沟通"），换位思考，为顾客解决问题。

（2）提出方案的时候，要尽可能地把可能出现的风险和利益等信息同步给客户，并让他选择。从心理学上来讲，顾客更希望获得安全感和掌控感，让顾客知晓更充足的信息并让他做选择，也正是符合这个需求。

（3）在提出方案时，建议提出 2~3 个方案供顾客选择。如果是只有一个方案，顾客会感觉被要求，可能引发不快的感觉。但提供三个以上的方案，也会让顾客产生迷茫，增加了选择的难度。

第五，立即行动，获得信任。

顾客要的是解决问题，所以，前面所有做的事情都是在为行动做准备。当我们讨论好解决方案后，你要做的就是向顾客表示会立即行动，并真正采取行动，同时向顾客表明会将过程与之及时进行同步。这样做的目的是让顾客感受到安全，他所求之事得到解决，并立刻执行，同时在之后的过程中会一直了解进展，也拥有了掌控权，从而增加他的安全感。而客户服务人员也在这样的沟通交流和实际行动中获得顾客的认可和信任，增加顾客黏性。

【思考与练习】 ||||||||||||||||||||||||||||||||||||||||||||||||||||||||||||||||||||||||||||||||||||||||||||||

1. 描述解除"情绪绑架"的方法。

2. 你在日常的顾客服务中是如何运用相关技巧的？

【回顾与总结】 ||||||||||||||||||||||||||||||||||||||||||||||||||||||||||||||||||||||||||||||||||||||||||||||

1. 解除"情绪绑架"五部曲。

2. 与顾客讨论解决方案时的三个小技巧。

第四节　情绪失控状态下的沟通原则与服务补救

【案例】

某机场，当日大雾，航班大面积延误，多数旅客滞留候机大厅，问询柜台前挤满了焦灼的旅客。

旅客 A："我这航班到底什么时候能起飞啊？"

旅客 B："怎么又延误啊？我朋友都已经到成都了，我这儿还没有起飞，真是太糟糕了。"

旅客 C："你们航班延误有没有赔偿啊？我这儿还等着见客户呢，耽误了生意你们负责啊？"

初入职场的地面问询员小王第一次遇到这样的状况，一时间不知所措，眼前的抱怨声和质问声此起彼伏，她的情绪也跟着焦躁起来，眉头紧蹙，顿时语塞。旅客们见状，都认为小王抗拒服务，态度不好。这时，值班的李经理走了过来，向旅客沉着冷静地说道："各位旅客大家好，我刚才去机坪的路上还在想，真希望咱们的航班可以准点起飞，但是这大雾现在还未散去，我们不能拿大家的生命安全开玩笑啊！"这时旅客抱怨的声音略微减少了些。李经理见状继续说道："大家急迫的心情我们特别理解，谁都不愿意把时间放在没有目的的等待上。有个好消息告诉大家，刚才我们从塔台了解到，在 10：15 分天气状况预计能达到起飞标准，届时我们会在第一时间邀请大家登机。另外，我们在登机口为大家准备了饮品、甜点和杂志书报，烦请大家回到休息区耐心等待。再次感谢大家的理解和配合！"不到 10 分钟，就看到旅客们渐渐冷静下来了，缓缓地回到了自己的座位上，耐心等待着航班的最新动态。

从这个案例中，我们可以看到，服务人员在面对有情绪的顾客时，如果能理解情绪以及情绪背后的需求，掌握沟通中的原则和方法，便能从容应对。以下三个做法是每位服务人员应该掌握的技巧。

1.共情沟通，正向引导

当顾客选择一个企业或者一项服务产品的时候，一般是带着一定的期望进入服务场所的，加之角色的转换也会使顾客变得敏感，这种敏感有可能体现在顾客对硬件服务的评判上，也有可能体现在顾客对软件服务的审视上。所以我们要学会换位思考，设身处地地为顾客着想。加之一个人的负向情绪值会随着其对一件事物的等待时间而发生叠加变化，一些琐碎的小事也会点燃顾客心中的怒火。有经验的服务工作者会了解情绪的原理，在工作中更好地管理顾客的情绪。案例中李经理的一些话语不是随口而出，而是字字体现着尊重与共情，且始终以诚恳专业的话语与旅客沟通，引导旅客情绪向正向方面转变。

在服务中，了解顾客的思维模式、揣摩顾客的心理活动、掌握顾客的情绪变化，是服务从业者的必修课程。

2.目的清晰，逻辑有力

在服务沟通中，顾客有理性的一面，但有时也有盲目的一面。如何利用瞬间出现的情绪引导顾客接纳不可抗力的发生，是我们需要探讨的问题。案例中，航班延误是由天气原因引起的，很明显属于非人为的不可抗力因素。倘若在能见度较低的情况下飞行是极其危险的事情，但是李经理并没有生硬地表达所谓的"行业规定"，而是用一种委婉的方式表达了航班不能正常起飞的原因，同时表达出了航空公司对旅客人身安危的关注。最重要的是，李经理在与旅客沟通前就全权掌握了服务信息，且时刻关注着航班的最新动态，这就体现了信息反馈和主动沟通在服务中的重要性。事实上，很多服务困境恰恰是因为"服务滞后"和"信息断层"引起的。信息通报流程的繁琐、团队管理的混乱、服务人员沟通能力参差不齐，都有可能造成这样的窘境。如何突破这个窘境，是每位服务管理者需要深思的问题。

在服务中，有些是因为我方的错误导致，有些是因为顾客方的错误导致，也有些是客观不可抗力导致。在处理顾客异议的时候，我们首先需要根据相关的管理规定、法律法规、流程制度等判断是哪方的原因。如果是我方的原因，应主动道歉，并想办法帮助顾客解决问题；如果是顾客方的原因或者不可抗力，应当坚定做好安抚和解释工作，并可以尝试做一些延伸服务或给予增值服务。当服务开始补救，满意度就会逐渐恢复。

3. 双核服务，拥抱变量

我们之所以在沟通中探讨情绪管理的命题，是因为它常常困扰着沟通者，而人又是矛盾的集合体，既有理性的一面，也有非理性的一面。这就给了服务工作另外一个启示：在沟通时，既要关注沟通的实质内容，还要关注双方的沟通氛围，我们称之为"双核"服务。案例中，李经理时刻关注旅客的情绪状态，并提出为等待许久的旅客提供饮品甜点和杂志书报就是在创造良性的沟通氛围。

这种"双核"服务还体现在其他方面。美国著名营销专家珍妮尔巴诺说过："当顾客对服务感到不满时，他们有两种选择：一是他们可以说点什么，二是一走了之。如果他们一走了之，就等于根本不给企业消除他们不满的机会。提起投诉的顾客，仍在和我们沟通，仍在给我们机会，让我们的服务回到令人满意的状态，顾客也更有可能再次光顾企业。尽管我们不愿意听逆耳之言，但是顾客的抱怨的确是一种赠予。"作为服务者，我们要对顾客的言语保有足够的"敏感核"，因为这是我们挖掘顾客需求最好的时机。不仅如此，我们还要在顾客出现消极沟通状态的时候启动自己的"钝感核"，不让周围的消极情绪牵引自己偏离客观冷静的思维轨道。

应对变量的最好办法就是拥抱变量。服务工作有极强的易变性和不确定性。在服务过程中遇到沟通困难、出现服务差错，甚至被顾客投诉是每个行业都会遇到的情形。服务者要善用变量，而非畏惧变量，把每一个变量的发生作为服务提升的契机。在恰当的时机做好服务补救，在关键的时刻做好高效沟通。

【思考与练习】

1. 哪些情况会造成服务困境？请举例描述。

2. 面对顾客情绪失控状态下的服务补救时沟通的三个技巧是什么？

3. 完成案例：某物业公司客服部接到顾客电话：报修设备。客服就把信息转到了物业的工程部门，而工程部门平时人员就少，最近又总有一些报修和维护的工作，人手不够，没有按照顾客要求的时间到现场进行维修。当第二天赶到现场时，顾客说："你们才来啊？怎么叫你们维修这么难，昨天叫的今天才来！现在耽误了一天的时间，你们看怎么办吧？"如果你是维修服务人员，你会怎么说来缓解顾客情绪，提升顾客满意度？

【回顾与总结】

1. 服务人员在面对有情绪的顾客，应能理解情绪以及情绪背后的需求。掌握沟通的原则和方法，便能从容应对。

2. 服务补救时的三个沟通技巧：共情沟通，正向引导；目的清晰，逻辑有力；双核服务，拥抱变量。

第七章
顾客沟通因人而异

【案例】

我们曾经在一部电视剧中看到过这样的情形，发生在时装店里的一幕。

"怎么样？她买了没有？"

"买什么买呀？试了一堆衣服，趾高气扬的，这件色彩不协调，那件袖子上有瑕疵，15分钟试穿了七八件，买衣服又不是选老公，挑三拣四的，害我白忙活了半天，又要收拾一堆衣服，气死人了！"

"毕竟是顾客，咱也只能好好伺候。"

"我才不要伺候她，又不是刷卡买单的主。"

顾客走出店门，其身后是店员的一堆吐槽，更像是情绪的宣泄。

这样的顾客往往被贴上"难缠""不好伺候"的标签。这是真实的顾客写照吗？并不是。这是店员的个人视角，店员被情绪操控的"评判"，具有强烈的个人色彩。店员把某个人甚至某群人归为不受欢迎的群体，下次遇到类似顾客要么避而远之，要么不会给对方好脸色看。

剧情继续发展，只见顾客从对面的时装店走出来，拎着大包小包，得意洋洋一副心满意足的样子。

"不会吧？你看她买了好多呀！这是要搬空对面的店吗？"

"对面的服装店，衣服没什么特点，更没有什么金字招牌，怎么会搞定这么难搞的顾客呢？"

店员一边叹息一边表示自己运气不好，白白放走了金主，便宜了竞争对手。

到底是运气不好，还是服务人员仅仅把"以顾客为中心"这句话挂在嘴边，或者贴在墙上，其实从未认真审视和分析顾客，也没有给到顾客想要的服务或者商品？

为了避免这样的事故再次发生，我们需要重塑对顾客的认知。

在我们的服务接待工作中，是否也会发现，即便我们学习过相关的服务话术，但遇到不同顾客的时候，我们仍然觉得自己力不从心，同样的话术在不同人的身上，效果大相径庭。到底是什么原因呢？

让我们来认真观察一下身边的人，男士、女士、老人、孩子、职场人士、学生……每个人面对同一事件的反应方式是不是都一样呢？答案一定是否定的。

人和人是不同的，每个人都会有不同的性格特征、行为习惯、背景、喜好，也会有不同的想法、认知、需求，如果我们从人的角度上来看，以上的疑惑就会迎刃而解了。不同的顾客，在消费的过程中，会有不同的需求，尤其是当下，人们对于情绪价值的需求日益增强，顾客期待在接受服务的过程中，除了原本的商品服务之外，能恰到好处地满足其情绪价值的需求。而人与人的差异就决定了我们在服务的过程中不能一概而论使用同一方式，而应当因人而异。

因此，我们在为顾客服务之前需要做客户分析，通过观察、识别不同类型顾客的需求，更好地提供有针对性的服务，投其所好，服务才可能真正让顾客满意。

第一节　识别不同的行为特征

1928 年，美国著名的心理学家威廉·莫尔顿·马斯顿博士出版了《常人之情绪》（ *Emotions of Normal People* ）。在这本书中他提到，人的行为与情绪是有逻辑规律可循的。

就像大洋中的冰山一样，我们能看到的只是露出洋面的冰山好比人的行为，而行为的背后潜藏着动机和需求就像潜藏在洋面下的冰山，需要我们更深地去洞察。在马斯顿博士的研究中，他认为我们可以通过观察人的行为来洞察背后的需求，从而调整我们的行为来满足对方的需求。

在服务中，我们需要同理心，也需要一套行之有效的方法来快速识别顾客的类型、了解他们的需求，从而提供更精准的服务。

为了帮助我们更好地识别顾客，我们以人对外界的控制力的强弱为纵坐标，以对情感的敏感度高低为横坐标，将人的行为特征分为以下四个不同的类型（图 7-1）。

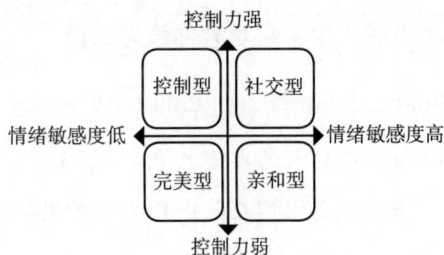

图7-1　行为特征分类

不同行为特征的人群特点如下。

1.控制型

有这类行为特征的人的典型特点是行动迅速，目标明确，反应快。他们讲话的声音通常比较大，讲话时音调变化不大，习惯指令性地表达，喜欢讲而不是听，给人的感觉是强势的。他们自信，擅于决策，非常清楚自己的目的和目标，喜欢掌控，讨厌被掌控、被命令，也很难被他人影响。他们讨厌浪费时间，喜欢自己做决策，在接待过程中也可能会刁难你，以显示权威。

2.社交型

有这类行为特征的人的典型特点是热爱交际，风趣幽默，自信，乐观，热情张扬。喜欢时尚新潮，喜欢被关注、成为众人的焦点，希望被认可。乐衷于人际交流，很容易与人接近，喜欢交朋友。讲话很快、音量也比较大，音调抑扬顿挫。你可能经常会听到爽朗的笑声。他们经常喜欢提出自己的看法，并希望得到你的认同。往往对你所讲的内容反应迅速，有时候也会跟你开开玩笑。容易情绪化，通常目标不是很清晰，交流时容易跑题。

3.亲和型

有这类行为特征的人的典型特点是喜好和平，迁就他人。他们给人的感觉很温和、亲切、友好，不急不躁。优柔寡断，做决策一般很慢。讲话不快，音量不大，音调会有变化，但不是很明显，说话比较委婉，不大愿意直接说出自己的想法，表达自己之前会习惯性铺垫。与人交流时，谦卑靠谱，善于倾听，喜欢聊天的氛围，反应不是很快，你引导他，他会配合。他们关心他人，不擅长拒绝人，容易纠结。

4.完美型

有这类行为特征的人的典型特点是讲究条理，追求卓越。看起来眼神比较清冷，变化不大，给人高冷的感觉。他们严谨、专注，喜欢问"为什么"，极其注重细节，习惯于通过大量的事实、数据做判断，决策很慢。讲话不快、音量也不大，音调变化不大。不大配合、不喜欢讲话、不主动表达看法，让人觉得难以理解。在接待中，你会发现他能挑出很多小毛病，也会喜欢教你该怎么做。

【**思考与练习**】||||||||||||||||||||||||||||||||||||||||||||||||||||||||||||||||||||||||||||||||

1.请分别描述四类行为特征的人的典型特点。

2.找至少5位同学，分别识别他们在某一场景中的具体行为属于哪种类型。

【**回顾与总结**】||||||||||||||||||||||||||||||||||||||||||||||||||||||||||||||||||||||||||||||||

1.服务中需要识别不同顾客的行为特征，做好顾客用户画像，才能更好地提供有针对性的服务，提升顾客满意度。

2.参照美国著名的心理学家威廉·莫尔顿·马斯顿博士的理论模型，将顾客的行为特征分为四类：控制型、社交型、亲和型、完美型。

第二节　与四类行为特征的顾客沟通和服务技巧

【案例】

李小姐打电话给 4S 店的销售员小王。

李小姐："我预订的车到了吗？"

销售员："还没有。"

李小姐："上周签合同的时候上面写的一周内提货。怎么还没有货？"

销售员："姐，合同上确实是这么写的，但咱们也不能太当真呀。这车现在这么抢手，什么时候到货，也不是我能决定的呀。合同都是标准版本，您也别当真。"

李小姐："合同上这么写的，就应该按合同办事，不然要合同干什么？"

销售员："姐，您这么较真干啥呢？我这边也很为难呀，车到了不给您，那是我不好。可车现在没到，我也变不出来。要不您再等等？"

李小姐："合同上写清楚的，你不要跟我多说了。我最多再等两天，如果两天一到还没办法提车，我就投诉！"

销售员：……

有人可能觉得案例中李小姐太"较真"，不变通、不讲人情，也有人觉得案例中的销售员小王不够诚信，没有真正解决问题。如果学习过不同行为特征的服务沟通技巧，你就会清晰地发现，李小姐是属于"完美型"，做事喜欢按规矩，讨厌随意变更，讲究细节，讲究原则，讲究证据，据理力争；而销售员小王则用"社交型"的方式在与李小姐沟通，希望李小姐可以通融，别那么在乎细节和合同，却并没有考虑到李小姐的真正需求，导致李小姐不满情绪升级，表示如果再不遵照合同执行就要投诉。

四类不同行为特征的顾客都有着不同的人际交往需求。我们在与他们交往的过程中，需要特别关注他们的沟通风格背后的需要。如果需求没有被满足，就会引发情绪，从而使我们的服务接待难上加难，甚至面临被顾客投诉。

在我们接待顾客与服务顾客的过程中，需要考虑到不同行为特征顾客的不同需求，因人而异，才会事半功倍。

不同类型的顾客有不同的行为特征，当我们能够识别出他们，也能理解他们背后的需求和动机，在接待的过程中需要灵活机动，因人而异。满足对方的需求，才能更好地影响对方。

如何与四类不同行为特征的顾客进行沟通并为其更好地服务呢？以下这些建议可供参考。

一、控制型

（一）沟通技巧

（1）做法：控制型的顾客通常希望掌控局面，高效、注重结果，不喜欢纠结于细节，也不希望有太多的情感因素。跟他们沟通，最好是开门见山，直奔主题。如果有些意见或者建议，最好简洁、明确、具体，要告诉他们结果所能起到的作用和带来的效果，并提供选项，供他们自己决策。对于控制型顾客来说权威至上，如果要恭维，也要恭维到点子上才会令他们满意。

（2）禁忌：过度推销、过度强调细节，浪费时间，太感情化、打感情牌，或是打断对方，直接指责对方等。

（二）服务技巧

控制型的顾客，从表情上来看通常目光犀利，眼神凌厉，动作比较干脆利落，行动较快。

接待此类型顾客，他可能会没有耐心，经常会说："你想说什么？""你们到底打算怎么处理？""不要跟我讲别人，结果是什么？""为什么不告诉我！"在他的世界里，掌控和成就是他最关心的事情。想更好地与之沟通，就需要投其所好，让他有权威感、掌控感和成就感。为他提供服务时，要注意结果兑现和效率速度。他希望看到服务人员有很强的执行意识和执行效率，同时不仅需要听到承诺，更需要看到行动和结果。

二、社交型

（一）沟通技巧

（1）做法：社交型的顾客通常喜欢积极热情的态度，喜欢时尚有趣的信息。他们易受情绪的影响，与他们打交道，表达方式要张扬一些，多用一些"哇""哦"等语气词。他们希望得到他人的关注、认可和赞美，千万不要忽略这个细节，否则他们会非常失望。遇到事情他们也希望对方可以多询问他们的态度和意见，这样可以让他们有表达的机会。在接待中口头的承诺更能增加他们的心理满足感。

（2）禁忌：太关注事件本身，或者太在意细节，太在意对错，冷漠、不尊重，或者总是一本正经地说话。

（二）服务技巧

社交型的顾客，通常比较热情、积极，喜欢成为众人的焦点，对所有信息的反应速度很快，思维活跃，你还没跟上的时候，他就已经转换到另一个话题了。

此类型顾客，特别需要情感迎合，接待时应给予更多的嘘寒问暖，尤其是要对他们表达出足够的理解与尊重，并且通过赞美、认可、请教、道歉、感谢等方式拉近彼此的关系，使顾客获得心理满足。在为其解决问题过程中，他喜欢听到口头上的承诺和言语上的保证。因为这类顾客对外界控制欲的实现并非依赖最终的结果，而是过程中的情感满足。在服务中，在适当的时候通过口头承诺可以迅速缓解其不满和抱怨。等他情绪平复、好感增加后，再引导他走向你设定的方向。

三、亲和型

（一）沟通技巧

（1）做法：对于亲和型顾客应该多一些友善、真诚，多对他们表达关心，给他们足够的空间，他们喜欢人际关系的和谐，希望彼此之间多一些关心的交流与倾听。在接待的过程中，温和的表达、温暖的环境、亲切的目光，聊聊家庭、孩子，都是不错的选择。

（2）禁忌：他们不喜欢严肃地交流，不喜欢太大的压力，也不会容易说出自己真实的想法，害怕做决定。

（二）服务技巧

亲和型顾客表现温和，不愿意争辩，也不愿意抱怨，但会把情绪藏在心里，他们不喜欢冲突，一般不会投诉。

接待此类型顾客，要注意倾听他们真实的意见和想法，即使他们表面上看起来很温和，也不代表他们真的满意。要有耐心，创造一个和谐温暖的沟通场域，鼓励他们积极发表意见。对他们也要表达出足够的耐心和爱心，在服务的过程中尽量创造轻松愉快的氛围，不要给他们太大的压力，要注意保持适当的距离。

四、完美型

（一）沟通技巧

（1）做法：接待完美型顾客，规则和规矩是他们非常重视的，对于承诺他们非常看重，并希望按计划行事，想要说服他们，需要给出切实的证据、配套的资料、相关的数据和细节，以及来源与出处。在做决定的过程中，他们更相信自己所经历的、所体验的。如果在此过程中，能够关注他们的意见或建议，则被认可的概率会更高。

（2）禁忌：不能没有条理、逻辑混乱、张嘴即来，主观的判断或者随口的承诺会让他们觉得你并不可靠。如果在过程中你试图想用道理来说服他们，你真的需要多一些准备，否则很可能引发战火。不要跟对方辩论，否则他们可能会拍案而起或是拂袖而去。

（二）服务技巧

这类型顾客极其理性，有逻辑有条理，注重细节，并常会抓住一个细节深入探讨，不关注人际互动。

接待此类型顾客，要特别注意细节，并征询他们的意见。他们非常关注细节，也会欣赏关注细节的服务人员。要尊重他们的专业度，不要在细节上跟他们多争论。他们希望你多征询他的意见或建议，这会让他们觉得自己是重要的。征询建议的过程中，服务人员也可以更多地了解他的喜好，以便提供更多个性化的服务，来获得更高的顾客满意度。

【思考与练习】

1.请分别描述与四类不同行为特征的人群进行有效沟通对应的沟通技巧。

2.在自己的工作或生活场景中，找一个实际案例，使用相关技巧进行练习。这样的练习建议多做几次，以便熟能生巧。

3.面对四类不同行为特征的顾客，我们在服务接待中分别应该注意哪些细节？

4.注意观察在工作中接待的顾客，识别他们不同的类型，尝试使用相应的接待技巧来接待顾客，看是否会提升你的效率？

【回顾与总结】

1.与不同类型的顾客沟通要因人而异、投其所好，方能事半功倍。

2.面对四类不同行为特征人群的沟通技巧。

3.面对四类不同行为特征的顾客，服务接待中应使用相应的方式来服务顾客，并有效增加顾客的满意度。

4.四类不同行为特征顾客的接待技巧。

第八章
服务管理与迭代发展

第一节　服务管理

我们去到商场，看到商场整洁的环境，漂亮的展示柜，干净的地面，看到工作人员有序地工作，当你走过去，工作人员会礼貌地上来跟你打招呼；当我们走进咖啡馆，悠扬的音乐，规整的桌椅，咖啡师们在有条不紊地工作，满屋的咖啡香味，点一杯咖啡，与咖啡师们愉快地交流；当我们因为房屋漏水的问题去找物业，或是需要换灯泡去找物业，甚至是觉得窗外的路灯太亮了向物业反馈，不是遥遥无期地无反馈或者推诿，而是热情地接待，耐心地聆听，积极地帮忙解决问题……

碰到这些情形，您会怎么看呢？"这服务真不错""服务人员素质真好""这家店不错"。是的，我们大多数人会产生这样的感觉。好的服务体验会带来顾客的再次光顾。您知道吗？好的服务体验是一个完整的管理体系，它不仅仅是台前看到的这些让我们赏心悦目的服务情景，支持这些发生的，是在可视情景的背后，整个企业的服务管理体系发挥作用的结果。只有当企业服务管理系统运作良好时，才能保证每位员工在执行服务的时候，达到统一标准，确保顾客每次到达都会有一致的接待水准，从而产生良好的服务体验。服务管理系统确保了服务的一致性，也确保了每一次接待都可以提供温暖良好的服务体验。

一、关于服务管理

良好的服务体验是每位顾客都期待的，也是每家服务企业的目标。在顾客的眼里，看到的是每一个服务的触点，也就是顾客能体验和接触到的每一个关键时刻，这些关键时刻就会令顾客产生相应的体验感，从而对公司产生相应的印象。北欧航空的卡尔森总裁在他的书里曾提到"平均每位顾客在接受其公司服务的过程中，会与 5 位服务人员接触；在平均每次接触的短短 15 秒内，就决定了整个公司在顾客心中的印象。"在顾客的眼里，任何一次接触，任何一位服务人员，都会影响顾客心目中对公司的整体印象。在这个过程中，如果出现服务有断层或者服务的细节出现问题，都会在顾客心目中造成糟糕的印象。

每个行业都有自己特定的服务流程和服务特点。在服务中，规范的流程、体贴的细节、灵动的交流最能体现服务的品质。接待顾客时，一个人做得好，不代表企业的服务品质，一群人做得好，才是企业服务水平的体现。

服务流程应是连贯的、严谨的，服务人员之间的配合应该是流畅的、团结的。顾客在行云流水的服务接待流程中，体验感受一定也是非常美妙的。因此，在服务管理中，除了对细节的要求需要精益求精，对流程的管理也需要严谨精密。所有的服务人员按照规范标准的流程，将每一个关键服务细节展现到极致，多加训练，保证服务规范制度和流程在每一位服务人员的每一次接待中都表现出一致性，服务的品质也就得到了相应的保障。

我们期待每一次的顾客接待在每一个关键时刻都可以有良好的体验感，必须了解，维持这些良好服务体验的，与中台的大力支持以及后台的科学管理方式和管理系统密不可分。

所有成熟的企业都运行着一套完整、标准化的用户体验系统，以提供高质量的服务。就像生产制造商，他们不需要每天早上起床就开始考虑，如何在这一天生产出高质量的部件，零售商的经验告诉他们如何保持供应量和库存，营销的经验告诉他们如何让新闻登上网络、印制出版。这些都是成熟的业务。

企业希望获得高质量的用户体验，同样需要熟练运行一套完整、标准化的体系。构成这套体系的经验必须遵循六大原则：策略、客户认知、设计、测量、管理及文化。这六大原则是全球知名的用户体验研究机构首席分析师梅甘·伯恩斯（Megan Burns）提出的。

1. 策略

策略是统筹全局的战略规划。建立起用户体验策略，需要一系列的实践规划，使其同公司的整体战略及品牌诉求相统一。将策略与员工分享，作为决策以及业务优先级制定的依据。策略的制定是至关重要的，因为它将为我们的用户体验设计、执行、管理和测量提供蓝图和指导。

2. 客户认知

客户认知规则的制定，可以实现对于客户是谁、客户需要什么，以及在互动中客户对公司口碑的管理。客户认知包括在前期做调研实践、用户信息收集、客户画像等相关动作，获得相关信息做数据分析，并将相关信息与员工进行分享。这样的做法可以让企业更了解用户想法，也让员工更了解顾客思维。

3. 设计

设计方面的实践经验可以帮助公司进行规划，并在后期实现与客户之间的互动，以满足或超越客户的需求。设计包含了很多复杂的相关因素：环境、产品、人、服务触点、接口等。服务设计包含一个系统的过程，从客户认知中获得的洞察将服务的重心放在满足客户需求，并创造情绪价值上；识别出形成互动的人与流程，以及技术与人之间的相互作业。尤其要注意的是，在这个设计的过程中，顾客、员工、合作伙伴、管理者、系统、机械等都是其中不可或缺的一部分。

顾客的需求也是在不断地提升的，在未来还需要不断运用迭代理念进行塑造、原型设计以及评估。

4. 测量

测量实践为公司提供行而有效的洞察，这个环节在用户体验系统中尤其重要，这可以让公司了解到它的用户体验现状，发现提升的机遇，并随时追踪体验执行情况。这将点对点地联结起用户体验中的各个要素，以此来提升用户体验。

5. 管理

用户体验管理的原则是一系列可以帮助公司以一种积极而有规范的方式，对用户体验进行管理。它通过责任分配和工作流程的转化而实现。管理在整个用户体验过程中必不可少，因为它可以让每个人在用户体验生态系统中为自己所处的位置负责，并有助于将那些不良的体验拒之门外。而用户体验中的流程管理则会促使对用户体验的关注渗透进每日的业务决策中。

6. 文化

文化原则能帮助我们创建出一个有共识的价值观和行动实践的系统，以促使员工创造出优秀的用户体验。文化原则包括聘用、社会化实践和奖励机制。聘用是指聘用的员工需要符合公司最核心的价值观，比如"以客户为中心"；社会化实践包括向员工、客户以及其他利益相关方传递用户体验的重要性，在服务顾客的过程中技能与核心文化的相融性，在员工间分享优秀的顾客服务体验案例，肯定与表彰优秀的顾客服务体验行为，强化用户体验的重要性等；奖励机制则是用户体验指标与常规奖励相联系。

文化原则是这六大原则中最强大的，因为它将其他五大原则深深印刻进员工的基因中，为顾客留下深刻的企业印象。迪士尼、美国西南航空、丽思卡尔顿酒店以及联邦航空的成功都源自其客户中心的企业文化。企业文化将卓越的用户体验转化成了一种习惯，通过建立用户体验生态系统，轻松应对此后的挑战和变迁，这便是用户体验提升的良方。

二、服务管理工作的具体内容

策略、客户认知等更有助于企业用户体验管理的规划与创新；测量、管理及文化则更能帮助我们系统理解企业如何从管理的角度来实现用户体验。

企业实践的顾客体验管理，包含从与顾客接触点的细节体验，到顾客接触购买消费售后的流程体验，到中后台支持的客户管理系统、支持系统，再到影响整个企业统一呈现的文化体验感受。越深层次的体验，带来的情绪感受越深，印象也越深刻。具体的服务管理也需要从这四个层次来进行（图8-1）。

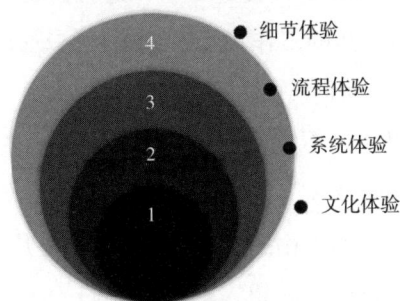

图8-1　服务体验的系统管理

不少服务专家提出，在服务的时候，应当向顾客正确传达企业的服务愿景，以独特的文化和服务理念来吸引顾客、打动顾客。比如，中国餐饮百强企业海底捞自创立以来，始终奉行"服务至上，顾客至上"的理念，以贴心、周到、优质的服务，赢得了顾客和社会的广泛赞誉。再如，海尔集团的服务理念"用户永远都是对的"，海尔集团从无到有，由小到大，一直在贯彻着这个服务理念。上到董事长，下到员工，都在用这一标准衡量自己的行为。在星级服务的基础上，海尔提出了两点要求：不断向用户提供意料之外的满足；让用户在使用海尔产品时毫无怨言。海尔从售前的真实服务、放心服务，到集中的"无搬动服务"，再到售后的随时跟踪、及时解决，无一不在贯彻着他们的服务理念。同时，为了保证星级服务的全面落实，海尔还提出了服务的"一、二、三、四"模式，即一个结果——服务圆满；二个理念——带走用户的烦恼，留下海尔的真诚；三个控制——服务投诉率小于10PPM、服务遗漏率小于10PPM、服务不满意率小于10PPM；四个不漏——一个不漏地记录用户反映的问题，一个不漏地处理用户反映的问题，一个不漏地复查处理结果，一个不漏地将结果反映到设计、生产、经营部门。

从上到下，全员都在践行着公司产品的服务理念，向客户传递服务价值和企业愿景。一家企业如何可以做到如此呢？

从管理学和行为学上来说，科学管理的方法保证了流程与细节的一致性，文化的渗透才能确保所有行为的统一性。员工行为表现的背后，是企业的管理环境与管理文化，跟管理者与管理方法息息相关，密不可分。

作为管理者，从管理的角度来讲，需要激发员工个体、经营组织与系统。

1. 激发员工个体

人的行为表现，是与动机、性格、价值观等联系在一起的。这也是组织管理学、心理学、社会学研究的热点。美国著名认知学家沃尔特·米歇尔（Walter Mischel）发表论文提出，情境是引发人性格改变的关键要素，这就是著名的行为学理论——情境理论。所谓情境，指的不是泛泛的工作场景，而是具体动作与环境的互动。例如，机场的雷达屏幕和跑道是场景，而空管紧盯雷达屏幕和跑道，唯恐自己错过任何细节导致飞机撞击是情境；客服大厅不是情境，客服人员坐在椅子上接电话也不是情境，应对顾客的愤怒才是情境。

在管理和训练中，我们也可以运用情境管理帮助员工提升服务能力。

比如说，如果需要帮助某超市的收银人员提高他们的亲和力，需要提前对他们的工作情境进行观察与调查。在切入真实的情境观察后会发现，收银员除了收银外，最主要的任务情境就是处理冲突，比如排队时顾客对于等候时间的不理解，扫码重复之后的退货处理等候时间过长，质疑价格，退换商品等可能发生的摩擦。而这些情境往往就是所说的人际技能和智慧技能。在处理这些情境时，不仅需要教会他们一些基本的处理方法，同时也需要帮助他们学会保持和善的态度以及安抚顾客的情绪的方法。也就是说，需要培养员工较高的亲和力。

在制订培训和管理计划的时候，可以先把收银员可能遇到的冲突情境都列举出来，并据此制定统一的、简单的应对规范。比如，无论情况有多糟糕，都要尽力保持镇定，并维持恰当的表情。同时，还应当把所有的规范都纳入绩效考核，并对员工进行精准的表情训练与表达训练。

这样的训练和管理方法，实际上就是从情境出发，通过强化行为来改善员工的态度和行动表现。

心智管理可以从六个层次入手，从高到低依次分别是：愿景、角色、价值观、能力、行为和环境（图8-2）。高层次上发生的改变会向下辐射，在低层次上产生相应的改变——具体表现为组织中的一系列员工工作规范、绩效标准和晋升制度，进而帮助在组织中工作的每一位员工重塑"认知到行为"的统一性。

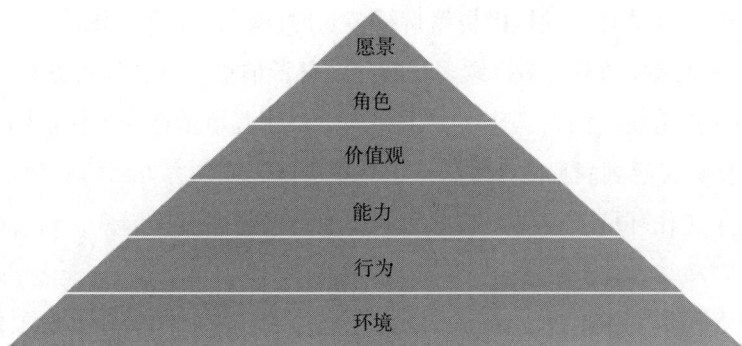

图8-2　心智管理的六个层次

海底捞的管理，正好符合这个逻辑层次。到海底捞工作的服务人员大多数来自农村，虽然学历不高，但他们希望得到一份有前途的工作，希望通过自己的努力可以创造一个未来，他们愿意为了梦想而努力，希望用双手改变命运。海底捞的管理，正好符合员工的愿景。公司会对刚刚入职的员工承诺，只要绩效好，一定会得到提拔，一定可以获得更多的认可，获得更丰厚的实际奖励。公司在实际运行的过程中，也履行了自己的承诺，绝大多数的管理人员，包括店长、经理，都是从内部提拔起来的。通过这种晋升机制，海底捞成功地将个人的愿意与企业的愿景统一在一起。

员工接受了这样的愿景，就会开始定位自己的角色。角色目标一旦确定，员工就会有预期，会开始调整自己的价值观以符合角色带给他的使命感。而这一价值观又会驱动员工不断学习、提高能力。能力又会转变为行动力，促使他们在服务细节上精益求精，力争做到最好，不断创新顾客的服务方式，以达到更好的顾客满意度。行为上的这些变化，有利于塑造舒适的硬件环境和服务环境。

所以，企业在管理员工时，对于员工愿景的传递是件特别重要的事情。只有员工目标与企业目标一致时，改变才能顺利进行，企业的流程管理与触点管理才会有一致性。

现代管理学强调对员工的激励作用。一位组织的领导者需要确定总体激励的基调。激励也可以被称之"为行动提供动力"。

在组织中比较流行的激励理论叫双因素激励理论（dual-factor theory），又叫激励因素－保健因素理论（Herzberg's motivation-hygiene theory），是美国的行为科学家弗雷德里克·赫茨伯格（Fredrick Herzberg）提出来的。双因素理论是他最主要的成就，在工作丰富化方面，他也进行了开创性的研究。

20世纪50年代末期，赫茨伯格和他的助手们在美国匹兹堡地区对200名工程师、会计师进行了调查访问。访问主要围绕两个问题：在工作中，哪些事项是让他们感到满意的，并估计这种积极情绪持续多长时间；又有哪些事项是让他们感到不满意的，并估计这种消极情绪持续多长时间。赫茨伯格以对这些问题的回答为材料，着手研究哪些事情使人们在工作中快乐和满足，哪些事情造成不愉快和不满足。结果他发现，使职工感到满意的都是属于工作本身或工作内容方面的；使职工感到不满的，都是属于工作环境或工作关系方面的。他把前者叫激励因素，后者叫保健因素（图8-3）。

激励因素包括工作本身、认可、成就和责任等，这些因素涉及对工作的积极感情，又和工作本身的内容有关。这些积极感情和个人过去的成就、被人认可以及担负过的责任有关，它们的基础在于工作环境中持久的而不是短暂的成就。

保健因素包括公司政策和管理、技术监督、薪水、工作条件以及人际关系等。

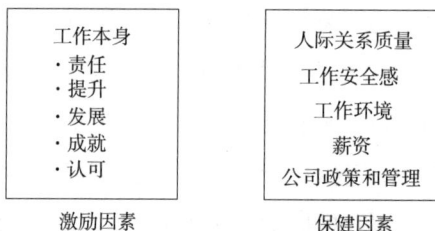

```
┌─────────────┐   ┌─────────────┐
│ 工作本身     │   │ 人际关系质量 │
│ ·责任       │   │             │
│ ·提升       │   │ 工作安全感   │
│ ·发展       │   │ 工作环境     │
│ ·成就       │   │ 薪资        │
│ ·认可       │   │ 公司政策和管理│
└─────────────┘   └─────────────┘
    激励因素           保健因素
```

图8-3 赫茨伯格的双因素激励理论

管理人员在管理的过程中，要注意激发员工的工作动力和热情，在激发员工的过程中，也需要因人而异。

没有被温暖的员工，哪有被温暖的客户。真正的管理，是由上至下温度的传递，长效的管理，是企业文化的长期传承。

2. 激发经营组织与系统

组织的管理功能包括安排工作的优先顺序，分配职责权限。确定每个人或工作小组的目标和活动后，管理者必须做到以下几点。

（1）让员工拥有明确的职责。

（2）给予一定的授权支持员工履行其职责。

（3）努力减少系统带来的潜在问题。系统包括产品交付和顾客服务的方方面面。所以，需要经常性地管理和改进系统是领导的一项重要职责。

管理者分配工作后，他必须同时授权确保员工可以执行。在优秀的服务公司里，各个级别的员工都拥有相当大的权利来创造性地服务顾客，解决他们的问题。

从组织层面上来讲，管理的要点在于以下几点。

（1）细节管理。管理每一个接触触点的关键行为。比如从初次接触客户，到询问需求，到根据客户推荐商品或服务，到实施服务交付商品，到送客离店，这一系列过程中的每一个触点，作为管理者都需要将之细节化、标准化进行管理、考核，确保每一位员工到岗都可以按标准执行。

（2）流程管理。流程管理能够提高企业的工作效率、降低成本和控制风险。我们可以利用流程化的管理选择最便捷的工作方式进行作业，通过建立标准的工作程序，来提高企业的工作效率；亦可以减少流程中不必要的人力物力消耗，缩短流程的周期，从而降低企业的运营成本；还可以让流程规范化、系统化，将相关流程管理（规划、建设、推行、运营）推送给对应的负责人，加强团队之间的协作性，避免流程的每个节点出现互相推诿等现象，降低风险。也可以增加客户对企业的信任度。

（3）系统管理。客户服务管理系统整合各地、各部门的资源，帮助企业优化服务管理流程，统一服务标准，提高工作效率，降低服务管理成本，从而实现客户服务从企业成本中心转化成为新的利润中心。客户服务管理系统提供了一个基于网络的服务平台，帮助企业充分管理企业与客户的每次沟通，从而最大限度地挖掘商机与提高客户满意度。

管理者需要把这些内容纳入管理制度与绩效考核，并定期给予反馈和辅导，帮助员工认识到不足，调整行为，并强化正确行为。

【思考与练习】 ||||||||||||||||||||||||||||||||||||||||||||||||||||||||||||||||||

1.请说出顾客服务管理的四个层次，并依次举例（以您所在的企业，或正在服务的企业为例）。

2.请说说作为管理者，从管理的角度来讲，如何激发员工个体、经营组织与系统？

【回顾与总结】 ||||||||||||||||||||||||||||||||||||||||||||||||||||||||||||||||||

1.企业希望获得高质量的用户体验，需要遵循六大原则：策略、客户认知、设计、测量、管理及文化。

2.具体的顾客服务管理可以从细节体验、流程体验、系统体验、文化体验四个层级来进行。

3.管理者激发员工个体、经营组织与系统的具体方法。

第二节　服务迭代与发展

社会发展迅速，客户需求日益增长，竞争企业的日益增加，这些都在提醒着我们，服务需要不断地迭代与更新，才能适应社会的发展，具备竞争力，不被行业淘汰，跻身行业前列。

服务机构想要持续发展，应该如何迭代？迭代发展，一切以客户体验为核心。从客户的需求出发，分析客户特征，了解客户的喜好，以客户为中心，才是企业发展变革之路。

关于服务体验设计与提升的方式与方法有很多。这里介绍一些常用的方法给大家参考。

一、用户画像

用户画像是虚构的人物，研究者根据研究的内容和结果创建，以代表可能以类似方式使用你的服务、产品、网站或品牌的不同用户类型。

一个好的产业、一个好的产品，服务的对象是具象的客户群体。如果在服务的时候越聚集，提供的服务会越有特色，越容易被记住。

做用户画像时，考虑的基本点为：用户人群、年龄、性别、职业、身份、喜好、偏好、购买力等量化信息。

典型的客户分析，我们会从以下五个维度来进行分析。

（1）从人口学角度描述。人口学描述的方向包括年龄、性别 、家庭构成、收入水平、文化水平、工作、城市等。我们会用这些维度来框定典型用户的基本概况。

（2）生活方式描述。包含用户的生活节奏、生活轨迹、兴趣爱好等。这些信息是反映用户是如何生活的。

（3）行为习惯描述。包含与产品服务相关的体验偏好、掌握的技能、产品和服务的适应程度。通过这些维度来分析用户接触产品和服务的渠道偏好。

（4）价值取向描述。这是指用户想要追求的最终、最高级的目的。通过这些来了解他想要追求一种什么样的价值实现。

（5）人群类别。我们如何给用户取名，这是大的总结，我们可以给同类用户群体取一个统一的名称。比如"40+ 的职场精英女性"。

了解这些才能对自己的产品细分市场和客户人群的需求做准确的定位，做迭代的时候才能充分考虑到客户的需求，增强服务中的客户体验，加强客户的黏度和信任度。

二、用户旅程图

用户旅程图是从用户视角，以用户体验的时间为逻辑线条串起来，用描述故事的方式展现用户经历的各个阶段和所有用户与品牌产生的交互时刻。

用户旅程图梳理了典型用户从初次了解服务到形成契约关系的完整过程，站在用户的视角再现了用户场景和服务流程的体验感受。

用户旅程图包括：阶段、行为、触点、用户期待、用户需求，以及用户体验情感曲线。在这张图上，我们可以直观地看到在用户接触企业品牌的每一个节点：用户是如何"知道""了解""购买""忠诚"。服务设计者可以直观地拆解用户需求，思考和评估用户在每个服务触点中经历的过程与情感，分析当前需要改进的服务流程和服务细节。

制作用户旅程图的步骤如下。

第一步：确认目标客户。明确客户画像。

第二步：绘制旅程图的起始点。将用户在整个服务流程中的行为描绘出来，通常是按时间顺序贯穿过程。

第三步：标注行为。在每一步中标注客户的行为动向，比如"进店""询问商品"等。

第四步：分析需求。从客户体验的角度多方面分析，找到每一个阶段或者行为之下的"痛点"或者"爽点""痒点"，挖掘更深层次的服务点，提升客户体验。

痛点：指让客户不舒服、难受，特别想解决，解决了才痛快的点。会因为这个不舒服而买单，因为这个难处而需要相应的服务。比如医院排队长、专家号难挂。解决这个痛点的方法是采用线上 App 挂号，这就解决了排队长的问题。

爽点：让你高兴，让你觉得会成为产品的用户而去购买，并成为忠诚用户的这些点。比如我们足不出户就可以吃到外卖。爽点是满足了用户的心理需求。

痒点：能够制造优越感的就是痒点。比如我们可以根据客户的喜好和习惯，为他们定制专属的服务方案，让他们感受到被重视和关注。

第五步：绘制客户情感曲线图。在上面的基础上，将客户可能经历的每一次体验中的感受用量化的数字标注出来，在纵坐标上表现出来，最终形成一条曲线。

第六步：寻找机会。机会就藏在用户起伏的情绪曲线里。要锁定在旅程图中关键的那些情绪点，是要创造更强的波峰体验，还是要修复那些波谷体验，从中找到客户潜在的需求点。

第七步：调整触点。在那些需要改善的点上，找到可以调整的服务触点。根据公司的愿景价值观、当下企业的规划、成本等来进行相应的触点改善。

在这张用户旅程图上，我们可以充分挖掘客户的需求（痛点、爽点、痒点），直观地通过情感曲线观察识别，创造关键触点，来提升客户体验。

三、用户情绪曲线

在用户旅程图中，有一条线就是情感曲线。我们可以在每一个服务接触点上绘制出客户的情感体验值，直观地看到那些高低起伏的体验情感线，帮助我们从客户角度理解他们在相关的场景中的行为以及背后的原因，更精准地捕捉他们的需求与期待。

接待客户的过程中，是否一直需要一条高涨的情绪曲线呢？并不然，始终都在一条至高的线上，就像一首乐曲一直在高潮的部分，一部电影一直在紧张的部分一样，反而体会不出美感和节奏感。而一直保持较高的情绪感受，企业所承担的成本也是不言而喻的。

在服务中，我们应当熟练应用峰终定律。峰终定律的概念由 2002 年诺贝尔经济学奖获得者、心理学家丹尼尔·卡尼曼（Daniel Kahneman）提出。峰终定律是基于我们潜意识总结体验的特点：用户对一项事物的体验之后，所能记住的就只是在峰（高峰）与终（结束）时的体验，而在过程中好与不好体验的比重、体验时间的长短，对记忆的影响不多（图 8-4）。

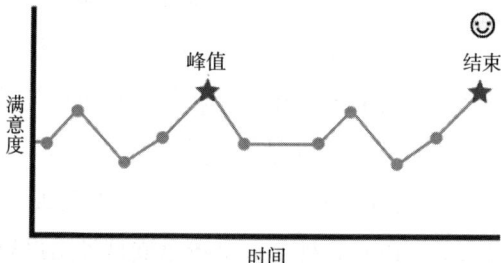

图8-4 峰终定律曲线

电影就是一个很好的例子。如果一部电影的结局不错，而且有令人难忘的场景，那么你很可能会给这部电影很高的评价。但是，如果印象最深的场景是非常无聊的，或者结局令人失望，就很容易让人对整部电影给出不好的评价。

在服务中以下四点很重要。

（1）密切注意用户旅程中最重要的时刻和最后时刻。这是创造情感价值最重要的时刻，也是难忘的时刻。

（2）增强正峰。确定服务中最有帮助、最温暖、最有价值或最有趣的时刻。在用户旅程中找到最有意义的点，并使它们变得更好，将愉快的记忆转变为真正令人难忘的体验。

（3）减少负峰的影响。一个不好的印象至少需要五个以上的好印象来弥补，虽然在服务中不需要任何时候都在情绪的高涨时刻，但过低的负峰会留下难以弥补的坏印象，抹杀用户其他的好体验。

（4）结束于正峰，并高于开始时。

服务设计的系统方法有很多，用户画像、用户旅程图、用户情绪曲线、服务蓝图等都是经典的方法。从顾客的角度出发，了解顾客的需求，科学地设计，系统地管理，为顾客提供实际价值与情绪价值，提升顾客满意度，促进服务持续发展、企业持续经营。

随着社会的不断发展，顾客对服务的需求日益加强，尤其是对情绪价值的期待更甚于从前。科学的服务设计可以从系统上帮助企业更精准地识别客户需求、创造客户需求，创造企业价值与持续发展。各类行业对于服务设计日益重视，也有大学已经开设了相关的专业课程。作为企业管理者和服务礼仪培训师，掌握服务设计的基本方法将是必备技能之一，这一技能也将在未来助力企业不断创新、持续发展。

【思考与练习】||||||||||||||||||||||||||||||||||||||||||||||||||||||||||||||||||||||||||||||||||

1.用户情绪曲线对于客户服务管理的价值是什么？请就一个服务流程画一张用户情绪曲线图。

2.如果需要对你所服务的企业做一次服务创新，你打算从哪些关键节点切入？

【回顾与总结】||||||||||||||||||||||||||||||||||||||||||||||||||||||||||||||||||||||||||||||||||

1.服务需要迭代与升级，才能适应长期发展。

2.用户画像、用户旅程图、用户情绪曲线的操作要点。

第二部分
医疗篇

第九章
医务礼仪概述

21世纪是全球社会、经济、科学技术迅猛发展的时代，随着生态环境的变化、科技的发展、社会的进步，医学模式也从过去单一生物医学模式转变到了生物—心理—社会医学新模式。对医务人员、医疗机构、卫生行业提出了越来越高的要求。医务人员不仅要有高尚的医德、广博的医学知识和精湛的医术，还要具备礼仪常识，提供人文关怀服务。医务人员庄重健康的风姿、整洁大方形象、规范专业的操作、自然亲切的表情、体贴关切的语言，对于恢复患者的身心健康，将产生无可替代的积极影响。所以加强医生礼仪修养、提高医务人员素质、塑造医院良好形象、规范医务人员行为，提升服务质量已成为日常医疗工作中不可或缺的重要环节和提升医院形象及核心竞争力的利器。

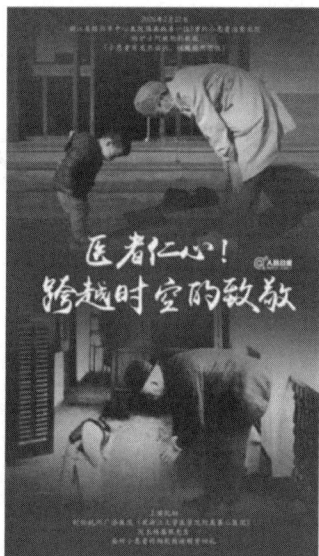

本图来源：《人民日报》官方公众号，标题：暖！跨越百年的医患鞠躬礼
发布时间：2020年2月24日 12：50

上面是一张在《人民日报》上刊登的图片。下方黑白照片中，老者是时任杭州广济医院院长的英国医学博士梅藤根先生。他查房时，一位小患者彬彬有礼地向他鞠躬，梅藤根院长也入乡随俗，深深弯下腰回礼。黑白两色里的一老一少，定格了遥远的医患温馨，体现了患者对医者的感激和医者对患者的尊重和关爱。而100多年以后，浙江省绍兴市中心医院隔离病房里，一位3岁的小患者有发热症状，治愈后出院。2020年2月22日，小患者出院时向护士阿姨鞠躬致敬，护士也鞠躬回敬。两张照片跨越百年时光，相似的举动却温暖了无数人，医患之间的爱心和礼仪代代相传。

第一节　医务礼仪概述

一、医务礼仪的内涵

医务服务礼仪（以下简称医务礼仪）是医务人员运用普通交际礼仪学的规范和原则，在医疗服务过程中发自内心地真诚尊重生命，并在行医的过程中完美展现行医艺术，让服务对象感受到心灵关爱的行为准则和行为规范。医务礼仪属于职业礼仪范畴，既是医务人员内在修养素质的外在表现，又是职业道德的具体体现。

加拿大著名的临床医学家、医学活动家和医学教育家奥斯勒先生曾说过这样一段话："医生不是在治疗一种疾病，而是在治疗一个独一无二的人，一个活生生的、一个有感情的、一个正在遭受病痛折磨的人。"这正是医务服务与其他服务的不同之处，它不是一项交易，而是一种专业；它不是一种行业，而是一项使命。在医学的范畴内，医务人员的服务绝不是简单地"我给你看病，你给我金钱"，而是建立在对患者及其家属尊重、关心、理解和爱护的基础上的。医务人员面对的服务对象，也与其他行业大大不同，主要是病患及亚健康人群。

因此，医务礼仪不同于普通礼仪、公众礼仪。它是普通礼仪与医学、医学伦理学、医学心理学、医学管理学等研究领域的交叉。它是在普通礼仪基础上，遵循医务工作特殊的交际形式和特点，创造性地应用于医疗活动中，形成的公认的、自觉遵守的行为规范和准则。

二、医务礼仪的特点

医疗服务是以为患者提供高效科学的健康咨询和治疗为根本目标，直接关乎患者的生命和健康，也包含着患者对医务人员的特殊依赖关系。因此，医务礼仪表现为以下特点。

1.服务性

患者进入医疗机构，无论是诊治还是咨询，与医务人员都构成了服务与被服务关系，这就决定了医务礼仪具有服务性的特点。

明确了这个特点，医务人员在工作接待时，就要时刻注意医务礼仪的服务性，这要求医务人员树立自身的专业形象，与服务对象（患者、家属）交流时应大方而热情、诚恳而细心，详细询问有关病史和感受；诊治时态度谦和、举止文明，尽量使其感受到体贴入微的服务，取得患者的信任和配合。比如，患者来到医疗机构，看到医院环境整洁温馨、医务人员礼貌亲和、窗口服务井然有序、诊治过程耐心专业，就会让患者心生好感和信任。所以医务人员的形象、言语、举止直接影响来访者心身，对建立良好的医患关系起着重要的作用。总的原则是要做到有礼有节，既不可漫不经心，拒人于千里之外，也不可矫揉造作。

2. 专业性

医疗服务不同于一般的服务，其特点是为服务对象提供医疗保健方面的专业服务，其侧重点在医疗，是在医疗活动的过程中体现服务。服务者与被服务者不是对等的关系，往往表现出主动与被动的关系。

医务礼仪有其专业性，在诊疗活动中有许多专业性的要求，如询问的专业用语、查体的规定动作、查房的标准站位等，都有别于其他服务活动的要求。医务人员应把握的原则：以患者为主体，以专家为主导，坚持医疗原则规范，充分挖掘自身医学知识和技术，耐心倾听患者主诉，为患者做出最佳的判断和治疗方案，取得患者的信任，赢得患者配合，从而达到最佳的治疗效果。作为专家的权威性保证整个诊治过程不偏离轨道，不囿于"服务第一，患者至上"的藩篱。尊重患者，但不处处听从患者的要求。倘若一味迎合患者或家属，反而不能胜任疾病的治疗，也偏离了作为医者治病救人的本意。

3. 私密性

由于要对服务对象进行全面而深入的了解，以便明确诊断、正确医治，所以医务人员常常需要了解对方的个人行为甚至隐私，因此医务礼仪突破日常礼仪的界限，表现出私密性的特点，如对患头痛、失眠、抑郁、焦虑等疾病的患者，探讨病因会涉及其夫妻子女关系等个人隐私；治疗生殖泌尿系统疾病常要问到性生活、月经、性功能等敏感问题。

医务礼仪私密性的特点要求医务人员充分尊重和体谅对方，尽可能少地涉及隐私问题，尽量一对一询问和诊治，并为其保密。同时还要避免有患者在场情况下与其他医务人员讨论，即便专业上必须和医务人员讨论此类问题，也应避开患者并嘱其保密。根据患者病情的实际需求，选择在保护患者隐私的条件下进行治疗。任何情况下，患者个人病情、发展情况及治疗方案，均属于个人隐私，不得擅自对外扩散或用于商业目的，更不能将患者隐私作为笑料四处张扬。充分认识到医务礼仪私密性特点，可以避免治疗中的误诊误治，更重要的是避免给患者身心造成意外伤害。

三、医务礼仪的作用

医务礼仪除具有普通礼仪的沟通、协调和教育等基本作用外，还具有以下重要作用。

1. 促进患者的康复

俗话说"良言一句三冬暖"。患者疾病在身，心情本来就不好，医务人员的一个微笑、一声问候、一个关注眼神、一个友好的手势、细心周到的治疗、嘘寒问暖的关爱，都可能使患者情绪放松，心情愉悦。耐心的问询，常常使患者愿意倾诉，从而使医者更准确地把握病情，有利于患者积极配合，从而提高诊治疗效，有利于患者的康复。

2. 协调医患关系的润滑剂

医患关系是医务人员和患者因医疗活动所构成的一种特殊的社会关系。由于医患双方所处的地位不同，相互交往的需求不同，病情发展变化的利害关系不同，因而难免会因医疗问题而发生矛盾和冲突。绝大多数医患矛盾和纠纷并不是由医疗事故引起，而是由于医护人员不遵守医务礼仪引起的。尽管医患间的矛盾和冲突不可能仅仅通过医务礼仪来解决，但医务礼仪可以帮助医务人员艺术地处理各种关系，减少冲突、缓和气氛、软化矛盾，有利于问题的解决。如果医务人员讲究医务礼仪，充分照顾患者的特殊心理需要，就可以在患者和医务人员之间建立一座心灵沟通的桥梁。医务礼仪规范了医患交往处事的规则，如果医患双方都能以礼为准，按礼行事，就能减少纠纷和冲突，缓解医患矛盾，做到和谐共处，相互尊重。

3. 提高医务人员素质

在日常的医务活动中，注重医务礼仪的人员往往会将符合医务职业道德标准和规则的医务礼仪逐渐转化为个人的稳定习惯行为，并自然而然地按照医务道德的要求行使，在学习规范和实践过程中，也会不断地提高对礼仪行为规范的评价和认识，不断进行自我修炼、自我养成和自我提高，不断培养自身良好的气质、情操、性格、理念、修养、行为，不断完善自身的形象。全方位提升仪容仪表、行为举止、沟通技巧等综合素养；提高医疗操作的科学性，从细微处满足患者需求，提高工作效率，利于信息交流，使医患关系更加密切。

4. 树立医院良好的品牌形象

医院的社会形象的好坏对于医院的生存和发展是举足轻重的。医院拥有良好的社会形象，犹如拥有一笔无形的财富，对医院发展会带来种种便利。如果一个医院医疗水平高，医护人员讲究礼仪规范，就会赢得广大患者的信赖，医院与社会的亲和力就会大大增强，也会为医院带来良好的社会信誉和经济效益，为医院引进技术和设备、引进人才，提供良好发展的环境和土壤。如果一个医院领导不能以礼待贤，医务人员不能以礼待患者，医务人员之间不能以礼相待，对外就会难以立足社会，对内就难以协调发展。

有学者说，礼仪为社会组织和个人打开了一扇塑造形象的大门，是组织和个人取得成功的重要基础。医院良好的社会形象是通过医院医务人员的精湛医术水平和仪表规范、言辞谈吐、举止行为中的礼貌礼节表现出来。重视医务礼仪不仅仅只是履行医务职业道德义务，在竞争激烈的市场经济条件下，已成为与医院生存发展休戚相关的重要问题。医务礼仪是医院和医护人员立足社会、成就事业和获得发展的重要基础。

5. 增强医院的核心竞争力

技术加服务是医患之间永恒的主题，唯有高超的技术和优质的服务才能赢得患者的信赖。医院要提倡从入院到出院的全程服务理念，在流程上做到"入院有人接，手续有人办，检查有人陪，出院有人送"，在环节上做到"礼仪规范，宣教规范，操作规范，服务规范"，充分体现医疗服务的科学性、整体性、艺术性，实现"把方便让给患者，把实惠送给患者，把温馨留给患者"的目标。在激烈的竞争中，不仅有技术、人才、设备、环境的竞争，更有服务的竞争，凭借礼仪服务，取得患者、家属，乃至社会人群的认可，使医院在社会公众面前树立起独特的服务品牌。依靠礼仪服务所创建的服务品牌，作为医院发展的一种无形资本与财富，必将成为医院强化竞争管理的一个有效手段与竞争成功的关键因素。

6. 促进医疗行业的文化建设

医务礼仪是医德的外在反映，是"以人为本"的具体体现。在医疗活动中，只有每个医务人员都能自觉遵守职业道德，把个人利益与医院发展紧密结合起来，讲究医务礼仪，传播医院文化，以患者就医体验为出发点，从患者感到最焦虑问题入手，不断优化服务流程，深化优质服务内涵，才能真正赢得患者的信任，从"满意服务"向"感动服务"提升。

7.促进和谐社会建设

医疗卫生行业是社会主义精神文明的重要窗口。在构建社会主义和谐社会的过程中，大力倡导和实践医务礼仪，必将促进医药卫生行业的行风建设，树立行业良好形象，进一步改善医患关系，促进和谐社会建设，促进社会主义精神文明建设。

四、医务礼仪与相关学科的关系

医务礼仪作为一门学科，与不少学科有着非常密切的关系。

1.与医药学科的关系

医务人员服务的最终目的是治病救人、为广大老百姓提供医疗保健服务。其立业之本是医学知识和技能。没有扎实的医药学知识和技术作基础，医务礼仪就成了无本之木。如果医务人员不能为患者解除病痛、为健康需求者提供良好的医疗保健服务，即便礼仪多么到位、规范，也是不称职的。

2.与普通礼仪学的关系

医务礼仪是建立在普通礼仪学基础之上的一门学科。普通礼仪是源，其基本原则是纲。医务礼仪是支脉，是结合医药行业的特点对普通礼仪的进一步规范和运用，因此，学习医务礼仪离不开普通礼仪学的原则和方法。

3.与医学伦理学的关系

医务礼仪与医学伦理学关系密切，前者强调的是对表象的规范和要求，后者则侧重于对心灵、本质等内在标准的修炼和把握。二者密不可分，缺一不可。表里如一、内外一致，才是医务礼仪的真谛。

4.与公共关系学的关系

公共关系学是研究行政管理和经营管理活动中如何与公众进行双向传播与沟通的一门应用性学科。它教会人们处理复杂社会关系的能力和技巧。医务礼仪中的一些技巧和方法借鉴了公共关系学。学好了医务礼仪，也会对人际关系的处理起到积极作用，二者关系密切。

【思考与练习】

1.医务礼仪与金融、航空、物业等行业的服务礼仪有何区别？

2.在现代社会，科技飞速发展的今天，是否有必要学习医务礼仪？请简述你的观点。

3.作为礼仪培训师，你如何理解医务礼仪与伦理学、礼仪学、公共关系学的关系？

【回顾与总结】 ||||||||||||||||||||||||||||||||||||||||||||||||||||||||||||||||||||||||||||||||||

1.医务礼仪是医务人员运用普通交际礼仪学的规范和原则，在医疗服务过程中医务人员应发自内心地真诚尊重生命，并在行医的过程中完美展现行医艺术，让服务对象（患者及其家属）感受到心灵关爱的行为准则和行为规范。

2.医务礼仪的三大特点：服务性、专业性、私密性。

第二节　医务礼仪发展和现代医学模式

凡大医治病，必当安神定志，无欲无求，先发大慈恻隐之心，誓愿普救含灵之苦。若有疾厄来求救者，不得问其贵贱贫富，长幼妍媸，怨亲善友，华夷愚智，普同一等，皆如至亲之想。亦不得瞻前顾后，自虑吉凶，护惜身命。见彼苦恼，若己有之，深心凄怆。勿避险巇、昼夜、寒暑、饥渴、疲劳，一心赴救，无作功夫形迹之心。如此可为苍生大医，反此则是含灵巨贼。

——孙思邈《大医精诚》

这是被称为"东方的希波克拉底誓言"的《大医精诚》，它的作者是唐代的名医孙思邈。这段话的意思是说，要成为一个好医生，就要做到在治病时专心致志，对每个患者都充满仁爱之心、同情之心、慈悲之心。在行医时，不可畏难怕苦，只要有患者需要，无论是白天还是夜晚，是炎热还是寒冷，是饥饿还是疲劳，都要一心一意地为患者治疗。若因治疗困难或收入微薄就推三阻四，就绝不可能成为好医生，不仅如此，还可能会给患者带来大害……文中提出了医务人员在思想品德和专业素养以及对患者态度方面的道德礼仪准则，认为举止端庄、礼貌待人、不贪财利，才能获得患者的信任。

一、医务礼仪的发展

医务礼仪，古已有之，源远流长，随社会的发展而不断丰富。它不仅反映了不同历史时期礼仪内涵的变更，也反映了历代医务工作者对礼仪外延的体悟。数千年中国医学史，典籍数不胜数，内容博大精深，蕴含着大量医务职业道德和礼仪规范。不仅对当时医学活动有着举足轻重的作用，有的甚至至今还影响着现代医疗活动。

中国医务礼仪的发展经历萌芽、形成、发展三个阶段。

1. 萌芽阶段

中国传统医务礼仪起源于原始社会，传说中的伏羲氏画八卦、制九针；轩辕氏察明堂、润经脉；神农氏尝百草、制丹丸，都是为了"疗民疾""拯夭亡"。体现先人为治病救人的高尚品质。

2. 形成阶段

中国传统医务礼仪形成于商周至魏晋时代。奴隶社会时期，形成了最早的以尊君为核心的神权政权合一的礼仪。随着生产力的发展，出现了专门从事医务医药工作的人，不少著作中记载了很多有关医德礼仪的思想。在《黄帝内经》中，重视生命，如"天覆地载，万物齐备，莫贵于人"；广博多识，如医者应"上知天文，下知地理，终知人事"；实事求是、治病求本，如"治病必求于本"；见微知著、防重于治，如"圣人不治已病治未病"。在和患者沟通交流过程中，也非常合乎礼仪，比如对生殖器官、怀孕等生理现象的描述，妇科疾病一般都是用一些文雅的词语来代替。

中国深受儒家思想的影响，传统医务礼仪也深深地打上了儒家伦理思想的烙印，提倡仁爱仁术、慎独修养、广济众生。汉代著名的医学家张仲景在《伤寒杂病论》中指出"上以疗君轻之疾，下以救贫贱之恶，中以保身长全，以养其身"的医药追求宗旨。他明确地把治病救人规定为医学的目的，把医生钻研医术同对患者解除病痛联系起来。

3. 发展阶段

唐代至鸦片战争爆发，是中国传统医务礼仪的发展阶段。唐代颁布了我国第一部药典《新修本草》，颁行了医药管理的律令，以法规的形式保证了医药职业道德、礼仪规范的贯彻。医药著名思想代表人物孙思邈医生的不朽著作《备急千金要方》中的《大医习业》和《大医精诚》两篇，是我国历史上最早专门论述医药伦理思想的重要文献。

在宋元明清时期，医疗水平和医务礼仪又有了新的发展，涌现出了大批品德高尚的医药学家，如李时珍等，精通医术，献身医药，他们是实践医药职业道德礼仪的典范。

由于历史和科技水平等原因，传统医务礼仪在给后人留下了宝贵的精神财富的同时，也有其局限性。比如封建迷信，讲究因果报应、鬼神怪力；强调忠君孝亲，以不敢毁伤身体来表示孝亲；男女授受不亲，要求在诊治过程当中医生必须隔衣下针等。

因此，今天的医务人员，应该摒弃其糟粕，取历代医务礼仪当中的精华为我们所用。医务礼仪也随着时代变迁、医学模式的改变、服务理念的更新而与时俱进。

二、现代医学模式

在西方世界，人们从来没有活得那么久，活得那么健康，医学也从来没有这么成绩斐然。然而，矛盾的是，医学也从来没有像今天这样招致人们强烈的怀疑和不满。

——罗伊·伯特《剑桥医学史》

近百余年来，自然科学技术爆炸式进步，医学技术水平也日新月异。从 X 射线的发现到 CT、三维重建再到 MRI；从麻醉发明到心脏移植、体外循环、人工膜肺，再到微创手术、手术机器人；从抗生素发现到靶向治疗，再到正在发展的基因治疗。医学发展的速度让人惊叹，然而医学技术的进步似乎并没有为医患关系换来同等进步，反而使医患关系更为紧张。这恰恰也是我国著名病理学家韩启德院士在《医学的温度》一书中提出的一个困扰当下的重要命题：为什么医学技术高度发展的今天，却诞生着人们更多的对医学的抱怨和不满？

迄今为止，人类社会存在过三种典型的医学模式：古代朴素的整体医学模式、近代生物医学模式和现代生物—心理—社会医学模式。在朴素的整体医学模式下，医生"治疗、自然治愈"，和谐被看作健康的前提。疾病出现于自然状况的不和谐（例如冒犯人格化的自然——神，例如没有顺应某个自然规律，或者某种体液的失调）。医生帮助患者恢复与自然状况的平衡（例如通过祈祷，帮助患者顺天应人、调节患者的体液平衡）而恢复健康。在这样的模式下，医生倾听患者的叙述和了解患者的整体生活对于了解"失调"十分重要。同时医生又引领患者共同面对更大的敬畏（自然）。

近代生物医学模式始于西方，中世纪起生物、解剖和化学等知识越来越多地进入医学，对实体的解剖使得脏器变得可视，显微镜使病原体变得可视，X 射线使活体的关节变得可视，直至当前的分子生物学使某个基因的缺陷变得可视。"人"越来越成为"机器模型"，疾病被看作故障，通过药物和手术可以修复故障；医生成了技术人员，患者成了需要被修复的躯体。患者自述和生活史不再是诊断和解释疾病发生原因的重要依据，医生完全掌握了医疗的话语权和处置权。生物医学暗含着机械论、还原论，在认识论上是有局限的。

1977 年美国纽约州罗彻斯特大学精神科教授恩格尔在 *Science* 中发文提出，应该用生物 - 心理 - 社会医学模式取代生物医学模式。生物 - 心理 - 社会医学模式将疾病看作生物学因素（遗传、生物化学等）、心理因素（情绪、人格、行为等）和社会因素（文化、家庭、社会经济、医疗体系等）复杂综合作用的结果。要理解疾病的决定因素并达成理性的治疗和护理模式，必须考虑患者所处的社会环境，以及社会所设计的应对疾病破坏作用的互补性系统即医生角色和医疗系统。医生对患者这个人的关注又回到了医学活动的重心，不仅在于对患者的人性关怀，也在于对患者整体的临床诊治全面性。

在现代医学模式下，医院需要满足患者的哪些需求？根据马斯洛需求层次理论，不仅仅要满足最基础的生存需求，同时还要满足精神和自我价值需求。也就是满足以下三个需求：第一，满足生理需求——看病治病；第二，不仅治病，而且关注患者的就医体验，满足心理需求；第三，在治病的过程中，把患者作为完整的社会人看待，满足他的社会需求。不同患者、不同疾病，即使同一个患者同一种疾病，因为时间或空间不同，也会出现不同的个体反应和不同需求。因此，医务人员角色也发生变化，从过去的权威者过渡到照顾者、咨询者、管理者、合作者以及患者利益的维护者。医务人员应树立整体疗愈观和整体护理观，需要在充分了解自己、了解患者、了解实践中患者具体切实的需求，才能在面对困难的医患关系或冲突时，按照自己的专业医学知识和技能，伦理选择，审慎地做出决定。

【思考与练习】

1. 在现代医学模式下需要满足患者的哪些需求，你是如何理解的？

2. 从古至今，中国医务礼仪发展经历了哪几个阶段？

【回顾与总结】

从古至今，医学模式分别为古代朴素的整体医学模式、近代生物医学模式和现代生物—心理—社会医学模式。所以现代医学模式要满足患者的生理需求、心理需求、社会需求。

第三节　医务礼仪的原则和要求

明朝裴一中的《言医·序》中说："学不贯今古，识不通天人，才不近仙，心不近佛者，宁耕田织布取衣食耳，断不可作医以误世！医，故神圣之业，非后世读书未成，生计未就，择术而居之具也。是必会有夙因，念有专习，穷致天人之理，精思竭虑于古今之书，而后可言医。"

这段话告诉我们，作为一个医者，不仅要具备高超的医术，还要拥有敬佛的慈悲之心、把患者视为亲人的爱心和对患者疾苦的同理心。

一、医务礼仪的基本原则

医务礼仪和普通礼仪一样，都要遵循尊重、平等、和谐原则（详见本书《通识篇》）。在医疗活动中，医务人员的言行是否符合礼仪规范，是否能够彰显医者的风范，是否能通过自身的气质，树立医务人员的良好形象和医院品牌形象，对整个社会的进步、公民道德修养的强化、社会主义精神文明的创建，都起到巨大作用。因此，医务人员在遵守医务礼仪基本原则时，要努力加强业务学习，注重个人修养，提高整体综合素养。这是现代新医学模式的需要，也是建设精神文明，构建和谐社会的需要。

二、医务礼仪的要求

医学是科学，又是人学，它不仅涵盖医学知识，还包括医务人员的个人品质和人道主义精神。当代医务人员应当主动适应医学模式的变化：即由单纯的技术服务或主要的技术服务扩大到知识服务、咨询服务、健康教育服务；从院内服务扩大到院外服务；从生理服务扩大到心理服务；从治疗扩大到预防；从单纯的药物或技术治疗扩大到综合型心理–生物一体化干预和防治，从以医生为中心转移为以患者为中心。因此，医务人员必须在行医施治、传徒授技中保持最高的医技水准，并把患者的利益和健康放在工作的首要位置。

（一）专业医学知识和精湛医学技术

医务人员要以扎实的专业知识作为基础，不断加强业务学习，改变单纯的生物医学知识结构，转变传统生物医学模式的思维方式，探索科学的思维方法，培养科学的医学观和不断提升自己的专业水平。做到精通医术，诊断准确，以最佳的治疗和护理，减少和防止患者医源性损伤，为患者提供最先进和最安全的治疗方案。

良好的医术是医务礼仪的基础，医务礼仪是精湛医术的补充和升华，两者相辅相成，才能赢得患者的信任和尊重。

（二）医德修养

【案例】

被称为"中国外科之父"的裘法祖院士曾说过，"德不近佛者不可以为医，才不近仙者不可以为医。"凡是自己的手术患者，裘老每天一定要看望三次。为了观察患者的小便，他会蹲在地上一滴一滴地数导尿管排出的尿。他曾教育自己的弟子："医生治病，是将患者一个一个背过河去的。一个患者愿意在全身麻醉的情况下，让医生在他肚子上划一刀，对医生是多大的信任啊。这种以生命相托的信任，理应赢得医生亲人般的赤诚。"

正是因为以高尚的医德为根基，设身处地为患者着想，全心全意为患者服务，以精湛而高超的技术赢得赞誉和敬重，裘法祖院士成为一代名医和医界泰斗。

良好的医术是医务礼仪的基础，但医生的服务对象是人，世界上最复杂的事物莫过于人。要做一名好医生，首先要研究人，全心全意为人民服务，这就是医德。医德不光是愿望，更是一种行动。医德贯穿于医务关系的各个方面，渗透到医务行为的全过程，是医务行为规范的依据。

1.救死扶伤，爱岗敬业

医务人员应忠诚而坚定不移，以救死扶伤、治病救人为己任，不谋私利，不畏风险，不辞辛劳，千方百计为患者解除病痛，把维护患者生命、增进人类健康作为崇高职责；遇到危重患者，须尽力赴救，不得以任何理由延误抢救时机；发生差错事故要及时报告，自觉维护患者利益；保持病案材料、统计资料的原始性、真实性和科学性。诚如唐代著名医学家孙思邈在《备急千金方》序中所说："人命至重，有贵千方，一方济之，德愈至此。"这种大医精诚的医德精神，自古以来便被"救死扶伤"的医者奉为圭臬。广大医德高尚、医术精湛的医护人员恪尽职守、救死扶伤，特别是在前几年，无数的白衣天使奋战在第一线，不怕苦、不畏难，无惧病毒、逆流而上。

2. 尊重患者，关爱生命

对待患者不分民族、职业、外貌、地位，一视同仁，不随意将医者的意志强加给患者，实施医疗行为应以尊重患者人格为前提。我国著名肝胆外科之父吴孟超院士从医76年，97岁才退休。在他从事医疗工作的几十年里，他都会认真询问每位患者的病史，不仅要看带来的资料，而且都会亲自带着去做B超，和B超的医生一起了解患者肿瘤的位置和大小等情况，最后再做出治疗的方案。吴孟超院士对患者非常细心，在体检的时候，他怕手太冰凉让患者感觉不适，会先搓一搓自己的手；查房检查完，会帮患者把衣服和被子盖好。我们在吴孟超院士身上看到的不仅是精湛的医学技术，更重要的是体会到行医之道。

3. 仪表端庄，举止文明

医务人员的一举一动，神态表情，都会对患者的情绪、心理状态产生影响。医务人员应着装整齐，举止端庄，态度热情、和蔼，语言亲切、文明，主动关心和体贴患者，主动与家属联系、沟通，有问必答，不讲忌语。切忌在医疗检查和操作中一言不发，应该把自己想做什么，正做什么，要求患者怎么配合，详细地告知患者。

4 礼貌谦逊，细致规范

有些医务人员对患者漠不关心，态度恶劣，急躁易怒。曾有报道，一位老年患者因前列腺肥大症需要先做一个"尿动力"。为保证效果，患者需要大量喝水，尽可能多存尿在膀胱里。患者按医嘱喝了水，医生简单做了检查，说尿量不够，再憋10分钟。老人已经很难受了，但为了效果，还是坚持。但这位医生接到一个电话就出去了，老人等了10分钟，还不见医生回来，又咬牙等了10分钟、20分钟，后来实在忍不住了，尿到裤子上了。医生回来非但没有道歉，还埋怨患者瞎耽误功夫。结果当然遭到患者投诉。所以要成为一位好医生，首先应学会尊重患者，对患者进行精心治疗和护理，将"安全、细致、规范"救治原则贯穿于医疗整体工作中，使患者感到温暖、可靠。

5. 医术求精，慎言守密

虚心好学，刻苦钻研，不断更新知识结构，努力提高技术水平，坚持合理检查、合理治疗、合理用药，维护患者的各种利益，严格执行保护性医疗制度，向患者和家属告知病情时，使用规范性语言。

医务礼仪，并不是一种形式、一种表面姿态，而是把高尚医德和精湛技术贯彻到医务工作中的每一个环节，让患者时时刻刻都能感受到医务人员的尊重和关爱，体验到医学是人学，医道重温度。

【思考与练习】||||||||||||||||||||||||||||||||||||||||||||||||||||||||||||||||||||||||||||||||||

1. 结合自己的就医体验，谈谈你对"德不近佛者不可以为医，才不近仙者不可以为医"的理解。

2. 针对网民反映的中南大学湘雅二医院副主任医师刘翔峰的有关问题，中央纪委国家监委网站 2023 年 8 月 28 日发布评论文章《坚决维护医疗领域风清气正》，你觉得作为一名优秀医务工作者应该具备怎样的医德医风？

【回顾与总结】||||||||||||||||||||||||||||||||||||||||||||||||||||||||||||||||||||||||||||||||||

1. 医务人员在遵循尊重、平等、和谐礼仪基本原则时，还要努力加强业务学习，注重个人修养，提高整体综合素养。

2. 医务礼仪要求是医务人员不仅掌握专业医学知识和精湛技术，更要注重自身道德建设：救死扶伤，爱岗敬业；尊重患者，关爱生命；仪表端庄，举止文明；礼貌谦逊，细致规范。

第十章
窗口岗位礼仪

【案例】

2017 年，一部反腐剧《人民的名义》热播，剧中区委书记丁义珍设计的信访局窗口低矮却没有椅子，来访群众只能半蹲着弯腰低头和窗口里面的工作人员交流。电视剧播出后，"丁义珍式窗口"成为流行语。

2020 年有网友反映，吉林市中心医院心脑病科出现"丁义珍"式窗口，与常见的透明玻璃窗口不同，贴近透明玻璃窗口的外面加了一层品字形的铁质栏杆，将缴费人员和医院工作人员隔开。因为台面很低，以至于前来缴费的群众在缴费时需要弯腰 90 度，半蹲着透过一个个拳头大小的"窗口"来完成缴费、咨询等流程。此事一时间引起网友热议。

第一节　窗口岗位概述

医院的窗口，是医疗服务工作的第一线，是患者和医务人员之间接触最频繁，交流最直接，也最容易产生矛盾、引发医疗纠纷和投诉的场所。患者就诊的全过程涉及导医、挂号、分诊、交费、检查、取单、取药等诸多环节，任何一个环节都有可能因医院就医环境差、工作人员不良服务质量、流程不科学等而导致患者不满，甚至投诉，就像本案例中的"丁义珍式窗口"。

医院的窗口岗位是指以窗口的形式，直接向患者提供服务的岗位。如导诊、挂号、收费、电梯、门诊、检查、药房、医技中的抽血取样等。医院窗口岗位的工作量很大，他们要接待几乎所有来医院就诊的患者。患者从进入医院到完成诊疗离开医院，都要通过窗口岗位来实现。窗口岗位的工作和服务会给患者留下深刻的印象，大部分患者往往依据窗口岗位来了解、认识和评价医院。窗口岗位的工作是医院整体医疗工作的重要组成部分，其服务态度、服务质量和服务效果是构建和谐的医患关系，创建和谐医院的重要环节。因此，做好窗口岗位服务工作，不仅能够展现出医院的良好服务形象，还有利于扩大医院的知名度，赢得口碑。

一、窗口岗位服务特点

1.对象多且杂、任务重

窗口岗位对象多且杂，患者来自社会各阶层，且有陪伴者，各种复杂的社会现象都可能在门诊发生。患者人群中有年老体弱者、婴幼儿和抵抗力较低的患者，患者和健康人混杂；患者人群中有一般急慢性疾病、感染性疾病，也可能有传染病甚至烈性传染病掺杂在一起。同时窗口特别多，包括导医处、收费挂号处、住院处、医保处、药房、输液室、检验科、影像科、接诊室等。患者挂号、候诊、就诊的流程中，任何一个环节的梗阻都可造成门诊的严重拥挤，给患者带来不便。窗口服务人员需要在短时间内让患者／家属满意的确很不容易。尤其是一些城市的综合性医院，往往就医人数超过原先设计的标准，致使窗口服务人员每天都是超负荷工作。

2.受尊重程度不同

医生和护士以其专业权威受到患者／家属的尊重，感觉像主角，虽然同是辛苦工作，窗口服务人员更像是配角。有些患者／家属不敢向医生或者护士发火，却敢冲着窗口服务人员发火。尤其是取药窗口，往往是患者就诊流程的较靠后的环节，在之前的流程中如果遇到一些不满意的服务，往往会把情绪发泄在这个窗口。

3.矛盾的随机性

住院诊疗过程中，医务人员可以更多了解患者／家属性格、信息，更好地和患者／家属沟通。但在门诊窗口服务过程中，服务人员一句话、一个动作、一个眼神、一个表情都可能引起患者／家属的不满，导致矛盾产生，甚至吵闹。何时产生矛盾，在何种患者／家属身上产生矛盾，往往是随机的，且具有反复出现的特点。

二、窗口岗位服务任务

要做好窗口岗位服务工作，服务人员首先要明确一点：作为医院服务对象的顾客，应该享有哪些服务，这样我们才能更好地服务患者及其家属。

应享有的服务包括：咨询信息、选择服务者和服务内容（医生、护士、操作等）、知道病情、投诉、获得尊重、无害检查及治疗、知情同意以及享有真诚服务的权利。因此，窗口岗位的主要任务就是提供帮助、帮助就诊、解答咨询、协助诊治，并在其服务过程中展现医务工作者的爱心和对生命的尊重以及对工作的热爱。

三、窗口岗位服务原则

医院窗口岗位的服务应遵循礼貌、规范、方便、负责、有效的原则。礼貌就是尊重，是医务人员对待患者和家属的最起码的礼仪准则。它要求我们时刻记住患者生命高于一切，做到一切为了患者。规范指医务人员的仪容仪表、言谈举止、医疗操作要符合常规。方便就是方便客户（患者），一切从患者的利益出发，在符合医疗操作常规的前提下，尽可能地方便患者，让患者舒适，因此各科室窗口岗位的接待也要讲究科学的流程。负责则是指时刻要将岗位意识放在心头，时刻记住自己的职责。有效是指在有效时间内，让患者舒适，减轻其痛苦或等待的时间。

【思考与练习】 ‖‖‖

1. 医院窗口岗位服务特点是什么？

2. 结合窗口岗位服务原则，谈谈你所培训的医疗机构有哪些方面需要提升。

【回顾与总结】 ‖‖‖

医院窗口岗位是医院的面容，窗口的接待质量能够直接投射出医院的服务质量和医疗质量。因此充分了解医院窗口岗位特点（岗位多、对象杂、受尊重程度不同和矛盾随机性）、服务任务（提供帮助就诊、解答、咨询、协助诊治，并在服务过程中展现医务工作者的爱心，和对生命的尊重及对工作的热爱）和服务原则（礼貌、规范、方便、负责、有效），才能更好地提升服务意识和改善服务行为。

第二节　优质窗口服务岗位规范

【案例】

某医院的妇产科的医生接诊了一个复诊的患者。这个患者是个葡萄胎的患者，而这次来就诊的原因是她又怀孕了，并且检查结果还是葡萄胎。医生很诧异地问患者："在你第一次来看病的时候，难道医生没有告诉你要避孕？"患者回答说："说了，也带了药回家。"医生又问："那为什么又怀孕了？这样对您的身体可不好啊。"患者回答说："医生，可别提了，出院时发药的人告诉我了，要一次用一个，每次同房前用，我都照做了。您不知道那药有多难吃，一股子橡胶味……"医生马上意识到，患者是把避孕套吃了。因为葡萄胎的患者都是避免用口服避孕药避孕的，但是药房的工作人员并没有向患者解释清楚避孕套的用法。患者得知原因后一脸怒气，投诉了药房工作人员。

【分析】

怎样接待患者，怎样给患者交代好注意事项，嘱咐用药规范，是每个窗口服务人员都应认真对待的问题。一流的窗口岗位服务不仅能为医院赢得美誉、提高医院的竞争力，更是服务好患者、有效避免医患纠纷的重要环节。

现在的医患关系被讨论得比较多的就是医生和患者的关系，实际上大家就医的时候会发现，患者首先接触的并不是医生，在整个诊疗过程中，也并不是医生全程都在场或陪同。整个诊疗过程的顺畅包括了医院多个部门的协作。就好比装水的木桶，水位的高低不取决于木桶最长的那块板，而取决于最短的那块。因此提升医院窗口服务质量就好比加高木桶的短板，只有全院各部门齐心协力，医患关系才会得以改善。

一、MOT 关键时刻

如果把整个就医过程看成是一个个科室 / 部门串联起来的链子，那么链子上的每个环节都很重要。因为患者 / 家属会由于其中一个或多个环节感受不满意，导致对整个服务的反馈差，比如患者对亲朋好友抱怨时，会说："那家医院怎样怎样。"不会说："那家医院谁怎样怎样。"

瑞典学者诺曼将决定企业成败的短暂的交互过程称为"关键时刻"或"真实瞬间"（moment of truth），即指在特定时间、地点，服务提供方能够将自己的服务质量展示给顾客的机会，错过了这个机会，服务过程已经完结，顾客已经离去，企业就再也无法轻易提高服务质量的感知水平了。

斯堪的那维亚航空公司（SAS）前总裁简卡尔森通过不懈努力扭转了公司财务亏损的状况，使该公司一举成为经济效益最好的航空公司之一，并在任职北欧航空公司时，使之起死回生。卡尔森在《关键时刻》一书中阐述："任何时候当一名顾客和一项商业的任何一个层面发生联系，无论多么微小，都是一个形成印象的机会。"卡尔森指出，员工与客户接触的每一个环节或步骤都是关键时刻，公司应当为客户提供他们真正需要的东西。怎样发现关键时刻呢？卡尔森认为应当从客户的基本需求入手，找出员工可能与客户接触的每一个点，在这些点上给客户营造良好的体验。如果每一个接触点都是体验的正向加分，那么最终将形成企业的竞争力和核心优势。客户关系的维护就是依靠成千上万这样的关键时刻（接触点）。医院的窗口服务也是由一连串这样的关键时刻组成的，并不只是由医生这一个环节决定的，这也再次证明了医患关系不仅仅是医生的事，而是和医院内的所有服务人员都有关系。

医院的成功基于所有员工的成功，员工的成功基于不断地学习训练。如果发现窗口医务人员的服务不规范，却不加以纠正，那么就意味着院方接受了较低的工作标准，患者/家属得到较低的服务质量。反之，加强对员工的培训，提高员工的服务标准和能力，不光可以培养人才，而且也提升了患者/家属满意度。提高窗口服务人员的以人为本的服务意识，并引导服务行为发生，为患者提供科学且暖心的服务流程，营造每个服务触点的良好体验，规范医务人员形象、行为和语言，从而提升患者及其家属对医疗行业的信任感和满意度。

二、窗口岗位服务规范

医疗行业的严谨性和科学性决定了规范接待的必要性，我们在医院就诊时不难发现：不同医院的服务不同，即使是在同一个医院，不同医务人员的服务形象、举止和语言，有的给患者留下的是好印象，有的则给患者留下不规范和不专业的印象。因为任何一个行业对严谨的需要都比不上医疗行业，人命关天，生死攸关，来不得半点马虎。而不规范的仪容仪表、仪态举止、语言以及就医环境则影响着患者对医务人员的信任和心理，不规范的技术也影响着患者的身体健康。

（一）仪容仪表规范

孔子曰：出门如见大宾。爱美之心，人皆有之，整洁、得体、大方的仪容仪表既能增加医务人员的自信之美，也传递出对患者的尊重，同时也体现了医院的管理水平和服务质量。

1.发型发式

头发应修剪、梳理整齐，保持干净，禁止梳奇异发型。男员工不能留长发（以头发不盖过耳背及衣领为度），禁止剃光头。女员工头发要求前不过眉，后不过肩，长发应用发网盘于脑后。

2.仪容

除 ICU、手术室、儿科外，女员工提倡上班化淡妆，但不能浓妆艳抹。男员工不宜化妆。

身体卫生：注意讲究个人卫生，上班前不吃葱、大蒜等异味食物，不喝含酒精的饮料，保持口气清新。指甲修剪整齐，保持清洁，不得留长指甲，不准涂有色指（趾）甲油。

3.仪表

上班一律着规定的工作服。工作服应合体、平整，自己衣服的衣领不可高过工作服衣领，颜色反差不可过于明显，自己的衣边、裙边不得超露出工作服的底边。保持衣扣完整，无破损、无污迹。男员工上班时间应穿深色皮鞋。女员工应穿前包脚趾后包脚跟的软底防滑、透气、耐磨的平底或坡跟鞋。工作帽干净整洁，燕尾帽要戴正，距离发际4~5厘米，帽后可用与帽同色的发卡固定。戴筒帽时，前不遮眉，头发要全部遮在帽子里，不露发际，确保帽子前沿与眉毛平齐或稍高于眉毛，帽子接缝放在后面，边缘整齐。医院内不得穿短裤、短裙（膝上10厘米以上）及无袖、露背、低胸装。外出期间应着便装。上班时间必须佩戴工牌，工牌应端正佩戴在工作服外左胸适当位置，并保持整洁、无破损、字迹清晰可辨。

4. 饰品

鉴于医护人员的职业特点，会接触各类患者，佩戴饰品会妨碍工作，还容易划伤患者，划破手套等，同时也是医院内交叉感染的媒介，也不便于手的清洁和消毒。所以医护人员在工作场合不戴手部饰品（包括戒指、指环、手链、手镯）和耳部饰品（耳坠、耳环、耳钉、耳包），手术室的医护人员不戴任何饰品。

5. 仪态举止规范

医护人员的仪态举止规范要做到以下三点。

（1）优雅大方。医护人员被人们敬称为白衣天使，这就要求医护人员在仪态上要表现得大方、专业、自信，不要畏畏缩缩，羞羞怯怯。树立全心全意服务患者的思想就要从工作的仪态上体现出来。比如，医护人员的目光传递出自信和尊重之意，站姿体现稳重沉稳之美，坐姿表现出文雅不失礼仪。

（2）得体规范。既然是服务岗位，就要讲究规范，只有规范的服务，有章可循，有据可依，才能便于管理和监督。比如，抽血操作的时候，规范就显得非常重要。医护人员的举止还要得体、有分寸，比如，当患者疼痛或病情严重时，医护人员不能一味地微笑面对，而是要和患者共情，传达关切之心。规范得体并非无源之水，无本之木，而是来源于实践、提炼于实践，总体上必然是自然、亲切而非做作。在医务礼仪培训的过程中，有些护士站立的时候，手的摆放就像肚子疼那样捂着，非常不自然。

（3）方便服务。无论是优雅大方，还是得体规范，都必须围绕服务患者这一基本点，也就是说不利于服务患者的仪态即便再优雅也是海市蜃楼，形同摆设，再规范也是生搬硬套，让人看着别扭。就像医护人员的走姿，不管具体场景，只一刀切地要求优雅大方，有时候也会适得其反。比如，在急诊时，急救患者分秒必争的情况下，分诊台医护人员还保持着优雅大方的姿态，不急不慢、面含微笑走过来，这个时候患者家属对医护人员的态度可能就不仅仅是不满了。

（二）医患沟通语言规范

【案例】

一位老人在医院的交费窗口刷银行卡付款，一时着急忘记了银行卡的密码，连续两次都输入错误。按规定如果再输一次错误，账号当天就会被锁定。窗口人员就提醒："想好再输，你快差不多了。"其实窗口人员本意是提醒还有一次机会。但窗口人员以自己的方式解说，让这位患者老人非常生气，当即就投诉了他，说窗口人员咒他。

【分析】

在这个案例当中，如果收费人员能够明确地传达他的意思：银行卡密码输错三次，当日就会被锁定，需要带身份证到银行去解锁才能再次使用，那么老人就能接受到他的提醒了。

在医疗沟通中，要清晰地表达所讲话的含义，否则特别容易造成误解，引起一系列的矛盾纠纷或者投诉。因此，医疗行业的规范化语言应该注意以下三点。

第一，要体现尊重。中国是礼仪之邦，医务人员也是高素质人群，医务人员营造的服务气氛应该是充满爱和祥和之气的，而语言是最直接的沟通方式，要把"请、谢谢、对不起"等融入自己的工作中。

第二，要符合医疗操作常规。医疗行业的特殊性决定了医务人员的话不能乱说，要在具体操作环节说相应的语言，尤其要做好操作前解释、操作中指导和操作后嘱咐。

第三，要通俗易懂。医疗行业的严谨性和科学性决定了科学流程的重要性，但行医不仅仅是去完成各种流程。在许多流程中，都需要医务人员的沟通交流，而不科学的流程和不规范的语言严重影响了医疗行业的形象和服务质量，也增加了纠纷的发生。因此，语言要通俗易懂，既符合医学科学和心理科学，又要体现中华文化之美。

【思考与练习】

1. MOT 关键时刻的内涵是什么？

2. 假如你是医院的一名导医，结合服务礼仪通识篇和本节相关内容，你如何在形象、举止、语言等方面规范自己？

【回顾与总结】

1. 关键时刻：关键时刻就是顾客与服务人员面对面相互交流的时刻，放大之，就是指客户与企业的各种资源发生接触的那一刻。这个时刻决定了企业未来的成败。

与顾客接触的每一个时间点即为关键时刻，它是从服务人员的A(Appearance)外表、B(Behavior)行为、C(Communication)沟通三方面来呈现。

2.医疗行业的严谨性和科学性决定了窗口岗位服务规范的必要性，医院窗口岗位形象规范：仪容仪表端庄大方、得体整洁、修饰简约、专业自然。举止规范：优雅大方、规范得体、方便患者。语言规范：体现尊重、符合操作规范、通俗易懂。

第三节　窗口岗位科学暖心流程

【案例】

一位年轻的妈妈满脸焦虑地抱着6个月大的宝宝来医院就诊，这名患儿的症状是拉肚子、发烧，但年轻妈妈并不熟悉这家医院。在就医过程中医院可能需要哪些窗口岗位负责接待这位患儿和家属？怎样的流程和细节会让家属产生好的体验呢？

一、窗口岗位服务原则

良好的服务就是医院最好的形象宣传，而窗口岗位是接待患者的"第一站"。医院的窗口岗位，必须树立"以患者的健康为中心"的服务理念，积极耐心的服务心态，把服务意识融入岗位的自觉行动中，让患者更满意，窗口更明亮。在窗口岗位中，我们要遵循"三三六"的服务原则：三个岗前、三个主动、六个一样。

三个岗前：包括提前到岗、岗前准备和岗前恭候。

三个主动：第一个主动是接待患者要主动问候，以热情来感动患者；第二个主动是主动招呼，关怀患者；第三个主动是主动服务，想患者所想，对患者提出的问题要有问必答，让患者清楚明白。

六个一样：即对待男女患者一样、对待老少患者一样、领导在否一样、患者态度是否友好一样、患者着装得体与否一样、和患者认识与否一样。

二、科学暖心岗位流程

（一）岗前准备

1.自身形象准备

在岗医务人员均应当保持良好的仪容仪表，容貌端庄、发型整齐、服饰得体、整洁合规、修饰简约和专业自然。上岗前洗手、修剪指甲，消毒，戴好工作牌，操作时戴好口罩。良好的工作形象，既体现自尊自爱及严谨工作作风，又表示对患者和家属的尊重；同时也体现医护人员良好的精神面貌和对医疗工作专业、乐观和积极的态度。

2. 自我心理管理

上岗时确保有良好的心态，不把不良情绪带到岗位中。工作中保持积极、乐观和理性心态。不闲谈，不喧哗，严格做到"慎独"。《中庸》：道也者，不可须臾离也，可离非道也。是故君子戒慎乎其所不睹，恐惧乎其所不闻。莫见乎隐，莫显乎微，故君子慎其独也。意思是说道是时刻不能离开的，那些可以离开的束缚都不能称之为道，因此君子会因为担心有自己看不到的地方而更加严谨，会因为担心有自己听不到的地方而更加小心，没有比那些不易察觉的地方，更能表现出君子人格的，也没有比细微之处更能显示君子风范的。这里所说的"慎独"，其本质就是自律。

3. 工作环境物资管理

办公区域内的卫生整洁，保持工作环境和设备合适的温度、湿度，物品分类标识清晰，摆放合理，除水杯外的私人物品，一律不得摆放于台面上，符合 5S【5S 即整理 (Seiri)、整顿 (Seiton)、清扫 (Seiso)、清洁 (Seiketsu)、素养 (Shitsuke)，又被称为"五常法则"或"五常法"】管理标准。

导医咨询岗位：检查自助挂号机、电脑等设备的工作状态，保证功能正常；相关登记表单、放大镜、签字笔等物品摆放有序，以方便患者取用为宜。

挂号、收费岗位：电脑、POS 机、二维码、签字笔、票据、验钞机、话筒、零钱等准备好，私人钱款、物品摆放在规定位置，不带到岗位中。

医技、影像岗位：检查电脑是否正常运行、试剂和物品是否按规定摆放有序，试剂瓶签类别是否清楚，笔、登记本、注意事项资料等是否准备齐全。

药剂的中西药窗口岗位：检查电脑是否正常运行，准备标签纸，签字笔。注意检查药品存放环境是否发生改变，查看药品有效期等质量事项，严防药品过期、变质，实行"先进先出""近效期先出"的原则。

（二）岗前恭候

无论是导医询问岗、挂号收费岗还是医技影像岗位、药剂岗位，都应提前恭候。身前没有障碍物时的站姿恭候：面朝患者的方向，保持微笑表示"我随时为您服务"。身前有工作桌、台挡身，就用柜台接待站姿恭候。

岗中坐姿工作采用坐姿恭候，比如挂号岗、收费岗、医技岗等。恭候时，不可以玩手机或东张西望。工作开始后，患者来到自己的岗位前，这时候就应将恭候转为接待了。所有恭候举止行为具体规范要求参照通识篇中第三章的相关内容。

（三）四类窗口岗位接待流程和细节

1.导医询问岗

患者进入门诊大厅，首先见到、接触的是导医，所以导医的形象、气质、服务、言语、行为很重要，代表着医院的整体形象。导医的服务好与坏，直接关系到患者及其家属来院就诊产生第一印象的好与坏，只有第一印象良好，才能乐意接受进一步的服务。可以肯定地说，第一站服务没有到位，就会失掉患者。时间久了，流失的患者多了，会导致经济效益的损失和医院口碑的下滑。所以，导医的形象至关重要，形象就是宣传，就是效益，是医院的生命。

导医窗口流程通常有五步，分别是一相迎、二询问、三解释、四引导、五归位。

一相迎。患者出现在视线内时，需及时给予眼神和语言交流，同时要注意到表情管理，万不可始终笑意盈盈。微笑需要视患者情况而定。对于行动不便的患者需上前给予协助。

二询问。标准的询问语应是"您好，女士，请问有什么可以帮到您的？""请问您需要帮助吗？""我可以帮您做什么？"等。语气要亲和，语调根据场景可略微急切，传达想患者所想的感受。鉴于医疗这一行业的特殊性，与患者交流时导医人员要注意表达"共情"。

三解释。当患者咨询问诊科室或医生时，导医人员可以对科室或医生做简单介绍。如"儿科室的徐医生擅长小儿呼吸疾病、胃肠疾病的诊治，对小儿疑难病例的诊治积累了丰富的临床经验。""妇科的高医生擅长妇科宫颈疾病诊治，对妇产科疑难病例及危急症的处理有很丰富的经验。"为患者做好接诊医生擅长领域的讲解，便于患者对医生有所了解并建立初步信任。

四引导。当患者询问或了解交费、检查或治疗位置时，用恰当手势明确告知患者。必要的时候陪同患者前去，像案例中导医人员可以帮助患者妈妈一起拿手袋等物品，陪同患者妈妈挂号和就医。在引导的过程中，可以发生肢体接触，但搀扶患者时要提前口头提醒，同时要明确完整地表达引导的目的。

【案例】

内科的张医生接诊了一位年纪比较大的女患者。在为患者做完初步诊断后，患者需到一楼的交费处交费。这时护士小李看着这位年龄大的患者行动有些不便，便主动上前搀扶。在搀扶之前，小李并没有先表达"阿姨我扶您去一楼交费"，而是直接上前扶住阿姨的手臂，说："阿姨我带您去一楼交费。"在这个过程中还触碰到了阿姨随身携带的包包，引发了阿姨的误会。

【分析】

如果小李在与阿姨有肢体接触之前，首先表明她是要协助阿姨的，并且在经过阿姨的允许之后，再发生肢体的触碰，相信就可以避免引发误会了。

五归位。协助患者完成后，回到本岗，同时将物品归位，为接待下一位患者做好准备。

导医工作除了有常规的业务咨询、候诊引导、沟通协调以外，还有需要帮助的患者使用各类自助机的工作。虽然这些小事并不起眼，但是做好了却能够为患者创造一个良好的诊疗秩序，提升诊疗速度，从而增加患者对医院的好感和信任。

2. 挂号收费岗

门诊的挂号收费岗位是医院里最早接触患者的部门，也是医院形象的窗口。收款处人员服务质量的好坏，直接关系到患者对医院的满意程度。窗口挂号收费人员接待流程分别是亲相迎、双手接、清告知、细核对、提醒递、目相送。在接待中，规范仪容仪表，亲切表情，礼貌用语，用心为患者答疑解惑，使患者感受到医护人员的温暖与真诚，避免使用一些让患者产生歧义的语言。

（1）亲相迎。患者来到挂号/收费窗口，工作人员着装规范，目视患者，礼貌用语，热情询问患者或回答患者的问题："您好，请问有什么可以帮到您？"快速了解患者情况并为患者挂号："您好，请问您哪里不舒服？""您好，请问您挂什么科？""您好，请您出示患者的有效身份证"等。在询问患者的时候要注意我们的语言使用技巧，比如"请问您带医保卡了吗？""请您提供一下身份证可以吗？"当我们向患者要求提供身份证件时，要告知患者及证件的用途。对患者来说，挂号是他在医院进行的第一个环节，如果这一环节的体验感是正向的，将为后面的诊疗工作带来很大便利。

（2）双手接。当患者递出相关物品时，窗口工作人员双手接过患者的物品，确认患者病情和挂号科室。

（3）清告知。收费人员要做到唱收唱付，清晰告知对方费用。"您好，请出示您的缴费单据。""您好，您的费用总共为××元"。在患者支付输入密码时注意眼神回避。

（4）细核对。核对时要注意表情的管理。与患者确认金额时，除了口头确认外，还要与其眼神确认，否则会给患者一种不安全的感觉。

（5）提醒递。双手递出患者的票据和将找零的钱整理好，并提醒患者点清钱款、保管好相应的票据。

（6）目相送。在患者离开窗口时，办理完挂号／收费手续之后，礼貌地将相关证件交还给患者，并为患者指引就诊医生办公室。"您好，您在 ×× 楼小儿科室进行抽血检查。""您好，从前边通道右转，右手边第一间是中药房，再往前走为西药房。"

要注意的是请勿以快下班为由拒绝为患者办理业务。尤其是住院结算及社保报销业务。严格执行交接班程序，交接时要规范、迅速、快捷，窗口应该放置明显的标志牌。工作期间如遇网络故障等，需要暂停收费时，要立即出示书面告示并告知患者，做好耐心解释，争取以最快的速度恢复工作。

3. 医技窗口岗

医院的医技窗口岗，包括我们俗称的化验、磁共振、拍片、胃肠镜等。这里以影像科窗口预约登记处为例。医务人员保持良好的心态，摆正自己的位置，亲切关心的眼神，面带微笑，举止得体大方，双手递接，语气柔和，"您"字当头，礼貌周到，尊重和善待每一位患者。具体接待流程有五个步骤，分别是一相迎、二核对、三询问、四提醒、五相送。

一相迎：以正确站姿或坐姿迎接患者。

二核对：核对患者信息、住院号或门诊号、检查项目、科别、医生签名、日期、收费确认。

三询问：根据患者接受检查的部位，可先行询问是否已经准备妥当，比如做子宫和双附件 B 超检查，需询问患者是否已经感觉尿胀，以确定膀胱的充盈情况，保证检查的准确度、清晰度。

四提醒：提醒患者本次检查已结束，携带好随身物品，并提醒患者在何时何地以何种方式获取报告。如果患者当时未能接受检查，需要预约或改期一定要先核对姓名并在预约单上标注时间，尽可能地对老年患者多重复一次，提前告知患者，避免患者因不清楚检查需要做的准备工作和注意事项而出现空跑耽误治疗。比如有的 B 超检查需要告知患者提前多少小时禁食禁水或需要憋尿等。服务人员多说一句话，患者少跑很多路，可能就会减少患者的一些抱怨，减少一些医患冲突。

五相送：协助患者整理好随身携带物品后礼貌送别。

4. 药房窗口岗

门诊药房是药师同患者直接接触的一个窗口。药师的言谈举止、业务素质、精神面貌、医德医风等将直接影响到患者对医院的信赖程度。因此，在药房窗口接待流程中坚持微笑服务，主动热情。服务中严禁面无表情，无精打采。与患者交谈时神情集中，语言亲切，回答患者问询时，应主动热情、耐心解释、语言规范，态度和蔼，为患者提供帮助。严禁埋怨、责备、顶撞患者，不得表露不满情绪。具体流程如下。

一收方：取药接方时，要主动向患者打招呼说"您好"。

二审方：应当认真逐项检查处方前记、正文和后记书写是否清晰、完整，并确认处方的合法性。药师经处方审核后，认为存在用药不适宜时，应当告知处方医师，请其确认或者重新开具处方。药师发现严重不合理用药或者用药错误，应当拒绝调剂，及时告知处方医师，并应当记录，按照有关规定报告。

三调剂：药师调剂处方时必须做到严格执行"四查十对"，查处方、查药品、查配伍禁忌、查用药合理性。十对：对科别、对姓名、对年龄、对药名、对剂型、对规格、对数量、对药品性状、对用法用量、对临床诊断。

四核发：拿到调配好的药品后再次核对，以适当的方式标明用法用量等信息，将所调配的药品逐一发放给患者，并进行用药交代与指导，用简单明了、通俗易懂的语言或其他方式指导患者正确使用药物。用药指导的内容包括所调配药品的用法、用量、适宜的用药时间、药物剂型的正确使用、注意事项、用药禁忌证、药品储存、药品不良反应信息等。如发放的是中药，还需告知患者煎药的先后顺序以及煎药的火候。

五相送：发药后目相送，并告知"这是您的药品，请您慢走，祝早日康复！"

三、窗口岗位服务禁忌

窗口岗位作为医院的形象展示窗口，在为患者提供服务时，需要注意以下几项禁忌。

第一，不得在工作时间接打私人电话。如遇到必要的私人电话需要接听，请尽量做简短回复，以避免占用为患者或患者家属服务的时间。

第二，严禁擅离岗位，造成漏岗。

第三，在岗时不得抽烟、吃零食，或酒后上岗。用餐后需注意清理口腔异物，保持口腔清洁。

第四，不允许串岗聊天，看书看报，玩手机等与工作无关的事项。

第五，财务岗位人员不得携带私人的钱物进入岗位，以免出现财务混淆，导致账目不清，无法核对。

【思考与练习】 ||||||||||||||||||||||||||||||||||||||||||||||||||||||||||||||||||||||||||||||||||

1. 岗前准备需要做好哪些方面的准备？

2. 周一凌晨2点，一位年轻妈妈带发高烧的孩子来医院看病，不停抱怨"划价、收费、拿药怎么那么复杂啊？孩子烧坏了你们赔得起吗"？假如你是医院收费人员，你如何应对和处理？

【回顾与总结】 ||||||||||||||||||||||||||||||||||||||||||||||||||||||||||||||||||||||||||||||||||

1. 医院窗口岗位遵循服务岗位三三六原则。三个岗前：包括提前到岗、岗前准备和岗前恭候。三个主动：主动问候、主动招呼、主动服务。六个一样：男女患者一样、老少患者一样、领导在否一样、患者态度是否友好一样、患者着装得体与否一样、患者认识与否一样。

2. "五常法则"或"五常法"简称5S，即整理（Seiri）、整顿（Seiton）、清扫（Seiso）、清洁（Seiketsu）、素养（Shitsuke）。

3. 掌握医院导医、挂号收费、医技、药房四类窗口岗位接待患者的服务流程和规范。

第十一章
医护岗位礼仪

医疗行业的严谨性和科学性决定了医务工作者在和患者交往中规范的必要性，我们在医院就诊时不难发现：不同医院的服务不同，即使是在同一个医院，不同的医务人员也会给患者留下不同的就医体验。和患者交往过程中体现的不仅仅是个人素养，更代表的是整个医院的形象和口碑。因此医疗服务过程中，注重医护人员的岗位礼仪，提升医护人员的岗位服务意识和服务礼仪水平，才能提升患者的就诊体验，改善医疗服务质量，提高患者满意度。优质医护服务要从基础诊疗、护理入手，通过全程无缝隙的诊治、护理，实现医护内涵的延伸和整体诊治服务水平的提升。医护服务交往中要做到：主动、耐心、理性、礼貌。在医院不同场景下的服务，注意事项和细节要求也有所不同。本章内容主要针对医生和护士工作礼仪展开，其他窗口岗位礼仪详见本书医务礼仪篇第十章"窗口岗位礼仪"内容。

第一节　临床岗位礼仪

【案例】

某医院的服务部接到患者廖先生投诉门诊部的王医生。投诉内容有两项："我排队 2 小时，王医生就给我看了 2 分钟。而且，在整个就诊过程中，他头都没有抬起来看我一眼，就把处方开出来了，太敷衍患者了！"但医院经过调查，王医生诊疗过程并没有问题，处方也是合理的。但患者为什么要投诉呢？

【分析】

廖先生的诉求，主要集中在为其看病的王医生，诊疗过程时间短，而且头没有抬起来看他一眼，就开了处方。看一眼真的很重要吗？很多医生会觉得委屈，认为患者得的是常见病，不需要太长时间的问诊，自己并没有错。医生往往只关注患者的病快点治好，忽略了门诊的工作礼仪。患者觉得等待时间过长，分诊护士未预先告知，让其有等待的心理准备。而医生在诊疗过程中，没有与患者的眼神交流，使患者误解医生敷衍、不尊重患者，因此导致患者的投诉。

一、门诊工作礼仪

门诊是面向社会的重要窗口，因为它是医院接触患者时间最早、人数最多、范围最广的部门，因此，门诊对于满足患者需求，给患者提供优质便利、及时友好就诊的医疗环境，是体现医院服务水平的重要部门。

（一）门诊工作的特点

1. 患者多且杂、病种多

患者多且杂、病种多是门诊工作的重点特征。门诊每天要接待大量来自社会各方面、不同阶层的患者；患者人群中有年老体弱者、婴幼儿和抵抗力较低的患者，且有陪伴者、探询者和咨询者、患者和健康人之间混杂；患者人群中有一般急慢性疾病、感染性疾病，也可能有传染病甚至烈性传染病掺杂在一起，很易造成患者和健康人群之间的交叉感染，也可造成患者的再度感染。从总体来说，门诊的人数、病种、急慢程度是难以预测的，处于被动状况。

2. 诊疗环节多，但诊疗时间短

门诊是一个诊疗功能比较齐全的系统整体，从患者挂号、候诊、就诊，到医院提供检诊分诊、诊断、检验、放射、注射、治疗、取药等是一连串由多个环节组成的流程。在这个流程中，任何一个环节的梗阻都可造成门诊的严重拥挤，给患者带来不便。而且上述多个环节中还要涉及缴费手续，很容易出现三长一短（挂号时间长、候诊时间长、检查处置取药时间长、诊察时间短）的现象。

（二）门诊工作礼仪规范

1. 举止端庄，微笑服务

作为门诊的第一道窗口，导诊护士工作时应仪态端庄，落落大方，表情自然，面带微笑。态度和蔼、有礼，并主动询问："您好！有什么需要我帮忙吗？"耐心向患者解释、回复对方咨询的问题："您的这个问题我现在不是太清楚，请您稍等，我帮您咨询一下……" 语言详尽、态度热情。使用规范的指引手势，不要单指指向："您的这个检查是在 X 楼 X 科，请您从这边乘坐电梯（或步行）上去……"

为患者提供服务：和蔼、有礼、主动、热情，看到行动不便的人，要主动上前问询需求。对于发热患者要做好登记，严重时要安排优先诊治，走绿色通道。

2. 礼貌接诊，一视同仁

在接待患者及其家属时，导诊 / 分诊护士应主动热情，彬彬有礼、敬语服务，依据询问的病史给予分诊指导"您好，您哪里不舒服？""您好！请问您挂号了吗？""请您到诊室外的座位等候。"礼貌用语能让患者倍感尊重，让服务更显温馨。指引方向时，要等对方明白后再返回工作地点，必要时要将患者护送到目的地。

患者围观诊室时，微笑并用手势示意，耐心引导："大家好！为了让医生专心诊病，也为了方便患者就诊，请大家到诊室外等候，谁也不想自己看病的时候有这么多人围着，是吧？医生会按顺序叫名字的，请配合一下！"

3. 耐心聆听，仔细询问

对于来诊患者礼貌招呼，即使不能起身，也应点头欠身表示对患者的尊重，并用语言招呼患者："×× 先生 / 女士，您好！请坐。"对初诊患者，可以询问："请问您觉得哪里不舒服？"对复诊患者可以用"您好，回去用药后感觉如何？"等开启。医生问诊时注视患者，仔细聆听患者的主诉是了解和诊断病情的重要环节。医护人员要急患者之所急，耐心问询病史，认真听取患者陈述，以获取更详细的信息，从而做出正确的诊断。在为患者诊治过程中，不接听与工作无关的电话。对于涉及患者隐私的问题，医护人员要降低声音，委婉问诊，保护患者隐私。具体沟通内容详见医务礼仪篇第十二章"医患沟通礼仪"。

4. 态度可亲，规范检查

做检查时，注意保护患者隐私，拉好隔帘，动作轻柔。与患者做好治疗、检查前必要性的解释沟通，"请到这边检查室来，我帮您检查一下……""请您稍等，我叫一个护士来协助我的检查……""现在要给您换药，可能会有点痛的……"动作要轻柔准确，切不可漫不经心，或者动作粗鲁，加重患者的身心痛苦。对于儿科门诊小朋友，态度亲切、和蔼。孩子不配合时，请求家长协助。做好解释、交代工作。

【案例】门诊医生服务规范

（1）患者走进诊断室后，主动问候并示意患者坐下："您好！请坐。"然后进行自我介绍："我叫刘 ×，您可以叫我刘医生。"

（2）仔细询问患者病情，认真听取患者讲述："请问您需要什么帮助？"或"请问您这次来医院准备解决什么问题？"

（3）需要病况检查时，争取患者的配合："请躺在检查床上，我给您检查一下身体，请把衣服（裤带）解开。"

（4）进行必要的辅助检查，需要征询患者的意见："根据您的病情需要做验血检查，您看行吗？我给您开申请单，请先到收费处或微信上交费后检查。"

（5）患者病情需要药物治疗，应告诉疾病初步诊断及治疗情况："目前初步考虑您患了肺炎，需要用药治疗，这是给您开的处方，请到收费处或微信上交费后再到药房取药。"

（6）患者疾病需要专科会诊进一步明确诊断时，应告诉患者："根据您目前的病情需要请消化科会诊，协助明确诊断，请带好病历本和检查报告到消化科。"

（7）患者就诊完毕欲离开诊断室时，应告诉用药过程中的注意事项："请带好病历本和检查报告，如果在用药过程中有什么问题请及时来医院复查，请慢走！"

（8）患者病情需要住院治疗，应征询患者的意见："根据您的病情和检查结果，您患的是胆囊炎，需要在肝胆外科住院治疗（手术）。"

（9）开具住院证后，应告诉患者如何办理住院手续："现在给您开住院证，请到住院处办理住院手续。您慢走。"

二、急诊工作礼仪

（一）急诊工作的特点

急诊科是抢救危重患者的第一线，急诊救治工作情况复杂多变，工作节奏快，急诊患者的特点是发病急、来势凶猛或生命垂危，急需救治。他们往往病情严重，痛苦万分，对死亡充满恐惧心理，把转危为安的全部希望都寄托在医护人员身上，对医护人员有着强烈的依赖感。这就要求医护人员具备良好的职业道德、良好的职业素养、精湛专业技术和良好的心理素质。急患者所急，想患者所想，只要急诊患者一到，立即精神饱满地投入工作中，全力以赴抢救生命。急诊医护人员专业、冷静、有序的服务，可以有效帮助患者燃起希望，战胜恐惧。

急诊科医务人员工作分成急诊接诊和急诊抢救两个场景。

（二）急诊接诊服务规范

我们知道急诊患者的特点是发病急，病情变化急骤，来势凶险，时间紧迫，所以急诊医护人员在工作中要分秒必争，迅速采取急救措施，树立时间就是生命的急救观念。面对突然来临的危、急重症患者及家属，急诊医护人员要沉着冷静，处变不惊，忙而不乱。

1.主动接诊，迅速分诊

有急诊患者入院，要立即上前观察患者的意识、生命体征以及全身情况，尽快向患者或家属询问病因判断病情的严重程度，迅速正确地进行分诊，及时将患者安置到抢救室或相应诊室就诊。

2.稳定情绪，陈述利害

急诊患者由于病情危急，病情复杂，患者及家属大多没有心理准备，情绪紧张、恐惧、焦虑不安。急诊科医护人员在做好抢救准备工作的同时，应稳定患者情绪，做好家属的安抚工作，并适时地给患者或家属以必要的告知、说明，以取得对方的配合，争取最佳抢救效果。这个时候医护人员可以对清醒患者说："不用紧张，我们刚刚已经遵照医嘱给您用了药，待会可能好一点。同时为了更好地治疗，下一步我们会给您转到 DSA 室做心脏造影的检查。"同时安抚家属，并告知家属患者目前的状况。

3.抓住时机，果断处置

在迅速做好分诊的同时，接诊护士立即通知相应科室医生到场抢救，同时做好抢救前的准备工作。医生应及时准确地做出判断，拿出有效的应急方案，避免误诊和贻误病情。如果患者清醒，医生会及时告知患者现状，同时也安抚患者情绪。如果患者不清醒，应适时地给家属以必要的告知、说明，以取得对方的配合，争取最佳抢救效果。

4.急不失礼，忙中有节

由于急诊患者心理的特殊性，急诊医护人员的语言行为更要礼貌耐心，态度要温和，以缓解患者及家属的紧张情绪，同时给患者以信念上的支持。

医护人员及时和患者或者家属沟通。"从患者一些检查和症状来看，目前考虑到心肌梗死。"如果家属并不清楚，医生需进一步解释，比如说："心肌梗死就是心脏上一根血管堵住了，会导致心肌坏死，有的时候会出现恶性的心律失常，有的时候会猝死。这个病还是非常严重的，但请放心，我们医护人员会尽最大努力去抢救他。现在患者正在抢救，家属先在旁边的凳子上坐一会儿，有什么情况我们随时会和你们沟通。"

（三）急诊抢救服务规范

急诊服务的对象是一个特殊的群体，当危重患者被送到急诊科时，患者和家属把每一丝生的希望都倾注在医护人员的身上。急诊护士应针对不同的患者，配合医生采取及时快捷有效的急救措施，全力以赴抢救生命。

1.急救器材完好，物品充足，随时准备抢救

为了保证患者在急诊室得到全力救治，急诊室中所有的药品、物品、器材均要处于完备状态，备用充足，随时准备抢救急诊患者。

2.医护紧密配合，及时救护，尽职尽责

急诊科护士要能熟练地使用抢救仪器设备，要有过硬的护理操作技能，同时还要有良好的心理素质，与医生密切配合，及时沟通，保证抢救工作顺利进行。

3.尊重患者的权利，体贴入微

时间就是生命，在整个抢救过程中，急诊医护人员要争分夺秒，严肃认真，不

谈论与抢救无关的话题，注意保护患者的隐私，既尊重患者的权利，又体贴入微。在第一时间进行各项急救措施，做到稳中求快，忙而不乱，以抢救生命争取时间为第一要务。在诊治过程中询问患者疼痛程度，根据疼痛评分给患者做相应处理。护士根据医生医嘱进行治疗，并在操作前提醒和告知患者："现在给您打一个止疼针，待会会缓解您的疼痛好吗？请放松别紧张。"操作完毕，医护人员及时询问患者疼痛有没有减轻一些等。

4. 及时为患者和家属提供心理疏导

突患急症患者及家属的心理处于应激状态，急诊科护士在实施抢救的同时，注意随时观察患者的心理变化，及时给予心理干预，同时做好家属的心理安抚，尽可能地向家属介绍患者的情况，使其充分理解并积极配合抢救工作，确保抢救工作顺利进行。"不要紧张，等一下我们会继续给您做检查好吧？""请你们放心，我们一定会尽所有力量去救治患者。"

急诊医护人员理解和尊重突患疾病的患者及家属，用温暖的语言、体贴的关怀、娴熟的操作技术和严谨的工作作风，体现珍爱生命，尊重患者，时刻把患者生命安全放在第一位的职业操守及良好医德，以及医务人员救死扶伤、实行人道主义的职业责任感。

三、病区工作礼仪

【案例】

患者李某出院后怀着感激的心情给医院送了感谢信。信中写道：

我因病在心血管病房住院，短短18天，我经历了生与死的转折，尝到了人间的真爱。

我今年48岁，因长期吸烟饮酒已患高血压十多年，但因我觉得自己还年轻，体质还行，再说去医院一怕手续繁琐，二怕费时间，三怕医生给脸子看，始终没有系统治疗过，只是在厂里医务室拿药对付着，有时又想是药三分毒，所以吃药也不规律。这次血压升高，又高烧39度，虚脱、喘不上气，家人带我住进心血管病房。没几分钟，我的主治医生田华大夫就面带微笑来到我的床前，和声细语向我自我介绍，详细了解了我这次发病前的所有状况，随后马上采取各种检查和治疗手段，然后确诊我是肾衰竭高血压心脏病伴心衰。我当时一听脑子轰的一下，心想，完了，我刚刚48岁，孩子才上大学，今后怎么办？于是变得闷闷不乐。田大夫看出我的心思，找我和爱人谈心，介绍病情，要求大家一起配合，抓紧治疗。4天后，我感到有饥饿感，田大夫告诉我这是病情好转了……

在我生病期间，田大夫每天都来看我，有时一天二三次，向我介绍检查结果，安慰鼓励我，对我提出的每个问题都耐心解答。听田大夫说话，那也是一种享受，她永远面带微笑，声音不大不小，不管你说什么，她都认真听，不管你问多少，她都耐心回答。她还给我讲了很多医疗保健知识，告诉我不要忌讳就医，药只要用得合理，不会对身体造成太大伤害，以后要讲究健康的生活方式，加强锻炼。出院时还为我制作了温馨的提示卡，并建议我回家后到社区卫生服务中心，那里的医生对慢性病有很好的日常管理。

我感谢田大夫，感谢全体医护人员，你们的服务真的很完美。

上述案例中充分诠释了"医学是人学，医道重温度"。现代医学模式是一种连续地、系统地把人的生理、心理、社会环境看成一个整体，同时把患者从入院到出院视为一个整体的诊治模式。这要求我们在医疗工作中充分体现人文精神，实现人性化服务。把良好的人文素养在具体工作实践中展示出来。比如，良好舒适的病区环境，医护人员得体的仪容仪表，规范的行为举止，充分理解患者，耐心倾听和用心沟通，让患者充分体会到温馨、安全、关爱的感受。

（一）患者入院的礼仪

当患者经门诊初步诊断需要住院检查或治疗时，患者和家属的心情往往是比较复杂的，一是感到所患疾病一定不轻，后果难卜，心情沮丧；二是乍来医院，人地生疏，恐惧不安。在办理入院手续过程中可能会表现得不知所措、无所适从。此时，护士一定要给予耐心、细致的指导。一方面，对患者不幸罹患疾病表示同情；另一方面，要尽可能给予具体的帮助，如怎样填写登记表格，怎样缴纳住院押金等。切忌冷言冷语、漠不关心，更不能给患者和家属摆脸色或严厉斥责。

1. 迎接患者，宾至如归

当入院患者到来时，护士要起身迎接，热情接待，亲切问候，做自我介绍，"您好，我是护士某某，今天由我来接待您，请把病历和有关手续给我"，并请患者做生命体征等常规检查。此时护士站的其他护士也应抬起头来，面向患者点头微笑以示欢迎。

2. 熟悉环境，介绍院规

护士主动帮患者拿行李，扶患者入病房休息，轻握患者的手，给予关切问候和心理支持。责任护士应先向患者简单介绍自己和主管医生的情况："您好，我是您的责任护士××，有什么要求可随时找我。您的主管医生是××大夫，希望您能积极配合治疗，安心治病，我们会尽全力让您早日康复。"然后对患者的病情、病史以及现在的感觉进行了解；对病区的环境，如护士站、医生办公室、卫生间、治疗室、处置室和检查室进行详细介绍。接着送患者至病房，告知床位、储物柜，床头呼叫器，指导各种电器的使用。"我为您介绍一下病房的环境好吗？这些东西（列举物名）是供您使用的，如××电器怎么使用，我这样讲能让您听明白吗？有什么需求或不明白的请及时告诉我们，也可以使用呼叫铃，我们会定时来巡视的。也可用其他方式反映给护士，一定尽最大可能帮助解决。"介绍住院规则时，语言要温和，措辞要委婉，尽量多用"谢谢""为了您"等文明用语，避免使用"不准""必须"等命令式的词语。

（二）患者住院期间的礼仪

患者从舒适的家庭骤然住进陌生的病房，面对陌生的医护人员和陌生的病友，他们的情绪和困难是可想而知的，迫切需要护士们给予更多的关怀和帮助。因此，要求病房医护活动中，务必做到"亲切、轻柔、稳妥、准确、快捷"，具体要求如下。

1. 举止有度，自然大方

在病房中，医护人员在检查和护理等各种操作应做到娴熟快捷、准确到位，行、站、坐的姿势要自然大方；面对各种复杂、危急局面，能够排除一切干扰，始终持沉着镇定的神态，从容应对，给患者以安全感和信任感。

2. 言辞规范，亲切温柔

患者刚进病房，都有一个适应的过程，都希望被关心、被接受、被重视。此时，他们在意医护人员对自己的态度，一句亲切的问候能使他们倍觉温暖：而一个无意的粗疏，也可能使他们倍感寒心。因此，在查房、治疗时，要先用合适的尊称，道一声亲切的问候。要求患者配合时先说一个"请"字；得到患者的配合后，不忘说一声"谢谢"。与患者交谈时，要面带微笑，看着对方。术前和术后告知注意事项，同时做好心理安抚。有时一个亲切的眼神、一个友好手势，就能迅速拉近与患者之间的距离，使患者产生一种亲近、信任和敬重之情。

3. 技术娴熟、快捷准确

患者住院的第一需求是获得最佳的医疗诊治和护理服务，从而尽快恢复健康，其中医生精准诊断和治疗，护士娴熟的护理操作是至关重要的。医护人员按诊疗程序采集病史和体格检查，其过程要亲切和蔼、轻柔和利落。具体在本章第二节操作中阐述。

4. 满足患者的合理需求

患者住院后会在治疗上、生活上提出一些要求，其中有合理的，也有不合理的。对于合理且医院有条件做得到的，应给予满足；对有的要求虽然合理，医院确实无条件办到，应向患者解释清楚，希望患者给予谅解；对于不合理的要求，不能满足时，明确地说明原因，婉言谢绝。患者送礼品或红包时，现场退还或者当作入住院押金，并告知患者心意领了，但财物不能收。要做到语气诚恳而不暧昧，态度坚决而不含糊，谦虚而不粗鲁。如果帮助患者交了费用，要将单据交给患者，以免产生误会。

5. 健康教育，确保疗效

患者住院后，医护人员应尽早将诊断结果、治疗方案和预后等情况向患者及家属做详细的介绍，并给予相应的健康指导，以满足患者了解病情和治疗措施的心理需要。对患有不治之症的患者或预后不良的疾病要采取保护性医疗措施，以免加重患者的精神负担，影响治疗和康复效果。

6. 医生查房礼仪

医生在医疗服务中展示自己的个人风度和魅力，不是为了取悦于人，而是尽心尽力为患者服务，赢得患者信任，促使患者积极配合，提高治疗效果。因此，医生在查房时应做到：

（1）严格遵守三级医师查房制度，让患者每天都能看到医生。

（2）医生查房前先叩门，进病房后，先向全体患者问候，然后再看自己的患者。

（3）要认真了解患者的病情，做必要的体格检查，耐心解答患者疑问。

（4）用积极的话语鼓励表扬患者，肯定疗效，用关切的眼神及适宜的动作增进与患者的情感交流。

（5）查房时应主动巡视病室内其他患者的病情变化。对非自己分管的患者所提问题也要解答和处理，遇有特殊情况要与主治医生沟通或向上级医生汇报。

（6）查房中发现问题要及时解决，重大或疑难问题必须立即上报。

（三）患者出院礼仪

1. 出院指导祝词

患者将要出院，首先应对患者的康复或好转表示祝贺，感谢患者住院期间对医护工作的支持与配合。其次，对医护工作存在的不足表示歉意，如有必要，还要表达对患者一如既往的关怀之情，随时为患者提供力所能及的帮助。

2. 出院时的指导

患者痊愈或基本康复后，医生要与患者提前沟通，告知治愈情况，确认出院日期。护士要按照出院医嘱通知患者及家属，进行出院指导，内容包括办理出院手续的步骤，出院后的用药方法、注意事项、复诊时间、家庭护理技术等，尽可能给予患者及家属具体的帮助。交谈时要礼貌谦虚、语气谦和、用词严谨，不用冷漠、命令的口吻，尽量使用"我觉得您需要……""您最好……"等言语。比如"×× 先生／女士，您好！您现在可以到一楼收费处办理出院手续，办完后请回来告诉我们。"或者"您的出院手续已办好，请按医生的交代吃药，并请 ×× 时间回来复查。"

3. 出院时送别

患者出院时，帮患者拿行李，扶患者，送患者到楼梯口。"祝您康复出院，回家后按时吃药，注意饮食调理，多些休息，如有什么不舒服及时回来就诊，或打电话向我们咨询。请慢走。"

四、手术室工作礼仪

手术是一种创伤性的治疗手段，它的技术含量高、风险大。手术在给患者带来生存希望的同时，也给患者造成了强烈的心理刺激，使患者心神难宁、寝食不安。这就要求手术室护士在协助医生完成手术治疗的同时，还要以文明礼貌的言行关心患者，尽可能减轻或消除患者因手术而引起的焦虑、恐惧情绪，从而确保手术的顺利进行。所以手术室工作礼仪在临床工作中不可或缺，主要分成手术前访视礼仪、手术中手术及护理礼仪、手术后麻醉复苏礼仪三个方面。

（一）手术前访视礼仪

【案例】

严某，女，腰椎间盘突出需要动手术。因为第一次动手术，患者感觉非常害怕。护士在交代术前须知时发现了患者的紧张情绪，对患者说："您不必担心，您的手术不属于疑难手术，又由经验丰富、技术一流的大夫为您主刀，之前的患者积极配合医生，手术非常成功，现在恢复得很好呢，所以您放心吧。记住：术前 12 小时不要吃东西，术前 4 小时不要喝水。晚上好好休息，还有什么不清楚的，尽管来问我。"患者："听你一说我就放心了，谢谢！"

术前患者极易产生焦虑、烦躁、恐惧、夜不能寐等心理状况，会直接影响术中的配合及术后的恢复效果，甚至可能引发不良后果。因此，术前医护人员要做好与患者或家属沟通疏导工作，安抚对方焦虑不安的情绪。根据病情的轻重、麻醉方式、年龄、文化程度等采取不同的宣传方式，告知患者和家属手术治疗目的、方法、术前和术后注意事项，使得患者及家属能够理解并给予配合。交流时保持目光接触，语气尽量轻柔，语气和缓，带着关爱的眼神，鼓励患者说出对手术的看法。患者过于紧张，可采用替代示范法、松弛训练、刺激暴露、分散注意力、家庭支持等方法缓解患者紧张情绪；宣传疾病有关知识，通过列举同种疾病患者手术的效果、成功案例减轻患者心理压力，鼓励和安慰患者树立抗病信心。巡防护士根据所获得的患者的资料，与器械护士和护理小组共同讨论制定护理措施。

访视注意事项：访视的适宜时间为10~15分钟，并且应避开治疗和进食时间。与患者交谈时，应正视患者，采用通俗易懂语言，尽量少用医学术语，避免强制教育的态度；对不清楚的事情不要含糊地回答患者，避免说可能引起患者不安的话语。通过术前访视使得患者在心理上能够对手术及种种问题有正确的认识和充分的准备，加强医患之间的合作，以确保手术的顺利完成。

（二）手术中手术及护理礼仪

1.迎接手术患者礼仪

手术是一种创伤性的治疗手段，在给患者带来生存希望的同时，也给患者带来强烈的心理压力，患者大多害怕手术，特别是第一次手术，多带有恐惧紧张焦虑的心理。这就要求手术室护士要格外地关心体贴患者，以周到礼貌的服务使患者树立信心，获得心理上的安全感，减少术后并发症，促使身体早日康复。见到手术患者，护士要热情自我介绍并说明来意："严女士，您好，我姓吴，您可以叫我小吴。我来带您去手术室。"

同时病房护士和手术室护士一起做好患者的手术交接工作。其中手术交接的内容有患者的腕带、手术部位标识、禁食禁饮、背皮、术前用药、术前生命体征、血型皮肤情况等。两人共同交接后，在手术记录单上做好记录，病房护士和手术室护士共同签名。

手术无论大小，对患者而言都是人生的一次不平常遭遇，恐惧和焦虑，是手术患者术前普遍的心理状态。巡回护士到病房接患者时，态度要和蔼，病房到手术室途中可以根据患者的年龄、性别、文化、职业等谈论一些轻松的话题，缓解患者紧张的情绪。"王女士，我现在带您去手术室好吗？我是负责您这台手术的护士，在您手术的全过程中我都会一直陪着您的，您有任何不舒服或是任何需要，都可以随时告诉我。我现在带您去手术室。"接患者时要做到三个"一"：一声亲切的问候，一辆平稳的推车，一次认真的查对。

2. 安置手术体位礼仪

患者进入手术室后医护人员应将患者扶到手术床上，轻柔地保护性地为患者安置手术体位，同时向患者介绍正确的手术体位，以及体位对麻醉手术以及预防术后并发症的重要性。安置体位时将所有维持体位的支手架、海绵垫等均用布包好，防止挫伤皮肤，压迫神经及血管，以减轻患者的不适感。

3. 手术前麻醉礼仪

在手术开始前进行任何治疗或操作，医护人员都应用通俗易懂的语言告诉患者为什么要静脉，为什么要打留置针，为什么要扎约束带，为什么要贴电极片，以取得患者的理解和配合。术前麻醉要注意遮盖患者的身体，尽量减少身体的暴露，保护患者的隐私，无论是脊髓麻醉还是颈丛、臂丛麻醉，巡回护士都要帮助患者保持体位，配合麻醉等。

4. 手术过程礼仪

手术开始后，医护人员应认真严谨细致，全神贯注地投入手术中。手术过程中动作麻利轻柔，语言简洁明了，不议论与手术无关的话题，不说可能加重患者心理负担的话，比如"糟了""完了"等语言。非全身麻醉手术时，医护人员更应做到言语谨慎，举止得当，避免患者受到不良的心理暗示，保证患者能够顺利安全地渡过手术期。

麻醉前核查，手术前核查，手术后麻醉师、手术医生、巡回护士三方进行手术安全检查，手术室护士和巡回护士在手术前、关闭体腔前、关闭体腔后，都要认真清点用物，确保手术安全。

（三）手术后麻醉复苏礼仪

手术后，第一时间告诉患者或家属手术结果："××女士不用紧张，我们手术很成功，谢谢您的配合！医生给您使用了镇痛泵，如果感觉疼痛得厉害，可以随时告诉我，我请麻醉师给您调整镇痛泵的剂量，好吗？"或者"××家属，手术很成功，患者现在麻醉还没过，估计还有半个小时可以慢慢清醒。"等患者术后各项生命体征正常时，手术护士送患者回病房，转运过程中给患者盖好被子，注意保暖，搬移患者时注意保护切口及各种输液引流管，运送途中尽可能地保持平稳，避免因振动带来疼痛和不适。

手术室护士交代患者或家属："××女士，您现在已经安全回到病房了，不要紧张。您现在需要去枕平卧6个小时，如果有什么不舒服，随时告诉您的责任护士好吗？"并和病房责任护士做好交接工作。告别前祝福患者或家属："王女士，您好好休息，祝您早日康复"。

【案例】

护士："您的手术很成功，很快就能康复了。"

患者："谢谢护士。那我什么时候可以吃东西啊？"

护士："手术后要等到排气后才能喝水和进食。刚开始只能吃少量流质食物，然后慢慢过渡到半流食，术后第五天就可以吃普食了。"

患者："什么是流食？"

护士："如牛奶、果汁、蔬菜汤等。"

患者："那什么是半流食呢？"

护士："半流食包括面条、拌汤、粥、鱼、蒸鸡蛋羹、豆腐脑等。"

患者："明白了，谢谢您！"

护士："祝您早日康复！"

责任护士用通俗语言告诉患者家属所有注意事项（如上）。患者术后会出现不同程度的不适反应，医护人员要多加安慰和鼓励。给患者润唇、翻身、擦身时，要动作轻柔，让患者感受到关爱和温情。

【思考与练习】

1. 门诊医护人员接待患者时应注意哪些礼仪？急诊和病房医护人员应注意哪些礼仪？

2. 老李明天就要出院了。面对医生开的一大堆药，老李有些不知所措，如果您是责任护士，会怎么处理？

3. 如果您是手术室医护人员，日常工作中的服务礼仪的难点是什么？如何解决？

【回顾与总结】

1. 门诊岗位的工作礼仪要点：举止端庄，微笑服务；礼貌接诊，一视同仁；耐心聆听，仔细询问；态度可亲，规范检查。

2. 急诊岗位服务礼仪要点：主动迎接，礼貌疏导；急而不慌，忙而有序；争分夺秒，果断处置。

3. 病房岗位工作礼仪要点：迎接患者，宾至如归；熟悉环境，介绍院规；举止有度，自然大方；言辞规范，亲切温柔；技术娴熟，快捷准确；满足需求，人文关怀；健康教育，确保疗效；出院指导，礼貌相送。

4. 手术室工作礼仪要点：术前耐心疏导，术中谨言慎行，术后细心护理。

第二节　医护操作礼仪

现代诊疗护理模式要求体现人文关怀。医护人员在操作过程中稍有疏忽或违反操作规程，以及服务态度粗暴、礼貌稍有不周，都有可能引起医患矛盾和纠纷，有的甚至需要诉诸法律才能解决。因此，严格执行操作规程、严格履行礼仪规范，给患者提供暖心周到优质服务，处理好患者诊治操作过程中的每个环节，不仅是尊重患者和保障医疗秩序的需要，也是出于保护医院声誉和保护医护人员自身利益的需要。

【案例】

（护士小张要给5号病室的1床王某做鼻饲治疗）护士小张推着治疗车来到5号病室，轻轻敲门进屋并随手关门。对还在探视的1床家属说："对不起，我要进行护理操作，请你们暂时回避一下，谢谢！"

（1）操作前介绍解释：护士：您好，因为您做了口腔手术，不能进食，现在我为您插一根胃管，就是这根（边说边让患者看），从鼻腔插至胃（说明操作部位），然后从胃管末端灌入流质饮食和水，给您补充营养和水分，使伤口早日愈合（说明目的）。插管很安全，不会对身体造成伤害，插的过程不痛，但可能有恶心呕吐现象（说明安全性和操作中的感觉），需要您配合吞咽动作，就像平时吃饭，喝水一样，大口大口往下咽。来像我这样做一下，对，就这样（说明怎样配合）。

（2）操作中指导鼓励：护士：您躺下，我帮您摆个舒适的体位（铺上治疗巾，随手将患者肩旁的被掖好）。

护士：我现在开始操作，管子进入鼻腔的时候会不舒适，会引起恶心、呕吐，我会暂停操作，这时请您张口呼吸，不要起来。

护士：请您做吞食动作，对，您配合得很好（操作中边鼓励边观察反应）。

护士：插好了，请张口，我检查一下口腔。

（3）操作后嘱咐安慰：护士：鼻饲管下好了，请不要随便动固定夹，如果有什么不适，请按铃叫我。克服一段时间，能正常进食就拔管。刚才粘布没准备好，粘了两回，很抱歉。现在感觉怎么样？您今天配合得很好，我会经常来看您，请放心休息吧。

【分析】

根据上述案例，我们看到护士小张在为患者进行护理操作过程中，友善、礼貌、规范，建立了良好的医患关系，促使患者在诊疗期间保持良好心态，提高了治疗质量，降低了风险因素。

一、操作前的礼仪

（一）举止得体

在给患者进行护理操作前，要做到衣冠整齐、清洁无污，走路要轻快敏捷，悄然无声。医护人员进入病房时，应该轻轻地叩门以表示对对方的尊重，并轻声地致以问候："您好""早上好""晚上好"。同时医护人员举止要端庄大方，热情友好，让患者能感觉到亲切和温暖。尊重和保护患者隐私，如拉好窗帘，遮挡屏风，耐心给患者做好解释、安慰工作以取得患者的配合等。

（二）言语亲切

医护人员在对患者进行各种操作前，除对患者的姓名、性别、年龄进行核对外，还要对患者所患疾病使用的药物名称、药物的浓度、剂量、用药时间、用药方法等一一核对，并告知患者本次操作的目的、操作方法、患者如何配合以及可能带来的问题、意义向患者解释清楚，以取得患者的密切配合。输液前，护士要和颜悦色地用亲切自然的语气询问患者："阿姨，您好，现在给你输液，需不需要去一下洗手间？"如果是卧床患者，询问是否需要便器，同时给患者安排好舒适的体位，细心地选好血管。要给患者心理上的安慰，比如输液治疗的时候，患者往往因为活动受限，在床上卧床的时间过长，感到疲乏焦虑，希望尽快地完成输液治疗。有的患者甚至还自行调节滴液的速度。所以护士一定要提前告诉患者和家属输液的剂量和时间，让患者有心理准备，避免用命令式的语气与患者说话。要向患者讲解，输液的速度过快，可能给心脏带来负担，请其配合安全输液。

二、操作中的礼仪

（一）态度和蔼，真诚关怀

医护人员在操作过程中，对待患者的态度一定要和蔼，语言要亲切，真诚地表现出对患者的关怀。比如告知患者"操作过程中可能有一点点不舒服，我会尽量动作轻一点，您不要紧张。"

（二）操作娴熟，适时指导

医护人员技术娴熟，动作轻稳，一边操作一边亲切地指导患者配合、安慰患者、转移患者注意力、鼓励患者增强信心。操作完毕，说："您感觉还好吗？已经顺利完成了。"如果出现操作失误现象，应立即致歉："对不起，请您原谅，增加您的痛苦了，很抱歉。"

三、操作后的礼仪

（一）尊重患者，诚恳致谢

当患者较好配合医护人员完成操作后，应该对患者的配合表示谢意，应当把患者的配合看作是对治疗和护理工作的支持，也是对医护人员的理解和尊重。"谢谢您的配合，您先休息一下，如有什么不舒服或需要，请您告诉我，有需要请按呼叫器，我会过来看您的。"

（二）亲切嘱咐，真诚安慰

操作后要根据患者的病情给予亲切的嘱咐和安慰。借助这个环节，再次对有关事项进行核对，征求患者意见，询问当前感受，观察预期效果，交代今后的注意事项；同时，对因操作给患者带来的不适给予安慰。

上述分别就护理操作前、操作中、操作后的礼仪做了一般性介绍。但在实际操作中，医护人员所面临的情况十分复杂，患者的性别、年龄、职业、个性不同，患病种类、病情严重程度不同，各自的耐受能力和配合程度也不尽相同。因此对他们所采用的操作程序、礼仪规范也应有所不同，应因人而异，做到举一反三。

在医疗和护理过程中，处理好医护人员与患者、医生与护士、医护人员与其他工作人员的关系，熟悉接待门诊、急诊、住院、手术、各类操作中的礼仪，对提高医疗护理质量、营造完美的医疗环境、维护医院的整体形象十分重要。营造良好的人际关系，掌握恰当的接待礼仪，树立"以患者为中心"的理念，用高尚的职业道德、先进的医疗设施、精湛的医疗技术、规范的医疗行为，为患者提供优质、温馨、安全的服务，构建和谐社会，是每一位医护工作者的责任。

【思考与练习】

案例分析：患者，男性，50岁，教师，因不明原因的贫血入院。护士要为其测量体温、脉搏、呼吸及血压。请您按照护理操作礼仪规范对患者进行操作前解释、操作中指导、操作后嘱咐。

【回顾与总结】||||||||||||||||||||||||||||||||||||||||||||||||||||||||||||||||

操作中最高的礼仪就是医护人员要高度体现对患者的尊重，"珍视生命，以患者为重"。要最大限度地给患者以安全感。为患者做好操作前的解释，操作中的指导以及操作后的嘱咐，这既能融洽医患关系，也是防范差错事故的有力措施。

1.操作前言谈礼貌、解释合理。操作前医护人员应该认真核对患者信息，并简单介绍本次操作的目的、简要方法、患者需要做的准备。

2.操作中技术娴熟，动作轻稳。一边操作一边亲切地指导患者配合，安慰患者转移患者注意力，鼓励患者增强信心。

3.操作后诚恳致谢，亲切嘱咐，真诚安慰。操作完毕，医护人员应对患者的配合表达谢意，并根据患者的病情给予亲切的嘱咐和安慰。

第三节　其他岗位礼仪和规范

医院行政后勤岗位的服务礼仪，既有普通单位办公行政岗位的特点，又有其特殊性——为一线医疗服务。无论是哪个岗位，代表的都是医院形象。

一、后勤岗位服务礼仪

后勤岗位员工的服务虽然不直接影响到患者疾病的诊断和治疗，但是后勤工作也是医院的一部分，服务水平高低和好坏同样会影响到患者对医院形象的判断和评价。比如医院环境是否整洁干净，医院是否发生过扒窃、诈骗等情况，设施设备是否及时地维修维护，食堂的饭菜是否可口营养等，这些都会对医院的整体形象有所影响。

举例如下。

1.配餐服务规范

（1）配餐员走进病房后，首先自我介绍，并说明目的："您好，我是食堂的配餐员，现在为您订餐。请问您想吃点儿什么？"

（2）患者或家属点完餐后，配餐员征询有无其他要求："如果还有其他要求，请告诉我，我们会尽力使您满意的。"

（3）饭菜送到病房后，请患者食用："您好！这是您订的餐，请慢用。"

（4）患者用完饭菜后，询问患者意见："您好！请问我们做的饭菜，您满意吗？"

2.保洁服务规范

（1）保洁员走进病房后，首先自我介绍，并说明目的："您好！我是医院的保洁员，现在开始打扫清洁卫生，请配合一下，好吗？"

（2）在清洁卫生时需要患者和家属的配合应征询意见："这是您的物品，帮您挪动一下，好吗？"

（3）发现患者或家属乱扔垃圾时，应告知垃圾要放进垃圾桶："对不起，请您将垃圾放进垃圾桶里，好吗？"

（4）清洁工作完成后，应和患者、家属道别："我将卫生打扫完了，请安心休息。"

二、行政岗位服务礼仪

医院行政管理部门的服务对象主要有医院员工、患者及其家属和来访者。行政管理部门的接待和服务水平也直接影响到医院的形象，服务态度要热情、周到，服务行为要规范、标准。当医院员工及来访者到达时，应主动打招呼，并询问需要什么帮助。如"您好！请进（或请坐）。""请问您有什么事情（请问您需要什么帮助）？"

对于医院员工、患者及其家属或来访者需要询问事情或者寻求解决问题时，在自己职责范围内，应该及时给予答复或在最短的时间内予以解决。当自己无法解决或者需要其他部门处理时，应协助他们解决问题。

如果有医院员工或患者及其家属到行政管理部门投诉，首先要做好情绪安抚工作，然后再认真地记录所反映的问题。"您好！请您不要着急，您反映的问题我会立即向上级领导汇报，有了解决方案我会第一时间通知您。给您带来的不便希望能得到您的理解！"

【思考与练习】||||||||||||||||||||||||||||||||||||||||||||||||||||||||||||||||||||||||||||

尝试用情景演练教学方式展示医院保洁人员在门诊服务中的礼仪规范。

【回顾与总结】||||||||||||||||||||||||||||||||||||||||||||||||||||||||||||||||||||||||||||

医院行政后勤岗位的服务礼仪，既有普通单位办公行政岗位的特点，又有其特殊性——为一线医疗服务。无论是哪个岗位，代表的都是医院形象。

第十二章
医患沟通礼仪

医学之父希波·克拉底曾经提出"了解什么样的人得了病，比了解一个人得了什么病更重要"的观点，而这句话道出了医患沟通的精髓。随着社会的不断发展，广大人民群众的健康需求与日俱增，人们不仅需要医治身体的伤病，还需要调治心理精神的疾患，更需要医务工作者的关爱，转变医学模式的社会需求也日益强烈。但近年来，医患关系越来越紧张，多家医院频繁发生医疗纠纷和患者打砸医院事件，全国的医疗纠纷数量明显上升，医患矛盾有激化的趋势。造成医患关系紧张的原因是多方面的，其中最主要的原因是医患之间缺乏理解和信任，不能换位思考，不能很好沟通，即沟通不足或缺乏沟通技巧。因此，良好的医患沟通，有助于医患相互理解对方，化解矛盾，缓和紧张的医患关系，保证医疗活动顺利进行。

【案例】

患者王女士 54 岁，在外企工作，压力大，最近 1 年因失眠、乏力、出汗多、心烦易怒来医院就诊。患者进入诊室坐定，此过程中，医生没有抬头看患者，一直看着电脑。

患者：（递上病例历）大夫。

医生：放桌上。怎么不好？

患者：大夫，我最近总是出汗，头上、身上、后背都很多……

医生：（打断患者的话，低头在病历本上记录）多大年龄？

患者：54 岁。

医生：月经正常吗？

患者：三个月之前来过一次，最近两个月没来。

医生：更年期了。我给你开点药回去吃就行了。

患者：大夫，我还有失眠，睡不着觉，晚上在床上翻来覆去……

医生：（打断患者）这些都是更年期的症状，回去吃药就行了。

患者：那您还没有给我检查呢。

医生：不是跟你说了吗，更年期，有什么可查的，回去吃药就行了。这么啰唆。

患者：哎，你什么态度啊？！

医生：（此时医生抬头，瞪了患者一眼）怎么了？我态度怎么不好了？病也给你看了，药也开了，还要怎么样？没看见还有那么多患者等着看病吗？

患者：你这是对患者不负责任，我要投诉你！

【分析】

案例中的医生在患者就诊过程中多次打断其陈述，仅询问了患者的年龄和月经情况就做出了诊断，并随即开药，给予患者陈述的时间很短，导致患者认为自己的症状还没有说完，医生就把药开出来了，所以认为医生在敷衍她，对她不负责任。除此之外，医生在诊疗过程中，很少和患者目光交流，这样会让患者认为医生不重视自己，产生不愉快的情绪。当患者表现出情绪波动的时候，医生没有及时处理，而是和患者发生争执，导致患者被激怒，产生医患纠纷。所以在医疗诊治过程中，要想取得良好的治疗效果，医生不仅仅要拥有精湛的医疗技术，同时也要有良好的医患沟通能力。

第一节　医患沟通概述

一、医患沟通的内涵

医患沟通，是指在医疗卫生和保健工作中，医患双方围绕伤病、诊疗、健康及相关因素等主题，以医方为主导，通过各种有特征的全方位信息的多途径交流，科学地指引诊疗患者，使医患双方形成共识并建立信任合作关系，达到维护人类健康、促进医学发展和社会进步的目的。

医患沟通不同于一般沟通。患者就诊时，特别渴望医务人员的关爱、照护和体贴，因而对医务人员的语言、表情、动作姿态、行为方式更为关注、更加敏感，这就要求医务人员必须以心换心，以情换真，站在病患的立场上思考和处理问题。

二、医患沟通的意义

良好医患沟通可以增加患者对医务人员及院方的信任，促进医务人员与患者之间的信息交流和相互理解，增强患者战胜疾病的信心，取得患者最大限度的密切配合，化解医疗纠纷或将医疗纠纷消灭在萌芽状态。充分认识医患沟通的重要性是医院和医务工作者必须面对的重要问题。

1.提高医务人员素质，有利于培养关爱患者的意识

希波·克拉底有句名言：医生有三件武器——手术刀、药物和语言。要了解患者方方面面的情况，医生不仅要有精湛的医术，还要关心患者，善于同患者沟通。加

强医患沟通是医疗工作的需要，是关爱患者的体现，也是为患者提供良好医疗服务的需要。注重沟通，增强沟通技巧意识和提高沟通能力，做好与患者的交流沟通工作，是医生良好职业素质的体现。

2. 塑造医院形象，促进医院可持续发展的保障

医院尽管拥有许多先进的医疗设备，但在医疗服务过程中，如果缺少为患者提供精神的、文化的、情感的服务，就会影响医院的形象。在医疗服务中，良好的人文关怀要通过医务人员进行，所以加强医患沟通、与患者建立良好的关系，就是塑造医院的形象。随着社会的发展和医疗改革的深入，患者有了更多的选择权。患者不仅可以选择医生提供的治疗方案，而且可以更自由地选择医院，甚至还可以选择医务人员。在这种情况下，医院形象提高、知名度扩大，在社会人群中形成良好的声誉，无疑就夯实了医院赖以生存发展的基础。

3. 构建和谐医患关系，是减少医疗纠纷的重要途径

构建和谐医院，建立和谐的医患关系是全社会的共同心愿。医疗行为具有一定程度的危险性，有的还具有一定程度的伤害性，由于人体结构及病理变化的复杂性，存在着个体差异，任何医生判断病因、估计医疗效果都有一定的不确定性。而患者在医疗过程中，因缺乏医学专业知识以及迫切希望尽快恢复健康的心情，导致其不能很好地理解医疗行业的特点，常常对其期望过高。

因此，在这种情况下，医患双方的及时沟通交流，相互理解，增进患者及其家属对医疗风险的认知，降低不太实际的期望值，取得患者最大限度的密切配合，建立和谐的医患关系就显得极为重要。近年来，医疗纠纷牵扯到方方面面，反映和涉及的问题种类繁多。据统计，有80%的医疗纠纷与医患沟通不到位有关，只有不到20%的医疗纠纷与医疗技术有关。因此，若医务人员在医疗活动中能主动真诚与患者沟通，使患者能理性地认识医疗活动，加深医患双方的理解、尊重和信任，就可消除不必要的误解，更好地建立起和谐融洽的医患关系。

4. 顺应现代医学模式，提升临床治疗效果的基础

现代医学模式已从以医疗为中心转变为以患者为中心，已从单纯的"生物医学模式"转变为"生物—心理—社会医学模式"。医患关系绝大多数是以"相互参与型"的形式出现，这种新型的医患关系把医者与患者置于平等的地位，要求医方在提供医疗服务的同时，必须尊重患者，平等相待。这就要求医务人员既要重视生物、遗传、创伤等致病因素对患者健康的损害，又要重视心理、社会因素对患者健康的

损害，真正做到以患者为中心，而医患双方的沟通与交流是实现这一目标的基础。

5.维护患者权利，满足患者及家属的需要

患者到医院看病，希望与医务人员进行平等交流，获得尊重，享有充分的权利。知情同意权是患者的一项重要权利，它包括疾病认知权和自主决定权。知情同意的过程也是一个医患交流沟通的过程。通过这个过程，医生对患者进行告知，同时了解患者还存在哪些问题和困惑。患者也需要通过与医生的对话、接触，明了自己疾病的诊断治疗情况，明确做什么检查，用什么药，有什么风险和意外，影响自己病情转归的因素有哪些，需要多少费用等信息，患者综合考虑后做出适合自己条件的选择。所以，加强医患沟通有助于更好地维护患者的知情同意权和选择权。

6.促进医患关系，践行医学人文精神

随着生物—心理—社会医学模式的建立和发展、医学人文精神的回归，在医疗活动中医患良好的沟通、情感的交流，对患者精神的安慰、情绪的稳定、希望的增强、人格的尊重等都具有重要作用，这无疑体现了一种人性化的关怀，有利于为患者提供更加满意的服务，从而赢得患者及家属的高度信任与积极配合，医患携手战胜疾病，共同推动医学科学的发展。

因此，让医务人员提升沟通技能，也是医疗服务礼仪培训的方向之一。如果我们仅将医学当作一种科学和技术来研究，则永远无法提供给患者最好的医疗服务。想要让医学变得高效，首要的就是让患者100%信任我们。有效的沟通是打开信任之门的金钥匙，也是减少医患纠纷的必经之路。

【思考与练习】||||||||||||||||||||||||||||||||||||||||||||||||||||||||||||||||

1.医患沟通对密切医患关系，促进患者早日康复更是有着非常重要的意义，其重要性主要体现在以下几个方面。

（1）更好地诊断和治疗患者疾病。

（2）使医患关系融洽。

（3）帮助患者了解疾病的相关信息，提高患者的依从性。

（4）有助于减少医疗纠纷、妥善解决医患矛盾。

2.为什么说和蔼的态度和温和的语言也能治病？

【回顾与总结】||||||||||||||||||||||||||||||||||||||||||||||||||||||||||||||||

1.医患沟通的内涵：是医患双方的一种交流，是对医学理解的一种信息的传递过程，是为患者的健康需要而进行的，使医患双方能充分有效地表达对医疗活动的

理解、意愿和要求。

2.重点理解医患沟通的意义：提升医务人员的服务意识和素质，满足患者需求，减少医患投诉和纠纷，促进医患关系和谐，同时提升医院社会形象，践行医院人文精神，促进可持续发展。

第二节　医患沟通要素

一、医患沟通原则

【案例】

著名病理学家韩启德院士在《医学温度》书中记录了他从医生涯接诊的第一位患者——16岁的农村女孩，主诉长期阵发性腹痛。当时的韩医生在上海第一临床学院刚刚学完3年基础课程，还没来得及进入临床医院实践。于是按照课本中的要求，视触叩听，从头到脚做了全套物理检查，足足用了一个多小时，却没有发现任何异常。于是请教老师，老师快速、准确地诊断为肠道蛔虫症，并开了药。带女孩来看病的老伯伯却对韩医生千恩万谢，说从来没有遇到过一个医生能为患者检查得那么仔细和认真。虽然已经过去50年了，但当年那位老伯的笑脸和真挚的谢意仍然留在韩院士心里。

韩启德院士在《医学温度》一书中写道：医学是人学，医道重温度。这句话道出了医学的深刻内涵，也是医学前辈对医务工作者深刻的感悟。近年来，医患沟通得到了前所未有的重视，2024年9月国家卫健委办公厅出台了《医学人文提升行动方案（2024—2027）》，对增进医患沟通指导提出具体办法，要求通过各种途径来提升医务人员的沟通技能，以便促进和谐医患关系的建立。

1.以人为本原则

医学不仅是科学，更是人学，医务人员必须有一颗仁爱慈悲的心。我们要明确现代医学是生物—心理—社会医学模式，医务人员一定要关注患者的整体，牢记患者首先是一个需要帮助的人，而不仅仅是一个病患。在满足患者对身体疾病治疗的同时，要给予患者精神的慰藉。正如希波·克拉底所说的那样，了解什么样的人得了病比了解一个人得了什么病更为重要。作为医生，不应该只见病不见人，疾病是在活生生的人身上发生的，医生要治病，首先是要治疗患者。比如对待一个冠心病准备做支架手术的患者，医师不仅仅要告诉患者心脏手术情况，同时要了解患者是否对即将进行的手术感到紧张、焦虑，通过解释安慰来帮助患者克服心理障碍。

2. 平等尊重原则

在医患交往过程中，医患双方是相互依存、不可分割的统一体。平等是医患双方沟通的前提，无论是医务人员还是患者都是平等的社会人，都拥有人的尊严。医务人员切忌把自己凌驾于患者之上，也切忌把患者分为三六九等。尊重是建立在平等的基础之上的，需要医患双方共同遵循。这也是医患建立合作信任关系的前提和基础。在平等尊重对待患者方面，一代名医张孝骞不愧为医务工作者的楷模。张老先生什么身份的患者都见过，却从不以衣着华朴、地位高低、关系亲疏来决定对患者的态度，都是一视同仁。无论什么人写信求医，他都亲笔回复，协和医院的档案室中至今保存着他与各地老百姓的很多通信。

3. 依法知情同意原则

医务人员必须将维护患者的合法权利作为重要的职业操守，并且通过医患沟通的有效途径来加以实现。患者有知情同意的权利，医护人员应对患者的疾病状况、治疗手段、效果、副作用、风险及并发症、治疗周期以及费用等情况予以如实告知。

4. 诚实守信原则

诚信是建立良好医患关系的基础，医患之间的相互信任是化解和消除医患矛盾的重要前提。医方要主动地去赢得患者的信任，使患者积极配合医务人员。在诊疗过程中，医务人员应为患者保守秘密，不能泄露患者的隐私。如某些患者不希望其他人知道自己的疾病，就一定要单独与患者沟通，不能当着其他人的面大声询问患者的症状。在做检查时也要注意使用屏风来保护患者的隐私，更不能把患者的疾病当成谈资到处宣扬。

5. 合作引导原则

诊疗活动的全过程需要医患双方的全程参与和良好的沟通。医务人员要让患者及其家属参与决策，通过告知患者的病情及治疗方案，让他们了解病情变化以及治疗的效果。患者对医生的处置和计划有不清楚或者不同意见，均可与医生交流。医患间良性合作，对于疾病治疗和患者康复有积极的促进意义。尊重患者合作意愿的同时，还需正确引导患者使其乐于合作。通过恰当的引导，既可以有效帮助医务人员做出正确的诊疗，又能让患者感觉到医生对自己的关切和重视，增强患者依从性，提高患者合作度。

二、医患沟通方式

医患沟通是一种特殊的人际沟通，医务人员要站在病患的立场上思考，真诚有效地沟通，取得患者信任和配合。医生应考虑到患者的文化水平，用通俗易懂的语言使患者充分理解患病原因和手术目的。在临床实践中，医务人员面对的不仅是不同文化水平、社会背景、生活习惯、经济状况的患者，还有患者的家属、患者的家庭。因此，医务人员需要在对患者的认知能力进行判断的基础上，选择不同沟通对象和沟通方式进行沟通。

1.以预防为主的针对性沟通

在医疗活动过程中，如发现可能出现问题苗头的患者，应立即将其作为重点沟通对象，针对性地进行沟通。还应在交接班时将值班中发现的可能出现问题的患者和事件作为重要内容进行交班，使下一班医护人员做到心中有数，有的放矢地做好沟通与交流工作。

2.灵活沟通

如果主管医师与患者或家属沟通有困难或有障碍时，应另换其他医务人员或上级医师、科主任与其进行沟通。

3.书面沟通

为了弥补语言沟通的不足，医院实行了书面沟通，把一些常规问题印到书面上，便于患者家属翻阅。对丧失语言能力或需进行某些特殊检查、治疗、重大手术的患者，不配合或不理解医疗行为的患者或家属，应当采用书面形式沟通。比如，新生儿病区因无人陪伴，家属完全不了解病儿的治疗、生活情况，除有限的探视时间外，医务人员还可将宝宝在病区一天的喂养、洗换、护理、治疗等共性情况以及出院随访，喂养护理知识等编成小手册，发给每位入院婴儿的家属，以达到沟通的目的。

4.集体沟通

集体沟通可以在医患之间多对一，或一对多地沟通。当下级医生对某种疾病的解释不肯定时，应当先请示上级医师或与上级医师一同集体沟通。对患有同种疾病较多的患者，医院也可召集他们的家属，以举办培训班的形式进行沟通，讲解疾病的起因、治疗方法及预防知识。这种沟通，不但节约时间，还可促进患者间的相互理解，使患者成为义务宣传员，减少医务人员的工作压力。

5. 协调沟通

诊断不明或病情恶化时，在沟通前，医生与医生之间、医生与护士之间、护士与护士之间要相互讨论，统一认识后由上级医师向家属解释，避免医方认识不一致使患者和家属产生不信任和疑虑的心理。

6. 讲解沟通

医护人员可以利用人体解剖图谱或实物标本或者视频对照讲解与患者进行沟通，增加患者或家属的感官认识，便于患者或家属对诊疗过程的理解和支持。比如，对先天性心脏病患儿的家属，医生可用心脏模型结合画图进行讲解，家属就会形象地了解疾病到底出现在哪个部位，如何进行手术修补等；再如骨科患者，患者家属不知道骨病在什么位置，骨科医生便拿出人体骨架，用通俗的语言给患者讲解。

三、医患沟通时间

1. 入院前沟通

门诊医师在接诊患者时，应根据患者的既往病史、现病史、体格检查、辅助检查等对疾病做出初步诊断，并安排在门诊治疗，对符合入院特征的可收入院治疗。在此期间门诊医师应与患者沟通，征求患者的意见，争取患者对各种医疗处理的理解。必要时，应将沟通内容记录在门诊病志（历）上。

医患沟通必须重视首次沟通，好的开始是成功的一半。如果首次沟通不成功，后续沟通很难取得好的效果。

2. 入院时沟通

病房接诊医师在接收患者入院时，应在首次病程记录完成时即与患者或家属进一步沟通。

3. 住院期间沟通

包括患者病情变化时的随时沟通；有创检查及有风险处置前的沟通；变更治疗方案时的沟通；贵重药品使用前的沟通；发生欠费且影响患者治疗时的沟通；急、危、重症患者疾病转归的及时沟通；术前沟通；术中沟通；麻醉前沟通；输血前以及医保目录以外的诊疗项目或药品使用前的沟通。

4. 出院时沟通

患者出院时，医务人员应向患者或家属明确说明患者在院时的诊疗情况、出院医嘱及出院后注意事项以及是否定期随诊等。

5. 出院后随访沟通

患者出院后，医务人员需要定期了解出院后的治疗康复情况，督促治疗后的注意事项，提供日常身体健康指导。

四、医患沟通内容

【案例】

患者李某因胃溃疡住院治疗，主治医生唐某为其开了一种进口药物，但医生唐某未将用药名称、用药意图以及是否属于医保报销范畴等事项告知李某。出院结账时，李某提出要检查住院期间发生的费用，对此种进口药物的费用不认可，说："谁叫你给我吃进口药？我从来不吃进口药！"于是发生医疗投诉。

【分析】

本例中医生唐某侵犯患者治疗药物的知情权，医患双方在知情同意权上发生矛盾。在给李某使用不属于医保报销范围的进口药物前，应当事先向患者说明进口药物的费用和药效及副作用，征求患者的意见。如患者不同意，再告知其他代替药的药效、费用和副作用，让患者选择并确认。

医患沟通中应全面了解患者，做到知病情、知人情。并详细告知患者诊疗中的所有相关信息，同时用患者理解的语言沟通，具体内容包括以下五个方面。

1. 自我介绍

在初次接诊时，医务人员应主动自我介绍，并做出必要的说明，让患者对医生有较为详尽的认识，感受到医生的专业性与规范性，同时还能消除因自己病痛产生的担心、紧张、焦虑或不好意思等情绪。这将对后续沟通及和谐医患关系的建立非常有益。

2. 了解患者信息

合适的称呼是建立良好沟通的起点，称呼得体会给患者留下良好的第一印象，为以后的诊疗打下互相尊重和信任的基础，问诊了解患者当前症状、主观感受、病史、过敏史、手术史等，同时了解患者的个人相关信息（职业、兴趣、生活习惯、家庭成员），有助于医生有方向、有重点地进行沟通，以及预后的交代。

3. 病情诊断和治疗方法

医患沟通应系统性、全面性、通俗性、及时性，诊疗方案的沟通、诊疗过程的沟通，医务人员应向患者或家属介绍患者的疾病诊断情况、主要治疗措施、重要检查的目的及结果、患者病情及预后、某些检查或治疗可能引起的后果、药物不良反应、手术方式、手术并发症及防范措施。听取患者或家属的意见和建议，回答他们提出的问题，增强患者和家属对疾病治疗的信心。医务人员加强对目前医学技术局限性和风险性的了解，精确详细和患者及其家属沟通，争取患者和家属的理解、支持和配合。住院期间，病情及诊疗相关内容还需记载在病历和护理记录上。持续的沟通会让患者及家属感受到医生的关心与负责。

4. 医疗费用

医患沟通中一定要进行医疗费用的沟通，尤其在国家实行 DRG 和 DIP 医改政策后。作为患者的主治医生，收费明细要提前告知患者，也要告知患者自费药、医保不给报销药品、国产药品和进口药的费用区别，并且帮他们做好规划。

5. 情感交流

医务人员耐心倾听患者及家属面临的经济、精神、生理等各方面的痛苦和困难，阐释医院救治的基本原则、以往类似病例的治疗经验和预后情况，并对患者或家属予以理解、同情和安慰。

医务人员在和患者或家属沟通时，让患者明白诊疗收付费标准、药品价格、自己的病情、需要做何种检查和治疗、自己的诊疗医生（五个明白）。让患者及家属对检查、诊疗、用药、收费、服务放心（五个放心）。

【思考与练习】 |||||||||||||||||||||||||||||||||||||||||||||||||||||||||||

1. 人文关爱对患者的益处往往超过了治疗本身，如何评价医患沟通原则中的"以人为本"？

2. 为了更好取得患者配合，取得良好的诊疗效果，除了告知病情和治疗方案外，医患沟通时还需要告知患者哪些内容？

【回顾与总结】 |||||||||||||||||||||||||||||||||||||||||||||||||||||||||||

1. 重点理解医患沟通的五大原则：以人为本原则、平等尊重原则、依法知情同意原则、诚实守信原则和合作引导原则。

2. 医患沟通应根据不同对象，不同情况采用不同沟通方式：以预防为主的针对性沟通、变换沟通、书面沟通、集体沟通、协调沟通和讲解沟通。

3. 医患沟通内容包括：自我介绍、了解患者信息、病情诊断和治疗方法、医疗费用、情感交流。

第三节　医患沟通技巧

世界医学教育联合会《福冈宣言》指出：所有医生必须学会交流和人际交往的技能，缺少共鸣（同情）应该与技术不够一样，看作是无能的表现。因此要想成为好医生，掌握医患沟通的技巧至关重要。有效的医患沟通可以赢得患者信任，取得患者配合，从而提高医疗效果，促进和谐医患关系。

一、语言技巧

【案例】

我国著名心血管专家、健康教育专家洪昭光先生曾讲过一个"三句话说死患者"的真实故事。

患者来看病，医生第一句话："你的病呀，来晚了。"患者一听急了，赶紧求医生："医生，我们大老远慕名而来，求您想想办法吧。"

这时，医生第二句话："你这病呀，没治了。"

患者又求医生。医生的第三句话："你早干吗去了？"

这三句话就像一盆凉水从头到脚浇在患者身上，心想完了！患者垂头丧气回到家，家人忙问怎么回事。患者说："医生说了，我来晚了，没治了，我早干吗去了。"

患者上午 11 点离开诊室，下午 4 点嘴唇发紫，晚上 8 点进急诊室，第二天凌晨 2 点便去世了。

这个案例听起来有些夸张，但确实基于一个事实，那就是医生的语言可以救人，也可以杀人。世界医学之父希波·克拉底说过，医生有"三大法宝"，分别是语言、药物、手术刀。语言是三者中最重要的。医生一句鼓励的话，可以使患者转忧为喜，精神倍增，病情日见起色；相反，一句泄气的话，也可以使患者抑郁焦虑，卧床不起，甚至不治而亡。语言作为建立良好医患关系的重要载体，医护人员要善于运用语言艺术，达到有效沟通，使患者能够积极配合，建立和谐的医患关系。

（一）礼貌性语言

礼貌的语言是语言沟通的基本要求。医务人员，面对患者一定要以礼待人，才能赢得患者的信赖和尊重。礼貌性语言的运用，要注意以下几点。

（1）避免直呼其名，学会使用敬语谦语。对病患要使用尊称，如"先生""女士"等，对于老年人在姓名后加上叔叔或阿姨等表达尊重。称谓语要根据不同文化背景和地域的语言特点，适当调整，比如南北方差异。做到因人而异，因地而异。称呼中要使用"您"而不是"你"，尤其是对年长的患者。医务人员没有给予患者恰当的称呼，甚至显露出对患者不尊重，会让患者产生很差的就医体验，为后续的医患沟通埋下隐患。比如医务人员对着住院患者大声问"27 号床，喊你半天了，怎么才来？"等。

（2）与对方交流，尽量用征询式的语言。比如"请问……""您可以吗""希望您能够理解，您是否同意？"等。

（3）多用答谢语言。比如"谢谢您的配合"，与患者谈话告知病情后，要说"谢谢您的理解"，这些礼貌性的用语，会拉近与患者的距离，更好地进行医患沟通。

（4）要善于用道歉语。在告知患方坏消息的时候可以使用道歉语表达对患者的同情和遗憾，比如，"非常抱歉，患者病情很严重。""对不起，检查发现癌细胞已经转移。"

（二）通俗性语言

医患沟通，要充分考虑患者的接受和理解能力，用通俗的语言来表达，尽量少用专业的术语，比如，询问有没有肉眼血尿，可以问："您的尿是红色的吗？"对于必须说明的医疗专业术语，医生要多用图片、模型或者视频等形象化地做出解释说明。

（三）赞美鼓励性语言

患者在面对疾病的过程中，会有很多的顾虑，往往有沉重的心理负担，需要医务人员通过鼓励、赞美等语言来引导患者，帮助患者消除负面情绪，重新树立信心，对于病情的治疗和康复予以积极配合。比如，对治疗时间较长或是慢性消耗性疾病患者说："您能长时间坚持服药治疗，并积极配合饮食和运动，您做得非常好，请继续保持。"对即将康复出院的患者可以说："感谢您的配合，我们打了一场胜仗啊。"

（四）暗示性语言

暗示是语言、寓意创造的一种非药物的治疗方式，是心理治疗的方法之一。有时暗示能带来优于药物作用的效果。在医患沟通中，要学会运用暗示的积极方面来影响患者，使其不正常的生理活动恢复正常，或使患者的治疗效果达到预期目的，如"过去患者用的效果好"能起到很好的暗示，并用鼓励性语言如"相信您用后也会有这样的效果"来提升患者的信心，消除其恐惧心理。

（五）保护性语言

对于患有严重疾病、或病情恶化的患者，保护性语言的运用尤为重要。在患者没有心理准备或是丧失治疗信心的情况下，不直接向患者透露不良的预后，应事先与家属沟通。如果为了得到患者配合，必须告知的情况下，要巧妙运用安慰、鼓励劝导的表达方式。忌用伤害性的语言，以免加重患者的病情，甚至导致医疗纠纷。比如 CT 检查发现肺部肿块的患者，准备做活检来证实肿块的性质，患者非常担心是恶性肿瘤，因此，可以采用"阳性的可能性是有的，活检只是为了排除恶变"的语言来安慰患者。

（六）模糊性语言

对于疾病的复杂性和不确定性以及不同个体的差异性及诊疗过程长短的不一致性，运用宽泛含蓄、模糊的表达方式更为合适。比如，患者问医生："我的感冒要紧吗？多长时间能好？"医生可使用恰当的模糊语言告知患者："您得了普通感冒，正常情况下一周就好了，如果您按时吃药、注意休息，恢复得会更快。"

（七）不评价他人的诊疗工作

由于每家医院的条件不同，医生技术水平也是不同的，对于同一疾病的认识和治疗策略，可能不一致，因此处理也可能不同。不要随意评价他人的诊断治疗，以免在工作中引发医患纠纷。即使其他医生的诊断或治疗确实有错误，也不要在患者或家属面前指责评论。

因此，在医疗实践过程中，医务人员的语言艺术是非常重要的，做到多用礼貌、通俗性语言，常用赞美、鼓励性语言，巧用暗示、保护性语言，慎用模糊、评价性语言。

二、倾听技巧

医患沟通中，听与说是两个基本活动。从某种角度来讲，医务人员倾听是建立医患关系最简单也是最有效的方法。积极倾听需要医务人员有很强的主动性，不仅要明白患者在说什么，还需要结合患者的表情和肢体语言来分析患者想要表达的情绪和感受，对疾病的态度，甚至患者内心所想但没有说出口的内容。也就是说医生不仅要用"耳"来倾听，还要用眼睛和大脑来倾听。通过积极倾听，可以全面获得与患者疾病相关信息，并让患者感受到被重视和尊重，从而在医疗过程中对医务人员产生好感和信任，建立良好的医患关系。同时，患者在就医过程中往往除了承受身体病痛外，还要忍受精神的痛苦，如恐惧、担忧、焦虑等各种负向情绪，在和医务人员沟通中也被释放出来，这本身就是一种疗愈。

【案例一】

患者：医生，我感觉我头痛得很厉害。

医生：头痛先做个 CT。

患者：我还有点打喷嚏流鼻涕。

医生：你先把 CT 做了再看看。

患者：一定要做 CT 吗？CT 好贵。

最后患者拿着正常的 CT 结果到医院门诊办投诉，认为医师小病大治，导致了他的经济损失。

【案例二】

患儿家属：医生我儿子这两天发烧，老喊头痛。

医生：感冒了，给你开点感冒药就好了。

患儿家属：感冒药他已经吃了，现在还发烧，而且老是头痛。

医生：小孩子感冒头痛很正常的，吃点感冒药就好了。

患者家属：你要不再去给他检查一下，他头痛很难受。

最后医师坚持自己的主张，给患儿开了了感冒药，两天后家长再带患儿过来，该患儿已经神志不清了，腰穿检查诊断为脑膜炎。于是患儿家属到医院投诉：他反复说他儿子头痛，可是医师不听以至于延误治疗。

这两个案例都涉及一个共同的问题，两位医生都忽略了认真倾听患者的病情，先入为主，从而酿成了不良的后果。因此，在医患沟通的时候，医务人员需要做到以下几点。

第一，有观察地倾听。即"察言观色"，医生通过患者表情、眼神、姿势、穿着、精神状态以及说话方式等了解患者。

第二，有思考地倾听。集中注意力，用心去听，去设身处地地感受，尽量接收患者的信息，还要注意理解这些信息的含义，并准确地记录下来，不排斥、不歧视，把自己放在患者的位置上来思考，鼓励患者尽可能描述出实际的感觉，帮助明确疾病的部位以及病因。

第三，有反馈地倾听。在听患者叙述的时候要有积极回应，如面部表情、肢体语言，身体前倾、点头或是用"我明白"等话语，让患者知道医务人员在认真地听他诉说。

第四，允许患者充分地表达。不要干扰患者对身体症状或者是内心痛苦的诉说，对那些说话重复并且漫无边际的患者，要想办法引导回到主题，但不要粗暴地打断患者的叙述。同时保持客观的立场，以患者为中心，尊重患者的选择。当自己价值观和患者价值观发生冲突时，不可随意指责和批评患者，或对其行为进行强行干预。

上述第一个案例的医生缺少思考，把患者的症状严重化，一听到头痛就判断是脑部的问题，进而开具了CT，忽略了患者打喷嚏流鼻涕的感冒症状，导致小病大治。第二个案例的医生没有认真倾听就打断患者家属的诉说，对其强调的头痛症状不予以仔细的询问，收集病史缺乏有效性，导致延误病情。因此在医患沟通中，医务人员必须学会倾听，做到专注、有效和及时反应。

三、非语言沟通技巧

【案例】

72岁女性患者来医院就诊，主诉：胸痛，乏力，睡眠不好。

医生："32号患者吗？哪里不舒服？"

患者："就是总胸口痛，还经常闷得慌，最近睡得也不好……"（被医生打断）

医生："我问你什么，你就说什么。"

患者："哦，自从老伴去世后，我的心口痛总犯，还睡不好……"（再次被打断）

医生："多长时间了？"

患者："半个多月。"

医生："撕裂痛还是压榨痛？做过检查吗？"

患者："大夫，听不懂呀。没有，之前检查心电图正常。"（患者一脸疑惑）

医生："我给你开几个检查，回头再拿给我看吧。"（医生埋头开检查单，并不理睬患者）

简单的问诊结束后，患者并没有去做检查，而是怏怏而返。

本案例中的医生在诊疗过程中没有注意非语言沟通技巧，让患者心生不满和不信任，从而导致无效诊疗。为了更好地了解患者的情绪、情感和内心真实的想法，医务人员在沟通中不仅要倾听患者的谈话，而且要注意观察他的非语言行为。同时医务人员也要善于运用非语言沟通技巧，赢得患者更多的尊重和信任，从而提高与患者沟通的效果，为良好的医患关系奠定基础。

1. 仪容仪表

医务人员规范的着装可以使患者产生尊敬信任的心理，增加战胜疾病的信心。因此，医务人员应注意自己的仪容仪表，力求衣冠整洁、端庄大方。还要掌握好化妆的尺度，除了手术室、新生儿科等特殊科室外，女性医务人员可以化淡妆，给人以稳重大方及知识修养较好等美感，切忌浓妆艳抹。同时也应根据工作要求不佩戴饰物或避免佩戴繁杂奢华的饰物，以免影响医务工作和医患沟通。

2. 面部表情

【案例】

有位护士，在经过医护礼仪培训的第2天，满怀信心地站在了导医台的岗位上，根据昨天礼仪老师教授的微笑训练法，还保持了规范的微笑。这个时候，一位老人表情痛苦地朝导医台走来，焦急地询问护士他心口疼该去哪里看，护士一边微笑一边不紧不慢地告诉老人，应该先去挂号，然后再上三楼。老人一下子火了，说我这么难受，你却在那里一直笑我，随即向医院投诉了这位护士。

【分析】

这位护士被投诉是因为没有注意实际情况，只一味生搬硬套礼仪规则，而忽视了患者的内心需求和感受，被患者误认为没有同理心。所以医务人员的表情要根据患者情况，学会察言观色，表现出同理心，让患者产生信任感。

在医患沟通中，医生既要善于观察患者的面部表情所传递的情绪信息，也要不时运用自己的面部表情向患者及家属传达情感和态度。构成面部表情的主要因素是眼神和笑容。在医患沟通中，医务人员应该不时地与患者对视，通过目光的接触，向患者传递同情、温馨和关爱。医生在诊疗过程中，因从开始到结束不看患者一眼而被投诉的案例不少，让患者产生不被尊重和关爱。但是需要注意的是目光要注视患者从眼睛到嘴巴三角区域，而不要一直盯着患者的眼睛，不然将会给患者高高在上的感觉并使他感到不安。目光不能斜视患者，斜视表示轻视，目光也不能游移。如果患者的讲述离题太远，医生可以将目光移开可使其语言简洁。

当患者讲述他的痛苦时，医生的表情应该庄重专注，甚至是眉头紧锁。当患者诉说原委的时候，医生应该以点头表示理解。当患者讲到兴奋之处时，医生的表情可面带微笑，表示分享其快乐。另外，医务人员还要学会控制自身的面部表情，不要因为诊断出疑难杂症而大惊失色，也不要在患者谈论隐私时嘲讽嬉笑。

在医患沟通中，最易让患者接受和喜欢的面部表情是微笑。微笑是保持医患关系融洽的润滑剂，所以在医疗工作中，比如窗口岗位受理服务时、医生在回答患者疑问时、医生讲解患者病情时、患者因为手术感到紧张时、医生在给患者做检查时、护士给患者打针输液时、医护间相互打招呼时等场景可以通过微笑传递出医务人员暖心、可亲的一面，消除患者紧张和焦虑情绪。医务人员运用微笑语时应注意：一是真诚友善，微笑是人的内心世界的外部反应，只有对患者怀有真诚的感情，才能产生友善的微笑；二是自然大方，微笑是有源之水，水到渠成，不可牵强敷衍；三是得体有度，在服务过程中提倡微笑服务，但绝不过于教条，不分场景千篇一律，比如在抢救室、手术室，患者痛苦或尴尬时，微笑可能会招致患者的反感和不满。

3. 身体姿势

身体姿势能传递个人情绪的信息，能反映沟通双方的态度、关系和交谈愿望。比如，在诊疗过程中，医务人员上身微微前倾，或者是微微点头，可以使患者觉得医生在十分专注地听他讲述他的病情。如果患者有紧张不安的表现，医生可以用握手、拍肩等表示关怀，可以使患者放松一些。善于运用肢体语言往往会拉近与患者的关系，获得患者的认同。医务人员要学会读懂患者身体姿势的含义，引导沟通的方向，控制节奏，理解、体谅患者并及时纠正其不良的心态，以利于有效沟通。

4. 距离与方向

人际距离是交往双方之间的空间距离，医患沟通距离应该根据双方的关系和具体的情况而定。正常的医患交谈距离在 0.5 ~ 1.2 米，即约为一个手臂的长度，这种距离使患者和医生的目光可以自由接触和分离，不至于有压迫感。与一些敏感患者、异性患者的交往距离应适当更远一些，以免引起误解。当患者谈及隐私话题的时候，医生与患者的距离应缩小，以表示倾听，并为其保守秘密，以表现出对患者的尊重、关心和爱护。

5. 肢体接触

触摸也是一种有用的肢体语言沟通，它可以传递温暖、感情、关心和理解。比如，医生在查房的时候，常常握住患者的手询问病情，让患者感到非常亲切。对于没有信心的患者，将手适时地放在患者的肩上，表示鼓励。为呕吐的患者轻轻地拍背是一种安慰，搀扶行动不便的患者下床是一种关心。如果患者在与医务人员肢体接触过程中感到不自然，建议医务人员停止这种行为。

在查体或治疗过程中不免要和患者肢体接触，要在查体前语言询问或告知患者以消除患者焦虑或害怕等情绪。尊重患者的隐私，查体时应准备相关物品为患者遮挡。操作中，应尽量避免引起患者的不适感。

6. 辅助性语言

辅助性语言是指人们说话时候的语音、语调以及语速，医患之间使用不同的语音、语调和语速可以表达不同的情感信息。医生使用温暖轻柔的语调则可以舒缓患者的情绪，使医患之间的交流更加的顺畅。医生使用较慢的语速，重复某些关键的词语，则表示慎重和强调。

四、共情技巧

共情也是指同理心，用对方的眼光来观察世界，也就是换位思考。在诊疗过程中，医务人员需准确识别患者的情绪状态，理解患者的需要，回应患者的情感需求，从而提供更好的医疗服务。每一个医务人员，都应学会站在患者的角度来考虑问题，理解患者对于疾病和治疗的无知，理解患者对治疗的期望和担心。共情有助于缓解患者忧虑、紧张甚至抑郁等消极情绪，帮助患者积极接受治疗，同时拉近医患之间的关系。

【案例】

患者张老师准备到手术室进行心脏手术。患者坐在轮椅上，手术室护士接他进入。"医生，手术会痛吗？""张老师您有点紧张，手都是凉的。"护士："您放心，手术的时候不会有很多感觉的，因为今天给您做手术的医生和护士都是最棒的，我会把您送到手术室。我跟您一起去好不好？"

案例中这位护士体会到患者的紧张心情，设身处地地安慰他，就是运用了共情的技巧。共情技巧四步骤如下。

第一步，换位思考。能从患者的角度出发，为其行为寻找合理性，最大限度地理解患者。

第二步，体验患者的情感。医生可以通过直接的联想，感同身受，也可以通过代表性的联想如了解患者的信件、照片和故事等间接的信息，进而引发共情。医务人员可以通过角色扮演或心理情景剧的方式，比如扮演患者的角色，体验患者内心的感受和情感。

第三步，积极地倾听（详见本节"倾听技巧"的内容）。

第四步，表达对患者的尊重。尊重患者的个性和能力，而不是凭医生的感情用事。接纳患者的信念和所做出的选择以及决定，而不是评论或者试图替其做出决定。要善意地理解患者的观点以及行为，而不是简单地采取排斥的态度。以尊重并且恭敬的态度表达自己与对方不同的观点，不做价值判断，尊重患者的选择。

五、告知坏消息技巧（SPIKES）

【案例】

医生：王先生，您好！今天感觉怎样？（在安静的医生办公室交谈）

患者：比前天感觉好些，但腹部还是有隐隐的疼痛……

医生：嗯，您的痛苦我很理解！我需要告诉您最近的检查结果，希望您做好心理准备，您觉得今天可以吗？

患者：好的，我已经做好心理准备了，你说吧！

医生：您的检查报告出来了，很抱歉，不得不告诉您一个不好的消息……肿块是个恶性肿瘤，但是属于早期。对于您的疾病，您目前了解多少？

患者：恶性肿瘤是不是没得救了？

医生：请先不要焦虑，以前的类似患者，因为诊断早，治疗积极，现病情稳定。希望您也能够积极配合，我们共同努力！

医生（看到患者情绪比较稳定）：我给您讲讲相关的治疗方案吧……

在医疗实践中，传递坏消息通常有多种方式，主要分为被动传递和主动传递。在明确诊断以后，医务人员应该采取循序渐进的方式将坏消息告知患者。在处于危急时刻的患者和家属面前，医务人员的每一句话都有可能使患者及其家属重拾信心。患者及家属通常会在极度紧张、渴望的心理状态下等待结果。所以医务人员报告坏消息这件事情特别有风险，一旦沟通不当，有时候患者或家属就会把情绪发泄在医生身上，甚至造成医患冲突。SPIKES模式是目前医疗界普遍采用的告知程序和策略的具体方法和技巧，具体如下。

场景设置阶段→评估患者的认知程度→获得患者的许可→医学专业信息告知→要有同理心→策略和总结

（一）场景设置阶段（Setting up）

（1）环境和资料准备。包括环境、场地、设备等硬件的准备，做好人员和心理的预演和准备，选择一个相对私密具有保护性的环境，可以适当地准备病历资料，比如影像学报告、病理报告等。

（2）选择恰当的时间。通常不应该选择在例行查房的时间进行坏消息的告知。可选择一个较为充裕的时间段，比如在上午医嘱后或者是在下午结束手术后。

（3）医务人员的准备。负责告知坏消息的医生要关闭手机，或者是将其调为静音，确保在谈话期间不受打扰，应有其他的医生或者护士作为辅助人员在场。如果遇到患者或者家属出现难以控制的情绪，或者场面失控的时候，有机动人员协助处理。

（4）沟通的准备。在开始谈话的时候，彼此应该有舒适的座位、良好的目光交流、彼此之间合适的距离、恰当的开场白和自我介绍。

（二）评估患者的认知程度（Patient's perceptions）

了解患者已知信息和即将告知的消息之间的差距，也就是了解患者已经知道什么，患者认为发生了什么，以及患者所关心害怕的是什么，在这个过程中可以给予必要的倾听，让患者能够放松，并取得患者的信任，同时这种形式也会给患者必要的预警信号。如果患者预期和实际的情况间差异过大，这需要层级的递进，循序渐进地告知，可以通过逐步呈递讲解化验检查结果的方式，让患者逐步了解实际情况。

（三）获得患者的许可（Patient's invitation）

向患者再次探询，在正式告知前有所了解。第一，患者是希望知道所有的细节，还是只希望知道个大概；第二，患者是希望家属陪同，还是愿意自己一个人承担；第三，探寻患者的背景信息，比如患者的社会背景、文化程度、家庭成员之间的关系、患者的经济状况、患者的报销方式等。上述情况都可能影响患者对坏消息的应答和反应。医生只有做到心中有数，才能理解患者某些看似异常的反应。

（四）医学专业信息告知（Knowledge）

向患者告知情况，这个阶段应当制定总的沟通大纲，不要想到哪儿说哪儿。讲解相关知识，在了解了患者对相关疾病的认识程度以及认知水平等相关的信息后，应该使用符合患者背景以及教育水平的语言，逐步地向患者渗透告知坏消息。在告知坏消息的时候，应当事先给予一定的预警信号，确保患者和家属做好心理准备，比如说"很抱歉，我不得不告诉您一个不好的消息"，绝不能说"我们实在无能为力了"。交流过程中避免使用专业的术语，每告知一项内容后要做适度的停顿，询问患者的想法和感受，给患者消化吸收信息的时间，并积极地回应患者的提问，给予解答。

（五）要有同理心（Emotions）

通常患者在得知坏消息的时候都会表现得非常激动，医务人员应该尝试用共情的方法来对待患者，例如可以对患者说："听到这个消息，您一定很震惊，很不情愿，其他患者听到这个消息也会这样的"，或者说："如果换作我，我也很难接受这个事实"。但要切记不要为了安慰患者而给予不切实际的愿景或者是达不到的治疗目标。

（六）策略和总结（Summary）

在告知的最后要进行适当的总结，帮助患者更好地理解此次要传递的信息，并与患者核实确认其是否正确地了解了告知的内容，同时应该给予相应的策略和治疗的建议。

上述就是告知坏消息的六个步骤，要求医护人员必须感性地、富有同理心地向患者传达消息。同时，还要指导患者如何通过建立医患之间密切的关系来发掘进一步的治疗潜力，这同样是在患者面临疾病危机时，医务人员能够给予支持的一种方法，这一方法已经在很多医患沟通培训的实践中得到了运用，在临床工作中有积极意义。

【思考与练习】

1. 医患间的沟通不同于常人间的沟通，除了语言表达，你认为哪些沟通的技能要素是医务人员必须掌握的呢？

2. 案例分析：患者张某，女，30 岁，中学教师，妊娠 18 周出现阵发性腹痛，来到某医院妇产科门诊就诊。初步诊疗后，医生建议住院或口服药物保胎治疗。患者担心西药会对胎儿产生影响，进一步询问中医药的治疗措施时，医生表现出不耐烦的状态，并在为患者诊脉时认为脉象虚弱。患者问："医生，脉搏弱是孩子的原因还是我自己的原因？"医生不假思索，冲着患者回答："当然是你的脉弱，我还能摸出孩子的吗？"患者很是不满，认为医生态度不好，语气生硬，说话难听，直接到门诊办公室投诉了这位医生。

请分析患者投诉医生的原因。在医患沟通过程中，你认为医生在语言表达方面应该掌握哪些技巧？

3. 以下哪种方式是与患者达到了共情？

A. 这个检查过程是会不舒服的，您是太敏感了。

B. 我能理解的，您确实有事情耽搁了。

C. 您是先治病还是先上班？

D. 您的检查都是正常的，不应该痛呀。

4. 有些患者及其家属在听到坏消息时可能表现得不理智，出现一些极端行为。鉴于此，我们要如何看待并预防这些现象的发生？

【回顾与总结】 |||||||||||||||||||||||||||||||||||||||||||||||||||||||||||||||||||||||||||||||||||||||||||||||||

1. 医务人员在医患沟通使用语言技巧时要做到：多用礼貌、通俗性语言、常用赞美、鼓励性语言，巧用暗示、保护性语言，慎用模糊评价性语言。

2. 倾听技巧注意：有观察地倾听，有思考地倾听，有反馈地倾听，不随意打断患者诉说。

3. 非语言沟通技巧包括：仪容仪表专业、行为举止规范、目光神态共情、接触前有提示、语音语调亲切权威。

4. 告知患者坏消息SPIKES策略和程序包括：场景设置阶段（S）、评估患者的认知程度（P）、获得患者的许可（I）、医学专业信息告知（K）、要有同理心（E）、策略和总结（S）。

第十三章
医疗投诉认知与管理

【导入】

在提供医疗服务的过程中我们难免与患者及其家庭发生误会或者误解，如何面对尴尬的局面，需要我们具备交流技巧和谦虚谨慎的作风。我们要学会说"对不起"，学会倾听，耐心做解释，或许会取得患者的谅解，减少医闹的发生。

在医疗服务中我们难免会出现错误，一旦发生医疗过失怎么办，首先以患者为中心想办法采取补救措施，这关系到我们的医德、知识和经验。如何处理医疗差错，这存在观念的问题，我们不应先处理当事人，要寻找是否存在着系统误差。要有严密的制度，即将制度细化，做到层层把关，环环扣紧，我们才能避免错误的发生。

——Sanford J.Brown,《布朗医生日记》

第一节　医疗投诉概述

一、医疗投诉及其相关概念

医疗投诉是指患者或其家属对医院的工作人员提供的医疗、护理服务或环境设施不满，通过来信、电话或来访等多种方式向医院反映医院出现的问题，提出他们的意见、建议和要求等一系列行为。

医疗投诉、医患纠纷和医疗纠纷是不一样的。医患纠纷是指医院和患者／家属之间双方产生的争议，包括诊疗活动和非诊疗活动。医疗纠纷是指医患双方因诊疗活动引发的争议，包括医生的诊断治疗和护士的护理，医技的检查等医疗服务。

从整体来说，医疗投诉包含医患纠纷，而医患纠纷包含医疗纠纷又大于医疗纠纷。我们要明确，大部分患者来投诉不是为了找麻烦，主要是与不良的服务有关，并非是医疗水平。只有极少部分的医闹是为了获得赔偿而故意找茬。

二、医疗投诉的形式

医疗投诉主要有四种形式：第一，最直接的形式是向当班医生或护士当面表示不满，要求改善服务；第二，写举报信、投诉信或当面向医院管理层进行投诉，这是患者投诉中最主要的形式，这类投诉有的是为了发泄不满，讨个说法，有的是希望医院改善服务改进工作，还有就是为了获得经济补偿；第三，直接向上级主管部门或新闻媒体求援或者拨打12345，这类投诉常常是在采取前两种投诉形式没有获得满意结果的情况下采用的；第四，诉诸法律，一般为医疗技术引起的纠纷。

三、医疗投诉的原因

医疗投诉是患者对医疗服务的期望和要求与医院服务水平之间失衡的结果。医疗投诉反映了患者对医疗质量和服务水平的需求得不到满足。当今的医学模式已从生物医学模式向生物—心理—社会医学模式转变，医院也从"单纯福利型"向"带有一定福利公益型"转变。这就要求医患之间的关系应从"主从关系"向"相互协调"转变。现在，患者到医院就医除了对疗效的功能需求外，还有其他三种需求：一是形式需求，包括正确、及时、全面的诊断，合理、有效的治疗，方便、快捷的效率，良好、舒适的环境等；二是附加需求，如热情的接待、诚信的态度、耐心的讲解、主动的沟通；三是价格需求，如低廉的收费等。因此，患者在决定接受医疗服务前均会从内心对医疗服务的质量、形式、价格以及预期疗效等有所期待和希望。在接受医疗服务过程中，患者会自觉或不自觉地将实际医疗服务与期望的服务进行比较，当实际效果等于期望效果时，患者满意；当实际效果大于期望效果时，患者很满意；当实际效果小于期望效果时，患者的需求与医院的服务之间失去平衡，这种不平衡带来的就是患者的不满、抱怨、投诉。

（一）医方因素

1.医务人员缺乏服务意识和沟通技巧

当前医患关系紧张，在于各种原因引起的医患之间的不信任，并引起医疗投诉，其中最主要的原因是医务人员缺乏沟通意识和沟通技巧。医务人员没有真正树立"以患者为中心"的服务理念，不能切身做到换位思考，主动关心和帮助患者的意识不够，尤其是工作繁忙时回答问题不够耐心，解释不够仔细，甚至敷衍和推诿患者，引起患者和家属的不满。同时医疗机构是个特殊的场所，人们对医疗机构使用的语言比较敏感，而部分医务人员在与患者交流的过程中不注意自己的用词、语气、语调等，导致患者产生误解，或觉得自己没有受到尊重，从而引发投诉。

2.医务人员专业素质缺失

随着社会经济的发展，医疗技术水平也取得了较大进步，但仍有部分医务人员专业能力不熟，业务能力不足，操作不规范，导致误诊、漏诊或诊断不及时延误治疗，有的甚至给患者造成更大伤害。还有医师不进行正常的问病史、查体，而过多依赖影像学等其他辅助检查，给患者造成了巨大的经济压力。另外，有的医师用药不当，导致患者疾病加重或无缓解，并发药物反应、药物中毒现象。个别医务人员缺乏临床操作经验，技术操作时未能做到稳、准、轻、快，比如小儿头皮针不能一针见血，多次穿刺不成功，就容易引起患儿家长的诸多不满，进而引发投诉。

3.窗口岗位人员服务意识淡薄

窗口岗位人员服务态度差，语言冷淡，态度生硬，缺乏耐心，对患者出言训斥，使得患者对医疗服务不满而进行投诉。缺乏主动服务意识，表现在工作场所谈论与工作无关的事，甚至一边工作一边打电话，没有顾及患者的存在，使患者产生被冷落的感觉或对医务人员履行岗位职责的敬业精神产生不信任。还有的窗口岗位人员不准时到岗或脱岗，迟到早退或临时停止业务办理而不告知，这些都是可能引发投诉的重要原因。

4.医务人员责任心不强

作为医务人员，应该时刻牢记自己从事的是神圣的职业，要对每一位患者的生命健康负责。而一些医务人员对患者检查不认真，在为患者做检查或问诊的过程中心不在焉，观察不仔细，草率处理，降低了患者对医务人员的信任度，造成漏诊、误诊，甚至出现个别医务人员违反规章制度和医疗技术操作常规，发错药、打错针、医疗文书书写错误的现象。医务人员不尊重患者的人身权利，未及时维护患者的知情同意权、隐私权，如不交代用药注意事项，不说明输血或手术存在的风险，不为患者保密病情等，这些都是引发投诉的重要原因。

5.医疗机构管理不善

医疗机构管理制度不完善也是投诉发生的原因之一，如医疗机构不及时向患者宣布公开收费的项目、标准及药品价格等，容易使患者产生医疗机构随意乱收费、多收费的印象，感到知情权被忽略。另外，医疗机构 HIS 系统或科室布局不合理等，会造成患者就诊不便，预约挂号、划价取药等流程繁琐，浪费患者的大量时间等也会引起投诉。

（二）患者及家属因素

1.患者维权的法律意识增强

随着社会化程度越来越高，人民群众对健康生活的需求也越来越高，法律的意识也越来越强，在我们国家 2030 健康中国计划中，习主席也强调人人享有基本的健康卫生保健。患者的维权意识逐步增强。

2.信息不对称

由于患者及其家属对医学的专业知识缺乏了解，对于疾病可能引发的并发症后遗症，或者治疗过程中可能出现的一些负面情况，未能正确认识。再者，网络上随时爆发的碎片化信息，导致患者及其家属对医疗治疗的过程有了自己特定的认知，以至于对医务人员产生不信任，很难接受个体差异导致的医疗意外，会将此归结为医疗过失。

3. 对医疗服务的特殊性缺乏正确认识

医疗服务科技含量高、业务风险大、具有不可预见性及技术水平有限性，"钱到病除"不适于医疗消费。受现代医疗技术水平的限制，有不少疾病无法完全治愈，对于某些疾病，即便可以预测其发展也无法控制，依然会造成一部分患者的死亡或残疾。但患者或家属，发现医疗结果与自己的期许不符时，便会投诉。甚至许多患者及家属仅从诊疗效果判断医院的服务质量，认为诊断不出就是误诊，出现并发症就是误治。病情一旦恶化，便一股脑地归罪于医务人员，一口咬定是差错、是事故，于是吵闹、围攻、殴打医务人员，到处写信、打电话、投诉。另一个错误认识是将医疗服务等同购买商品，不称心时可包退包换，甚至将医务人员投诉到"3·15消费者协会"。

4. 自身情绪影响

当患者或家属对医疗结果的期许过大或自身压力大时，容易情绪暴躁，更希望医疗结果能与自己的期许相符。一旦治疗过程中出现自身不能接受的事件，便会将自身的不满和消极情绪全部发泄到医院或医护身上，遂进行投诉。

5. 道德水平问题

有部分患者或家属，因情绪无处发泄，故意向医务人员找茬或故意把事情闹大，引起大众或院方的关注，以获得更多的利益。

（三）社会因素

因社会因素导致的医患纠纷、医患紧张，也是导致患者投诉的重要原因。主要表现在以下方面。

1. 医疗政策不完善

尽管经过了医疗体制的改革，但目前我国现有的医疗政策尚不完善，再加上个人对医疗政策的不理解，很容易导致政策与个人愿望的冲突，进而导致部分患者将矛头转向医务人员。

2. 诊疗费用增加

随着医学技术的不断进步和发展，药品价格、诊疗费用相应提高，再加上材料费、医药费上涨，患者经济负荷加重。医保政策虽然可以报销一部分的费用，但仍有部分费用需要患者自行承担，对很多患者来说仍是很大的经济负担，从而引起不满和投诉。

3. 不良媒体的片面报道

部分不良媒体为了获得流量和关注度，不惜夸大事实、错误诱导人们的价值观，导致患者对医务人员和医院存在偏见，缺乏信任，对诊疗的结果始终持怀疑态度，更加剧了医患矛盾，无形之中埋下医患纠纷的隐患。

【思考与练习】

1. 请举例说说医疗投诉、医患纠纷和医疗纠纷的异同点。
2. 医疗投诉的本质和原因是什么？

【回顾与总结】

医疗投诉是指患者或其家属对医院的工作人员提供的医疗、护理服务或环境设施不满，通过来信、电话或来访等多种方式向医院反映医院出现的问题。本质是患者对医疗服务的期望和要求与医院服务水平之间失衡的结果。

医疗投诉的成因是多元的，既有医方因素，又有患者本人因素，同时还有社会因素。只有深入了解这些具体因素，才能从思想觉悟、法律法规、医疗水平服务质量、语言艺术修养、制度规范等多角度入手，减少医疗投诉。

第二节　医疗投诉的意义

【导入】

一项美国研究表明，96% 的顾客即使不满意也不会投诉，因此，服务提供者仅能听到 4% 顾客的声音。这意味着每一次投诉背后都有 26 个顾客遇到相同的问题，其中 6 位的问题还相当严重。当投诉问题没有得到有效解决时，只有 50% 的顾客会再次光临。但如果问题处理得又快又好，则 95% 以上的顾客会"转怒为喜"。而且，不满意的顾客平均会向 9 ～ 10 个熟人抱怨，其中 13% 的人会私下里把不满告诉 20 个人。而这被告知的人中，每人又会传给 2 ～ 3 个熟人。这意味着通常情况下，每一次负向评价会让 200 ～ 300 个人知晓。当今是自媒体发展时代，如果将不满放在网络上，则知晓的人数将呈现指数级增长。

美国消费者事务局 (Office of Consumer Affairs, OCA) 白宫全国消费者调查资料显示，在不满意的人之中，9% 的人不会投诉，但其中的 91% 不会再回来；若 19% 的人投诉没有得到解决，其中的81%不会再回来；若54%的人投诉得到解决，其中的46%不会再回来；若18%的人的投诉得到迅速解决，其中的18%不会再回来。

所以，对于患者而言，投诉的处理直接关系到患者的信赖度和忠诚度。处理好患者的投诉，不仅能够留住患者，还能够避免负向评价的传播影响，对于面对患者的医院品牌建设是极为重要的。

一、正确认识医疗投诉

医疗投诉是每个医院都会遇到的问题，即使是最优秀的医院也不可能永远不发生失误或引起医疗投诉。因此，医疗机构和医务人员不要把患者的投诉看成是负面的、敌对的，见到有人来投诉就想到对医院的信誉是一种影响。投诉并不能完全等同于医院有问题，医疗投诉并不可怕，只要正确认识投诉的价值，并且认真处理投诉，从中吸取经验教训，就可以更好地促进医院的发展。

1.患者的投诉可以使医疗机构发现工作中的不足

投诉的产生主要来自服务上的缺陷。这些缺陷可能是主观的原因，也可能是服务流程上的不足或是管理不到位造成的。因此，当患者把不满告诉医院相关部门的时候，医院可以从中发现并修正自己的失误，不断提升医疗质量和服务质量。

2.患者的投诉可以帮助医务人员认识到患者的隐性需求

在上一节患者投诉原因分析中，我们不难发现相当多的投诉源于医务人员忽视了患者的需求，从而造成患者的不满。投诉使医院或工作人员，找到患者在某方面的需求点，从而为改善服务提供新思路，所以医疗投诉可以看成是患者送给医院的大礼包。当患者或家属把不满告诉医院的时候，实际上是给医院一次重新赢得"忠诚客户"的机会。

3.医疗投诉在一定程度上反映了患者对医疗质量和服务水平的满意程度

从医院管理的发展规律来看，反映医院工作绩效信息的途径，除了内部评价，还强调外部评价；除了同行评价，还强调患方评价，即患者满意度的测量。

因此，医院要重视和正确地对待医疗投诉，树立一种正确的观念，即患者的投诉是改进服务的动力和契机，认真对待每一位投诉的患者，并且鼓励患者提出意见或建议，从而提升医院服务质量。使医院在日益激烈的竞争中，以服务争取行业美誉度及医疗市场份额，培养更多的"忠诚客户"。有了一群忠诚的患者群体，加上强大的医疗技术实力，医院在多方角逐中，才能发展壮大稳如磐石。

二、做好投诉处理的意义

医院是服务类机构，医院的服务宗旨应当是让患者满意、让家庭信任、让社会放心。对于患者而言，生病治疗是一种痛苦的过程，是不愿意又不得不经历的过程。然而，无论医院多么精心地给予患者治疗和护理，医患纠纷也依然无法避免。但是医院对待投诉的接待和处理的态度，却可以产生不同的结果，它既可以促使投诉向好的方向发展，也可能会把矛盾推向另一个极端。因此做好投诉接待和处理，对于医院有非常重要的意义。

1. 做好投诉接待和处理工作，可以有效化解纠纷

程序化、规范化的投诉接待和处理可以减少医患纠纷导致的不良后果，医疗投诉往往是医疗纠纷的引发因素，如果处理不好，极有可能转化为纠纷，使问题更加复杂。医患纠纷一旦产生，就患者而言，其心情之不愉快是可想而知的。如果患者在与医务人员沟通无果的情况下，能够第一时间找到相关部门倾诉，其不良情绪可能得到一定程度的释放。如果无法进行倾诉，则可能因为情绪的爆发而出现过激行为，最终引发医患纠纷，增加处理的难度。如果医院能够妥善处理投诉，将其大事化小，小事化无，即可有效地避免医患纠纷的发生。

2. 做好投诉接待和处理工作，有助于医疗质量安全管理

前来投诉的患者多数是因为医疗机构医疗服务不能满足他们的需要或者有失误之处，给他们造成了某种物质或精神上的损失。从医院发展的角度看，患者提供的信息反映了医院发展运行中存在的问题，通常具有很强的针对性。如果仔细研究这些问题，可以帮助医院完善服务细节，提高技术能力改进，拓展服务项目，最大限度地开拓医疗市场。

3. 做好投诉接待和处理工作，有利于维护患者利益，塑造良好的医院形象

发生投诉说明患者及家属对医院的工作产生了不满，如果此种不满得不到及时有效解决，投诉者便会带着怨言离开。为了发泄心中的不满，他们极有可能向周围人倾诉，损害医院的形象。而患者向医院提出投诉时，从另一个方面说明对医院仍然心存信任。因为他们相信医院会给他们一个合理的答复并解决这个问题，这也是医院主动调整医患关系、维护医院信誉、塑造医院形象的机会。如果医院积极接待和处理患者投诉，不仅使患者感到自己权利得到了尊重和维护，也使医院有机会降低消极因素的影响，化危机为契机，借不利的局面，凸显良好的服务态度，从而在患者心目中重新塑造良好的形象。

4. 做好投诉接待和处理工作，有利于构建和谐医患关系

医院为患者解决就医过程中存在的问题，并把结果及时反馈给患者，可以使患者心中的不满得到化解，从而化解存在的矛盾，而且医院热情的接待，高效的处理方式，极有可能使患者改变之前对医院的不满态度，转而对医院形成良好的印象，这些都将有助于缓解目前紧张的医患关系，促进和谐医患关系的建立。

因此，做好投诉接待和处理工作，有利于及时发现医院医疗服务的不足并做出整改，有利于医院质量管理的完善，有利于将医患纠纷消除在萌芽状态，有利于向患者与社会宣传医院良好的医疗服务品质，对构建和谐的医患关系，促进医院又好又快地发展，具有积极的建设性的意义。

【思考与练习】

1. 下面有关"医疗投诉"的描述不正确的是：

A. 患者投诉就是对我们的不信任。

B. 患者投诉就是礼物。

C. 患者投诉是维护客户关系的良机。

D. 患者投诉是给我们第二次表现机会。

2. 下面有关"患者投诉"的描述不正确的是：

A. 一般投诉处理后还是会有患者的流失情况。

B. 患者投诉是患者送给医院的大礼包，当患者或家属把不满告诉医院的时候，实际上是给医院一次重新赢得"忠诚客户"的机会。

C. 医疗投诉在一定程度上反映了患者对医疗质量和服务水平的满意程度。

D. 患者不投诉，表示患者对医院服务是满意的。

【回顾与总结】

正确认识投诉：把患者的投诉当作是患者给医疗机构最好的礼物，积极处理投诉是提升患者满意度和忠诚度的一个法宝。当患者或家属对医院进行抱怨或投诉时，是希望其能改进工作质量或服务态度；当医院能够圆满地解决患者或家属的投诉，患者更容易成为医疗的"忠诚客户"。有效处理投诉也是医院优质服务的秘诀，在处理投诉过程中，不断发现医院和医务人员需要改进的问题，不断完善服务，提升医疗机构核心竞争力和品牌效应。

第三节　医疗投诉处理原则和流程

【案例】

一位大约 40 岁的男性患者，血管弹性较差。护士在静脉给药时，两次穿刺均未成功。请来护士长后的再一次穿刺依然未成功。患者当即大发雷霆，并且说护士是故意的，扬言要打护士等。当医务科工作人员到场时，这位患者的情绪非常激动，很多患者在围观。工作人员马上过去，说："先生，非常抱歉，因为我们的原因让您受苦了，您先消消气，到我办公室先坐一下，休息下。"到投诉接待处后，工作人员请患者坐下，为他倒上一杯水，认真地听他讲述并认真地一一记录下来。患者火冒三丈，咄咄逼人："你们是什么护士？都是实习生吧？是拿我们患者练手扎针的吧？我们生病了还要被护士扎那么多次，你们是干什么的？扎个针都要挨那么多下，最后还没有扎上……"静静听患者宣泄完后，工作人员说："是的，我特别理解，如果我是您可能更生气呢。"慢慢地，患者的声调平和下来，讲着讲着，他自己也笑了："算了，我这样一个大男人，跟一个小护士计较什么，不就是被多扎两针嘛，也没多了不起的……"

【分析】

患者或家属感到不满意或在接受医疗服务中被伤害，特别希望有人了解他的委屈和遭遇，并希望能将心中的怒火发泄出去。工作人员充分倾听及认真记录的行为，表达了对患者的尊重、关注和同理心，让患者把内心的怒火都发泄了出来，故而投诉也得到很圆满的解决。

医务工作者要把患者的投诉当作是患者给医疗机构最好的礼物，投诉处理方式和技巧的提升是提高患者满意度和忠诚度的一个法宝，也是优质服务的秘诀，不但可以化解医患矛盾，还能转危为机。所以投诉处理的技巧是每一位医务工作者都应该学习的。

一、医疗投诉接待的处理模式和方式

2021 年，国家卫生健康委、国家中医药局细化了《医疗纠纷预防和处理条例》

《医疗机构投诉管理办法》中投诉接待处理的有关要求，制定了《医疗机构投诉接待处理"十应当"》。其中第一条就是医疗机构应当建立以患者为中心的投诉接待处理模式，实现门诊、病房等投诉解决"一站式"服务，按照《医疗机构投诉管理办法》要求，由医疗机构投诉管理部门（或投诉管理专、兼职人员）专门负责，达到统一受理、统一调查、统一协调、统一办理、统一反馈的要求。

为了更加方便快捷地接收患者的投诉信息，医院应开通多种途径，广泛听取患者意见。常见的提供方式包括开通投诉热线并对外公示、在医院的显要位置设立投诉信箱和电子邮箱、定期开展患者满意度调查、设置负责投诉接待处理的专门办公室及现场接待场所、在人员密集区域开放患者投诉中心窗口、通过网络平台收集患者评价信息等，以方便患者进行电话投诉、来信来函投诉、电子邮件投诉、网络平台留言投诉、意见箱投诉、现场投诉等。除此之外，还有上级卫生行政部门接收患者意见的转办等。

二、有效处理医疗投诉的原则

1.首述负责制

首述负责制，是指第一位接待人对投诉人的投诉工作负责到底，即患者跟谁投诉这个案件就尽量由同一人来处理。当投诉处理人员接到投诉的时候，不得推诿不得隐瞒，要及时记录在案，并给予投诉患者及时有效的信息反馈，跟踪解决。

2.先处理情感，后处理事件

患者身体上处于非正常状态，在就医过程中如果再碰到问题，他的心情会更加不好，情绪容易激动。投诉接待者应该先关注患者的心情，然后再关注患者的问题。

3.设法将投诉者带离现场

患者在就医现场投诉时，应该把投诉者从现场引开，这样可以避免对其他就医者造成打扰，也可以帮助处理投诉的人员避免不必要的尴尬，也更容易缓和投诉者当下的情绪。

4.耐心倾听，合理引导

只有认真听取患者的抱怨，既表达对患者投诉问题的重视，又能更好地发现其实质性的原因。在倾听过程中，对不善于表达或表达不清的投诉者，需加以合理引导，以确保事件的准确性，便于调查处理。

5.同理心对待，换位思考，表达歉意和感谢

漠视患者的痛苦是处理患者投诉的大忌。投诉接待人员应该站在患者的立场上

将心比心，诚心诚意地表示同情和理解，让患者感觉到你明白他的处境。表达对患者的感谢，感谢他为医院提出的问题，将帮助医院改善不足。

6.讲究时效，及时反馈

患者投诉的处理必须付诸行动，要尽快解决问题。对于已明朗化的问题，能当场协调处理的投诉，应当尽量当场协调解决；对于不能确定的问题，应告知患方会尽快调查了解，核实后在规定时间内答复患方及家属。如果投诉问题一时不能解决或只是医患之间存在的误会，要与患方加强沟通、说明原因，向投诉者表示医院对投诉问题的重视及解决问题的诚意，力求使患者满意或基本满意。

三、医疗投诉处理步骤和流程

医疗机构对患者投诉的处置一般分为受理、处理和改善三个步骤（图13-1）。其中，受理可细分为隔离当事方、倾听询问、记录登记、表态告知；处理可细分为调查核实、客观评估、及时反馈；改善可细分为案件检讨、落实整改、考核奖惩、改善追踪。面对投诉，医院各部门应积极配合，加强沟通，化解危机，而不能因为产生了投诉而逃避、拒绝沟通。这样通常会让患者或家属更加失望、愤怒，而且会误会医院选择逃避的背后一定在掩饰某种阴谋，从而导致双方矛盾不断升级，甚至失控。

图13-1 医疗投诉处理步骤和流程

（一）投诉受理

第一步：隔离当事方。刚发生医疗投诉时，患者或家属往往情绪激动，面红耳赤、大吵大闹引发围观。为避免事态扩大和造成更大的不良影响，处理投诉或纠纷工作人员需要第一时间将矛盾双方分开，并迅速且尽可能维护好医疗秩序，请患者离开现场，到办公室或专门投诉接待室。投诉接待人员应起身为投诉者取椅子或指向椅子并做"请"的手势引导对方坐下，并递上茶水。双方坐下交谈，要保持平视。交谈的座位应呈45~90度角，这较面对面相视而坐更有利于交谈。言谈要有礼貌并体现关怀和爱心。"您好，有什么我可以帮您的吗？""您先喝点水，坐下慢慢说""您受了什么委屈，请坐下跟我好好讲讲，看我能为您做点什么。"对于情绪激动的人，应先使用"请消消气"，而不是"您不要担心""您多虑了""您误会了"等词句，后者往往会适得其反。

第二步：认真倾听患者的投诉内容并询问。倾听是投诉接待中最重要的一步，应给投诉者充足的时间和充分的空间，让其将心中的不满情绪宣泄和表达出来，在最短的时间内缓解与安慰投诉者的焦急与怨恨情绪。投诉处理人员在工作中常常不自觉地成为投诉者的泄愤对象，所以要保持平和心态，不被投诉者的情绪所影响而提高音量、加快语速，不随意辩解。在倾听的过程中，留意投诉者的每一句话以及外表动作细节，要有同理心地去倾听患者的感受，理解他为什么会这么生气。投诉处理人员在倾听的同时可以参照病史采集的步骤，以开放式提问开始，以封闭式回答确认问题细节。投诉者不善于表达或表达不清的时候，可以通过询问合理引导。在倾听过程中，可采用点头、眼神的交流、言语的确认、身体的轻触等，同时间断地对投诉者描述不清楚的问题进行询问，这样能够使投诉者感觉到自己的诉说正在受到关注，对你的认可度和信赖度会逐渐提高。

第三步：认真记录患者的投诉内容并进行总结。记录的内容重点包括患者为什么不满、问题焦点和诉求。当对方讲述完毕后，投诉处理人员应清晰地整理出医患冲突发生的时间、地点、人物、原因、经过等，并和患者确认征求有无补充内容，以确保事件的准确性，这既表达院方的重视和诚意，缓和患者怨气，同时也便于汇报，为后续相关部门调查处理提供原始信息。

投诉处理人员寻找可供你和他相交谈的"切入点"，比如说工作情况、家庭情况、疾病情况、饮食情况、个人爱好、宗教信仰等。目的是找到共同话题，适当地分散患者的情绪压力，同时能缓和对方与医院的冲突心态，拉近双方之间的心理距离。这是投诉处理过程中最发挥奇效的阶段，也是沟通艺术体现最直接的阶段。

第四步：向投诉者表态告知。这是投诉处理过程中的例行阶段，但不是一个生硬的解释阶段，需要用共情的思维谨慎表态和说明。在解释的过程中，要注意换位思考，用投诉者最能接受的方式作出解释。

对于医疗机构明显的过错、投诉处理人员应迅速做出反应，代表医院和当事人及时向患方诚恳道歉："为这个事情给您带来的遭遇，我们深表歉意"。并积极协调解决当前的问题，对造成的损失予以补偿。用最短的时间快速解决问题，缓解医患矛盾。

对于不能确定的问题，则不能偏听投诉者一方，应首先对投诉人表示同情和理解，然后向其承诺，已经将投诉的内容登记在案，随后将对该问题进行深入调查核实，并向对方明确反馈的期限以及联系方式等，向投诉者表示处理的诚意。此时的表态既不能完全肯定，也不能完全否定，要为后续的调查核实留有余地。

（二）投诉处理

第一步：调查核实。关于调查核实的期限，《医院投诉管理办法（试行）》规定，对于情况较复杂，需调查、核实的投诉事项，一般应当于5个工作日内向投诉人反馈相关处理情况或处理意见；对于涉及多个科室，需组织、协调相关部门共同研究的投诉事项，应当于10个工作日内向投诉人反馈处理情况或处理意见。这个时间段根据投诉的事件性质而有所不同，通常是3天至1周时间较为适宜。调查时间太短，给投诉者缓和情绪的时间不足，同时也会让投诉者对调查的真实度产生怀疑，显得不严谨，且调查容易不充分；而调查时间过长，就会让投诉者对处理者的工作产生拖延的印象，显得缺乏诚意、不重视。如果在期限内无法完成核实的，应及时与患方告知说明延长一定期限及其原因。

第二步：客观评估。《医院投诉管理办法（试行）》规定，医院投诉管理部门接到投诉后，应当及时向当事部门、科室和相关人员了解、核实情况，并可采取院内医疗质量安全评估等方式进行评估，查清事实，分清责任，提出处理意见。有的医院成立了医疗纠纷处理专家委员会、医疗争议评议委员会等不同形式的委员会，负责投诉、纠纷案件的评估。评估宗旨是依据相关法律法规、医疗处置标准、临床指南、工作规范、医疗常规、医疗证据及本院制度等，评估、判断争议案件中医疗机构及其医务人员于服务过程中是否已尽到合理的注意义务。

第三步：及时反馈。这是投诉处理的最后步骤。在反馈过程中，也要注意语气和言谈方法，时刻体现出你对投诉者的理解，但要表明自己的态度，给出最终的处理意见。一般而言，最终的反馈会分为三个部分来描述：态度、事实和措施。态度有助于首先建立情感上的共识，实现价值认同，为后续事实认同奠定基础。接下来讲述事实，以真实性为原则，客观描述，不应夹带倾向性意见、搪塞和掩饰，甚至推脱责任，这样只会让真相欲盖弥彰，使双方矛盾更加激化。然后针对事实提出措施。该措施应为务实可行的具体措施，不应为空话、官话、套话。

（三）投诉改善

针对每一个投诉，投诉处理人员均应该认真梳理，分析总结投诉的原因，找出医院管理中存在的不合理之处，进行案件的深入检讨，并提出切实可行的整改措施，可用PDCA的方式来积极落实整改。同时针对案件中的责任人，根据相关制度规定进行考核奖惩。医院相关质量控制部门应对整改情况进行改善效果的持续追踪，以确保医院管理改善到位，使问题得到妥善解决。

（四）纠纷处理

当投诉处理最终反馈给投诉者，而投诉者对此不予接受，并提出进一步索赔诉求时，投诉则转变为纠纷。纠纷的解决主要有四种途径，分别为协商、调解、仲裁和诉讼。在纠纷的处理中，应根据沟通谈判的进程推荐不同的解决途径。

在具体的谈判过程中，应采用与投诉处理类似的沟通技巧，但与投诉处理不同的是，纠纷处理应树立原则和底线，遵守相关法律法规，坚决拒绝无理诉求，引导患方确定双方共同的目标，争取达成共识，必要时请当事医务人员共同谈判。所有纠纷案例的评估必须经医疗机构相关委员会讨论后确定。

通过及时有效处理医疗投诉，提升医患双方的满意度，会使医疗纠纷的数量明显下降，从而促进医院文化体系成熟和完善，全体医护工作者个人素质提高，服务理念和服务意识提升，单位风气加强，医疗服务质量稳步提高。

【思考与练习】||||||||||||||||||||||||||||||||||||||||||||||||||||||||||||||||||||||||||||||||

案例分析：患者，吴某，男，37岁，大专学历，汉族，某公司职员。2013年6月27日，患者因皮肤出现红色皮疹，瘙痒难忍，向公司领导请假，来到某中医药大学附属医院中医外科专家门诊就诊。因为患者较多，等了快两个小时了还没叫到自己的号，吴某就着急地问医生："大概多长时间能看上病？"医生没有回答，而是在一旁的实习学生（男）大声回答："要是着急就到别处去看吧。"患者一听，马上火了："我一大早上就来排号了，凭什么要我到别处看。"双方发生了激烈的争吵，经患者描述，那个男实习生还把工作服脱了，摆出要打架的架势。患者直接打电话到医德医风办公室投诉了该实习生。

如果你是医德医风办公室工作人员，你如何处理此次投诉事件？处理过程中应注意哪些原则？

【回顾与总结】||||||||||||||||||||||||||||||||||||||||||||||||||||||||||||||||||||||||||||||||

投诉处理方式和技巧的提升是提高患者满意度和忠诚度的一个法宝，也是优质服务的秘诀，不但可以化解医患矛盾，还能转危为机。所以每一位医务工作者都应掌握有效处理投诉的六大原则和投诉处理的步骤及流程。

第十四章
打造优质医疗服务

第一节 医疗服务概述

《向世界最好的医院学管理》一书讲述了这家有着百年历史的医学中心卓越的管理理念和实践，介绍了在"患者需求第一"核心理念下铸就的最具影响力的服务品牌和服务艺术的方法和经验，并用引人入胜的案例把我们带入梅奥诊所这家享有世界盛誉的医学麦加。美国医疗保健改善协会主席唐纳德·博维克不吝赞美之辞："这是一部非常有用的书，它重新定义、放大并提升了医疗护理行业中'服务'这个概念。真正热爱医疗行业的人读完这本书后会更加热爱这个行业。"

《希氏内科学》序言开篇写道："医学是一门需要博学的人道主义职业"。医学的终极目的就是要为人的健康和生命服务，对人进行终极的精神关怀。终极关怀由美国生存主义思想家保罗·蒂里希提出，是指人对自身存在价值的思考，是整体的、无限的、普遍的人文关怀。医疗服务艺术的核心就是关爱患者和人之常情，而不仅仅是医学知识。老百姓看一个医院的水平，既要看你能不能给患者治好病，也要看你对患者是否爱护、尊重，有没有同情心和责任感，也就是我们常说的"技术水平"和"人文关怀"。可见，医疗技术水平和医疗服务在社会人群的心目中是同等重要的。优质的医疗服务可以给患者带来附加利益和心理上的满足感及信任感，能满足人们精神上及心理上的需要。要打造优质医疗服务，首先要理解医疗服务特点。

一、医疗服务的特点

医疗服务是一类特殊的服务，它与酒店、金融、空乘、物业等服务的最大区别是与生命攸关。加拿大著名的临床医学家、医学活动家和医学教育家奥斯勒先生曾说过这样一段话："医生不是在治疗一种疾病，而是在治疗一个独一无二的人，一个活生生的、一个有感情的、一个正在遭受病痛折磨的人。"这正是医学与其他服务的不同之处，它不是一项交易，而是一种专业；它不是一种行业，而是一项使命。在医学的范畴内，绝不是简单的"我给你看病，你给我金钱"。医务人员面对的服务对象，也与其他行业大大不同，接受服务的病患还有家属，并非是主动接受，而是被动接受。因此医疗服务具有所有服务的无形性、异质性、同步性、易逝性和参与性等共性，更具有如下一些独有的特点。

1. 信息不对称性

在医学诊疗过程中，医患双方存在着医疗信息分布和掌握的不对称，这是医疗服务的重要特征。由于医学科学专业性非常强，医务人员需要相当长时间的专门学习和临床实践才能胜任工作。作为患方，他们获取这些专业知识的机会成本太大，不可能得到与医方对称的医学信息，从而导致医院服务信息不对称。医院服务属于信任类产品，而建立信任需要解决信息不对称的问题。因此入院前、院中和院后，诊前、诊中和诊后都应该贯穿对患者（家属）的疾病教育。了解患者需求，解答患者疑惑，从而与患者建立互信关系，增强患者信心、提高患者依从性。

2. 不确定性

医疗服务的不确定性主要是由于医疗技术局限性或患者自身的个体情况以及对其需求的表达能力、医务人员准确识别这些需求的能力以及外在医疗资源的不平衡。医务人员无法确知服务是否按照原来的计划和患者的期望提供给患者，有时候医疗服务还需要其他多部门的配合与支持，进一步加大了医疗服务的不确定性。因此，医患之间应事先保持充分沟通，分析各种方案的利弊，让患者及家属理解并参与决策。同时，医院要针对异常事件建立追踪、应变及改进机制，针对意外事件建立预警和应急机制。一旦危机发生，既要让患者或家属感受到医院的积极态度，同时也要展示医院系统的整体实力。

3. 需求导向性

患者就医根据品牌、个人以往经验选择医院、科室和专家。医疗服务不仅包括医疗服务设施设备的完好程度、医疗环境的舒适和美观程度、服务场所的便利程度等，还包括医疗服务中流程的科学性、服务项目组合的合理性、服务效率以及服务人员的仪容仪表、态度、技能等。这些时时刻刻都会让患者及其家属体验到的医疗服务，影响着患者的满意度和忠诚度。医疗服务机构要想提高患者对自己的满意度，不仅要在有形医疗设备、设施上下功夫，更要关注患者对自己无形服务的感知，从而形成自己的服务特色。

4. 不可逆性

医疗服务过程是不可逆的，已经发生的服务都无法退换，但是所有的治疗都可能存在并发症和副作用。发生负面事件如果处理不及时，会让医患之间的信任一夜之间消失殆尽。如果负面效应进一步放大，对医疗机构的整个形象和品牌可能都会产生巨大的负面影响。

二、医疗服务的三个层级

近年来，"患者满意度"已成为一个医院考核的硬性指标，无论是等级评审还是三级公立医院考核，每一家医院都以提高患者满意度为己任。患者满意度来自患者对医院实际服务中的感受。医疗服务根据患者对医院的期望和他所实际感受到的医院服务现状差异分为不满意服务、满意服务和超值服务。

（1）不满意服务：患者对医院的期望大于他所实际感受到的医院服务现状，那么不满意就发生了。而不满意的发生，在整个服务的流程和环节当中，根本不需要每一个流程和环节如此，只要有一两次，不满意就发生了。

（2）满意服务：就医过程中每个环节的每个医务人员所提供的服务都在患者认为的"理所应该"中，满意才得以发生，称之为满意服务。

（3）超值服务：如果就医过程中每个环节中的每个医务人员提供的服务都与患者的期望相符，同时还有 1 ~ 2 个点甚至超出了他的预期，患者就会非常满意。

由此可见，满意度的获得并不是那么容易，它不是由某个人或某个环节决定的，正如服务中的"链条原理"：100–1=0。在服务流程中，只要有一个人或一个环节出了问题，患者或家属所感受到的服务就是有瑕疵的。因此，在医疗服务中，人人都是关键岗，岗岗都是效能点。

三、医疗服务质量

（一）医疗服务质量的内涵

医疗服务与有形产品以及一般服务有很大差异，因此，医疗服务质量，在内涵上有很大的不同。美国 OTA（Office of Technology Assessment）1988 年提出"医疗服务质量是指利用医学即知识和技术，在现有条件下，使医疗服务过程增加患者期望结果和减少非期望结果的程度"。上述概念反映了医疗服务质量概念的关键，即医疗服务从"提供者导向"向"服务对象导向"的转变。由于医疗服务技术含量较高，医疗服务的技术因素常常被极限放大，而医疗服务过程中的人性化关怀往往容易被忽略。现代医学正从实验医学时代的"生物医学"模式向着整体医学时代的"生物—心理—社会医学"的模式转变。医疗服务消费者对医疗服务质量的感知是多方面的，不仅仅局限于技术这一个指标上。随着医学技术的发展，同等级医疗机构之间的技术同质化倾向愈发明显。医疗机构对质量的理解必须和顾客的理解相吻合，即从医疗服务消费者的角度定义服务质量。医疗服务质量是顾客可以感知的整体质量，受服务的期望和实际感知的服务共同影响。期望服务产生于顾客接受服务之前，而感知服务产生于服务的交互过程。医疗服务质量是指医疗服务消费者实际感知的医疗服务水平（即体验的服务质量）与他们对服务质量的期望（即期望的服务质量）之间的对比。

（二）医疗服务质量的内容

一般顾客感知的医疗服务质量内容包括两个基本方面：技术或产出方面，职能或过程方面。分别称之为技术质量和功能质量。

技术质量：指医疗服务过程的产出，主要是指以合理的技术为服务对象提供正确的诊断和治疗的能力，比如诊断是否及时正确，治疗是否有效彻底，有无因医疗缺陷而给患者增加不必要的痛苦和负担。技术质量对于评价医疗服务质量来说是首要因素，毕竟顾客接受医疗服务是为了得到医疗服务所提供的结果，即消除疾病和恢复健康，医疗效果的好坏影响顾客对医疗服务质量的感受。但是对于医疗服务来说，很多技术性结果非常复杂，而且许多服务并不一定有显而易见的最终结果，比如对某些慢性疾病的治疗不一定能迅速见效或者根治。一般患者缺乏相关的专业技术知识，因此很难客观准确地评价技术质量。

功能质量：指顾客如何得到医疗服务，也就是医疗服务提供过程中顾客的感知状态，属于服务的方式。因为它与服务过程和服务提供方的职能休戚相关，故而被称为服务的功能质量。技术质量仅仅是服务质量的一个方面，顾客不仅关心是否得到了所需要的服务，而且同样关心如何接受服务、如何参与服务的过程。功能质量不仅与医疗服务时间、地点、人员、流程、服务系统等密切相关，而且与消费者的个性、态度、知识和经验等有关。此外，还会受到其他顾客的影响。通常，对功能质量的评价更多地取决于顾客的主观感受。

技术质量关注医疗服务的结果，功能质量关注如何提供服务，两者共同构成了医疗服务质量的两个基本方面。技术质量是构成医疗服务质量的关键，在技术同质的情况下，决定服务竞争优势的只能是功能质量。

四、优质医疗服务的内涵

我们现在的医学就是一条长长的隧道，这条隧道很长，永远看不到头，人们都在挥汗如雨地挖隧道，没有人去勘测方向，看看我们到底在挖什么、想一想医学的本质是什么。只有人文才知道我们通向何处，并且能为技术主义踩个刹车。

—— 王一方

医学以救死扶伤为使命，应该是一门富有人文关怀和人性温暖的科学。假如医学失去了人文，结果将会怎样？诚如《最后的告别》中主编王一方谈到的，医疗就会逐渐工业化、流程化、刻板化，医院就是一条诊疗的流水线，患者成了流水线上的部件，医生成了操作工。这个患者用 CT 照肺部，下个患者用磁共振检测胰腺；今天这个来修理肝脏，那个来修理肾脏，这就是现代医学面临的非人化的变异。但事实上呢？患者不是"38 床""45 床"这样抽象的符号，而是有血有肉的、在痛苦中煎熬挣扎的活生生的人。一位肿瘤患者曾对他的主任医生诉说："你在看病的时候连看都不看我一眼，我不是一个会喘气的肿瘤。"这话非常深刻。

当医学专科越分越细、医疗设备越来越先进，传统的"视、触、叩、听"被冰冷的射线、机器、插管、抽血和验血所取代，专科医生和医疗设备的作用越来越显著。但为什么高质量高技术的使用却令越来越多的患者心生不满和抱怨？因为技术驱动的医疗业更多关注如何"治病"，而不是"人"，忽视或弱化了患者作为"人"的需求，尤其是更高层次的精神需求，而是就"医"论"医"，就"病"谈"病"，就"系统"谈"系统"。医院在不断地追求成为技术中心而进行装备竞赛的过程中，不断强化技术"居高临下"的态度。事实上，这个世界上没有包治百病的技术，更没有救世主。因此，医务工作者需要始终心存敬畏，不仅互相尊重，更要尊重患者、尊重规律、尊重价值。只有回归到"以患者为中心"的原点，才能真正了解患者的需求，围绕患者的需求，提升医疗服务效能。

传统的医疗服务模式是指医疗服务是否及时准确、治疗是否有效、诊断过程是否发生医疗缺陷、注重以"治病为中心"，从供应方角度出发，各个科室分别独立治疗患者某个部位的疾病，服务是碎片式的。而现今的医疗服务模式则更加注重以"以患者为中心"，从需求方角度出发，关注与顾客关系的建立，以"全人"的理念来整体提供治疗。

随着社会经济的发展和医学模式的转变，人们对医疗保健提出了更高的要求，由长期以来形成的"求医"向"择医"转变。患者既是医院服务的对象，也是医院之间竞争的对象，每一家医院都在千方百计地争抢病源。我们看到：患者到医院看病，不仅仅是获得及时、准确、有效的治疗和周到的服务，同时非常注重就医整体的体验过程。优质医疗服务应满足患者看病和治病的生理需求，同时给患者带来附加利益和心理上的满足感及信任感，能满足人们精神上及心理上的需要；在诊疗过程中，把患者作为完整的社会人看待，满足其社会需求。也就是说，医疗机构要提高医疗服务质量，打造优质医疗服务，一方面要重视提高技术质量，培养高水平的医疗技术人才，掌握先进的医疗技术，提高临床疗效；另一方面还必须重视功能质量，加强对服务过程的质量管理，重视医护人员与顾客之间的接触，完善有形环境和设施，优化服务流程和服务系统的管理。

【思考与练习】▐▌▌

1. 医疗服务的四大特点是什么？

2. 如何理解患者满意度？

3. 医疗服务质量内容包括哪几个方面？

4. 作为礼仪培训师，你如何理解打造优质医疗服务？

【回顾与总结】▐▌▌

1. 重点理解医疗服务的四大特点：信息不对称性、不确定性、需求导向性和不可逆性。

2. 医疗服务质量内容包括技术质量和功能质量。

3. 优质医疗服务必须立足于"以患者为中心"，满足患者生理、心理、社会三大需求。

第二节 打造优质医疗服务的策略

为患者提供优质的医疗服务，是一项十分复杂的系统工程。包括医院服务愿景和服务理念、医务人员形象和医院形象、医院环境和后勤保障、服务能力、服务流程、服务系统。打造优质医疗服务必须要用顾客服务思想指导整个的医疗活动，所有在医院工作、为患者提供帮助的人，要形成一个团队，围绕患者来提供充满人文关怀的医疗服务。国务院印发的《"健康中国2030"规划纲要》明确指出，要调整优化健康服务体系，满足人民群众健康需求，增强患者就医体验感。2023年5月26日国家卫生健康委、国家中医药管理局印发《关于开展改善就医感受，提升患者体验主题活动》通知，提出：以切实改善人民群众看病就医感受为目标，以提升医疗服务全过程中的舒适化、智慧化、数字化水平为举措，增强人民群众就医获得感、幸福感、安全感。

一、以患者为中心，践行人文精神

"以患者为中心"的医疗服务理念是 20 世纪 70 年代美国率先提出的。以患者为中心的七个维度，包括尊重患者，护理服务的协调和整合，信息、沟通和教育，身体舒适，情绪安慰，减轻恐惧和焦虑，家人和朋友的参与，以及服务过渡和连续性。目前国际上许多著名医疗机构提倡并实践，如克里兰夫医疗中心、霍普金斯医院、梅利奥诊疗中心等。为患者提供优质医疗服务，要牢固树立"以患者为中心"思想，不断提升医务人员的职业道德水平，强化"以人为本""仁爱"的执业理念，把"诚心、爱心、耐心、细心"贯穿于临床工作中，时刻把患者的利益放在最高的位置上。充分认识技术与服务之间相辅相成、密不可分的关系，认识服务的重要性。

医务人员要站在患者的立场上，满足患者心理和生理上的需求。以患者为中心，不是改变医疗服务的本质，而是换个角度看问题，从患者认知和期望出发，评估服务流程、服务效率和服务质量。以患者为中心，不是对患者言听计从、满足患者的所有需求，而是从患者利益出发，教育和帮助患者做出最佳选择。以患者为中心，不是盲目拍胸脯，承诺达到患者的所有预期，而是从现实出发，客观分析利弊，帮助患者理性面对疾病。以患者为中心，不是过度医疗、明哲保身，而是让患者知情、让患者参与，并遵守医疗规程，保证患者安全。"以患者为中心"的服务不仅要靠环境和设施等硬件的投入，还要从患者的利益出发，重视患者的问题，不能流露出对其问题不屑一顾的神情或语言。更需要在言行举止、语气、眼神，仪表以及服务态度上表现出发自内心的同情、尊重和关心。"以患者为中心"服务强调全员参与，不仅包括医生、护士，也包括其他岗位的服务人员，更需要后台人员的支持。每位员工都是服务的提供者，其行为都能影响到患者的体验和感受。

【案例】

武汉亚洲心脏病医院是国内一所明星级的心脏病专科医院，是国家胸痛中心认证机构和国家心血管病介入诊疗培训基地，这里不仅有高超技术和一流的软硬件实力，同时能够让患者感受到优质服务和品牌的人性温暖，把医院当作值得信赖的朋友。武汉作为"火炉之城"，每年夏天，高温酷暑下的奔波，对到医院就诊的患者来说是一种巨大的折磨。各地来的住院患者家属更面临一个现实的难题：晚上除了抢住在就近的宾馆酒店，真没合适的地方休息。有的患者家属为了省钱或更方便照顾亲人，往往在医院过道、走廊、楼梯间、电梯口甚至医院门外席地而卧。

一天，医院的一位工作人员下夜班时无意中发现，医院旁边的银行有不少患者家属在打地铺睡觉。原来是这家银行晚上没有关闭空调，这些家属借着漏出门缝的冷气缓解夏夜的炎热。医院管理层知道后，决定开放医院门诊大厅，打开空调，把消毒卫生做好，让辛苦焦虑的患者家属们能安全、省钱地睡一个安稳觉。

这个举动武汉亚洲心脏病医院一做就是10年。3000多个夜晚，无论严寒酷暑，医院每晚开放大厅，清扫消毒，开放空调，专人管理，最高峰的时候曾经有200多位患者家属在此"打地铺"。这个"多此一举"让武汉亚洲心脏病医院每年新增20万元的专项开支，但医院管理者们认为很值得，因为这让患者及其家属感受到医院浓浓的善意和暖意。

人们的口口相传，让武汉亚洲心脏病医院的品牌在越来越多的人心中高高竖起。心脏外科手术量连续14年位居全国前三位、湖北省首位。只有赋予品牌人性，才能以心换心，获得患者的认可和真爱。

为深入推进健康中国建设，提升医学人文关怀，加强医患沟通，构建和谐医患关系，助力卫生健康事业高质量发展，国家卫健委办公厅在2024年9月29日出台《医学人文关怀提升行动方案（2024—2027年）》，聚焦人民群众日益增长的高质量医疗服务需求，以提升患者就医获得感和满意度为目标，以"相互尊重、保护隐私、严守法规、加强沟通"为核心原则，坚持"以患者为中心"，大力开展医学人文教育，加强医学人文关怀，增进医患交流互信，构建和谐医患关系。

二、塑造专业形象，提高职业修养

医疗行业的严谨性和科学性决定了医务工作者在和患者交往规范的必要性。我们在医院就诊时不难发现：不同医院的服务不同，即使是在同一个医院，不同的医务人员也会给患者留下不同的就医体验。和患者交往过程中体现的不仅仅是个人素养，更是整个医院的形象和口碑。因此需要加强医务人员交往礼仪规范教育，从而提升优质医务服务。

1. 塑造专业医务形象

树立良好的职业形象对提高行业服务质量尤为重要，良好的工作形象，既体现医务人员自尊自爱及严谨的工作作风，又表示对患者和家属的尊重，同时也体现医务人员良好的精神面貌和对医疗工作专业、乐观和积极的态度。因此医护人员形象是医院形象的重要组成部分，是医院的无形资产，是医院的自画像。

医护形象必须得当，并且和岗位的要求、医院的环境相协调，对仪容仪表的要求就是洁净、得体、规范、专业；不穿奇装异服，不染色彩艳丽的头发，不敞开工作服等。特别是手术室、ICU 等应建立严格的无菌操作规范，比如医务人员的头发必须完全包进圆帽，不能露出碎发，工作服、手部的清洁必须满足无菌操作的需要。

【案例】

在我还是一名青年医师时，有过一次非常尴尬的经历。有一位患者到医院的医患关系办公室投诉我头皮屑过多，形象拖沓，因此质疑我医疗技术水平，让我幡然醒悟，医务人员的技术水平固然重要，但形象气质是与患者建立良好医患关系的基础，是取得患者信任的关键问题之一。从那时候开始我就很注意形象气质、举止仪表，如今果然受益匪浅。

——某三甲医院骨科副主任医师张晓光

2. 无声语言传递专业与温度

行为举止是心灵的外衣，举止得体能增加患者的信任，提升工作效率；举止适宜则会留下有素养、尊重患者的印象。因此，要求医务人员大方自信、得体规范、方便服务、注重细节。但若医务人员的走姿，不看具体场景，只是一刀切地要求优雅，有时候就会适得其反。比如在急诊时，医生护士在面对急救患者要分秒必争的情况下，还要仪态优雅、不紧不慢，这样的服务必然引起患者及其家属的不信任和不满，甚至导致医患矛盾和冲突。

医务人员的微笑是美的象征，是爱心的体现，给患者以生的希望，它能改善医患关系。患者到医院，本身在生理、心理上就承受了一定的压力，如果医院的工作人员能够微笑地对她说"有什么需要帮忙的吗？"这张笑而可亲的脸，可能就会让患者消除对环境的陌生、对医院的恐惧。治疗、查房时，医生给患者一个安慰的微笑，也会让患者消除对痛苦的恐惧，树立对治疗的信心。

医务人员提倡微笑服务，但绝不能过于教条，不分场景千篇一律地微笑。在医疗工作中，有些情况微笑可能会招致患者的反感，比如患者痛苦或尴尬时，不宜微笑，而应该表达同理心，行动迅速，传递关切，这样更让患者产生信任感。

医务人员的举止要方便服务患者、注重细节，因为医疗工作，与健康和生命息息相关的，是独一无二的，无法重复的。因此，医务人员要加强细节观念，从细节入手，以认真的态度做好工作中的每一件小事，每个细小的行为都传递出对生命的尊重和对患者无声的关爱。在门诊设置巡诊护士，主动关心患者，询问患者病情，如有紧急情况，及时处理。比如当患者出现疼痛、呕吐等不适症状，医护人员要马上处理，否则会导致患者产生不良体验。医务人员诊疗动作轻柔并关注患者感受，通过建立临床操作对话流程，将人文关怀融入其中，如操作前向患者介绍操作目的和注意事项，操作中询问患者感受，操作后向患者说明可能出现的不良反应，消除患者紧张不安情绪。

三、优化服务流程，改善就医体验

患者对于医疗服务质量的要求日益复杂，"患者想要什么"和"医院如何提供良好的服务来实现患者的需要"是问题的关键。首先，要求医务人员具备良好的技术水平和对患者极端负责的工作态度，这是医患之间确立信任关系的基础。因为光有好的服务态度而没有过硬的医疗服务技术，患者是不会满意的。其次，如何在纷繁忙碌的工作中打造良好就医环境、智慧医院系统、优化便民措施、设计合理工作动线流程并提高工作效率是非常重要的。

1. 科学合理布局，优化就医环境

科学合理的区域布局是优化医疗服务流程的重要基础。根据医院整体布局情况，合理安排各诊室位置及其通道，基于各科室特点设置门诊数量及位置，使患者可以更加方便地就诊。服务的流程中，不仅包括服务接触点，还包含实体的环境。生理舒适贯穿患者诊疗的全过程，是患者最直观的体验。满足患者生理舒适的需求，有利于消除患者负面情绪、促进康复。医院内各区域保持环境卫生整洁，标识明确清晰，为患者创造良好的就医环境。比如设置禁烟标识，增加人工监测点，发现吸烟者及时劝阻。院内摆放绿植等物品，改善医院环境氛围。根据天气变化，及时调整院内温湿度，使患者就医过程更加舒适。

2. 智慧服务创新，简化就医流程

医疗行业服务流程复杂，环环相扣。比如患者来医院就诊，包含从停车场开始，来到医院挂号取号；挂号之后来到诊室等待，跟医师互动后离开诊室，可能需要检查，抽血检验或者影像科拍片；等待取得结果后，可能又得回到诊室来听医生解释报告等诸多环节。又如医生针对性开出治疗方案：门诊药物治疗或住院。如是前者，需要来到交费窗口交费，交费后到药房取药，取药之后再到停车场离开医院等。通过建立信息化服务体系和数字化、精准化管理体系，不断升级优化服务流程创新服务，可以实现门诊高效、有序、安全运行。建立多种预约挂号和问诊平台，并保证

多元化诊疗平台的畅通性和有效性，患者可以通过远程、电话、自助预约挂号机等渠道进行预约挂号和检查、智能问诊等。还应根据不同人群的需求，创新预约诊疗服务。医院一站式服务、移动支付、数字化、可视化和远程化问诊综合管理、医院精准化预约，减少患者就诊等待时间，优化服务流程，提升患者就医体验。

3. 优化便民惠民措施

医院内设置便民服务中心，为患者提供轮椅、担架及免费环保胶袋等用品，方便残疾患者或行动不便的患者顺利使用。为患者设置饮水点，提供一次性水杯等物品；此外，为患者设置充电器等物品，患者可以及时取用。便民服务中心应建立多个服务点，分布在医院的各个位置。除人工的便民服务点外，还在各电梯间区域设立自助服务区，如自助轮椅、助行器等，无须人工看管，采取扫码领取，共享互利，便民服务中心内放置多种便民材料，如附近地铁公交路线图、医疗相关服务机构热线电话等，方便患者查找相关地点。为老年人和残障人士提供专用厕所，厕所内设置扶手、防滑垫等设施，方便行动不便的人安全使用厕所。根据医院实际情况设置特殊患者使用的无障碍电梯，使乘坐轮椅的患者可以顺畅通行，与其他患者分开，可有效降低不良情况风险。

【案例】

2021年5月，湖南省郴州市第一人民医院推出门诊"一次性全程诊疗便民服务"措施：患者携检查检验结果再诊时，3日内（含就医当日）在同一院区、同一科室不需二次挂号。近来，山东济南、枣庄、滨州、青岛等地已经在全市或部分公立医院实行"一次挂号管三天"复诊免挂号费的就医惠民政策。这样一来，续诊患者不仅不用再缴纳挂号费，还减少了续诊等待时间，大大提高了续诊患者的就医获得感、满意度。

四、加强医患沟通，促进医患和谐

医务人员耐心倾听患者主诉，及时主动告知患者及家属病情、治疗检查结果、诊疗方案、医疗费用及预后情况，并在沟通中运用肢体语言和表情语言、共情等技巧。医疗服务中，医患双方良好的信息沟通、信息支持有利于患者理解认识疾病，参与疾病决策诊疗活动，进而增加医患之间的情感互动，减轻患者焦虑情绪。患者文化程度和认知因素以及医务人员的沟通时间有限，导致患者信息缺乏，因此医院各科室通过成立独立医患沟通室，开展叙事医学，设立医患沟通留言板，将患者关心、询问较多的问题做成展示板单独展示，定期开展疾病知识讲座、以通俗易懂的方式向患者科普，增加患者的保健知识。

医务人员通过片段式、场景化、分阶段等方式与患者沟通和进行健康教育，为患者提供饮食、用药等详细的出院指导，为患者提供复诊流程和计划，确保患者掌握出院后的重要信息。利用网络平台实施指导与健康教育，采用打电话、随访等方式，为患者提供健康信息。同时设立护士门诊、开展咨询指导工作，有助于保障医疗服务的连续性，进一步提升患者就医体验。具体内容详见本书第十二章"医患沟通礼仪"。

五、做好服务补救，树立医院信誉

患者的意见常来自两个方面：一方面是医院的工作程序或某些环节确实存在问题，使患者感到不便或受到了冷遇，因而提出质疑；另一方面是医院本身没有问题，但由于患者受疾病的折磨，情绪无处发泄而迁怒于医务人员。如果是前者，医务人员应本着对患者负责的态度，向患者表示歉意并及时纠正。如果问题来自患者，则应体谅患者的心情和病情，予以耐心的解释，婉转地说明原因。接待和处理流程详见第十三章"医疗投诉认知与管理"内容。

六、创造惊喜服务，提升客户忠诚度

惊喜服务，在对客户的需求与喜好精准地理解和感知后，进而提供的在基础服务和满意服务之上的、让客户感到惊喜并被重视的一种超出预期的服务。

【案例】

某医院有位患者因糖尿病、老年痴呆症住院，老伴有病，不能陪在身边，家中无人照顾。她经常忘记吃饭时间，有时吃过了偏说没吃，胰岛素打了硬说没打，使治疗护理工作很有难度。"因为患者家境并不宽裕，所以每次都只住院几天，病情稍微得到控制就会嚷着出院。"护士长回忆。"患者经常嚷嚷，打针怎么这么慢？打个针怎么还这么痛？"科室几乎没有护士在患者前不挨骂的。护士们了解情况后，制订出周密的护理计划，对患者的生活护理更是悉心照顾。护士长带领护士们像照顾亲人一样给她喂药喂饭、吸痰拍背、洗浴擦身。因为她的大便干燥解不下来，护士们就用手一点点帮她抠出来。最终在医生、护士、药剂师们的精心照顾下，患者病情很快得到控制，血糖控制得很好。最终患者及家属都非常感动，称护士们为天使，说以后看病就找这家医院。

【分析】

个性化服务是一般性服务向优质服务飞跃的关键。由于种种原因，在许多情况下，患者不能或不愿向医务人员袒露心扉，而有经验的医务人员却常常能通过细微的观察和适当的方式，为患者提供个性化的服务。个性化的服务是优质服务的核心内容，优质服务就是标准化服务与个性化服务的总和。标准化服务是指服务者能够按照工作程序和要求提供必需的服务，而个性化服务是标准化服务的延伸，其能提供患者潜在意识需要的服务，甚至患者没有想到的感动服务。

梅奥诊所记录了一个不治患者在 ICU 生命的最后时光。患者的女儿向值班护士提出一个请求：老人希望能够在自己的家中安详离世。把一个生命垂危的病人从重症监护室安全地送回家，这是一个艰难的任务，还要保证他在过程中不出问题，其中就涉及了医护、药剂和后勤保障多个环节的协调，值班护士尽自己所能沟通协调，争取了各个环节的帮助，使这位老人回到家中。老人去世后，他的女儿重新来到医院找到这位值班护士，赠送一张老人弥留之际的照片，末日的余晖洒在静谧的湖面，老人的表情安详而宁静，这也是医学中最基本的人性关怀。

惊喜服务不但要求医务人员具备察言观色、灵活应变的能力，更重要的是具备一颗"仁爱"之心，有"以患者为中心"的服务意识，真正换位思考，从每一件小事做起，把握每一个细节，让前来就诊的患者感到亲人般的温暖，从而提升客户的忠诚度。

【思考与练习】

1. 以患者为中心的七个维度指的是什么？

2. 请从患者角度谈谈哪些优质服务措施会提升就医体验。

3. 以下对"优化患者体验策略"的描述不正确的是：

A. 患者住院期间所获得的医疗服务应该由家属或代理人来决定，以避免医疗纠纷。

B. 定期开展疾病知识讲座，以通俗易懂的方式向患者科普，增加患者保健知识。

C. 优化服务流程，开展优质服务是医院必须做到的品质。

D. 高质量的出院指导是保证服务连续性的有效措施。

4. 你如何理解医疗服务中的惊喜服务？请举例说明。

【回顾与总结】||||||||||||||||||||||||||||||||||||||||||||||||||||||||||||||||||||||||||||

1.掌握"以患者为中心"的七个维度：尊重患者；护理服务的协调和整合；信息、沟通和教育；身体舒适；情绪安慰，减轻恐惧和焦虑；家人和朋友的参与；服务过渡和连续性。

2.理解医学是人学，在当今现代医学模式下不但关注疾病，更要关注患者。

3.结合第十章中不同岗位服务流程，理解优化服务流程的方法，提升服务效率和患者满意度。

4.打造优质医疗服务的六个策略：以患者为中心，践行人文精神；塑造专业形象，提高职业修养；优化服务流程，改善就医体验；加强医患沟通，促进医患和谐；做好服务补救，树立医院信誉；创造惊喜服务，提升客户忠诚度。

第三部分
物业篇

第十五章
物业服务礼仪概述

物业服务行业起源于 19 世纪的英国，经过一个多世纪的发展，已经成为现代城市管理和房地产经营管理的重要组成部分。随着我国房地产行业的迅速发展，物业服务行业也伴随改革开放而发展起来，经历了借鉴、探索和发展的过程。与此同时，物业管理在社区管理过程中的地位越来越高，它承担着部分社会管理职能。物业管理服务主要内容包括客户服务、房屋维护和保养、公共卫生绿化、秩序维护服务、社区文化建设等多个方面。我国物业管理行业较之于西方起步较晚，在现阶段我国的物业服务行业还有着巨大的发展空间。保证其人才的质量，从而提高其发展上限，对于现阶段的物业管理专业的发展而言有着重要的促进作用。

【案例】

洪女士系某小区客户。小区业主委员会（甲方）与某物业公司（乙方）签订物业服务合同，洪女士一年未交纳物业管理费及垃圾清运费共计 3592.9 元。物业公司将洪女士诉至法院，要求洪女士支付拖欠的物业费。庭审中，洪女士认为：物业公司未向洪女士提供应有的服务。物业公司服务不到位，小区没有正式秩序维护员值勤，没有巡逻，闲杂人员随意出入，护栏也被破坏，使客户没有安全感；水箱从不清理，也没有水检报告；电梯一年的检修期已过，未进行检修，多次造成滑梯、夹人等情况；小区绿化差，草皮大量枯死。物业公司未公布过物业费收支的情况。洪女士还提交了相应证据。物业公司不认可，但未提交相关证据予以反驳。法院认为，鉴于物业公司提供的物业服务项目及服务质量与约定标准存在差距，洪女士应交纳的物业管理费可以依法减收。

【分析】

物业服务公司没有尽到服务的责任，客户缴纳了物业服务费没有享受到良好的物业服务，导致了客户的不满意，使物业公司不但无法及时追缴物业服务费，还极大地破坏了公司在客户心中的形象，企业信誉度、美誉度均受到了影响，客户不但不愿意缴费，更不再信任物业企业，导致公司无法在小区再经营下去。

由此可见，物业公司因服务品质差无法保证正常收缴物业服务费，导致没有资金聘请优秀的专业人员，降低了服务水准，同时也降低了客户满意度，由此可能引发更多的恶性循环，因此，在物业服务行业中，提升服务品质既是基石，也是王道。

第一节　物业服务礼仪概述

随着中国经济的加速发展，人们生活水平的提高，人们对城市住房的需求也越来越大，房地产市场的竞争在不断加剧，给了物业服务行业很好的成长空间。优质物业服务公司管理的楼盘，比一般物业公司管理的楼盘有更优的市场价值，能更好地为资产增值。因此开发商希望通过优秀的物业服务品牌和高品质的物业服务水准，给客户的房产保值增值。

一、物业服务行业的现状

据中国指数研究院发布的《2023 年中国物业服务行业客户满意度调研》，2023 年度物业服务客户满意度得分为 72.6 分。相较于 2021 年和 2022 年呈现出下滑趋势，并且降幅会进一步增加。从不同业主类型来看，磨合期的业主满意度最低，仅为 66.6 分；稳定期业主的满意度达到 72.0 分；老业主的满意度相对较高，达到 75.0 分。不过与 2022 年相比，这三类业主的评价都呈下滑趋势，其中磨合期和老业主的评价下降较为显著。通过以上数据，我们深刻感受到物业服务行业还存在着许多有待提升和发展的空间。

另据国家统计局 2023 年 2 月 28 日发布的 2022 年国民经济和社会发展统计公报，2022 年末全国常住人口城镇化率为 65.22%，比上年末提高 0.50 个百分点。2022 年末城镇常住人口 92071 万人，比上年末增加 646 万人。人们正在享受物业管理服务带来的便利。特别是在三年疫情期间，物业服务公司积极配合防疫工作，保障居民生活需求，承担了多项重要职责，为社区居民的安全和健康提供了有力保障，使得物业服务的价值凸显，得到了政府和老百姓的认可。

综上所述，物业服务行业在面临挑战的同时，也迎来了新的发展机遇，需要不断加强服务意识和提升服务质量，深入思考和挖掘客户对物业服务不满意的原因，找到提升方向，设计出科学的服务内容和服务体系，进而提高服务效率和水平，以满足客户的需求和期望。

二、物业服务行业的特征

物业服务行业具有服务对象广泛、服务内容综合、经营收益稳定、行业发展网络化智能化以及管理规范化和法制化等特征。这些特征共同构成了物业服务行业的独特魅力和发展潜力。

1.服务对象的广泛性和差异性

（1）广泛性：物业服务行业服务对象广泛，包括开发商、业主、物业使用人以及相关的政府部门和专业服务企业。这种广泛性使得物业服务行业在运作过程中需要协调和处理多方关系，确保各方利益的平衡。

（2）差异性：不同类型的物业（如居住物业、商业物业等）和不同的客户群体（如普通业主、高端物业业主等）对物业服务的需求存在显著差异。这种差异性要求物业服务企业具备灵活性和多样性，以满足不同客户的需求。

2.服务内容的综合性和专业性

（1）综合性：物业服务行业提供的服务内容广泛而综合，包括但不限于房屋及配套设施的维修、养护、管理，环境卫生和秩序维护，以及提供各类特约服务和专项服务等。这些服务内容几乎涉猎各行各业各领域，这就要求物业服务企业具备全面的服务能力。

（2）专业性：物业服务行业涉及建筑物、公共设备设施、场地场所等多个专业领域的管理和维护，要求物业服务人员具备相应的专业知识和技能。同时，随着科技的发展，智能化、信息化等新技术在物业服务行业的应用也越来越广泛，进一步提升了行业的专业性。

3.经营收益的稳定性和安全性

（1）稳定性：物业服务行业的需求与不动产存量密切相关，受经济周期和自然资源等外在因素的影响较小。因此，物业服务行业的经营收益相对稳定，不会出现大幅度的波动。

（2）安全性：在酬金制收费模式下，物业服务企业占有先行取得酬金的优势，这大大降低了企业的经营风险。同时，物业服务行业的服务价格波动较小，也增强了行业的安全性。

三、物业服务行业发展的网络化和智能化

（1）网络化：随着互联网技术的普及和发展，物业服务行业也逐渐向网络化、

信息化方向发展。很多物业公司利用互联网的便利性开展了智慧社区建设，与国家的智慧社区战略紧密相连。这既提高了服务效率和质量，也提升了业主的满意度和体验感。

（2）智能化：智能化是物业服务行业未来的发展趋势之一。通过引入智能化设备和技术手段，如智能安防系统、智能停车系统、智能家居等，可以进一步提升物业服务的智能化水平和业主的居住体验。

四、物业服务行业管理的规范化和法制化

（1）规范化：随着物业管理行业的不断发展壮大和市场竞争的加剧，行业管理的规范化程度也在不断提高。政府和相关机构加强了对物业管理行业的监管力度，制定了一系列法规和政策来规范行业行为和发展方向。

（2）法制化：物权法等相关法律法规的出台为物业管理行业提供了法律保障和支持。业主和物业服务企业之间的权利义务关系得到了明确界定和保护，为行业的健康发展提供了有力保障。

五、物业服务礼仪的内涵及意义

物业服务礼仪是指物业服务企业的工作人员在物业服务过程中需要遵守的行为规范和准则，它是物业服务行业人员必备的基本素质。在物业服务中要注重仪容、仪表、仪态、语言、操作流程的规范，为客户提供主动周到的服务，体现良好的职业素养。

物业服务是一种无形的商品，而物业服务礼仪是充分体现物业服务商品价值的最佳形式。物业服务从业人员具备良好的服务礼仪，不仅能塑造良好的个人形象和组织形象、为企业赢得信誉，还能跟客户沟通信息、联络感情，赢得客户信任和赞赏。

六、物业服务礼仪的特征

1.专业性和规范性

物业服务礼仪的专业性体现在其针对物业服务行业的特定环境和需求而设计。物业服务人员需要掌握专业的服务技能，包括沟通技巧、服务态度、处理问题的能力等，这些都需要通过专业的礼仪培训来提升。专业的礼仪不仅能让服务人员在工作中展现出良好的职业素养，还能有效提升业主的满意度和信任度。

物业服务礼仪的规范性体现在其对服务过程的标准化和统一化要求。物业服务企业需要制定明确的服务标准和流程，对服务人员的行为进行规范，确保每位服务人员都能按照统一的标准提供服务。这种规范性不仅有助于提升服务效率，还能确保服务质量的稳定性和一致性。

具体来说，物业服务礼仪的规范性包括着装规范、语言规范、行为举止规范、服务流程规范等。通过遵循专业性和规范性的物业服务礼仪，物业服务企业能够提升服务品质，增强业主的满意度和信任度，从而在激烈的市场竞争中脱颖而出。

2. 系统性和创新性

物业服务礼仪不是一成不变的，而是需要随着物业小区的管理模式变化而不断创新。物业服务内容从最开始的保安、保洁、保绿、维修、客服等基础性服务到现在的多元化的服务，从"业主自治共管模式""酒店式管理模式""无人化管理模式"，到现在的"个性化服务模式"，从"集约化经营管理模式""区域化管理模式"到"跨地域管理模式"，再到现在的智慧化管理，每一个管理模式都有不同的服务需求。比如大型社区比较适合业主自治共管模式，而对高档公寓式住宅可以提供酒店式管理模式，给客户提供满意+惊喜的礼仪服务；对一些老年人较多的小区，提供社区养老和健康管理服务等，对服务礼仪的要求就需要更加亲切细致。

3. 全面性和利他性

物业服务行业是一个微利行业，其在中国出现初期并不是以盈利为目的，而是作为房地产行业售后部门。所以物业服务虽然也具有商品性，是有偿服务，但更多的是以满足客户的需求、提升客户满意度为最终目标，通过多种服务手段，为客户的衣食住行甚至养老托育等提供全方位、多层次、多项目的服务。总体而言，物业服务的性质是具有全面性和利他性的，只有员工具有利他的心态，才能在服务中不断地满足客户日益增长的需求，提升客户的满意度。

七、物业服务礼仪的基本要求

（1）礼仪形式规范化。物业服务行业要求员工为客户提供服务时体现高度的专业素养，通过规范礼仪标准，合理统一的服务流程，体现出良好的企业文化和优异的个人服务素质。

（2）服务内容需落地。物业服务人员在工作中要有强烈的服务意识和感情投入，要切实理解客户的需求，为客户提供实实在在的服务，为客户解决实质性的需求，不能只喊服务口号却不去落地执行。

（3）结果呈现数据化。物业服务礼仪的最终目的是提升客户满意度，而数据更能客观地体现物业服务的水准和品质。物业服务人员在服务过程中要精益求精，在服务项目和内容上要细致入微，不断提高服务品质，通过第三方的客户满意度调查获得客观数据，从而更进一步地提升服务品质。

八、物业服务礼仪的基本原则

（1）尊重平等原则。在服务过程中，物业服务人员必须遵循对客户平等尊重的原则，不因客户的身份、财富、年龄、性别、国籍、职业等差异而给予区别对待。同时通过优质的服务，赢得客户对自己的尊重，营造平等和谐的氛围。

（2）诚信自律原则。服务人员在工作中要诚实守信，遵守承诺，严于律己，宽以待人。在提供服务时，要自我约束、自我检点、不贪图小便宜，廉洁自爱等，对业主的合理要求给予积极回应和满足。

（3）专业精细原则。物业服务人员应具备专业的知识和技能，能够提供高质量的服务。在服务过程中应注重细节，做到精益求精。

第二节　物业服务礼仪的发展

物业服务礼仪的发展是一个随着物业服务行业不断成熟和完善而逐步演进的过程。这一过程体现了物业服务企业对服务质量、客户满意度以及企业形象塑造的日益重视。

一、礼仪意识的觉醒与提升

（一）初始阶段

在物业服务行业发展的初期，由于行业标准和规范尚未完善，物业服务礼仪可能并未得到足够的重视。此时，物业服务人员可能更多地关注基本的服务内容和流程，而较少关注服务过程中的礼仪细节。

（二）觉醒阶段

随着物业服务行业的快速发展和市场竞争的加剧，企业开始意识到良好的服务礼仪对于提升客户满意度和企业形象的重要性。因此，物业服务企业开始加强对服务人员的礼仪培训，包括仪表仪态、礼貌用语、服务态度等方面的规范。

（三）提升阶段

当前，物业服务礼仪已经成为物业服务企业不可或缺的一部分。企业不仅注重基本礼仪的培训，还通过制定详细的礼仪规范和操作流程，确保服务人员在实际工作中能够始终如一地展现出良好的职业素养和服务态度。

二、礼仪规范的不断完善

（一）礼仪标准的制定

物业服务企业根据自身的发展需求和行业特点，制定了相应的礼仪标准和规范。这些标准涵盖了从仪表着装、仪态举止到服务用语、服务流程等多个方面，为服务人员提供了明确的指导和要求。

（二）礼仪规范的细化

随着时间的推移和经验的积累，物业服务礼仪规范不断得到细化和完善。企业会根据客户的反馈和市场的变化，及时调整和优化礼仪规范，以确保其能够更好地适应市场需求和客户需求。

（三）礼仪培训的常态化

为了确保服务人员能够始终如一地展现出良好的礼仪素养，物业服务企业通常会定期组织礼仪培训活动。这些培训活动不仅包括新员工入职时的培训，还包括在职员工的定期复训和专项培训。

三、科技对物业服务礼仪的推动

（一）智能化服务

随着科技的不断发展，智能化服务在物业服务领域得到了广泛应用。智能门禁系统、智能安防系统、智能客服系统等技术的应用，不仅提高了服务效率和质量，还使得服务过程更加便捷和人性化。同时，这些智能化服务也为服务人员提供了更多的辅助和支持，使得他们能够更好地展现出良好的礼仪素养。

（二）大数据分析

通过大数据分析技术，物业服务企业可以更加准确地了解客户的需求和偏好。这有助于企业制定更加精准的服务策略和礼仪规范，以更好地满足客户的期望和需求。

【思考与练习】‖‖‖

1.为什么说与其他行业相比，物业服务行业是客户黏性更高的行业？

2.请谈一谈你对物业服务商品性特征的理解。

【回顾与总结】‖‖‖

1.本章的重点是理解物业服务行业的整体情况，在中国将近40年的发展概况。

2.物业服务的行业具有独特性和复杂性，这对物业服务的标准提出了更高的要求，这个行业的进入门槛低，标准要求高，物业服务礼仪更是标准服务中不可缺少的一环。

第十六章
打造优质物业服务模式

【案例】

有位客户曾在深圳一个新建的小区居住。刚住进去的时候，小区内住户不多，车辆停放也很有序。但是随着入住的居民日渐增多，一些住户为了自己所谓的便利，不愿意将车停到地下车库，致使小区的道路变得异常拥挤。

一次，这位客户去交物业费时就车辆的安置问题向财务反映，财务人员头也没抬，回了一句"车辆的事情，需要由保安来处理，我这边管不了"。于是客户就去找了当值保安，保安说："这个事情需要跟我们队长反映，由他出面沟通才有效。"当客户见到保安队长后，他还没等这位客户说完，就直接打断："关于小区内车辆乱停乱放的问题，我们无法直接处理，需要小区管理处的主任给我们下达任务之后，我们才有权去处理。"就这么你推我，我推你，没有一个人或部门担责，之后这件事情就这样不了了之，客户感到非常无奈。

从这个案例中我们不难看出，这个小区实行的是一个非常典型的以领导为中心的管理方法。没有做到以客户为中心，所以客户感受是非常差的。

现代管理学提出，理念决定思维，思维决定行动，现代化的企业是为市场而存在，有市场才有企业存在，有客户需求，才有企业产品所在。作为一个优秀的物业服务企业，如果想健康和稳步地发展，并且建立一个优秀服务品牌，必须树立以客户为中心的服务理念。

我们来看看标杆企业的服务理念：

万科物业：全心全意全为你，持续超越客户不断增长的期望。
金地物业：精品服务，真情关爱。
彩生活：服务无处不在，生活多姿多彩。
碧桂园：给您一个五星级的家。

【案例】

某开发区内十几个通用厂房厂区的物业服务费收缴率参差不齐，年终总结时，公司领导邀请收费率达96%的某通用厂房厂区的物业管理员介绍经验。该管理员说了这样一件事：小区内有十几家客户，某天一家只租赁了一层厂房的某企业部门总管来找管理员，管理员张冠李戴，把对方的名字叫错了。来人顿时拉下了脸："看不起我们小公司啊！"此后一连几个月都拖缴物业服务费。

管理员从此吸取教训，把厂区内十几家客户、近百位"要员"（上至总经理，下至与物业公司有关的部门总管、经办人）的姓名都背得滚瓜烂熟。后来，有个新公司进场没几天，管理员通过各种渠道得到了相关人员的姓名，碰面时主动打招呼，对方连连称赞物业服务到位。

很多物业公司有许多口号，比如"以人为本""客户就是上帝"等，其精髓是对客户要尊重，要给客户提供更优质的服务。被尊重是一个人在社会活动中的基本需求。运用礼貌、热情、真诚、专业、优质、细致的服务，使客户得到被尊重的感觉，是物业服务最重要的工作。

所以物业服务的本质必须要以人为本，以客户为导向，从客户需求出发，通过完善服务流程，为客户提供高效优质的服务，建立更为和谐融洽的客户关系，建立深度的链接和黏性，赢得客户的忠诚，提升客户满意度，从而提升客户居住的幸福感。

具体可以从以下三个方面来做。

一、仔细分析客户的需求

在分析客户需求之前，我们需要先了解客户。了解客户最重要的工作就是提前收集客户信息。优质的物业公司都非常重视客户的信息，往往将收集客户信息这一步前置，在客户入住之前就已经开始做了。一般是通过一些特定的活动，比如在入住前的 3～4 周，利用地产营销活动的机会，对已购房业主组织物业服务见面会，主动和客户接触，建立客户对物业的良好印象；也可以提前组织一些物业管理讲座及趣味活动、居家关注点讲座、装修规划设计讲座等对物业服务进行展示，通过各种接触提前收集客户信息，了解客户需求，掌握客户资源，并对客户信息做归类归口管理、动态分析，同时引导客户期望等。

二、高度关注客户的感受

我们在给客户提供物业服务的时候，要综合考虑客户的使用感受，根据所服务物业的特点，提前对业主进行分类，并做服务需求的调研，提前对服务的物业进行服务体系和服务流程的设计。在设计服务体系和流程的时候，要充分考虑客户在安全、健康、效率方面的使用体验。举个简单的例子，现在新的小区物业的公共区域管理，通常会考虑人车分流，人车分流就是为了给客户创造安全的感受，客户在小区里面散步，小朋友在小区里玩耍，车辆的驶入不影响客户的安全。比如高层写字楼的电梯，通常会设计区分高层电梯和低层电梯，双层电梯和单层电梯，这样能做到有效联动，避免客户在上下班高峰期的拥堵，缩短客户的等候时间，给客户创造便利；再如有老年人居住比较多的小区，在招聘客户管家的时候，选聘一些当过护士，有一定医护知识和经验的人员，给客户提供健康咨询服务，有些服务更为优质的物业小区，甚至会为小区业主家庭建立健康档案，对有老人和小孩的家庭会特别关注，定期上门为老人进行量血压、测血糖、提供简单护理等服务，充分考虑了客户的健康体验。

三、全力为客户创造便利

（1）要考虑为客户创造便利，以"多、快、好、省"为原则来设计服务流程。

【案例】

某物业公司在办理客户入住的时候，物业公司只能办理房屋交接和物业入伙手续，客户需要自己去开通水、电、煤气、电话、电视、网络等，这意味着客户在办理入住的时候，还得去跑供电局、自来水公司、有线电视台、网络公司等等，客户浪费了大量的时间，还不一定能马上办好。对此客户的意见非常大，对物业公司的不作为颇有怨言，导致入住后客户对物业公司的工作不配合甚至抵制。

后来物业公司总结了经验教训，在设计入住服务的时候，一些代办性和委托性的服务就提前帮客户办理，在入住时一次性完成所有与居家相关的手续，为客户节约了时间和创造了便利，赢得客户的一致好评。

（2）要提升"细节式服务"的软实力。

【案例】

一天，某小区的物业工作人员看到客户因为家庭琐事争执，女客户埋怨老公"你成天在外面忙，家里菜刀钝了都不管！"这位物业工作人员默默地记下了客户的需求，然后将"磨刀"这项不起眼的便民服务纳入社区活动中，成为物业的一项特色服务，并创造性地结合了晒被子、送香包等近百项便民服务内容，打造成为具有特色的社区服务活动。

物业公司的细节服务对于提升业主满意度、塑造品牌形象、增强市场竞争力、促进社区和谐、提升服务效率和质量以及推动行业进步等方面都具有重要意义。因此，物业公司应该高度重视细节服务，不断提升服务质量，为业主提供更加优质、贴心的服务体验。

第一节　创造以客户为导向的服务方式

一、向客户提供一站式服务

向客户提供一站式服务就是通过一套完整的流程，为客户减少服务的时间，提高服务的效率，为客户节约资源，提升客户的满意度。

向客户提供一站式服务需要具备几个必要的条件。

（1）一站式服务需要建立完善的客户信息系统。客户的年龄、职业、家庭情况、兴趣爱好、行为习惯，甚至曾经投诉过什么问题，如何解决等等，都要录入客户信息数据系统中，当客户有需求时，能更好地为客户节约时间，快速服务。

（2）一站式服务需要为不同的物业业态配备专业的物业工作人员。物业管理的对象有写字楼、住宅、商铺、工业园、学校、医院等，要根据不同对象的特点配备有相关专业特长的工作人员。

（3）一站式服务要求工作人员必须熟悉全部业务流程和每个业务环节，具有高度的专业能力，熟悉和掌握服务岗位需要调动的所有资源，并具备高度的协调和沟通能力，可以灵活地处理各项客户的业务需求。

（4）一站式服务要建立强大的后台支持系统，从客户居家生活的各个方面匹配可以供调配的资源。前台的服务人员只是一个点，点的背后有庞大的服务面，面的后面有公司立体的服务体系。

（5）一站式服务需要建立标准化服务手册。每个项目在交付给物业服务公司的时候，应当组织专业的部门，针对这个项目做出服务手册，内容包括项目的基本情况，小区各个专业端口可能会出现的问题，客户提出哪些类型的投诉等，讨论出标准化的方案和处理方式，对员工进行预服务培训，并且建立前后台的联动机制，提高综合解决问题的能力。

二、为客户提供及时性服务

物业服务公司提供优质服务，不但要考虑到物业服务的内容、服务的方式、服务的态度等，还要重视服务的及时性。及时性有如下几个体现。

1.服务的时效性

现在人们的消费越来越理性，越来越多样化，不仅对服务的要求越来越高，同时对消费过程中的心情也越来越在乎。如果对客户有承诺，无论结果怎样，都要按约定时间汇报进度，时刻提醒自己的服务是有时效性的，比如有些优质物业公司对客户需求响应时间进行了数字具体化：一般性事件 5 分钟之内响应，15 分钟之内到现场，30 分钟之内解决等。我们在对物业服务投诉事件进行分析后发现，导致客户不满的原因有 50% 是跟服务的时效性相关的。所以关注客户服务的效率，是对物业服务工作人员最基本也是很有挑战性的要求。

2.明确服务的具体时间限制

很多物业服务企业在给客户提供服务时，承诺时非常爽快，经常会说：马上给你解决。但是答应了之后就石沉大海，客户等待多时都没有信息反馈，从而产生不满，进行投诉。所以在为客户提供服务的时候必须要有时间限制。例如有的企业建立了 30 分钟响应制度，24 小时闭环制度等，就是为了限制服务的时效性。

当然，在提供服务，特别是处理客户投诉的时候，往往会涉及很多部门，可能在规定时间内无法完成，这种时候，需要第一时间向客户反馈，尊重客户的知情权。

【案例】

在餐饮界，蒸功夫有一个特别著名的 45 秒快速上餐服务。客人去吃饭，服务员收钱后会在桌上放一个闹钟，如果在 45 秒之内餐饮没有上桌，客人就可以免费用餐。蒸功夫因为 45 秒快速上餐的服务模式，奠定了当年在中式快餐行业的霸主地位。我们的物业服务也一样，在设计服务流程的时候，要对服务响应时间进行限制。

3.考虑服务的轻重缓急

物业企业在给客户提供服务的时候，要分辨不同的客户群，要对客户的要求有轻重缓急之分，在保证服务态度有理有节的前提下，跟客户做好解释工作，应该优先满足客户紧急的服务请求，而不是对所有的服务一概而论。

例如当服务前台同时有两个客户来咨询服务，有一个客户家里跳闸了没有电，另外一个客户咨询如何办理装修流程。那停电的客户需求比咨询装修客户的需求要紧急，我们在做好解释工作的前提下，首先安排处理停电客户的请求就更为合理。

三、为客户提供人性化服务

【案例】

某物业公司在做别墅项目的服务设计时，将清洁工收集垃圾、绿化工剪草的时间放在早上八点半之后。因为这个别墅的业主大部分是管理人员或者企业经营者，经过一段时间的观察，物业发现小区业主一般晚上10点钟以后才回到家里，早上起床的时间也比较晚。这种人性化的服务设计避免了作业产生的噪声影响客户休息，尊重了客户的健康需求。

物业公司的人性化服务，是指以客户需求为中心，高度重视客户情感和心理上的满足，通过对客户提供全方位精细化的服务，以创造客户长期和持续的满意。人性化服务是从客户的角度考虑并设计服务方式，是让客户得到自然舒适的享受，是一种事先的精心安排，是一种对细节的关注，是一种让人放心的服务。人性化服务是企业综合素质与组织文化建设的外在表现，是高层次的服务形式，是客户对服务的最高要求。

四、为客户提供个性化服务

个性化服务是指为客户提供具有个人特点的差异性服务，让接受服务的客人有自豪感和满足感，从而留下深刻的印象，并赢得他们的忠诚。

个性化服务要体现在物业公司日常的管理和服务之中，而不是只表现在某个具体的项目、规章制度或者口号上。物业公司提供个性化服务，首先要建立准确完整的客户档案、加强员工的培训、巩固各部门的沟通协助、不断完善硬件设施等；而员工要熟练掌握物业管理规范化程序和各岗位操作规程、熟悉了解业务知识、助人为乐、善于理解客户的真实需求、注重细节、服务超前化等。

如何开展个性化服务是物业服务企业一直在思考并实践的问题。可以通过以下三个方面的做法，将个性化服务渗透到物业公司的日常管理和服务当中。

第一，要有一个目标——让客户感到惊喜的目标。

【案例】

某小区提供了一项服务，叫客户结婚纪念日祝福服务。有一个客户，先生是一家跨国公司的高管，经常出差。物业公司在客户入住的时候，详细记录了包括结婚纪念日、日常爱好等基本信息。

他太太经常一个人在家，先生如果不记得结婚纪念日，他太太肯定会非常难过。于是物业公司提早几天提醒先生，得知他那段时间还在出差的时候，便跟先生提出了这项特殊的服务：在他结婚纪念日当天，物业公司给他的太太送去一支连理枝，代表先生给他太太送去结婚纪念日的祝福。

他的太太非常感动也非常开心，觉得先生这么忙还记得结婚纪念日。等到她先生出差回来时，发现太太对他特别热情，在家里点上蜡烛，他们享受了美好浪漫的二人世界。这位先生对物业公司的服务非常感动，常常把这个事情当成故事讲给别人听，这种满意加惊喜的服务给他留下了特别深刻的印象。

目前物业服务的内容同质化严重，常规性的服务做得再好，最多只能让客户感觉满意。但是要让客户感到惊喜，让客户对物业服务的品牌有忠诚度，就要多设计个性化服务。

第二，要有两个保障——充分的业主信息资源的保障和员工专业能力的保障。

个性化服务是要求员工在做好基础服务的前提下，为了跟业主建立更好的情感关系、给予他们更多的惊喜，而提供的额外服务；或者是由于不同的客户有超出正常服务标准的个性化需求而提供的服务。通常在公司的标准化服务手册中，是找不到个性化服务的标准操作流程的，即使有也只是一些指导性的原则和要求。因此对客户信息的充分了解是能提供个性化服务的基础，而员工专业、创新、调动资源的能力是个性化服务的保障。

第三，要有三个特殊——面对特殊的人群、特殊的情况、特殊的要求提供及时而深刻的服务。

个性化服务顾名思义，不是为所有人提供的服务，为所有人提供的服务一般是满足客户日常需求的基础服务，更多的是公共性的服务。而个性化服务是通过面对面一对一的服务，为业主解决迫在眉睫的紧急情况，或者为业主解决他自己比较难以做到的事情，或其他个性需求。这些一对一的服务往往是双面刃，做得好能迅速拉近与业主的关系，留下良好的印象，为公司服务品牌加分；做得不好就会与业主之间留下难以愈合的裂缝，业主还会迅速散播对公司不好的言论。因此，做好个性化服务一定要针对三个特殊人群，对每一项个性化服务做专业的设计和安排，以提升客户的体验和感受。

第二节 建立物业服务的标准化质量体系

物业服务行业历经 40 多年的发展，逐渐从粗放的劳动密集型行业向精细化专业运作的知识密集型行业转变。"标准化"是一切物业服务工作的起点和基石，建立标准、拔高标准，才能保障服务品质、提升企业竞争力。

一、物业服务特征对标准化服务的需求

1.物业服务的生产和消费不可分割

物业服务行业的特点是，它的生产过程和消费过程是同时进行的，一旦服务过程不合格，就会导致服务结果不合格。服务结果一旦产生误差，是无法挽回的。

举个例子，物业公司通常规定停车场的保安必须对进入小区的车辆执行七个规范动作。即敬礼、询问、登记、核实、发卡、放行、敬礼。在这个服务过程中，如果环节缺失或不合格，可能影响到小区安全与秩序。因此，物业公司就需要建立标准化的服务流程和礼仪规范，并确保环环有效落实。

2.物业服务产品的品质有差异

什么叫服务产品的差异化呢？生产服务的是人，消费服务的也是人，人是这个世界上最不能标准化的。每个人的成长背景、文化修养、行为习惯、地区差异等等，使每个人都是独特的，这样就会导致同一个服务人员为不同的客户服务，产生的结果有可能不同，甚至同一个服务人员为同一位客户服务，在不同的时间处理不同的事情，结果也是不同的。

物业服务的生产设备和消费要素都是人，人不能像工业设备一样进行标准化。如果想把服务的产品变得标准化，就必须要把人的操作流程标准化。因为服务的生产和消费不可分割，如果想要服务结果是标准的，就要让服务的过程也是标准化的。

所以物业公司做服务标准化质量体系的目的，就是通过标准化的操作流程，让不同的人按照相同的服务标准操作，从而提升服务产品质量。

二、物业服务标准化质量体系介绍

标准化的起源是管理大师泰勒为福特汽车设计的一套管理体系。在大工业时代，福特汽车作为世界汽车的标杆品牌，为了提高生产效率，保证产品质量，实行标准化作业。他将汽车生产过程中各个工艺，拆分成简单的工序，然后由专业的部门对关键的生产流程进行分解，建立一种标志化的操作流程和标准化的质量要求。这样使不具备专业知识的工人，也能在经过简单的培训之后，很好完成操作工作。这个标准化的管理，提升了生产效率，提高了生产量，保证了产品的质量。

物业服务企业借鉴了工业生产标准化管理的经验，将标准化操作的流程移植到物业服务领域里，以实现物业服务的标准化操作和高品质服务结果。

物业服务标准化的一般做法是，将物业服务内容梳理成一个个服务场景，根据客户对服务的需求，对每一个服务场景进行服务流程的分解、固化、人员培训、岗位实践，检验效果后再进行优化，经过不断地实践、优化，达到最佳的服务效果。

三、物业服务标准化质量体系的作用

1.服务标准化质量体系能创建一个可以复制的平台

物业服务行业经过多年的实践，基本形成了一套可以复制的模式，与连锁管理有很大的相同之处。连锁管理的模式有几个突出的特征，其一是统一的品牌，其二是统一的经营主体，其三是统一的经营模式，其四是可复制的服务标准化质量体系。

在物业服务行业中，服务流程在复制的过程中，最关键的问题是要保证服务的品质不会变形。为了保证物业服务在复制过程中服务品质不变形，采用标准化的管理体系和操作流程，用过程可控、结果可控的模式创造一个可以复制的平台。

2.服务标准化质量体系是相对成本较低的培训体系

物业服务行业是劳动密集型的企业，最大的资产就是人的资产，最重要的工作就是人提供的服务，所以物业服务企业通常要花费大量的人、财、物在员工的培养上，物业服务行业的员工培训工作也是物业企业的重中之重。

物业服务行业的基础服务内容基本是同质化的，包括保安、保洁、维修、绿化、环境、客户服务等（对每一个岗位的基本工作流程可以根据实际做详细的分解动作，形成标准化流程）。当然如果想达到优质服务的要求，员工在熟练掌握了基本的工作流程以后，还要与恰当的服务礼仪、诚恳的服务态度等多方面结合，这些都需要对员工进行反复的培训和督导。另外由于物业服务行业员工的流动性比较高，企业常常要对新员工进行大批反复的培训，这是物业服务企业成本很高的一项人力支出。

标准化的操作流程体系省略了很多培训开发成本，如果将培训内容录制成教学视频反复使用，则可节省讲师等人力成本，因此是一种相对成本较低而效率较高的培训体系。

3. 服务标准化质量体系可以极大程度地节约采购成本

物业服务公司做服务标准化质量体系，是对整个公司的 CIS 系统做复制。CIS 是企业形象与品牌的简称，包括 MI、BI、VI 三个子系统，MI 是英文 Mind Identity 的简写，是指理念识别，是公司的企业文化和服务理念，是 CIS 系统的首要部分；BI 是英文 Behaviour Identity 的简写，是指行为识别，包括员工工作场合的所有服务行为和举止；VI 是英文 View Identity 的简写，指视觉识别系统，即整个公司的外在形象，如标识标牌，对外的形象包装等。

这就能够使公司所有涉及 CIS 体系的内容大到公司整体形象的包装，小到一张便笺纸，都可以进行大批量集采，从而大大地降低物业公司的采购成本，节约整体的运营成本。

四、物业服务企业实现标准化质量体系的方法

1. 建立规范操作运行手册，实现服务质量目标的标准化

服务操作运行手册是物业公司标准化管理的存在形式，公司要研究各个岗位的服务特点，掌握服务规律，运用科学的方法，建立可以量化、可以衡量的服务质量目标，细化标准程序及运行手册，对整个服务过程设立标准和要求。比如楼梯扶手清洁服务的卫生标准、质量目标是检查人员戴上白手套，在扶手上随机触摸 30 厘米以上两次，保证白手套上没有污迹和灰尘。

2. 设立标准化的服务过程并建立监控机制

按照服务质量目标，要建立标准化服务过程。标准化过程包括两个方面：一方面是操作流程标准化，另一方面是操作频次的标准化。

以楼梯的清洁为例，过程标准要求是：楼梯地面每天要拖一次，推尘两次，垃圾清理两次，擦扶手两次。这个操作流程包括了服务操作要求和操作频次要求。

标准化操作看上去虽然有一些教条，但是却能保证服务结果不变形。

3. 服务过程记录标准化

记录服务过程是保证操作流程标准化的一部分，员工的每一项服务操作都要有记录和签名，保证留下服务痕迹。建立有效的监督和监控机制，管理人员的检查标准化，也是服务标准化质量体系的重要部分。

【思考与练习】 ||||||||||||||||||||||||||||||||||||||||||||||||||||||||||||||||||||||||||||

1.请结合你所在的服务岗位，至少编写三项为客户提供的个性化服务内容。

2.你是如何理解物业服务的标准化的？你觉得物业服务的标准化和个性化服务存在矛盾吗，为什么？

3.请写出为一个客户一站式服务的案例，并总结案例中一站式服务的步骤和流程。

【回顾与总结】 ||||||||||||||||||||||||||||||||||||||||||||||||||||||||||||||||||||||||||||

1.本章重点是对优质物业服务的模式进行研讨。

2.优质物业服务的核心是要建立理念，行动至上，理念先行。

3.优质物业服务模式总结了一站式服务模式、及时性服务模式、人性化服务模式、个性化服务模式、标准化服务模式，请对各个服务模式的特点进行总结，并结合自己的工作编写几个相关案例，巩固学习内容。

第十七章
物业服务岗位礼仪标准

各物业公司为了更好地为业主提供优质的服务，通常会制定各岗位的行为规范标准。这里我们综合提炼了行业里比较领先企业的一些规范与要求，各公司在具体实施时需要根据实际和本公司的具体要求来进行调整。

一、物业工作人员通用仪容仪表规范

如表 17–1 所示。

表17–1

项目	男性	女性	不允许	要领
整体	自然大方得体，符合工作需要及安全规则。神采奕奕，充满活力，整齐清洁		精神不振，目光无神，邋遢	容貌端正，举止大方，服饰庄重，整洁挺拔，淡妆素抹，打扮得体，态度和蔼，待人诚恳，不卑不亢
头发	头发要经常梳洗，保持整齐清洁、自然色泽、切勿标新立异，不染怪异的发色		有头油和异味	
发型	前发不过眉，侧发不盖耳，后发不触后衣领，无烫发	发长不过肩，如留长发须束起或盘发髻	张扬、散乱	
面容	脸、颈及耳朵保持干净，每日剃刮胡须	脸、颈及耳朵保持干净，上班要化淡妆	男士胡子拉碴，女士浓妆艳抹、在众人前化妆	
身体	注意个人卫生，身体、面部、手部保持清洁。上班前不吃异味食物，保持口腔清洁，上班时不在工作场所内吸烟，不饮酒，以免散发烟味或酒气		异味、污垢	
饰物	男士领带平整、端正，站立时其尖端正好落在皮带扣上。领带夹夹在衬衣自上而下第四与第五个纽扣之间，且不外漏	领花平整，紧贴衣领。注意各部细节	服饰褶皱，佩戴夸张的首饰或饰物，内衣外露，衬衣不束裤腰内	
衣服	工作时间内着本岗位规定制服，非因工作需要，外出时不得穿着制服。制服应干净、平整 制服外不得显露个人物品，衣、裤口袋整理平整，勿显鼓起 西装制服按规范扣好纽扣，衬衣领、袖整洁，纽扣扣好，裤长及鞋面，裤线烫直，折痕清晰		制服有明显污迹、破损，掉扣敞开外衣，卷起裤脚、衣袖衣服不合身，过大过小或过长过短冬装和夏装混合穿 擅自改变制服的穿着形式，私自增减饰物	

项目	男性	女性	不允许	要领
手	保持手和指甲清洁		留长指甲及涂有色指甲油，指甲内有污垢	容貌端正，举止大方，服饰庄重，整洁挺拔，淡妆素抹，打扮得体，态度和蔼，待人诚恳，不卑不亢
鞋	深色皮鞋，鞋底、鞋面、鞋侧保持清洁，鞋面要擦亮，以黑色为宜		鞋子破损，或鞋上有灰尘污迹　穿着运动鞋、拖鞋（泳池救生员除外）　钉金属掌或着露趾凉鞋	
袜	着黑色或深色、不透明的短中筒袜	裙装须着肉色长筒袜或裤袜	袜子有破损；男士穿白色袜子；女士穿着带花边、透花、渔网袜等，袜筒根露在外	
工牌和徽标	工牌佩戴在工作服外左胸显眼处（男士上衣口袋正中上方约1厘米处位置），挂绳式应正面示人挂在胸前，保持清洁、端正		工作牌放在上衣口袋中，工牌有破损或字面有磨损	

二、物业工作人员通用行为举止规范

如表 17-2 所示。

表17-2

项目	规范	不允许	要领
整体	姿态端正，自然大方，工作中做到：走路轻、说话清、操作稳，尽量不发出物品相互碰撞的声音	精神萎靡，面无表情，态度冷漠，做事粗鲁	
站姿	以站姿工作的员工应保持精神饱满，挺胸、收腹，两腿直立，男士两脚呈"V"字形或平行脚位（分开比肩略窄），两手可自然下垂也可交叉置于前腹或背后；女士双脚并拢或"V"字形脚位，两眼平视前方，两手可自然下垂或交叉置于前腹，面带微笑	双手交叉抱胸或双手插兜、歪头驼背、依壁靠墙、东倒西歪、手里拿与工作不相干的物品	抬头、挺胸、收腹、脚并拢（男士可分开）、面带微笑
坐姿	以坐姿工作的员工上身应保持挺立姿势，男士两腿自然分开比肩略窄，女士脚后跟和膝盖并拢，手势自然	盘腿、脱鞋、头上扬或下垂、背前俯后仰、腿搭座椅扶手　架二郎腿，架二郎腿时脚抖动，手大幅度挥舞　趴在台面上或双手撑头	自然端正
走姿	员工在工作中行走时，步位应为一条直线，即左脚内侧边缘与右脚内侧边缘落在一条直线上。抬头挺胸，目视前方，面带微笑。保持平衡、协调、精神	内外八字脚　高低肩　上身摆动幅度较大　低头、手臂不摆动或摆幅过大、手脚不协调、步子过大、过小或声响过大　手插在裤兜或衣兜里	抬头挺胸，目视前方，面带微笑

项目	规范	不允许	要领
行走	员工在工作中行走一般须靠右行，与客人相遇时要稍稍停步侧身立于右侧，点头微笑，主动让路 与客人同时进出门（厅、楼梯）时，应注意礼让客户先行，有急事要超越客人时，应先在口头致歉"对不起""请借光"，然后再加紧步伐超越 三人并行，中间为上，右侧次之	走过道中间 与客人抢道并行 工作场合内奔跑，跳跃 边走边吃东西	稳健、礼让
接听电话	接听电话时电话铃响三声之内接起 问好并报单位名称和自己的姓名 电话机旁准备好纸、笔进行记录，确认记录下的时间、地点、对象和事件等重要事项准确无误 邻座无人时，主动在铃响3声内接听邻座电话 通话完毕，向对方致谢 待对方先挂电话后方挂电话 打电话最好在对方上班10分钟后至下班10分钟前，通话要简短：每次3～5分钟为宜。如拨错号码要道歉 接听电话时，与话筒保持适当的距离：耳朵紧贴听筒、嘴唇离话筒约2.5厘米	不报单位名和自己姓名 使用过于随便的语言 说话口齿不清 没听清楚对方谈话内容时没有复述 通话时间过长 用力掷话筒 打电话前没准备好通话内容	及时、礼貌、清晰，带着笑容
接待客人	应起身接待，让座并上茶，上茶时应注意不要使用有缺口或裂缝的茶杯（碗）。茶水的温度应在70℃左右，不能太烫或太凉，应浓淡适中，沏入茶杯（碗）七分满。来客较多时，应从地位高的客人开始沏茶，如不明身份，则应从上席者开始 与客人接触保持适当的（0.5～1.2米）距离 时刻保持微笑的表情：笑容自然、适度、贴切，保持自然的目光与眼神，视线接触对方面部时间占全部交谈时间的30%～60%，保持正视 将手机调至震动或静音状态，若确需使用手机应注意回避 不得已在客户面前咳嗽、打喷嚏时，应以纸巾遮住口鼻，将头转向无人之侧处理，并及时道歉，说"对不起"	过多地使用手势，用手指或手中物品在客人面前比划、或直指客人逼视、斜视、扫视、审视、目光游移不定 手机响声很大，当着客人面接电话，大声说话 接待客人时做别的事情，或与他人谈话 挖鼻孔、掏耳朵、伸懒腰、打哈欠、抠指甲、搔皮肤、搓泥垢、整理个人衣物等不良行为 在客人面前抽烟、吃东西、嚼香口胶、看书报，大声哼唱歌曲、吹口哨、谈笑、喧哗	茶水即上，有礼有节，自然大方，亲切专注
介绍	做介绍时，尊者有优先知情权，首先把年轻者、男性、资历较浅者、未婚女子或儿童，介绍给年长者、女性、资历较深者、已婚女子或成人。之后，再向另一方介绍 自我介绍时要先面带微笑问好，得到回应后再向对方介绍自己的姓名、身份和单位。当他人为你做介绍时，要面带微笑、点头致意，介绍完毕后，握手并问候，可重复一下对方的姓名等，例如："您好，××先生/女士！"	介绍时，在一位或者几位客人面前对另一位客人做过分的颂扬 颠倒介绍顺序，随意介绍 用手指去指点被介绍者进行介绍 自我介绍夸其谈华而不实 被介绍时不起身	礼貌介绍，了解在前，尊长优先，热情微笑，谦虚问好

项目	规范	不允许	要领
握手	与人握手时，年长者、身份地位高者、女性优先伸手，年轻者、身份职位低者或男性见面时先问候，待对方伸手后，上身前倾，两足立正，伸出右手，四指并拢，拇指张开，手掌呈垂直状态，距离对方一步，双目注视对方，面带微笑，自然大方，一般握手3秒钟左右即可 　　北方寒冷的冬天，在户外与人握手，来不及脱手套时，应说"对不起"	握手用力过大，不时拍打对方肩膀 男士戴着帽子或手套同他人握手（着制服安全员可不脱帽子） 衣冠不整，手指肮脏与人握手 用力而长久地握着异性的手 用左手与他人握手 交叉握手 握手时目光他顾 握完手用手帕纸巾等擦手	尊长伸手，受者恭敬，面带微笑
名片	接受名片时，须起身双手接受，认真阅看，妥善存放。递名片时由下级、访问方、被介绍方先递名片，用双手递上，齐胸送出，并做自我介绍，正面朝上，字朝对方。互换名片时，右手拿自己的名片，左手接对方的名片后用双手托住	用一只手接递名片，随意地来回摆弄名片或者遗忘 将名片插放钱包或裤兜中 念错名片上的姓名或头衔 多个客人只发其中一人名片	尊长先受，起身微笑，双手递接
引导客人	引导客人时，遵循国际惯例"以右为尊"应站在客人的左前方两三步的位置，使客人靠后、居右，步速根据客人的步速变化而变化。行至拐角、楼梯、路况不好的路段，应提前轻声提醒客人。引导客人上楼梯时，让客人走在前；下楼梯，让客人走在后。引导客人乘电梯，若无人值守，引导人员先进后出；有人值守电梯，引导人员后进后出	背对客人 面无表情，忽视客人 没有手势指引	斜前方引导，礼貌亲切
指引方向	为客人指引方向或指点位置时手势得当，手指并拢，手掌斜切于地面45度，手臂微曲、低于肩部，身体向所指示方向微微前倾，眼睛注视客人，面带笑容。拐弯时，引导人应伸手指引	使用一个手指头指点 手势高过头部或低于腰部，幅度过大或过小 眼睛看地上或别处	手掌指示，亲切明确
进出办公室	进出办公室须先轻轻敲门（按门铃），得到允许后方可入内。为客人向外开门时：敲门—开门—立于门旁—施礼。向内开门时：敲门—自己先进—侧身立于门旁—施礼	不敲门就进入 进入室内直接打断别人谈话 擅自翻看办公室内资料	进出敲门，礼貌大方
乘车	接送客人上车，要按先主宾后随员、先女宾后男宾的惯例，让客人先行，如是贵宾，则应一手拉开车门，一手遮挡门框上沿（但是信仰伊斯兰教和佛教的不能遮挡），到达目的地停车后，自己应先下车开门，再请客人下车	在车内吸烟 不系安全带 在车内吃东西 同司机说话，分散司机注意力 催促司机加快速度 帮助客人上车时，关门太急 把头、手伸出窗外	先客后主，仪态优雅

项目	规范	不允许	要领
乘车	遵循"以右为尊""方便为上"的原则，乘双排五座轿车，专职司机驾车时，座次排列分别是后排右侧、后排左侧、后排中间。若工作人员坐于前排者，应后上先下；若与客户同坐后排者，上车时，应请客户从右侧门上车，自己从车后绕到左侧门上车。下车时，工作人员应先从左侧下车，再从车后绕过来帮助客户。坐飞机或火车，靠窗边和向着前进方向的座位让给客人坐 女士上轿车时，背对车门臀部先坐下，同时上身和头部进入车内，之后将并拢的双腿慢慢收进车内，最后身体转向正前方。下车时，将靠车门的脚移到车门边缘，双膝并拢，双脚先着地，再将上身和头部伸出车外，同时站起身	在车内吸烟 不系安全带 在车内吃东西 同司机说话，分散司机注意力 催促司机加快速度 帮助客人上车时，关门太急 把头、手伸出窗外	先客后主，仪态优雅
培训	培训期间，主动配合，积极思考，认真做好笔记，主动提出问题，参与讨论，解决问题，主动将手机调至静音或震动模式。培训结束后，主动做好培训总结并将学习所得运用到工作中	迟到、早退 培训期间在培训室进进出出 培训期间在培训室内接打电话	主动、积极、遵守纪律
会议	与会者必须提前5分钟到达会场，并且关闭一切通信工具 主持人或发言者上台讲话前，向与会者行30度鞠躬礼 会议进程中，集中注意力，若要发言，则应等待时机 会议进程中，应详细记录会议讨论的重点和其他与会者的意见 主持人或发言者讲完话，应向与会者行30度鞠躬礼，与会者应鼓掌回礼 若开会时是用纸杯喝茶，或喝罐装、瓶装饮料，散会后，应把身边的空罐子、纸杯、纸巾收拾好	迟到、早退 接听电话 干扰他人发言，随意发表评论 吃东西，乱扔垃圾	精力集中，认真记录
保持清洁	主动拾捡小区或大厦内随手可及的垃圾 使用洗手间要及时冲水，并保持洗手间台面、镜面及地面干净整洁 在规定地点用餐，统一放置餐具，注意用餐卫生	乱扔垃圾，或对眼前的垃圾视而不见 看见有乱扔垃圾现象不及时制止	人过地净，习惯良好

三、物业工作人员通用语言态度规范

如表17-3所示。

续表

表17-3

项目	规范	不允许	要领
问候	在工作场所，见到客人应主动问候 与同事首次见面应主动问好	问候时面无表情或嬉皮笑脸 对同事的问候毫无反应	互相问候，主动真诚
称呼	称呼视地区习惯（尊重和礼貌的方言）。一般男性称呼"先生"、未婚女性称呼"×小姐"、已婚女性称呼"太太""夫人"，如无法断定对方婚否，则可称呼为"女士"。对儿童可称呼为"小朋友"	称一个单独的女性为妇女 态度不礼貌，侮辱性的称谓 面对群体时，称呼次序颠倒，先卑后尊	称呼亲切友好，不逾习俗
礼貌语言	使用十字礼貌语：您好、请、对不起、谢谢、再见 接受别人的帮助或称赞，应及时致谢，因自身原因给对方造成不便，应及时致歉 节假日的祝福语根据地域习惯使用	用"喂"招呼客人，即使与客人距离较远 使用礼貌语言态度生硬冷淡	音量适中，语气真诚，用语礼貌
电话接听	电话在三声之内接听，拿起话筒。如是外线，"您好+公司名+管理处名+姓名"；如是内线，"您好+部门名称+姓名"。前台接听，直接说"您好！物业" 确认对方身份，听取、记录对方来电内容，确认重要内容准确 通话完毕，向对方说"谢谢" 对方挂上电话后方可挂上电话 拨打电话时，先准备好通话内容 接通电话，自报家门"您好！物业公司名称/××管理处" 确认电话对象（请问您是×××？） 讲述电话内容 通话完毕说"再见，谢谢！"	趴在桌上接听电话 板着面孔接听电话 接听电话时，没有捂上话筒与别的人讲话 声音矫揉造作，不自然	自报家门，专业素养，礼貌规范
面对客人	礼貌亲切、一视同仁、热情地接待客人 面对客人发脾气时，应耐心忍让，友善劝解和说明，注意语气亲切 尊重客人，诚恳耐心地倾听 客人有过激行为时，工作人员应巧妙地化解	客人话还没有说完就开始为自己辩解 不关心客人，不维护客人自尊。与客人当面争吵甚至使用武力 对客人的问题心不在焉，不做记录	主动亲切，尊重礼让，不卑不亢
态度	交谈时，应态度诚恳，耐心聆听 对客人的咨询和困难，应诚心帮助解决 根据实际情况，给予对方帮助	轻易打断他人的话语 对待客人"冷、硬、顶" 粗心大意，办事拖拉，互相推诿，态度消极 说"不知道"或"不归我们管""这是地产的事"之类的言语 轻易许诺	耐心诚恳，尽心尽力，专业守信

四、物业管理人员行为规范

（一）经理级以上人员

经理级以上人员行为规范，如表17-4所示。

表17-4

项目	规范	不允许	要领
仪容 心态	着物业公司经理服，仪表端庄，行为规范 心态开放，乐于施教，虚怀若谷，纳谏如流，公平公正	面无表情、态度冷漠，本位主义，知情不报，心胸狭隘、推脱责任	
职场 要素	注重细节，精益求精，实事求是，勇于创新 举贤避亲，严于律己，精通业务，言传身教	营私舞弊，包庇纵容，姑息养奸，假公济私，官僚主义，口是心非	
为人 师表	对员工、对客户应遵守客户服务五要素：主动、亲切、诚信、专业、素养 乐于与客户打交道，常与基层员工交谈 言传身教，力所能及拾捡纸屑、烟头 熟悉业务，注重品质，关注细节，具有强烈的精品意识 以身作则，言行一致，要求其他人做到的事情自己首先遵守 光明磊落，敢挑重担，身先士卒，不推卸责任		遵守客户服务五要素，以身作则，言传身教，树立精品意识，不推卸责任

（二）办公室人员

（1）仪容仪表。参照物业工作人员通用仪容仪表规范内容。

（2）行为举止。如表17-5所示。

表17-5

项目	规范	不允许	要领
参照物业工作人员通用行为规范中行为举止内容			
工作 场所	自己的工作台收拾干净，特别注意卫生死角的清洁 经常清点自己的桌面、文件柜、抽屉等，不要因疏忽而失落文件，给公司带来麻烦与损失。资料、备用材料用完以后，要放回原处。离开工位时，文件收存好，保持工作场所的整洁，椅子要归位	在办公室谈论与工作无关的话题，特别是疾病死亡等不愉快的话题 在同事工作时还滔滔不绝打扰对方 在办公室内抽烟，来回走动	遵守5S：整理、整顿、清理、清扫、素养
面对 投诉	对客户的投诉，应立即放下手头上的工作，第一时间向客户致歉，请客户入座，并聚精会神聆听投诉内容，以友善目光与投诉者接触，适时做出简单的复述，以示了解问题所在 如果无法处理投诉，应尽快转交上级或委托人员跟进，无论投诉跟进情况如何，应给予客户初步回复及定期汇报跟进情况	与客人争吵 不熟悉应知应会内容 客人投诉时不做记录 处理不及时，乱许诺 东张西望，敷衍了事	感同身受，换位思考，专业快捷

项目	规范	不允许	要领
使用订书机	除特别要求,订书机放在桌上的左上方,横拿或竖拿都比较方便,也比较容易存档		
使用电脑	使用电脑后,将新打开的程序或文档关闭,回到初始状态 在制作重要文件时,要小心处理,以免泄密,文件存档时应注意存放地点,并做好登记工作,磁盘应经过病毒检查后方可在他人电脑上使用 保持电脑的清洁和卫生,使用电脑一定时间后,注意休息 使用公司内统一的屏幕保护	随便使用他人的电脑,随便看他人电脑上的资料 上班时间观看与工作无关的网站,观看色情、垃圾、股票网站,上网聊天,听音乐,看电影等	规范操作,安全使用
使用传真机	要注明收件人全名、传真号及发件人的全名、传真号,注明传真件页码,顺序,传真件发完后须确认	长时间占用传真机 发完传真不带走原件	
使用复印机	使用前确认纸张大小、方向,墨色的浓淡(以免浪费纸张),复印后机器还原,复印件上注明来源(便于查询)	随便浪费纸张 不正确操作机器	

(3)语言态度。如表17-6所示。

表17-6

项目	规范	不允许	要领
参照物业工作人员通用行为规范中语言态度内容			
对待同事	对待同事或下级的过错,应及时指正,严肃批评,但不可责骂或刁难 与同事讨论交流时用语应文明、友善,使用礼貌用语 与人交谈时保持适当的距离	对同事托付事情不了了之 忘记转告同事电话 随便翻看同事的抽屉、东西 干预同事的私事 对同事怀有嫉妒心理	互相尊重,礼貌友善,团队合作
对待客人	接待客人时,应面带微笑,真诚自然,态度友善 对客人的中肯建议,应以主人翁的姿态向客人衷心致谢 回答客人投诉时,态度要亲善,语调要温和,用词要恰当,要在和谐的气氛下将事情圆满解决	当着客人的面频频看表 在客人有问题时,与别人说话或继续打电话,做自己的事情等	以客为尊,亲切专业

(三)培训讲师

培训讲师的行为规范如表17-7所示。

表17-7

项目	规范	不允许	要领
授课前	了解学员基本情况 备课充分,资料齐全 熟悉上课环境 上课设备准备完整	授课带有有损人格、宗教色彩过强、无视地方风俗、对职业有偏见、与精神或身体缺陷有关的内容 紧张,有上课恐惧心理	准备充分,资料齐备

项目	规范	不允许	要领
授课中	向学员问好，主动介绍自己 姿态端正自然 在讲台上适当走动，也可以讲台为中心两边徐徐走动 语速在每分钟140~200个字 说话音量适中，表情自然大方，充满活力 跟学员眼神交流，注意随时观察学员的反应 跟学员保持互动 提问后应给予学员思考的时间	讲师的眼睛注视窗外、黑板、教科书 紧张、呆板、勉强或无所谓的样子 双手扶讲台弯曲上身、胳膊肘撑在讲台上、把身体靠在讲台上、一条腿伸长或抖动、把手伸进袖口里、双手叉腰、衣服扣子没扣好 过于频繁地走动 带有攻击性地提问 接听电话	生动幽默，体态优雅，与学员互动
与学员沟通	与学员要尽量打破隔阂 使用简单的提问 运用幽默的语言 鼓励学员的表达，肯定学员的表现 自然地导入课程内容，缩短导入课程的时间 引导学员讨论时，注意调节气氛，不可冷场也不可过分喧哗 举例要通俗易懂	缺乏自信，紧张 说话以自我为中心，自我表现 无精打采 批评责备学员的发言 与学员在课堂上发生争吵	多鼓励，多表扬，把握气氛，引导参与
结束授课	重复授课内容重点 鼓励学员提问，留有一定的时间 对学员表示感谢	培训超时，不按时下课 开始一个新的话题	简洁有力，不拖堂

（四）前台接待人员

前台接待人员行为规范如表17-8所示。

表17-8

项目	规范	不允许	要领
仪容仪表	坐立或行走端庄自然，保持良好的精神风貌，语言清晰、礼貌，声音柔和、亲切，面带微笑	浓妆艳抹或素面朝天，坐在前台化妆	
迎送同事上下班	着规定制服，制服整洁无破损污染，言行举止大方得体，面带微笑，每日上班提前20分钟到岗，以站姿面带笑容向上班人员示意问候："早上好"。下班后以站姿目送下班人员离去，并说"再见"	面无表情，说话语言生硬 问候时坐在椅子上，不起身	大方得体，微笑打招呼
电话接听	电话在三声内接听，先说"您好，物业"，待来电者报上转接号码后说"请稍候"，并立即转接 如转接电话占线说："您好，先生/女士，电话占线，请稍后打来。"转接电话无人接听，线路回响时应说："您好，总机，电话无人接听，请您稍后再拨。"如对方要求转接其他人，请其稍候后再转接相关人员	将转接电话挂断，转错电话号码 使用的语言不专业规范，随意，不使用礼貌语言 说话语气生硬，音量很高或很低，声调装腔作势，语调单调，不柔和 普通话不标准，夹杂地方乡土口音，说话口齿不清 长时间拨打接听私人电话	三声接听，声音亲切，"您好，物业"，面带笑容，专业干练

项目	规范	不允许	要领
访客接待	当有客人来访时，应面带微笑起身，热情、主动问候："您好，有什么可以帮到您吗？" 与客户沟通时，须起身站立、身体略微前倾、眼望对方，面带微笑，耐心地倾听客人的来意，根据客人的需求予以安排 对客人的咨询，应细心倾听后再做解答，解答问题要耐心，不能准确解答的应表示歉意"对不起，请您稍等，我了解一下再告诉您好吗"	不熟知岗位应知应会内容 对待客人态度冷淡或粗鲁，带着情绪上班 同时办理几件事情 与熟悉的客人谈话过久，冷淡其他客人 吃东西、嚼口香糖、抽烟等	热情主动，礼貌专注，耐心聆听
访客指引	有来访客时，要先询问被访对象，然后微笑有礼貌地询问来访者姓名："请问您贵姓？"或"请问怎么称呼您？是否已与×先生/（女士）联系好"，再告之"请稍候，我马上帮您联系"，在与被访者联系前，做好相关登记工作 当得到被访者的确认同意后，对来访客人说"×先生/（女士）马上来见您，请您在前台接待厅稍等片刻"或"让您久等了，请从这里坐电梯上×楼"，并以手势示意方向 如果被访者不在，应向来访者表示歉意"对不起，×先生/女士不在公司，请您稍后与他联系。" 如果被访者要求等候时，应热情接待客人并安排休息等候，及提供送茶水服务	为客人指引方向时，用一个手指 没记住经常来访客人的姓名，不主动打招呼 与在等待的来访者过多地聊天，特别是聊一些私人话题，说话声音大	访客登记，及时接待，手势优雅
送客服务	当有访客离去时，应主动起立微笑示意，并说"请慢走"	对客人离开不闻不问，装作没看见	起立微笑，"请慢走"
文件及资料的收发与传递	当接到顾客发送传真资料电话时，需有礼貌地向客明确发送地址、传真号码、收件人、联系电话，并与收件方电话予以确认，同时做好相关登记工作 收到内、外部需转交代送的文件、资料、物品等，需尽快转交给物品接收人，并做好相关登记工作	代顾客收发的任何文件、资料、信件、传真件，在未经得顾客本人同意的情况下给第三人传阅 不及时递送资料，延误信息	仔细登记，收发准确

五、物业服务人员行为规范

（一）客户服务人员

客户服务人员行为规范如表17-9所示。

表17-9

项目	规范	不允许	要领
仪容仪表	参照通用类行为规范中仪容仪表内容		

项目	规范	不允许	要领
接待来访	客户来访时，应面带微笑起身，热情、主动问候："您好，有什么可以帮到您吗？" 与客户沟通时，须起身站立、身体略微前倾、目视对方，面带微笑，耐心倾听的同时可点头致意 对所有客户应一视同仁，友好相待，热情亲切 办事讲究方法，做到条理清晰，不急不躁 与客户道别主动说："先生/女士，再见！"	不熟知项目的应知应会内容 对待客人态度冷淡或粗鲁，带着情绪上班 不一视同仁对客，对熟悉的客人热情，对不熟悉的客人冷淡 吃东西、嚼口香糖、抽烟等	热情主动，礼貌专注，耐心聆听，一视同仁
接受电话咨询	严格遵守接听电话的礼仪 对客户服务口径专业、一致，避免不同工作人员对同一问题给客户的解释出现偏差	在电话中与熟悉的客户大声谈笑 没了解清楚客户的要求	耐心诚恳，专业高效
接受投诉	接受客户投诉时，应首先站在客户的角度思考问题，急客户之所急，想客户之所想，尽量考虑周到 与客户约定好的服务事项，应按时赴约，言行一致 对客户的许诺必须守信，按约定期限解决，不能解决的，应立即向上级或相关部门反映，并及时跟踪和向客户反馈问题进展的程度，直到问题解决 处理问题时，如客户觉得不满意，要及时记客户要求，并向上级反映 对客户的表扬要真诚感谢	总在为自己做辩解，不对客人表示同情和理解 对客人的问题敷衍了事、心不在焉，不及时做记录，推诿 让投诉客人在其他客人面前倾诉 轻易许诺	感同身受，换位思考，主动诚信，及时高效
办理各类收费业务（如门禁、会员卡、停车卡等）	熟悉业务操作规程，办事迅速，工作认真细致，不忽视任何影响服务质量的细小环节 及时提出改善工作流程的好办法，提高部门的工作效率 礼貌地请客户出示所需的证件，"请""您"不离口 为客户准备好笔和表格，耐心细致地引导客户填写表格 向客户解释清楚相关的收费标准 请客户交费，将开具的发票收据和零钱以双手奉上，并说："这是您的发票和零钱，请收好"，同时微笑注视客户，等客户确认无误后，向客户表示感谢	客人进门，接待人员不及时接待，与人聊天或继续干自己的事情 有多名客人等待不一视同仁，熟悉的人先办，或对久等的顾客置之不理，没有做好安抚工作 客人态度激动时，以牙还牙 客人多问问题时显得不耐烦	业务专业，礼貌高效，账目清晰，微笑注视，礼貌感谢
收取拖欠物业管理服务费	首先电话预约客户，请其约定来交费的时间，并在电话中清楚地告之其拖欠费用的款项和数目 如特殊情况要上门收费时，要尊重客户的生活习惯和个人喜好，因工作造成的打扰应诚恳道歉 工作时精神振奋，情绪饱满，不卑不亢，对工作有高度的责任心，积极主动，尽职尽责，任劳任怨 如收费中碰到投诉，对态度不好的投诉客户要理智冷静，自己不能处理时，予以记录，并及时报告上一级领导 对客户的意见应诚挚道歉并虚心接受 客户交费时，要及时出具相关费用明细表，如客户有疑问，要做好相关解释工作 客户交费后，将开具的发票和找零用双手奉上给客户，同时微笑注视客户，等客户确认无误后，向客户表示感谢	账目不清楚 票据不完整 收取现金不及时存款 去客户家中迟到，或提前到达超过5分钟 抽客户的烟，吃客户的东西 当客人有意见时，向客户诉苦，数落公司的不是，以博取客户的同情 对客户家里的东西评头论足	礼貌预约，了解客户，不卑不亢，尊敬耐心，责任心强

（二）司机

司机的行为规范，见表17-10。

表17-10

项目	规范	不允许	要领
仪容仪表	驾驶员在执行工作任务时，按要求穿着岗位制服，保持干净、整齐，面对客户、乘客态度诚恳，表情自然大方，仪表端庄，车容整洁	服装不整洁，有油污 说话粗鲁，大大咧咧，说脏话	仪表端庄，车容整洁
对待客户	树立正确的职业观，有"客户至上，服务第一"的观念，安全整点，热情为客户提供优质服务 要做到有车必供，供车及时，照顾特殊乘客，扶老携幼，急人所难 接送公司来访客户，应提前10分钟在车前等候客人到达，主动为客人打拉车门，到达目的地停车后，主动先下车开门，再请客人下车 客户班车应按规定停车，及时报站。注意顾客上下车安全 态度和蔼，时时使用礼貌语言，在车上拾到物品，要及时寻找失主，物归原主 提醒乘客不要把头、手伸出窗外 提醒乘客不要在车内吸烟，乱扔东西 正确对待乘客投诉，不得与之发生争执	与乘客开玩笑 乘客还未完全上下车即关车门 对着乘客打喷嚏 中途停车，办理自己的私人事务，让乘客等待 与其他车抢道 塞车时不停地鸣喇叭 擅自改变行车路线 播放嘈杂的音乐 私自推迟开车时间	客户至上，服务第一，扶老携幼，文明用语
检查车辆	加强车辆的预防保养，做到勤检查，勤保养，使车辆经常处于完好的状态。做好出车前、行驶途中、收车后的三检工作	私自将车送到维修厂维修	勤检查、勤保养，落实三检
安全运行	牢固树立"安全第一，预防为主"的观念，树立良好的驾驶作风，集中精力驾驶车辆、礼貌行车，文明驾驶，确保行车安全 努力钻研驾驶技术，练好基本功，熟悉车队的有关技术规章，正确地执行驾驶操作规程 钻研技术，熟悉业务，练好驾驶操作和简单修理的基本功 遵章守法：严格遵守政府法令及公司的各项规章制度，服从车队管理人员、道路交通管理人员的调度、指挥和管理	急刹车和过于快速的启动 开车时聊天，抽烟 酒后驾车 疲劳驾驶 开车时接听电话	遵章守法，安全第一，预防为主
责任心	正确认识驾驶员工作岗位的重要性，树立职业的荣誉感和责任感 客户班车驾驶员每天须提前半小时到达工作岗位，做好出车前的准备及车辆检查工作 对自己的工作高度负责，尽可能避免或减少差错，增强安全责任感，确保行车安全 牢固树立"安全第一、预防为主"的观念 处理好服务与安全的关系 增强法制观念，敢于和善于同违法乱纪的现象做斗争 服从管理，听从指挥，照章收费，谢绝馈赠 熟悉交通环境，提高服务技能	迟到 不经批准，私自用车或将车借给其他人 候客时无故离开车位或在车上打瞌睡、抽烟、看书报 车辆不停放在规定地点 不到指定的地点加油	警钟常鸣，安全行车，客户至上，服务规范

（三）家政服务人员

家政服务人员行为规范，见表 17-11。

表17-11

项目	规范	不允许	要领
仪容仪表	工作时间内着本岗位规定制服及相关饰物、胸牌，并保持干净、平整，无明显污迹、破损。正确佩戴工牌 保持个人卫生清洁，并穿着深色平底鞋 对讲机佩戴在身体右侧腰带上，用左手持对讲机 提供饮食方面服务时，应佩戴清洁口罩 工作期间应保持积极良好的精神面貌	制服肮脏 脚蹬高跟鞋 满脸疲倦，不时打呵欠 冷淡，过分严肃或者是木讷的表情 口罩佩戴不规范	规范着装，整洁大方，身体健康，状态良好
敲门	进入客户家之前，先在门口穿好鞋套，按门铃或敲门三声（敲门声音应适中），若没有应答，应等候5~10秒进行第二次按门铃或敲门	无人开门时，在门口大声喊叫敲了一次门，无人开门便离开等待时，在走廊里走来走去	声音适中，礼貌等候
问候	客户开门后，应表现主动，态度热情，鞠躬15~30度，面带微笑说："×先生/女士，您好！""我是管理处的家政服务员，请问是您预约了家政服务吗？"如是固定家政服务或已经连续三次以上为其服务，则可说："×先生/女士，您好，我是来做家政服务的！"	语言不规范，比如"我是搞家政的"等 探头探脑，顾客还没说话就往屋里张望	礼貌问候
进入客户家中	得到客户确认后，主动说："请问现在可以开始吗？" 得到客户的许可后，说"谢谢"，之后进入客户家中	坐在客户家中 在客户家中东张西望，乱摸客户家中物品	规范使用开场白
开始服务	进入客户家中后，主动询问："请问您需要我做些什么？"或重复已知的服务事项 在客户交代工作内容后，重复一遍服务内容，客户认为无误后说："谢谢，我会尽快做完。"开始服务 整理完毕的物品应尽量放回原处 如为客户提供约定以外的服务时，须征得客户的同意	不清楚要服务的内容 主动伸手和客户握手 随便扔掉客户的东西，品尝客户的食品，使用客户的用品 未经允许抱客户的小孩 整理房间时关上房门 接听私人电话 不经允许帮客户接听电话	重复已知的服务事项。快捷，专业，谨慎
服务完毕	服务完毕后，应先收拾好服务工具，然后找到客户说："×先生/女士，您好！您安排的工作我已经完成，麻烦您检查一下。" 客户看后若满意，应说："谢谢，麻烦您确认一下。"用双手递上签字单，请客户签单 若客户有异议，服务人员应尽量满足客户意见，并主动道歉："对不起，我马上处理好。" 客户签完单后，主动说："谢谢，请问还有其他事情需要帮忙吗？"	请客户签单时没有带笔 对客户提出的不满意进行辩解 损坏客户物品刻意隐瞒 服务工具没有收拾好	礼貌确认服务

项目	规范	不允许	要领
告别	客户应答"没有"之后，主动说"再见。" 拿起工具出门，关门时，应面向客户主动说："打扰您了，再见！"并点头致意。替客户关好门后（注意关门声响），脱下鞋套	没有帮客户关门 刚出客户家门就开始打电话或大声喧哗 遗漏物品在客户家中	主动关门，礼貌道别

（四）家庭维修服务人员

家庭维修服务人员行为规范，见表 17-12。

表17-12

项目	规范	不允许	要领
仪容仪表	工作时间内着本岗位规定制服及相关饰物，并保持制服干净、平整、无明显油污、破损、褶皱。正确佩戴工牌 对讲机佩戴在身体右侧腰带上，对讲时用左手持对讲机 工具包挎在右肩处，并保持整洁 工作期间应保持积极良好的精神面貌	制服肮脏 满脸疲倦，不时打呵欠 冷淡，过分严肃或者是木讷的表情	规范着装，整洁大方，身体健康，状态良好，工具齐全
骑单车行进	上下车跨右腿从后上下 行进时应昂首挺胸，面带微笑，精神抖擞，保持直线前进、中速行驶，双手扶车头手柄，双腿踏车并靠里且不超出车头宽度 行进时遇到客户询问或与客户交涉时，应下车停稳车辆，呈立正姿态，点头致意，面带微笑，然后进行交谈	撑着伞骑车 骑车带人，在骑车时勾肩搭背 骑车追人 在小区行人后面猛然按铃 过道口时，与行人抢道 有人询问时，骑在车上解答	面带微笑，直线中速，双腿踏车且不超出车头宽度，遇客下车答询
敲门	进入客户家，先在门口穿好鞋套，按门铃或敲门三声（敲门声音应适中），若没有应答，应等候5~10秒进行第二次按门铃或敲门	无人开门时，在门口大声喊叫 敲了一次门，无人开门便离开 等待时，在走廊里走来走去	声音适中，礼貌等候
问候	客户开门后，应表现主动，态度热情，面带微笑说："×先生/小女士，您好！"同时鞠躬30度。"我是管理处的技术员，请问是您预约了家庭维修吗？"	语言不规范，比如"我是搞维修的"等 探头探脑，顾客还没说话就往屋里张望	鞠躬，面带微笑，问候
进入客户家中	得到客户确认后，主动说："请问现在可以开始吗？" 得到客户的许可后，说"谢谢"，进入客户家中	坐在客户家中 在客户家中东张西望，乱摸客户家中物品	规范使用开场白
开始服务	进入客户家中后，主动询问："请问您需要我做些什么？"或重复已知的服务事项 在客户交代完工作内容后，重复一遍服务内容，客户认为无误后说："谢谢，我会尽快修好" 铺好工作地垫（"全心全意全为您"字体正面面对自己），开始服务	不清楚要服务的内容 主动伸手和客户握手 随便扔掉客户的东西，品尝客户的食品，使用客户的用品 与客人聊天，未经允许抱客户的小孩 接听私人电话 不经允许帮客户接听电话 忘记带必要的维修工具	重复已知的服务事项。铺好地垫，快捷，专业，谨慎

项目	规范	不允许	要领
服务完毕	服务完毕，先收拾好服务工具及清理现场，然后找到客户说："先生/女士，您好！您安排的工作我已经完成，麻烦您检查一下。"同时做操作演示并介绍使用时应注意事项 客户确认后若满意，应说："谢谢，麻烦您确认一下。"请客户签单 若客户有异议，服务人员应尽量满足客户要求，并主动道歉："对不起，我马上处理好。" 客户签完单后，主动说："谢谢，请问还有其他事情需要帮忙吗？"	请客户签单时没有带笔 对客户提出的不满意进行辩解 损坏客户物品刻意隐瞒 服务工具没有收拾好	清理现场，礼貌确认服务内容
告别	客户应答"没有"后，主动说"再见。" 拿起工具出门，关门时，应面向客户主动说："打扰您了，再见！"并点头致意。替客户关好门后（注意关门声响），脱下鞋套	没有帮客户关门 刚出客户家门就开始打电话或大声喧哗 遗漏物品在客户家中	主动关门，礼貌道别
附	家庭维修服务人员工具包里物品参考表17-13		去客户家前确定必备工具和材料

表17-13

序号	名称	型号	数量/个	序号	名称	型号	数量/个
1	克丝钳		1	18	电胶布		1
2	十字螺丝刀	大、小	各1	19	小铁锤		1
3	活扳手		1	20	三相插头		1
4	尖嘴钳		1	21	两相插头		1
5	扁口钳		1	22	字工螺丝		1
6	试电笔		1	23	胶塞	6分	1
7	万用表		1	24	水阀	4分	1
8	管钳		1	25	软管		1
9	大力钳		1	26	花线		1
10	刻刀		1	27	三通	4分	1
11	卷尺		1	28	直通	4分	1
12	板尺		1	29	弯头	4分	1
13	毛刷		2	30	内接	4分	1
14	电烙铁		1	31	灯泡		1
15	清洁毛巾		1	32	手套		1
16	一字螺丝刀	大、小	各1	33	地垫		1
17	水胶布		1	34	鞋套		2

（五）小区现场施工人员

小区现场施工人员行为规范见表17-14。

表17-14

项目	规范	不允许	要领
仪容仪表	服装整齐，没有明显污迹、破损 进入工地，佩戴安全帽 施工现场整洁有序，避免安全隐患	袒胸露腹，衣衫不整	规范着装，安全有序
施工现场	放置施工现场相关标识牌 礼貌文明地接待参观和检查人员，提醒参观、检查人员注意安全，佩戴安全帽等 正确操作施工工具 语言文明，不在小区内、工地上追逐打闹，不用施工现场工具比画、开玩笑等 与公司各相关施工单位配合良好，及时沟通 对其他施工监督严格，不讲私情，严格把好质量关 保证施工图纸、设备说明书等资料的完整无损	私自将施工工具拿出现场，私自借用施工工具 打架骂人，说话粗鲁 不注意个人安全，违规操作 故意怠懈，影响工程进度 不熟悉施工程序，偷工减料 擅自进入已售出房屋室内，使用室内物品、水、电等	摆放标识，注意安全，配合良好，规范操作

（六）会所服务人员

会所服务人员行为规范见表17-15。

表17-15

项目	规范	不允许	要领
仪容仪表	工作时间内，着本岗位规定制服及相关饰物、胸牌，并保持干净、平整，无明显污迹、破损。正确佩戴工牌 保持个人卫生清洁，穿着黑色平底鞋，着裙装时穿肉色长筒袜	制服不整洁 脚蹬高跟鞋 满脸疲倦，不时打哈欠	规范着装，整洁大方，身体健康，状态良好
迎接客人	客户进入会所，应面带微笑，主动问好："先生/女士，您好，欢迎光临！"并行30度鞠躬礼。 主动引客户入内，并为客户拉开座椅："先生/女士，请坐"	表情冷淡，严肃或者是木讷 给客人倒水倒满，超过3/4 倒水时手碰到杯口	规范礼貌语言，态度得体，体态大方
点单	身体直立，立于客户侧面（间隔1米左右），征询客户："先生/女士，请问您需要些什么？" 客人下单后，确认订单，及时下单	不熟悉消费项目和价格，对客人的问题一问三不知 没有记录客人的特殊要求	语言规范，记录清晰，确认下定
送客	客户离开会所时，应主动为客户开门，立于门侧："欢迎下次光临！"	不及时清理桌面 发现客人有遗留物品，不马上上报	主动服务，礼貌话别
解答顾客咨询	客人有需要咨询的问题时，应起身或走近客人大约一米的距离热情解答	距离客人太近或太远 对客人的要求很久没有答复	一米左右的距离热情解答

项目	规范	不允许	要领
收银	首先告知客人的消费金额 收钱时，询问"请问您需要开发票吗？""请问您的支付方式是什么？" 确认所收金额，"您好，收您××元，请稍等" 找回客人的零头，应双手递上，身体稍前倾，面带微笑，恭敬地对客人说："这是找您的零钱，××元，请收好，谢谢光临"	将客人遗留物品随便丢弃 算错账目	规范礼貌语言
接受电话订场	接听电话严格按照电话礼仪要求进行 详细记录订场客人的姓名、电话、所订的功能厅的时间段等 如所订场地已经订满，要委婉地向客人说明，并把剩余的场地向客人介绍，或者推荐其他的功能厅给客人选用 向客人致谢	不复述、确认客人的预订 记录错误，比如写错客人姓名，写错时间等 介绍场地设备时，不使用专业语言	耐心介绍，规范记录
维护前台秩序	委婉地制止客人的拍照行为 客人较多需排队时，应定期向等待中的客人通报排队进度和预计的等待时间，保持信息的透明度。 不时向客人打招呼以抚慰客人	大声指责客人 动作缓慢、迟钝，经常出错	礼貌委婉

（七）食堂服务人员

食堂服务人员行为规范，见表17-16。

表17-16

项目	规范	不允许	要领
仪容仪表	按要求着食堂制服，保持干净整齐 注意个人卫生 佩戴口罩	擅自改变穿着形式 衣衫不整，油污满身 留有长指甲	干净整洁，佩戴口罩
清洁	各种食材要清洗干净，冻肉要解冻清洗，蔬菜类要清洗三遍 加工完毕，及时清理炉头及周围的卫生，清洗各种厨具 保证供餐间的卫生，提前10分钟打开就餐间所有空调 打饭菜和汤架的台面保持干净	工作过程中挖耳朵、抠鼻子等 餐具没消毒 食物中有异物 生熟食一起存放，菜刀不分开	食材清洗干净，环境清洁卫生

项目	规范	不允许	要领
态度	热情周到，主动帮助他人，拾到东西主动寻找失主 　　主动询问用餐人员的意见，对其表示感谢，并及时整改 　　婉言拒绝外单位人员就餐 　　引导就餐人将剩饭菜倒入指定的垃圾篓 　　出现饭菜不够的情况，及时向顾客道歉，并尽量尽快满足顾客的要求	对就餐人态度冷漠，对所提问题不闻不问 　　没有客人要的调料品 　　不及时清理餐桌	热情周到，虚心接受意见，不断改进口味，力求让多数人满意
及时	提前10分钟将饭菜送到备餐间台面 　　如有特殊就餐者或团体，按要求及时做好接待工作	推迟开饭	提前10分钟准备就绪

六、物业安全人员行为规范

（1）安全人员行为规范见表17-17。

表17-17

项目	规范	不允许	要领
仪容仪表	工作时间内按照规定着本岗位制服及相关饰物、警用器材，并保持干净、平整，无明显污迹、破损。正确佩戴工牌 　　停车场岗位夜间要着反光衣 　　对讲机佩戴在身体右侧腰带上，对讲时用左手持对讲机 　　站岗时不倚靠在其他物体上，双手不拿与工作无关的物品，自然下垂或交叉于腹前或背后 　　工作期间精神饱满，充满热情，面带微笑，声音亲切	迟到早退，擅自离开工作岗位 　　精神不振，无精打采 　　扎堆聊天或干私活 　　警惕性不高，不能及时赶到事件突发现场	规范着装，整洁严谨，状态良好，装备齐全，面带微笑，声音亲切
驾车	如骑单车、摩托车巡逻，上下单车、摩托车跨右腿从后上下 　　骑车时应昂首挺胸，双手扶车头手柄，双腿踏车并靠里，不超出车头宽度 　　骑车巡逻时保持中速行驶，直线前进、注意观察周围环境 　　如骑车巡逻时遇到客户询问或与客户沟通时，应下车停稳车辆，立正、敬礼，然后交谈 　　如开电瓶车，应在车上张贴有关"顾客请勿将头手伸出车外"标识。顾客上车前，司机须向顾客提示"身体、手脚请勿伸出车外，请勿站立"等 　　电瓶车由专人驾驶，遵守交通规则。每日上班前需清洁车辆外观，保持良好的卫生，如有特殊接待任务，需提前做好准备		

项目	规范	不允许	要领
驾车	礼貌对待上下电瓶车的顾客，待客上车时立于车辆右侧，两手交叉重叠或两臂自然下垂成立正姿势，面带微笑 引导顾客上车，使用礼貌用语，上车时要面带微笑说"欢迎乘坐电瓶车"，下车时对顾客致谢："谢谢各位，欢迎下次乘坐。" 询问顾客的目的地，可适当介绍小区情况，到达目的地，先下车并引导顾客下车 电瓶车在行驶过程中，驾驶员须提高注意力，保持好良好的精神状态。最高车速每小时15公里；小区内转弯处及交通要道或人员较多的场所，必须减速慢行	电瓶车、巡逻车私搭内部员工 未经批准让他人驾驶 开车时东张西望，与人谈与工作无关的事，开快车 违反交通规则 穿拖鞋驾车 吃东西、抽烟、与客人闲谈、喧哗吵闹 与行人抢道 乱停放 下雨天，路遇行人时不减速	单车：中速行驶，双腿内敛，禁止载客，遇客下车答询 摩托车：中速行驶，晚间外围行走，避免急加速急刹车 电瓶车：规范路线，匀速行驶，安全提示，礼貌用语，主动介绍，微笑服务
行礼	着制服值班的员工行礼为正规军礼，着西服和门童服值班的员工如行礼须行30度鞠躬礼或点头致意 当值期间，遇到客户询问或主动与客户交涉时，须行礼 当值期间，遇到由公司或管理处领导陪同客户参观时，须行礼 当值换岗时，须双方相距1.5米，立正行礼 车辆进出停车场，立正向驾驶人员敬礼	行礼时，距离太近 不按着装规定行礼	着制服行军礼，着西服和门童服行30度鞠躬礼或点头致意
对讲机使用	对讲机佩戴在身体右侧腰带上，用左手持对讲机，如用耳机话麦对讲，需理清耳机线，耳塞统一佩戴于右耳 对讲机调频至公司规定的频道，音量适中，避免噪声 语言要简练，清晰，易懂，呼叫："××岗、××岗，我是中心，收到请回答！" 应答要明朗，"××岗收到，请讲！"表达完一个意思时，及时向对方说"完毕！" 通话结束，须互道"完毕！"	在对讲机中聊天，说与工作无关的事情 语言啰唆，口齿不清，不知所云 在对讲机中互通与工作无关的其他信息	语言简练清晰，左手持机

（2）入口岗（迎宾岗）行为规范见表17-18。

表17-18

项目	规范	不允许	要领
来访人员接待（封闭式小区）	主动向来访人员打招呼问好，面带微笑 与客户沟通时保持适当的（0.5~1.2米）距离 不直接拒绝客户，尽量少说"不知道"之类的话 陌生客人来访时，有礼貌地询问客人来意后进行登记，态度诚恳，使用礼貌语言，及时向被访客户确认，并使用正确手势向客户指引方向 当客户有不礼貌的言行时，不与之理论或还击，婉转解释 公检法、工商、税务等政府部门人员的突然到访检查、未经预约的媒体采访的接待须注意：及时报告上级领导和客户服务人员，现场做到礼貌、得体 对公安部门人员来访要认真检查其证件	不登记就放行进入小区（大厦） 客人带危险物品进入小区 对待客户态度热情，对待陌生来访者态度冷漠怠慢，不一视同仁	主动友好，礼貌登记
物资放行接待	主动请客户填写"物资放行条" 认真核对物资及客户身份无误后，对客户表示感谢 客户离开，要有礼貌地告别	对物资核实不清 要求客户写保证书	填写物资放行条，认真核对，礼貌细致
接待客户投诉	当值时接到顾客投诉，在处理时应热情大方，举止得体，文明礼貌，认真听取顾客投诉的内容并记录 自己能正确解决或回答的情况下，自己予以解决或回答，并将处理情况反映给上级或部门客户服务人员 如自己不能解决顾客投诉，要及时反馈相关人员进行处理 如遇到特殊情况下的顾客投诉，如，客户没有预约且非常不理性的投诉到访；被辞退或被批评的员工没有预约且非常不理性的投诉到访，应做如下接待： 积极维持现场秩序 做到礼貌、得体 对外围情况保持警惕，及时通知上级领导或授权人员予以处理	不理睬客户投诉，推诿，不予帮忙 擅自处理重大来访或是事件 对客户粗暴，不使用礼貌语言 信息流失，不及时反馈情况 对顾客言行表现出反感和敌对情绪，议论和指点	认真听取，仔细记录，及时反馈，竭诚解决

（3）巡逻岗行为规范见表17-19。

表17-19

项目	规范	不允许	要领
巡逻	行走时应昂首挺胸，正视前方，保持中速，手臂姿势自然，随步伐自由、协调摆动 巡逻行走，两眼平视前方的同时注意观察周围环境，特别是潜在的安全隐患	借巡逻时办理私事或偷懒 巡逻时扎堆聊天、看报、听收音机、抽烟 精神萎靡 手插入口袋	挺拔大方，眼观六路，耳听八方
路遇客户	巡逻行走时遇到客户，要面带微笑，点头致意 在小区或大厦内见到需要帮助者，应主动上前询问并提供帮助	对客户态度冷漠或故意躲开	主动致意，礼貌询问

项目	规范	不允许	要领
遇见可疑人物	通知中心进行监视 进行跟进，严密注意对方的行为 上前询问前，先通告同伴，再近距离接触。有礼貌地询问对方："您好，请问有什么可以帮到您吗？"如确定对方是外来无关人员，要委婉地告诉对方，这是私人住宅小区，谢绝参观	不及时汇报情况 警惕性不高，不能及时发现安全隐患 做事犹豫不决，头脑不清醒	团队协作，机智监控，礼貌询问，保护自己
保持小区卫生	巡逻时主动捡拾小区内垃圾，做到人过地净。遇到较大面积的污迹或积水，立即通知中心或联系就近保洁员处理		

（4）车场出入口（收费）岗行为规范见表17-20。

表17-20

项目	规范	不允许	要领
交通手势	车辆交通指挥手势均采用国家规定的标准手势。交通手势分为：直行手势、直行辅助手势、左转弯、右转弯、停车手势、慢行手势与前车避让后车手势 直行手势：身体保持立正姿势，以左手伸出与身体呈90度，掌心朝外，五指并拢，并且目跟臂走 直行辅助手势：在直行手势前提下，由目随右臂伸出与身体呈90度，然后手臂由右至左摆动，小臂与身体平行，小臂与大臂呈90度，距胸前约20厘米 左（右）转弯：以身体保持立正姿势下，左（右）手臂朝前方伸出，手臂与身体约120度，手呈立掌，掌心向前，五指并拢，随即左（右）手向前伸出，手臂与身体呈45度距右小腹部约30厘米，目光随左（右）手掌左右摆动 停车手势：以身体保持立正姿势下，左手臂伸向前方，手呈立掌，掌心朝前，手臂与身体约120度 慢行手势：以身体保持立正姿势下，右手臂向前方伸出，掌心朝下，右手臂与身体约60度，目光随右手臂上下摆动 前车避让后车手势：身体保持立正姿势，以左手臂向前伸出与身体呈90度，掌心朝左同时向左摆动、随即右手向前伸出与身体呈90度，掌心向上，小手臂后折与大手臂呈90度，掌心朝后同时向后摆动	动作不到位，无精打采，不规范标准	动作规范，指挥标准
车辆进出停车场	车辆驶入入口前即填好出入凭证（使用智能卡的除外） 行礼，发放（收取）车辆出入凭证："请您保留凭证"；车辆驶出小区前："请您出示凭证，您停车已经××分钟或小时，收费×元。" 立正，右手（或左手）启动路障，使路障呈直立状态 右臂（左臂）向右（向左）平伸，手掌向前，示意车辆直行通过	收费中损公肥私，监守自盗，缺乏自我约束 对车况不做详细记录 收费不给发票 不认真验证 在停车场学开车、骑自行车或摩托车	语言礼貌，面带微笑，规范行礼，彰显专业

（5）监控中心值班岗（表17-21）。

表17-21

项目	规范	不允许	要领
接听电话	按照接听电话礼仪执行		
客户预约	接听客户预约电话时，要严格遵守接听电话的礼仪，及时记录并重复内容以确认 及时反馈给相关部门 跟进处理结果，及时登记	不复述、确认客人的预约内容 写错客人姓名，写错预约时间等	礼貌专业，详细记录，重复确认，及时反馈
突发事件处理	按各公司突发事件程序处理	信息延误，惊慌失措	专业高效

（6）案场展厅值班岗行为规范见表17-22。

表17-22

项目	规范	不允许	要领
姿态	立正姿势，双手可交叉放于腹前，保持微笑	板着脸，姿态不端正	亲切友好
迎客	客人进门，手臂伸直，五指并拢，手掌与地面斜切45度，向所示方向做引导手势，请客人进入，同时说："您好，欢迎光临！"	动作过于做作或过于散漫	语言礼貌，微笑亲和，手势得体
当值	当值时碰客人咨询问题，耐心倾听，及时做出反应和回答，指引方向或联系相关人员 密切注意展厅内的各类人员，及时发现安全隐患，发现有可疑现象时，及时用对讲联系同事或上级，随时关注事情动向 注意对展厅内的物品监控，发现有损坏和丢失现象及时向中心和直属上级汇报	态度冷漠，擅自离岗	机智监控，行动优雅，及时汇报
送客	客人出门，做引导的手势，鞠躬15~30度引导客人离去："请慢走，欢迎再次光临！"		主动服务，礼貌话别

七、物业保洁人员行为规范

（1）保洁服务员行为规范见表17-23。

表17-23

项目	规范	不允许	要领
仪容仪表	工作时间内一律着本岗位规定制服及相关饰物、胸牌，并保持干净、平整，无明显污迹、破损。正确佩戴工牌 保持个人卫生清洁，穿着深色平底鞋 对讲机佩戴在身体右侧腰带上，对讲时用左手持对讲机	迟到早退，擅自离开工作岗位 无精打采 扎堆聊天或干私活	身体健康，规范着装，整洁大方，手脚麻利

项目	规范	不允许	要领
工具	保洁、绿化工具应放置在规定位置，并摆放整齐 在楼道内等区域进行清洁服务时，应放置或悬挂相关标识，以知会相关人员	清洁工具混用 聊天，议论客户的长短	工具摆放整齐，标识使用得当
遇到客户	在保洁过程中，如遇客户迎面而来，应暂时停止清洁，主动让路，并向客户微笑问候"您好" 保洁时遇到客户询问问题，要立刻停止工作，耐心仔细地回答客户提问	垃圾或脏水溅到客户身上 大声喧哗，闲聊天	停止工作，主动问好

（2）绿化管理员行为规范见表17–24。

表17–24

项目	规范	不允许	要领
仪容仪表	工作时间着岗位规定服装，佩戴工牌	服装破损，脏乱	规范着装，整洁大方
服务态度	态度和蔼可亲，举止大方，谈吐文雅，主动热情，礼貌待人	遇到客户面无表情，不敢打招呼，表情拘谨严肃	举止大方，礼貌待人
浇灌水	浇灌水时，摆放相关标识，以提醒顾客节约用水 有客户路过，及时停止工作让路，并点头致意或问好	路上留有积水，影响顾客行走	现场整洁、礼让客户，热情问好
施肥、除虫害	洒药时要摆放消杀标识 有客户经过，要停止工作 喷洒药水时，须佩戴口罩。如药水有气味，须向客户做好相关解释工作，说明是没有毒性的药物 控制药品浓度合适，注意相关药品的禁忌	在休息日，人员流动高峰期使用有强烈气味或臭味的用料 药水遗留在马路上不及时清扫干净 在天气炎热的时候喷洒药水	摆放标识，佩戴口罩，礼让客户，公休期间避免喷洒药水
修剪和除草	准备和检查使用设备能正常使用，避免有漏油等情况发生 有客户经过，要停止工作，主动让路	绿化垃圾摆放路边不及时清理 节假日及中午休息时间进行有噪声的操作（根据当地的作息时间合理安排）	摆放标识，礼让客户，公休期间不作业

（3）样板房服务人员行为规范见表17–25。

表17–25

项目	规范	不允许	要领
仪容仪表	工作时间内着本岗位规定制服及相关饰物，保持干净、平整，无明显污迹、破损。正确佩戴工牌 对讲机佩戴在身体右侧腰带上，对讲时用左手持对讲机 工作期间精神饱满，充满热情	迟到早退，擅自离开工作岗位 精神不振，无精打采 干私活，在样板房看电视，打电话等	规范着装，整洁大方，身体健康，状态良好
值班	在清洁收拾房间时有客人进来，马上停止手中工作，起身微笑说"您好" 保持房内清洁	在样板房内吃东西，因为无人参观而坐在房内 上班时间聊天	停止工作，主动问好

项目	规范	不允许	要领
迎客	客人进门，手臂伸直，五指并拢，掌心与地面斜切45度，向所示方向做引导手势，请客人进入，同时说"您好，欢迎光临！"	动作过于做作或过于散漫	语言规范，仪态大方，笑脸迎客
接待参观客人	热情接待客人，仔细讲解，耐心地引导参观 时刻注意使用礼貌语言，表现出良好而专业的素质 注意加强对物品的保管	对客户不闻不问，任由他们自由参观 房内物品丢失	热情接待，仔细讲解
客人拍照	有礼貌地告知对方不能拍照 如遇蛮横不讲理的客人不能与其争吵冲突，应委婉解释，不能解决时，应请示上级	与客人争吵	礼貌委婉，认真解释
送客	客人出门，做引导的手势，鞠躬15~30度引导客人离去："请慢走，欢迎再次光临！"		主动服务，礼貌话别

（4）泳池管理员（救生员）行为规范见表17-26。

表17-26

项目	规范	不允许	要领
仪容仪表	工作时间内着本岗位规定制服及相关饰物，不可擅自改变制服的穿着形式，并保持干净、平整，无明显污迹、破损 保持个人卫生清洁，佩戴泳池救生员证上岗，白天泳池开放期间值班，须佩戴墨镜 上班时间保持精神饱满，热情，脸上常挂微笑	迟到早退，擅自离开工作岗位 精神不振，无精打采 扎堆聊天或干私活	规范着装，整洁专业，精神饱满，认真细致
泳池清洁	及时对泳池进行水质检测和吸尘处理 对水中的落叶垃圾等要及时打捞干净	对小孩在池边追逐、故意破坏卫生不及时制止	操作专业，现场整洁
当值	遇到客户，主动问好 泳客在游泳时，泳池管理员须穿着专用救生衣，坐于救生台上，密切注意观察水面，及时发现问题，避免险情发生 制止客人危险动作和不文明行为 严格查验泳客健康证件，礼貌劝阻无证或不适合游泳锻炼者进入泳池 对发生危险的客人及时进行抢救	上岗时间接听电话，会见亲友，擅自离岗 擅自下泳池游泳	密切关注水面情况，制止违规行为，及时抢救危险泳客

【思考与练习】

1.请根据物业服务各个岗位的标准服务礼仪的要求，组织相关员工进行实操训练。

2.实操训练完成以后，定期检查，或者以神秘顾客的身份进行监督，以保证岗位的标准礼仪要求执行到位。

【回顾与总结】 ||||||||||||||||||||||||||||||||||||||||||||||||||||||||||||||||||||||||||||||||||||||||||

1.本章针对物业服务行业的各个具体岗位提出场景化的礼仪标准操作要求。标准服务礼仪需要不断进行实操训练和监督才能常态化。

2.岗位礼仪要求可以根据本公司的文化和要求进行修改执行，不必死搬硬套。

第十八章
物业服务沟通礼仪

【案例】

某小区为保持楼盘外观美观，开发商与物业公司签约规定，客户不能封闭阳台，但开发商与客户的销售合同中却没有写上这个规定。所以当客户想封闭阳台，却遭到物业公司阻挠时，就对物业公司产生不满，甚至有些客户因此拒交物业服务费。

【分析】

这家物业公司没有采取与客户对立的做法，而是站在客户的角度去解决问题。物业公司当时通过实地调查后发现，该小区离海比较近，空气比较潮湿，不封闭阳台会给客户生活带来不便。物业公司经过再三研究，从实际出发，以人为本，把客户居住的舒适作为首要考虑因素。他们与开发商反复沟通，跟客户反复解释，最终同意阳台可以封闭，只要统一规格和材料就行了，这样既满足了客户的需求，也不影响小区的美观。通过多方沟通协调，三方消除误会，最终圆满地解决了问题。

第一节　物业服务沟通的意义

一、沟通是提供高品质服务的基础

高品质的服务始于对客户需求的深刻理解和准确把握。沟通是连接物业公司与客户的桥梁，通过有效的沟通，物业公司能够理解、满足客户需求，建立信任关系，及时反馈与解决问题，可见，沟通在提升服务体验以及促进持续改进与创新等方面发挥重要作用。

二、沟通是解决问题的手段

通过与客户及时沟通，物业公司可以快速响应业主的投诉、建议和反馈，迅速定位问题所在，并采取相应的措施加以解决。这有助于减少矛盾纠纷，维护社区的和谐稳定。

三、沟通是融洽客户关系的手段

物业公司通过沟通的方式把信息和情感进行传递并达成协议，它是与客户拉近距离、促进交流、形成共识的最有效手段，能够融洽与客户之间的关系，增进彼此的了解，清除彼此之间的误会和隔阂，从而提高客户的满意度。

四、沟通是提升服务质量的基石

物业服务沟通有助于物业公司收集业主的意见和建议，从而不断改进和完善服务的内容、方式和标准。这种持续改进的过程，有助于提升物业服务的整体质量和水平，满足业主日益增长的服务需求。

五、沟通是促进社区文化建设的途径

物业服务沟通不仅仅是解决具体问题的过程，也是促进社区文化建设的重要途径。通过组织各类社区活动、宣传物业服务理念和价值观等方式，物业公司可以引导业主共同参与社区建设和管理，形成积极向上的社区氛围和文化。

第二节　物业服务沟通的形式

物业服务公司一般采用的沟通方式有三种：面对面沟通、书面沟通、社区活动沟通。通过及时沟通，物业公司把服务理念传递给客户，把服务中的矛盾与问题消除在萌芽状态，化解在爆发之前。

一、面对面沟通

面对面沟通的方式就是物业服务人员以真诚的态度、场景化的服务过程，拉近与客户的关系，达到双方信息传递和交流的目的，面对面沟通一般有以下几种场景。

1. 上门走访和服务回访

建立客户上门走访和回访制度，虚心听取客户的意见与建议，建立良好的客户关系，是物业服务公司与客户情感沟通极其重要的形式。

2. **主动为客户提供服务**

物业服务人员向客户展现美好的礼仪形象，提供高效的专业服务，比如：

（1）在小区遇到客户时，主动使用礼貌用语打招呼。

（2）即时运用好"三声"，即招呼声、询问声、道别声为客户服务。

（3）有客户求助时马上处理。

二、书面沟通

书面沟通是通过书面的方式把小区重要的服务信息及时传达给客户，书面沟通一般有以下几种情况。

1. 小区的各类通知

小区停水、停电、设施维修通知，温馨提示等物业信息，以书面的形式通过短信、信息栏、横幅等方式进行传达。

2. 物业服务报告

为加强客户对物业公司的了解，提高服务信息的透明度，物业公司会定期出具物业服务报告，把物业服务的工作情况、财务情况向客户做汇报。

3. 客户满意度调查

物业服务公司会定期组织第三方机构对客户进行满意度调查，收集客户对物业服务工作的合理化意见与建议，以提升服务品质。

4. 物业法律法规宣传

物业服务公司在给客户提供服务的同时，也希望客户懂得相关的法律法规，从而更大程度地理解和支持物业服务公司的工作，双方在涉及法律法规相关事务时能更好地进行沟通。物业服务公司可以将法律法规的重要条款印制成宣传小册子，或者是辅以图片、漫画等形式供客户学习。

三、社区活动沟通

1. 组织社区文化活动

物业服务公司可每年组织社区文化活动，如节日庆典活动、亲子活动、健康养生活动、教育培训活动、志愿服务活动等，与客户之间搭建沟通的桥梁，营造和谐的邻里关系，给客户提供舒适的家园，创造更多沟通的渠道。

2. 组织小区业主会议

组织小区业主大会、业主委员会会议、业主恳谈会等是物业服务公司与客户沟通的重要方式。物业服务公司主动向客户汇报物业服务工作情况、物业服务费使用情况、小区的重大事项等，以取得客户的信任和理解。

第三节　物业服务沟通技巧

一、进行客户分类

通过对客户信息的了解，加上日常的接触，将客户进行分类，不同类型的客户，使用不同的沟通方式和策略，让客户和物业公司之间的关系更为和谐。

第一类客户：对物业公司的服务和员工都比较认同和支持，从来不拖欠物业管理费，客服人员与他们的沟通也比较顺畅。这一类客户，物业公司应经常与他们保持常规性的沟通，使他们成为物业服务公司坚实的支持者。

第二类客户：指一些对物业服务公司既不支持也不反对的客户，他们大多对小区的事务不太主动关心，但是很容易受到其他客户的影响。因此，物业服务公司也应该多关注这一部分客户的动态，跟他们保持更多的联系，让这一部分客户转变成为支持物业公司工作的同盟客户。

第三类客户：可能跟物业服务公司有过利益冲突和矛盾的客户。这类客户或由于沟通不及时不准确产生对物业公司的误解，入住小区后对物业公司总是不满意，经常会有一些看似站在公司对立面的行为，比如拒交物业管理费，散布不满的言论影响其他客户等。这类客户虽然可能是极小部分，却会带来极大的不良的后果。所以对这类客户物业服务公司一定要及时关注，通过客服人员长时间的诚意沟通和良好关系的维护，防止其不满情绪扩大，影响到其他客户。

二、了解并熟记客户信息

【案例】

某个精装修的物业小区有位王先生，他搬进小区不久，发现客厅和卧室的地板渐渐鼓起，心中十分不满，要求物业公司马上解决。物业服务人员立即上门查看地板鼓起情况，初步认定是外墙渗水所致。因为鼓起面积较大，要维修必须腾出全部家具，但这势必给王先生一家增添很大麻烦。

根据以往经验，直接与客户谈论此事，十有八九会被拒绝。这时与王先生比较熟的物业服务人员建议：王先生喜欢养花养草，公司不妨送上一盆花先联络一下双方感情，再谈维修之事。于是，一盆特意买来的盆花送至王先生家中，王先生大感意外。

物业服务人员诚心诚意地对王先生表达了平时关心不够的歉意，并就维修地板的质量进行说明和保证，同时对因为维修需要搬出家具而造成的麻烦表达了愧疚。王先生听完连连摆手说："不能全怪你们，地板起鼓的事早一点儿告诉你们，可能不至于到现在的麻烦程度，还劳驾你们特意送花，真是受之有愧。"接着物业公司和开发商提出一系列的解决方案，并积极采取措施，王先生一家暂迁到另一单元，等维修结束后再搬回来，事情得到了圆满的解决。

物业服务人员要详细地了解小区客户的家庭成员、文化程度、职业、年龄、特点和爱好等基本情况，这在今后与客户的沟通中会让我们占据主动，一旦有冲突和投诉，也能以此为突破口进行协调。

三、切勿随便向客户许诺

【案例】

某物业小区的经理接到报告：有客户不想按指定位置安装空调，空调公司的工作人员也不停地挑唆，更加加重了客户的不满。

经理了解情况后，向客户耐心解释说明："物业公司要求按指定位置安装空调、管线不能外露，是为了保证小区的外观统一美观。如果大家都乱安装空调，那咱们小区的外立面就会杂乱不堪，也许会因为这个原因影响物业的价值，使您的楼房贬值。这里毕竟是您的家园，您肯定也不希望看到这样的结果。"

听完经理入情入理的话，客户不再坚持。经理又悄悄将空调公司的工作人员叫到一边进行了沟通。最终，客户同意按规定的位置安装空调。

物业服务人员在服务的时候，经常会遇到一些比较爱"较劲"的客户，特别是在解决棘手问题的时候，客服人员为了尽快平息客户的情绪，往往没有经过深思熟虑就给予客户承诺，比如说："我保证马上给你解决""我一定在明天帮你维修好""我们会给予你赔偿"等。等到客户离去，再跟公司内部协调资源的时候，发现自己无法达成给客户的承诺，从而引发客户更大的不满，造成二次投诉，甚至投诉升级等状况。

在以上案例中物业经理坚持原则，不轻易承诺客户，不给客户例外，经过耐心沟通、协调关系，维护了整个小区的形象，最终圆满地解决客户的问题。

因此，我们要切记，在跟客户沟通时，一定要有专业的判断。客户提出的要求，如果马上可以办理的，应当立即承诺并马上执行；需要协调资源，无法确定具体时间和情况的，应详细说明原因，给予一定的期限向客户汇报处理进展；至于一些违反法规和原则或根本办不到的事，要说明理由，明确拒绝，请求谅解。

四、照顾客户情绪

【案例】

物业小区的维修工小王接到空调报修电话，立刻赶到客户家里。经检修发现空调并没有坏，只是客户没有正常使用而导致了问题，只需要简单设置一下就可以解决了。他调试了一下空调开关，空调马上就可以用了，于是小王跟客户说："肖女士，空调没有坏，可能是您使用不当造成的，今后您注意点就行了。"

"我使用不当？"客户听了小王的话非常不高兴，语气顿时就不太好。小王立即察觉到自己刚才的表达方式欠妥当，可能让客户感到不舒服，他马上补充说："我再仔细检查一下，看看还有没有其他问题。"

小王打开空调机盖，仔细检查了几分钟后盖上机盖说："肖女士，空调确实是有点儿小毛病，是有个螺丝松了，没什么大问题，现在已经修好了。"

"就是嘛，空调没坏我怎么可能找你们维修呢？我又不会没事找事。谢谢你啦。"客户的态度发生了转变，将小王送出了家门。

在跟客户沟通的时候，恰到好处地运用说话的技巧，照顾客户的自尊和情绪，让客户时刻有受尊重的感觉，可以及时化解客户的不满情绪，建立跟客户之间和谐的关系，取得良好的沟通效果。

五、尊重当地习俗和客户习惯

【案例】

有一个小区，一位年近60岁的外国老太太来到管理处，王先生礼貌地招呼她："太太，您请坐。"不料，老太太的脸色顿时显得很不愉快，也不入座。王先生茫然不知所措，只得再次说："太太，您请坐。"这下，那位老太太要求王先生赶紧找经理。经理来了，这位老太太很直接地对他说："经理，请您以后要加强对员工的礼仪培训，与女性谈话要有礼貌，要称女士。"王先生感慨万分，从事物业服务行业的人，要掌握不同国家的民风和礼仪，在接待中要非常注意这些细节问题。

在物业公司所服务的小区中，居住着形形色色的客户，有中国人也有外国人，有南方人也有北方人，有汉族也有少数民族，各自有着不同的地方习俗和生活习惯。比如，北方人不喜欢被别人称为"小姐"，外国人要求对女性一律称"女士"。因此物业服务人员与他们相处就应该注意因人而异；南方很多地方有初一、十五祭拜先人烧纸钱的习俗，但这样可能会导致小区环境卫生问题，所以物业服务中心最好准备一处地方专门为此服务。物业客服人员一定要多了解小区客户的情况，积极主动学习各地区、各国家的习俗和礼仪，给客户提供优质的个性化服务。

六、建立畅通的客户沟通渠道

要提升客户对物业服务的满意度，一定要及时得到客户对服务的反馈。建立客户与物业公司畅通的沟通渠道，及时了解客户的需求，倾听客户的心声，及时为客户排忧解难，建立更好的服务关系，从而提升客户的满意度。

物业服务的沟通渠道主要有以下几种方式。

1. 设立服务热线或领导信箱

物业服务要设置服务热线或领导信箱，采用相对简单易记的号码，摆放在客户一眼就能看到的地方，比如公告栏、小区入口、大堂入口等，并对服务热线做好宣传，让客户能够将服务热线牢记于心，在有需要的时候随时可以拨打，充分显示物业公司对客户需求的重视，这样更能融洽物业公司与客户的感情。

2. 使用小区的公告、宣传栏

物业公司可以利用小区的公告栏，将物业服务需要公示的各项工作告知于客户，比如小区物业的工作总结情况、设备设施的维护和保养情况、公共设施的消毒情况等，也可以利用宣传栏对物业法律法规进行普及教育，对高空抛物的危害进行案例展示等，这是物业公司与客户最常见的沟通方式。

3. 开展各类社区文化活动

物业公司常见的社区文化活动有各种纪念日、节假日活动、主题讲座、组织各种客户兴趣小组，如篮球队、秧歌队、夕阳红合唱队等，举办客户文化娱乐和体育健身活动、组织老年人体检、举办客户运动会等。

4.电话回访或上门走访

物业服务人员可以经常性地通过电话回访或上门走访的形式与客户保持联系。通过走访进行客户的满意度调查，也可以针对小区设备设施的使用、物业的基础服务质量、员工的服务态度等方面进行交流，及时听取客户的建议。

5.充分利用网络及各类通信工具

随着网络的日益发达，物业公司可以通过建立客户网站、客户论坛、服务 App 等方式与客户进行沟通，为小区客户的缴费、报修、咨询、投诉、开门等提供便利渠道，将客户提出的好建议和服务请求立即落实。还可以利用手机短信群发、微信消息群发、小区公众号的方式将服务信息传递给客户，如温馨提示、小区活动通知、节日问候等，以此来体现物业公司的人性化服务。

【思考与练习】||||||||||||||||||||||||||||||||||||||||||||||||||||||||||||||||||||||||||||||

1.请根据实操经验总结 3~5 条与物业客户沟通的实操技巧。

2.请提炼 2~3 个工作中由于沟通不畅而导致的客户投诉案例，并分析原因，说出你可以想到的解决方案。

3.请列举物业服务中你能想到的所有沟通渠道，并分别说出它们的优劣和最合适的应用场景。

【回顾与总结】||||||||||||||||||||||||||||||||||||||||||||||||||||||||||||||||||||||||||||||

本章的重点是物业服务行业的沟通礼仪。在物业服务行业中，沟通的形式、沟通的技巧和沟通的渠道等，都是在日常工作中要用到的知识，无论用怎样的方式和技巧，都要记住服务当中沟通的原则：怀着服务第一的理念和一颗恭敬心。

第十九章
物业服务投诉接待礼仪

物业客户投诉通常是指物业服务人员由于工作失误导致客户受到精神或物质上的损失，或是客户的合理需求没有得到满足，从而对此提出的意见和建议。处理客户投诉是物业服务的一项重要工作内容。在处理过程中，把握和处理好客户的诉求，尽可能满足客户的诉求，为客户解决问题，同时将客户投诉作为完善服务管理的机会，让物业服务在投诉中逐步完善，是物业公司的重要职责。

第一节　客户投诉的原因和心态

了解客户投诉的原因和心态，才能更好地解决问题，满足客户的诉求。物业客户的投诉，往往是跟客户的居住息息相关的。具体原因多种多样，可能是由房屋本身的维护保养、小区设施设备的维修养护，也可能是由小区的安全隐患或安全事故、小区的环境管理，还可能是由物业服务人员的态度、客户之间的邻里纠纷、突发事件等引发。

物业服务人员在接待客户投诉时，应耐心聆听，积极沟通，全面了解，尽可能解决。通过与客户的沟通，及时了解到业主投诉的心态，才能使用有针对性的方法有效处理问题。

一般情况下，投诉客户会有以下四种心态。

（1）求补偿：这类投诉的客户由于不好意思直接表达经济补偿的意愿，而会借以不同的理由和事件进行投诉，投诉的内容往往是小问题，但投诉者却想把事情扩大化，希望通过这样的方式能够获得经济上的收益或补偿。

（2）求发泄：这类客户很有可能是出于个体原因，比如自身的工作、家庭、生活遇到了一些问题，找不到发泄的出口，他们很容易对物业服务中突然遇到的某一件小事去寻找投诉点，发泄心中的郁闷或不快，以此来获得心理上的安慰。

（3）求尊重：求尊重的投诉业主往往是自我感觉良好的客户，他们一般气势比较威猛，有点盛气凌人，往往通过夸张的语言和行为要求物业服务人员对他表示特别的尊重。

（4）求解决：求解决的投诉客户往往比较理性，他们一般是遇到了一些实际问题需要解决。

无论是哪一种心态的投诉者，都要引起物业服务公司的重视。用积极的心态去处理物业客户的投诉，把客户投诉当作完善服务品质的契机，让服务在投诉中完美，是物业服务公司要树立的积极心态。能够对物业服务提出投诉的客户，是物业公司最为忠诚的客户、是对物业公司的服务充满期待的客户，物业公司不但要妥善处理好客户的投诉，还要把投诉的客户当作宝贵的资源，把客户的投诉当作是提升公司品质、建立公司强大服务品牌的机会。

第二节　坚持投诉接待的原则

对于服务行业来说，危机往往不仅仅是风险，如果处理得当，风险往往能转化为提升服务品质、提升企业美誉度的机会。物业服务公司面对客户投诉，应该更积极地处理，以此将客户投诉转化为机会，更好地为客户提供服务，增加客户满意度。为更好地应对物业服务中的客户投诉，我们应遵循以下原则。

一、主动承担责任

面对客户的投诉，要坚持主动承担责任，不推诿，不解释，以解决客户问题为第一要务，遇到重大的投诉问题，公司的主要负责人要敢于主动出面，积极协商，给客户留下良好的印象。

二、不轻易向客户许诺

客户在投诉时，往往不能理智地看待问题，经常会提出超出常理的要求，物业公司要综合考虑，既要保障公司利益、坚持公司的管理原则，也需要兼顾客户的实际情况，综合考虑，坚持合理、合法、合规地解决客户投诉，不能单纯地为了客户的满意而违背公司的利益。

三、坚持换位思考

物业服务人员要具有高度的服务意识，充分理解投诉客户的情绪和服务请求，学会换位思考，站在客户的角度思考和解决问题，满足客户的合理要求。

第三节　建立投诉接待的标准流程

加强投诉接待的应对，建立规范的投诉接待流程，不仅能够提升客户满意度和忠诚度，还能优化内部管理与效率、塑造积极品牌形象、促进问题解决与持续改进以及预防潜在问题。因此，任何重视客户体验和品牌形象的物业公司都应该积极建立和完善投诉接待流程。

一、简化投诉流程

（1）一键直达：在投诉渠道中设置一键直达功能，让客户能够直接联系到相关部门或人员。

（2）快速响应：设定投诉响应时间标准，确保在接到投诉后能够迅速给予客户反馈。

（3）透明处理：在投诉处理过程中，保持与客户的沟通畅通，及时告知处理进展和结果。

二、畅通投诉渠道

物业公司一定要建立畅通的客户投诉渠道，如建立电话热线、投诉信箱、网络投诉、客户接待等，让客户能够第一时间利用合适的渠道，与物业公司建立沟通。

三、规范投诉接待流程

第一步：记录投诉。

物业服务人员要耐心倾听前来投诉客户反映的情况，切忌不断解释或反驳。客户投诉的问题无论大小轻重，都要认真对待，高度重视，同时设身处地站在客户的角度理解客户的困难，认真做好记录，使客户感受到物业公司的诚恳态度，帮助客户情绪回归平静。

第二步：处理投诉。

客户来投诉，大多希望能解决问题，即便是一些要求赔偿的客户，也是带着谈判的心态，希望能得到物业公司的重视，并解决问题。物业公司要站在公平公正合理的立场上，协调各方利益，满足客户的合理要求。

第三步：反馈投诉处理情况。

物业公司接到投诉并尽快处理后，要及时给予客户反馈。及时处理，及时反馈的做法会让客户感受到其投诉已得到重视，并了解所诉事件得到处理的相关进展情况。反馈的同时不要忘记感谢客户的意见和建议，并告知他的宝贵意见将作为公司改进和完善工作的依据。这样的做法会让客户感受到重视，不仅事情得到解决，情感上也得到满足，建议和意见被重视或者采纳，这都将增强客户黏性。

第四步：进行投诉回访。

客户投诉处理完毕要进行回访，主要是征询客户对投诉受理过程、处理措施、结果的意见，并及时记录客户的意见。回访不仅可以了解客户诉求是否得到满足，也可以让客户感受到对他们的重视，满足其情绪上的需求，增加满意度。

第五步：建立投诉档案。

物业公司应当将投诉文件进行归类存档，总结经验与教训，积累案例，用以完善和改进服务质量。

第六步：建立投诉案例库。

物业公司应当将公司的投诉进行全过程记录，并建立投诉处理案例库，用以培训员工，提升服务。

【思考与练习】

1. 说出客户投诉的接待流程和接待原则。

2. 每一个物业服务公司都会有自己的投诉接待流程，方法则是大同小异的。请根据投诉的标准操作流程，对本公司相关的员工进行场景化的实操培训，帮助员工熟悉本公司、本岗位客户投诉接待的流程、接待的话术、接待的原则。并根据工作中发生的实际案例进行多次演练。

【回顾与总结】

本章主要学习物业服务投诉接待的客户心态、流程、原则和方法。由于客户投诉接待是每一个物业公司都要面临的问题，因此，客户服务接待人员要对流程和话术非常熟悉，同时在接待的过程中能够灵活运用，既不过分承诺，也不能冷淡处理，以"充分尊重，不卑不亢，合规处理"为原则。

第四部分
餐饮篇

第二十章
餐饮服务礼仪概述

中国幅员辽阔，千里不同风，百里不同俗，而中华民族的饮食文化更是为泱泱大国增添了几分神秘，餐饮文化包含着餐饮礼仪，古老的东方古国在餐饮上十分讲究，几千年的餐饮礼仪和制度到现在仍对我们的生活有着深远影响，甚至成为现代文明中不可替代的一部分。

周代，餐食礼仪已经成为一套相对完整的制度。不但饮食规格，而且连菜肴的摆设也有规则，《礼记·曲礼》中说："凡进食之礼，左殽右胾，食居人之左，羹居人之右。脍炙处外，醯酱处内，葱渫处末，酒浆处右。以脯修置者，左朐右末。"就是说，凡是陈设便餐，带骨的肉放在左边，切好的肉放在右边。干的食物靠着左手放，羹汤靠着右手放。细切的和烧烤的肉类还要放远些，醋和酱类等佐料放在近处。蒸葱等拌料放在旁边，酒浆等饮料还须和羹汤放在同一方向。

三千年前的周代已经有了自己的餐饮礼制，两千年前的《礼记》也让现代人知礼、懂礼、用礼，而现代人，用老饕来形容自己对美食的追求，不仅爱吃、会吃，更重要的是，在吃中感受极致的美食和不同菜系的特色服务。在美食林立的中国，标新立异的服务也成了人们追求的新概念。

"食不厌精，脍不厌细"孕育出了不同特色的中国餐食文化，无论是适合大快朵颐的鲁菜，还是精致小巧的粤菜，又或者是无辣不欢的川菜，甚至遍布全中国的米其林和黑珍珠，每一种饮食都像是五颜六色的鲜花，开遍大地。饮食跟上了，服务呢？

除了味道，很多消费者更将服务作为一个餐饮品牌应提供的增值需要，有了舒适的体验，才是成熟的餐饮品牌。

本章将根据不同餐饮行业，从服务礼仪角度有针对性地解决行业中服务的痛点，多元化剖析存在的难点。

第一节　餐饮服务礼仪

一、餐饮服务礼仪的意义

餐厅是一家食肆的书面叫法，更多的人愿意给餐厅赋予更多的情感，比如可以唤作招待亲友相聚、聊天交心的"乌托邦"，面对每个城市中数以万计的商铺和小店，当真正踏入店门后，是宾至如归般的温暖用心招待，还是匆忙冷漠的敷衍招待；是千篇一律的色彩，还是有创新的设计？如何在大环境下做出服务的差异性，定制化的餐饮服务是不是会更受欢迎？用心地做餐饮，更需要用心地做服务，只有服务跟上了，才能成为更好的品牌。

1. 服务用心，技能靠人

餐饮行业的流动性和特殊性是不言而喻的，"学会倾听，用心服务，留住员工，成为家人"，这是服务行业对员工的家的打造，只有员工有了归属感，才能让宾客有归属感，所以感受是餐饮服务行业最基础的需求，这个感受一定是相互的、有温度的、有情感的。想做好服务靠用心，能做好服务靠技能。经营餐厅、切实做好服务，需要服务人员在正式上岗待客前学习并掌握基本的餐饮服务礼仪。服务礼仪是餐厅企业文化对外交往的窗口。服务是无形的，服务人员的形象却是具体的，当有温度的语言结合了整洁的制服和训练有素的行为，这就是软实力。服务团队形象就是餐饮企业典型的活广告，服务礼仪不仅可以强化企业的职业道德素养，还可以树立优质服务的企业形象，为企业带来良好的经济效益和口碑美誉。

2. 服务礼仪是服务人员为顾客呈现的一种美好细节

顾客通常是通过视觉、味觉、听觉、嗅觉、触觉来体验服务，而服务礼仪正是在细节处彰显服务品质。比如，热情得体的笑容，干净可口的餐食，主动亲切的问候，自然清新的空气，安全无尘的设施等。服务礼仪既体现了餐饮服务人员的工作精神和风貌，更是个人仪态、形象、素养、自信心的外在呈现。

3. 服务礼仪是宾客关系经营发展的滋养剂

在酒店、餐饮等服务业中，礼仪是员工与宾客之间互动的关键。良好的服务礼仪能够提升宾客体验，增强宾客对酒店的信任和满意度，从而为酒店带来更多的业务机会和口碑宣传。反之，不当的服务礼仪则会影响宾客对酒店的整体印象，甚至导致投诉和负面评价。因此，培养员工的服务礼仪对于酒店等服务业的发展至关重要。服务礼仪有助于餐饮企业满足顾客的心理需求，有助于服务人员与顾客之间更好地进行沟通与链接，在服务中可以有效缓和及避免不必要的宾客与服务人员之间的冲突与矛盾。

二、餐饮服务礼仪的内涵

古人云："己欲立而立人，己欲达而达人"，可谓是礼仪的精髓。因此，餐饮服务礼仪的基本原则是：利益他人，为他人着想。对于餐饮服务人员而言，系统、规范、有形的礼仪服务，不仅可以塑造专业、向善、向上的服务形象，更重要的是呈现顾客所喜爱的服务礼仪规范，在服务中能够获得顾客更多的认可、肯定和依赖。

【案例】

某五星级酒店内的一家高级餐厅，以其精致的美食和周到的服务而闻名。餐厅经理特别注重员工的礼仪培训，以确保为顾客提供优质的用餐体验。

有一次，一位顾客在餐厅用餐时，服务人员小张注意到顾客对一道菜品特别感兴趣。在顾客用餐过程中，小张主动上前询问顾客对该菜品的口感是否满意，并询问顾客是否有其他需求。顾客对小张的服务态度非常满意，并表示想要了解更多关于菜品的信息。

小张立即回应，礼貌而专业地向顾客介绍了这道菜品的食材、做法和营养价值，并耐心地回答了顾客的其他问题。顾客对小张的专业知识和热情周到的服务感到非常惊喜，对小张赞不绝口。

【分析】

在这个案例中，小张展现出了专业的餐饮服务礼仪。首先，他注意观察顾客的需求，并主动上前询问顾客的意见。其次，他用礼貌的语言与顾客交流，表现出热情和耐心。最后，他向顾客提供了有关菜品的信息，并回答了顾客的问题，使顾客对餐厅的菜品有了更深入的了解。在整个服务过程中小张用专业服务与优质的礼仪向顾客传递了尊重，提升了顾客本次的用餐体验。

"礼者，敬人也。"《礼记·典礼》中的第一句就是"毋不敬"。古人先贤早已经告诉我们礼仪的核心就是：尊重。作为餐饮服务人员，学习礼仪的核心内涵就是："内修于心，外显于形"。餐饮服务礼仪更是服务人员在工作中彰显对顾客的尊敬和关爱之美意。

在与顾客服务链接过程中，餐饮服务人员能够做到举止大方、自尊自爱、自立自强、不卑不亢、入乡随俗，能够熟练使用在餐饮服务业内规范且得体的服务礼仪，而非仅凭主观臆断对待顾客。服务人员既要做到礼貌接待、尊重顾客，又要做到热情有度而非殷勤。尊重他人最关键的是内外兼修、言行一致。

三、餐饮服务礼仪的特征

作为美食发源地之一的中国，被誉为礼仪之邦，当美食与礼仪两种元素碰撞，必然会出现灿烂的饮食文明，餐饮服务礼仪不仅关乎顾客的就餐体验，还影响着企业的形象、服务质量和市场竞争力。餐饮服务礼仪的特征有以下六点：

（1）规范性：餐饮服务礼仪是建立在礼仪规范的基础上的，礼仪服务人员需要遵守既定的规范和标准，以展示出专业、友好的形象。

（2）对象性：餐饮服务礼仪需要根据不同的顾客和场合进行调整。服务人员需要根据顾客的需求、喜好和反馈来提供个性化的服务。

（3）主动性：餐饮服务礼仪要求服务人员主动关注顾客的需求和感受，积极提供帮助和解决问题。

（4）互动性：餐饮服务礼仪不仅仅是单向的，而是需要服务人员与顾客双向互动。服务人员需要友好、耐心地与顾客沟通，同时也要鼓励顾客参与到餐饮服务中来。

（5）细致性：餐饮服务礼仪要求服务人员关注细节，尽可能考虑到顾客的需求和感受。服务人员需要细致入微地观察和了解顾客的反应，并及时调整自己的服务方式。

（6）传承性：餐饮服务礼仪是一种文化传承，它反映了中华民族的传统美德和礼仪文化。服务人员需要了解和传承这些文化传统，并将其应用到现代餐饮服务中。

总之，餐饮服务礼仪是一种以规范性为基础、以对象性为原则、以主动性为要求、以互动性为关键、以细致性为核心、以传承性为支撑的服务方式。通过良好的餐饮服务礼仪，可以提升顾客的满意度和忠诚度，促进餐饮业的发展。

四、餐饮服务礼仪的演变

1. 从传统到现代：服务礼仪的嬗变

随着时代的变迁，餐饮服务礼仪经历了从传统到现代的嬗变。古代的服务礼仪强调尊卑有序，注重仪态和言行举止。而在现代，服务礼仪更加注重个性化和细致化。服务人员需要更灵活地应对各种场合，同时关注顾客的个性需求，提供更贴心的服务。

场景延伸：想象一下，在一家高级餐厅，服务人员不仅能熟练掌握传统的礼仪规范，还能根据顾客的喜好调整服务方式，营造出温馨而个性化的用餐氛围，仿佛是一场礼仪之旅。这种个性化的服务，让用餐成为一场充满人情味的体验。

2. 数字化时代的服务礼仪

随着数字化时代的来临，服务礼仪也迎来了新的挑战和机遇。在智能点餐、在线预订等新型服务模式中，服务人员需要具备熟练运用数字技术的能力，以确保顾客能够顺利享受到这些便利的服务。同时，服务礼仪也要与数字化服务相结合，使整个用餐体验更加流畅和愉悦。

场景延伸：想象一下，你通过智能点餐系统预订了餐位，服务人员在你到达时已经知道你的喜好，并能提供个性化的推荐，使整个用餐过程更加智能化和便捷化，仿佛是一场数字之旅。这种数字化的服务礼仪，使得用餐更加贴近生活，更加符合顾客的个性需求。

3. 礼仪与技术的融合：服务个性化的未来

礼仪与技术的融合将成为餐饮服务的新趋势。随着人工智能的发展，服务人员可能不再只是面对面的交流，虚拟助手和语音识别技术可能成为餐厅的常客。这样的创新不仅提高了效率，还能够更好地满足顾客的个性化需求。比如，虚拟助手可以在顾客到达之前了解他们的喜好，为其提供更个性化的服务。

场景延伸：想象一下，你步入一家高科技餐厅，虚拟助手通过面部识别技术识别你并显示你的偏好，让整个用餐过程更加贴心。

4. 礼仪的文化融合：国际化餐饮服务

随着全球化的推进，餐饮服务不再局限于本地文化。餐厅需要适应多元文化的顾客需求，服务人员的礼仪也需要进行文化融合。这包括对不同国家和地区的礼仪规范的了解，以及对多语种服务的应对能力。一些高级餐厅可能会聘请多语种服务人员，以确保与国际顾客的交流更加顺畅。

场景延伸：想象一下，在一家国际餐厅，服务人员能够流利地运用多种语言为顾客提供服务，让他们在异国他乡感到宾至如归。

5. 礼仪创新：活化用餐体验

未来的餐饮服务可能更加强调用餐体验的活化。餐厅可能通过引入虚拟现实（VR）和增强现实（AR）技术，让顾客在用餐过程中体验更多的娱乐和互动。这种创新将使用餐不再是简单的进食，而是一场充满乐趣和创意的体验。

场景延伸：想象一下，在一家未来主义餐厅，顾客可以通过 AR 眼镜看到菜品的制作过程，或者与虚拟角色互动，使整个用餐过程更加有趣。

【思考与练习】||||||||||||||||||||||||||||||||||||||||||||||||||||

1. 餐饮服务礼仪的意义是什么？

2. 餐饮服务礼仪的特征有哪些？

3. 案例中的小张为什么会获得顾客的认可？其中有哪些值得我们学习？

【回顾与总结】||||||||||||||||||||||||||||||||||||||||||||||||||||||||||||||||||||||||||||||||||||||

1.餐饮服务礼仪的核心是：尊重。作为餐饮服务人员，学习礼仪的核心内涵是："内修于心，外显于形。"

2.餐饮服务礼仪的基本原则是：利他，为他人着想。在与顾客服务链接过程中，能够做到：举止大方、自尊自爱、自立自强、不卑不亢、入乡随俗。

3.餐饮礼仪发展的演变：从传统到现代服务礼仪的嬗变；数字化时代的服务礼仪；礼仪与技术的融合：服务个性化的未来；礼仪的文化融合：国际化餐饮服务；礼仪创新以活化用餐体验。

第二节　不同餐饮领域的服务礼仪特征与培训要求

【案例】

在星巴克，咖啡师不仅仅是为顾客制作咖啡的人，更是代表着星巴克品牌文化的一部分。星巴克注重员工的培训，尤其是咖啡师的培训，以确保顾客在星巴克的每一次咖啡体验都是独特而难忘的。

星巴克的咖啡师接受详细的咖啡知识培训，了解各种咖啡豆的产地、烘焙程度，以及不同咖啡的风味特点。他们学会用简单而富有情感的语言向顾客介绍咖啡的背后故事，使顾客更深入地了解所品尝的咖啡。星巴克鼓励咖啡师展现个性和创意。他们接受培训，学会在咖啡的拉花上发挥创意，为顾客创造出独特的视觉体验。咖啡师们与顾客进行轻松、友好的互动，营造出舒适的咖啡店氛围。星巴克通过培训咖啡师，不仅提升了咖啡品质，还树立了鲜明的品牌形象。咖啡师的专业和热情服务成为星巴克吸引顾客、提高顾客忠诚度的重要因素。这里不仅是卖咖啡的地方，更是一个社交场所。咖啡师通过培训传递星巴克的文化，使顾客在店内体验到更多社交与文化的元素，从而提升了整体的用餐体验。星巴克咖啡师的培训成为餐饮行业中的典范，展现了如何通过培训打造独特的品牌文化，提高服务标准，以吸引并留住顾客。

【分析】

培养员工积极主动的服务态度，主动为顾客提供帮助，主动关心顾客的需求，能使顾客感受到良好的服务体验。

一、不同餐饮领域的服务礼仪特征与培训要求

（一）快餐行业

1. 礼仪特征

快餐店通常有多个工作岗位，如前台接单、后厨制作等，员工需要良好的团队协作能力，并且需要快速、高效地完成服务，以确保整个服务流程的顺畅。（例如，麦当劳和肯德基等快餐连锁店注重员工在高峰时段的服务效率，培训员工在短时间内完成订单。）

2. 培训要求

（1）培训员工学会清晰、迅速地与顾客沟通，确保订单准确无误。

（2）培训服务人员快速而准确地处理订单，熟练使用点餐系统，以提高服务效率。

（3）培训应关注服务人员如何在高峰时段保持高效率，确保在有限时间内完成任务。

（4）由于快餐行业通常需要多人协同工作，培训应强调团队协作的重要性，确保整个团队高效运转。

（二）高端餐厅

1. 礼仪特征

在高端餐厅，员工不仅需要深入了解菜品，包括食材、制作工艺等，还要学习专业的菜品知识，能够向顾客提供详细的介绍和建议。（例如，米其林星级餐厅的服务人员通常接受专业的培训，以提供高水平的菜品知识服务。）

2. 培训要求

（1）高端餐厅员工的仪容仪表和礼仪规范。员工需要穿着整洁的制服，保持仪表端庄，与顾客互动时表现出专业礼貌。

（2）掌握餐桌礼仪，包括餐具使用、服务流程，以确保提供高质量的服务。

（3）能够向顾客提供专业的建议，提高餐饮体验。

（4）学会建立与高端顾客的良好关系，了解顾客的喜好以提供个性化的服务，提升顾客满意度。

（三）咖啡馆

1. 礼仪特点

在咖啡馆，员工需要了解咖啡豆的种类、烘焙程度，以及各种咖啡的制作方法，

并且需要学会与顾客分享咖啡知识，提供个性化的咨询服务。例如，星巴克的咖啡师通常接受专业的培训，以成为咖啡品质专家。

2.培训要求

（1）了解各种咖啡的制作方法，学会与顾客分享咖啡知识，提供个性化的咨询服务。

（2）咖啡馆通常是休闲场所，员工需要具备亲和力，与顾客进行轻松愉快的交流。同时，有一些咖啡馆注重员工的创意，鼓励他们在服务中展现独特的咖啡文化。

（四）中餐馆

1.礼仪特征

在中餐馆，员工需要了解中华料理的特色与口味，例如，在粤菜馆或川菜馆，服务人员通常需要了解不同地方菜系的特色，以提供更个性化的服务。另外，中餐礼仪还注重合理的座次安排。

2.培训要求

学习推荐菜品、酒水的技巧，根据顾客的口味提供合适的建议。在一些中餐馆，特别是一些传统中餐馆，员工需要了解茶艺文化，为顾客提供传统的茶水服务，包括了解茶叶的种类、泡茶的技巧等。

（五）酒吧

1.礼仪特征

在酒吧行业，员工需要深入了解各类酒品，包括葡萄酒、烈酒等。必备修养包括提供专业的酒品推荐，根据顾客口味提供个性化建议。例如，在高级酒吧中，服务人员通常接受葡萄酒认证等专业培训。

2.培训要求

酒吧员工需要具备一定的调酒技能，能够根据顾客的需求调制出独特的酒，培养创造力，提供独特而令人满意的饮品体验。

（六）国际连锁餐厅

1.礼仪特征

尊重多元文化；注重服务的标准化和一致性，以确保顾客无论在全球哪个分店都能享受到相同品质的服务；随着全球环保意识的增强，越来越多的国际连锁餐厅注重环保和可持续发展。

2.培训要求

（1）进行多语言服务培训，确保与来自不同国家的顾客进行流畅的交流。

（2）关注不同文化的用餐礼仪、信仰、节庆等，使服务人员能够更好地理解和尊重不同文化的顾客。

（3）进行不同国家的餐桌礼仪培训，确保服务的专业度和符合当地文化习惯。

二、餐饮服务礼仪培训的重要性

餐饮服务礼仪培训在餐厅经营中起着不可忽视的重要作用，不仅关系到顾客的整体用餐体验和员工的职业发展，还直接关系到餐厅的品牌形象和声誉。餐饮服务礼仪培训的重要性有以下几个方面：

1.提升顾客体验

餐饮服务礼仪培训是提升顾客体验的关键一环。顾客往往会对服务人员的态度、专业素养和服务效率产生深刻的印象。通过培训，服务人员能够学习如何与顾客建立良好的沟通，提供主动、热情、专业的服务，使顾客感受到尊重和关照。一次愉快、专业的服务体验不仅会给顾客留下深刻印象，还会促使顾客再次光顾，并向他人推荐。

2.塑造品牌形象

服务人员是餐厅的代表，其仪容仪表、言谈举止直接影响到餐厅的整体形象。通过餐饮服务礼仪培训，服务人员能够更好地理解和展示餐厅的文化和价值观，确保餐厅的形象与经营理念相一致。一个专业、有礼的服务团队会给顾客留下深刻的好感，进而提升餐厅在市场上的竞争力。

3.提高服务效率

规范化的服务流程和高效的服务能力是餐饮服务礼仪培训的目标之一。通过培训，服务人员能够熟练掌握各项操作流程，提高上菜速度，缩短等待时间，从而提高整体服务效率。一个高效的服务团队不仅能够满足顾客需求，还能提高餐厅的经营效益。

4.培养团队协作与领导力

餐饮服务礼仪培训强调团队协作和领导力的培养。在一个默契且高效的服务团队中，服务人员能够更好地协同工作、互相支持，提高整体服务水平。培训还有助于发展管理层的领导力，使其能够更好地引导和激励整个服务团队，进而提升整体服务质量。

5.处理危机与顾客投诉

培训能够帮助服务人员更好地应对突发状况和顾客投诉。通过模拟危机情景和案例分析，服务人员可以学习如何冷静应对各种问题，维护良好的顾客关系，防范潜在的负面影响。处理危机和顾客投诉的专业能力直接关系到餐厅声誉和顾客忠诚度。

6.符合法规和行业标准

餐饮服务礼仪培训有助于服务人员了解和遵守相关法规和行业标准。在严格遵循法规的同时，服务人员通过培训能够了解行业最佳实践，确保服务行为的合法性和规范性，降低餐厅可能面临的法律风险。

综合来看，餐饮服务礼仪培训对于提升顾客体验、打造品牌形象、提高服务效率、培养团队协作与领导力、处理危机与顾客投诉以及符合法规和行业标准都具有不可替代的重要性。通过系统性的培训，服务人员不仅能够提高专业素养，更能够为餐厅创造更好的经营环境，提高市场竞争力，确保顾客在餐厅获得卓越的用餐体验。

【思考与练习】||||||||||||||||||||||||||||||||||||||||||||||||||||||||||||||||||||||||

1.请说出不同餐饮行业的礼仪特征和培训要求。

2.请说出餐饮服务礼仪的重要性。

【回顾与总结】||||||||||||||||||||||||||||||||||||||||||||||||||||||||||||||||||||||||

1.本章的重点是理解餐饮服务行业礼仪存在的意义，在餐饮行业，餐饮服务和餐饮产品同样重要。

2.餐饮服务行业是复杂的，因为面临的顾客需求不一致，所以要做到点对点全面的服务。

3.时代在进步，餐饮服务行业的礼仪也有了进步，更加多元化、个性化。

第二十一章
打造顾客服务体验

打造优质的顾客服务体验对于餐饮行业来说具有极其重要的意义。它不仅能够增强顾客满意度和忠诚度，提升品牌形象和口碑，还能够提高顾客留存率和复购率，促进产品和服务创新，并增强员工归属感和提高员工工作积极性。因此，餐厅应该高度重视顾客服务体验的提升工作，不断优化服务流程和提高服务质量，为顾客提供更加优质的用餐体验。

第一节　与顾客建立联结

【案例】

为了给游客创造快乐和梦幻的感受，迪士尼设计出各种主题游乐设施，推出精彩表演、特色餐饮和购物体验，以及梦幻般的住宿环境。正如迪士尼的使命宣言："通过创造奇妙的、难以忘怀的娱乐体验，让每位访客在迪士尼乐园都能感受到幸福和梦想成真的魔法。"让我们来看看迪士尼是怎样与每位顾客链接的。

员工的理解和参与：迪士尼乐园的员工被称为"演艺者"（Cast Members），乐园通过细致的培训使其了解迪士尼的价值观和文化。乐园认可员工不只是工作人员，更是幕后英雄，会参与到创造奇迹的过程中。迪士尼鼓励员工参与创意分享，并设有奖励机制。员工的建议和反馈被认真考虑，并成为乐园改进的灵感来源，使员工感到自己是创造乐园魔法的一部分。

服务细节中的表达：从热情的问候到周到的服务，每一个细节都体现了迪士尼对访客体验的执着。员工会用心为访客提供个性化的服务，确保每位访客都能感受到被特别对待的独特体验。

产品与使命一致：迪士尼乐园的每个主题区都注重细节，体现了不同动画和故事的精髓。游乐设施、餐厅、商品等都与迪士尼的品牌故事相契合，使得整个乐园成为一个立体的梦幻世界。

激励机制：迪士尼设有多项激励计划，包括员工奖励、职业发展机会和特别活动参与。这些激励不仅使员工更有动力，也提高了服务水平和团队凝聚力。

社会责任实践：迪士尼注重社会责任，通过慈善活动、环保倡议等参与社会公益。这体现了迪士尼对社会的承担，进一步巩固了其在访客心中的积极形象。

通过这些实践，迪士尼乐园成功与每一位顾客链接，创造了一个不仅是游乐场所，更是梦幻和幸福象征的乐园。

【分析】

餐饮行业的服务理念与迪士尼有着异曲同工之妙，都注重提供优质的服务和营造愉悦的消费体验。借鉴迪士尼的成功经验与顾客建立有效链接，需注意以下几点。

一、获取顾客

有效吸引和获取顾客需要企业在多方面努力，通过综合运用以下策略，不断提升自身竞争力，吸引更多新顾客，留住老顾客。

1. 数字化引流

互联网和社交媒体平台是当今吸引顾客的主要途径之一。通过建立社交媒体账号，发布精美的食物图片、特色菜品和顾客评价，打造引人入胜的"美食发现之旅"。

2. 口碑传播

满足顾客的味蕾是最好的广告。通过提供出色的食物和服务，激发顾客的口碑传播。这种"独家新闻"的传播方式是最真实、直接的推广手段，精心制作的美味食物会在顾客间口口相传，形成强大的口碑效应，吸引更多的食客光顾。

3. 合作联动

与周边的其他商家进行合作，例如在当地超市、办公楼、体育馆等地展开联动推广。通过互相推荐和共同举办活动，如合作推出套餐或优惠券，让餐厅成为周边商圈的美食焦点。

4. 本地化宣传

在本地社区开展有针对性的宣传，成为社区的"美食明星"。通过参与社区活动、赞助当地赛事，提高餐厅在社区中的知名度。这种本地化宣传不仅能够吸引附近居民，也为餐厅树立了有亲和力和社会责任感的品牌形象。

通过多元化的获取途径，我们可以从不同的渠道吸引顾客，让他们成为餐厅的忠实食客。这种全方位的引流策略有助于提升品牌知名度，扩大顾客群体，从而实现餐厅的业务增长。

二、识别顾客

运用综合方法、手段来深入了解和分析顾客，更好地满足顾客需求、提升服务质量、优化营销策略，以提高行业竞争力。

1. 入门调查

入门调查建立每位顾客的"美食档案"。通过简短而贴心的问卷、点评或调查，了解顾客的口味偏好、饮食习惯，以及可能的食物过敏或偏好素食等信息。这是与顾客建立链接的第一步。

2. 观察互动

服务人员应成为信息的搜集者，通过观察顾客的互动和反应来了解更多信息。例如，是否有人在寻找无酒精饮料？是否有人在关注食材的来源？服务人员的耳目灵活，能够在与顾客的简短互动中捕捉到更多的信息。

3. 数字化分析

借助现代技术，通过顾客的购买历史、点餐习惯等数据进行分析，深入了解顾客的喜好。一方面可以提供更个性化的推荐服务，另一方面也为经营决策提供数据支持。就如大型连锁餐饮企业利用数据分析优化菜单，我们也可以通过数据"品味"顾客的口味。

4. 主动沟通

与顾客建立更深层次的沟通，了解他们对美食的独特体验和期望。通过主动询问，例如："有什么食材是您特别喜欢的？"或"什么菜品是我们可以为您特别定制的？"等问题，可以拉近服务人员与顾客之间的距离，促成一场美食故事的交换。

三、联结顾客

联结顾客最佳的打开方式来自"心＆手相承"与"美好的五感体验"理念，心代表着服务的热情和真诚，这不仅是服务人员的微笑，更是一种深层的关怀和温暖；手代表着餐饮服务的技艺和对美食的精湛掌控，这不仅停留在对食材的巧妙操控，更包括艺术性的呈现，使每一道菜品都成为味蕾的艺术品。心与手的相承不仅是服务的源泉和技艺的展现，更是一种服务的血脉，贯穿于整个餐厅的运作中。服务人员的热情与厨师的技艺相互辅助，形成一张完整的服务网络。美好的五感体验应该如何营造？可以从以下几方面入手：

1. 视觉体验

服务形象：服务人员的表情、妆容、服饰、仪态、个人卫生均需要精心打造和维护，这可以提升自身的职业感，增强顾客对服务人员的信任。

环境布置：餐厅的装修风格、色彩搭配、灯光效果等都会直接影响顾客的视觉感受。温馨、舒适、有特色的用餐环境能够吸引顾客的注意力，提升用餐的愉悦感。

菜品呈现：菜品的摆盘、色彩搭配、装饰物等也是视觉体验的重要组成部分。精致的摆盘和诱人的色彩能够激发顾客的食欲，增加用餐的仪式感。

2. 听觉体验

背景音乐：餐厅播放的背景音乐应该与餐厅的氛围相协调，既能营造舒适的用餐环境，又不会打扰顾客的交谈。

服务声音：服务人员的声音、态度以及与其他顾客的交流声也是听觉体验的一部分。友好、热情、专业的服务态度能够提升顾客的满意度。

3. 嗅觉体验

菜品香气：菜品的香气是吸引顾客的重要因素之一。当顾客走进餐厅或坐在餐桌旁时，诱人的菜品香气，会大大增加他们的食欲和期待感。

环境香气：餐厅还可以通过使用香薰、精油等方式来营造独特的环境香气，提升顾客的舒适度和放松感。

4. 味觉体验

菜品口味：菜品的口味是餐厅的核心竞争力之一。新鲜、美味、有特色的菜品能够满足顾客的味蕾需求，给他们留下深刻的印象。

饮品搭配：饮品也是味觉体验的重要组成部分。与菜品搭配的饮品能够提升整体的用餐体验，让顾客感受到更加丰富的味觉享受。

5. 触觉体验

餐具质感：餐具的质感会直接影响顾客的用餐体验。高质量的餐具能够给顾客带来更加舒适的手感和用餐体验。

环境触感：餐厅的座椅、桌布、窗帘等物品的触感也会影响顾客的舒适度。柔软、舒适的座椅和温馨的桌布能够增加顾客的满意度和归属感。

第二节　企业经营和服务系统管理

优质的前台服务，离不开企业经营和服务系统管理，要做到前后联动，需要注意以下几点：

一、企业经营管理触点

1.明确工作使命

确保工作使命清晰、简明扼要，并能够激发员工的共鸣。使命应该明确表达企业的核心价值和长远目标。

2.开展内部培训

内部培训工作要确保所有员工都深刻理解企业的使命，并将其内化为个人责任。定期组织沟通会议，分享企业使命的成功案例，鼓励员工提出关于如何实践使命的建议。

3.制定明确的价值观

将使命与企业的价值观相结合，以确保员工在工作中能够体现这些价值观。例如，企业的使命是"提供健康美食"，相关的价值观包括注重健康、创新和协作。

4.设计服务流程和细节

使命应该体现在服务的方方面面。从顾客进入餐厅的瞬间，到点餐、用餐环境、服务人员的态度，每一个环节都应该体现出企业的使命，确保服务流程和细节符合使命的理念。

5.鼓励员工参与和反馈

鼓励员工提出关于如何更好实践使命的建议，并在实际操作中给予他们更多的自主权。定期收集员工的反馈，了解他们对于使命"血肉化"的看法，并对积极参与的员工给予认可。

6.制订激励机制

设立激励机制，奖励那些在工作中积极践行使命的员工。这可以是金钱奖励、员工表彰，或是其他形式的奖励，以鼓励员工更积极地参与到实践使命的过程中。

7.组织社会责任实践

如果使命涉及社会责任，那么应在实际行动中展示企业的社会责任，例如参与公益活动、环保活动等，以提升员工和顾客对企业社会责任感的认同。

通过这些措施，餐饮服务行业可以将工作使命深度融入企业文化，使其成为每个员工共同追求的目标，从而形成真正"血肉化"的使命，成就企业，成就员工，惠及顾客。

二、员工服务行为管理

对待餐饮工作需要有一份使命感，工作使命具象化意味着将企业的使命融入每一个细节中，使其不再只是一句口号，而是真正贯穿于企业文化、员工行为和服务品质中，最终目的就是服务顾客，让顾客满意。

1. 员工的理解与参与

餐饮企业需要确保员工对企业使命有深刻的理解，并将其视为个人责任的一部分。培训计划、内部沟通和团队建设活动可以帮助员工更好地理解使命，并激发他们对于实践使命的参与度和创造性。

2. 服务细节中的表达

使命应该通过服务的方方面面得以体现。从服务人员的微笑、热情态度，到餐具的摆放、环境的卫生，每一个细节都应该反映出企业的核心价值。例如，如果企业的使命是"提供温馨家庭般的用餐体验"，那么服务人员应该展现出亲切的家庭式服务，餐厅的布置也应强调温馨和舒适。

3. 产品与使命的一致性

餐厅的菜单和食物选择应与使命保持一致。如果企业的使命是"倡导健康饮食"，那么菜单中应该有健康、营养的选项，并通过食材和烹饪方法体现这一价值。

4. 顾客体验设计

工作使命"血肉化"要求企业将使命融入顾客整体体验中。这包括用餐环境的设计、音乐的选择、服务流程等方面，使顾客在用餐的过程中能够亲身感受到企业的核心价值，从而增强他们对品牌的认同感。

5. 社会责任实践

如果企业的使命涉及社会责任，那么在实际行动中应有相应的举措。这包括使用可持续的食材、参与社区活动、减少环境影响等。通过这些实际行动，企业能够向顾客展示他们对使命的践行。

在餐饮服务行业，工作使命"血肉化"不仅能够塑造企业独特的品牌形象，还能够吸引更多的顾客并促使他们变成忠实的顾客。这种深度的"血肉化"使得企业不仅仅是提供食物的地方，更是传递价值观和情感链接的场所。

三、服务流程设计与要求

【案例】

在城市中的繁忙街角，有一家以家常小吃为特色的小店，名为"小幸福小吃屋"。他们的服务流程设计着重于接地气，注重简单、实用，为顾客提供快捷、亲切的用餐体验。下面就让我们看看它是如何受到大众欢迎的。

（1）欢迎与点单：顾客走进小吃店，会受到服务人员热情的欢迎。服务人员会引导顾客入座，并递上简洁明了的菜单。点单时，服务人员会耐心解答顾客的问题，推荐招牌小吃，并确保点单过程高效迅速。

（2）快速制作与出餐：小吃店的厨房设置紧凑，菜品种类繁多但精简，以确保食材的新鲜和口味的地道。厨师团队高效协作，迅速制作出顾客点单的小吃。出餐时，服务人员负责将菜品送至顾客桌前，并致以简单而热情的问候。

（3）用餐环境清理：小吃店要注重用餐环境的整洁。在顾客用餐的同时，服务人员会随时巡视、清理桌面，保持餐桌整洁有序。这使得用餐环境更加宜人，为顾客提供良好的用餐体验。

（4）关怀式服务：小吃店的服务注重人情味。服务人员会时常关切地询问顾客是否需要加水、用餐体验是否满意。这种关怀式的服务，使顾客感受到温暖，增加他们对小吃店的归属感。

（5）结账与送别：顾客用餐结束后，服务人员会主动递上账单，结账过程简便快捷。在送别时，服务人员会表达感谢之意，并邀请顾客再次光临。这种亲切的送别，给顾客留下美好的印象。

（6）意见反馈与改进：小吃店鼓励顾客提供意见反馈。他们设有建议箱，并在账单上印有反馈网址。定期收集并分析顾客的意见，根据反馈进行改进，以不断提升服务质量。

【分析】

通过这一系列接地气的服务流程设计，小幸福小吃屋成功地为顾客打造了一种简单而温馨的用餐体验。服务流程的设计注重顾客的需求，使整个用餐过程变得轻松、愉悦，促使顾客愿意成为忠实的回头客。这种注重细节、实用而亲切的服务理念，使小吃店在竞争激烈的餐饮市场中脱颖而出。

当我们将餐饮服务礼仪视为一场精致的艺术展览时，那么每一个步骤都如同绘制一幅独特的画作，通过巧妙的设计和细致的呈现，为顾客创造出一次令人难忘的用餐艺术品。以下是这个过程的详细步骤。

1.预演场景设计

在服务开始之前，服务团队应该共同进行预演。服务人员需要了解整个用餐场景，熟悉各自的角色，确保在实际服务中能够默契配合。

2. 仪态与动作编排

将服务人员的仪态和动作视为一种编排，使其具有艺术感。从站姿到走位，每一个动作都应该具备优雅和从容，为顾客带来视觉上的愉悦。

3. 餐具和摆盘设计

将餐桌布置视为一场艺术展览。通过精心设计的餐具摆放和菜品摆盘，创造出一种独特的美学感受。每一种餐具都是一件艺术品，为整个用餐场景增添雅致的氛围。

4. 调酒技艺展示

将调酒师的技艺视为一场艺术表演。通过独特的调酒手法和灵活的动作，将调酒过程变成一场引人入胜的表演，为顾客提供一场视觉和味觉的双重享受。

5. 服务细节把控

将服务的每一个细节都视为一件微小的艺术品。从为顾客拉椅子到为他们倒酒，每一个动作都应该具备细腻和独特之处，使顾客感受到服务的用心和巧思。

6. 菜单创意设计

将菜单设计视为一种创意的艺术。通过精心设计的排版和独特的插画，使菜单不仅是点餐的工具，更是一份令人愉悦的艺术品，为顾客提供视觉上的享受。

7. 音乐与环境氛围

将音乐与环境氛围视为整体服务的一部分。选择恰到好处的音乐，使其与菜品风格相契合，为顾客提供一种音乐与美食完美融合的感觉，创造出一场音乐会与美食之间的和谐交响曲。

8. 菜品讲解艺术

在为顾客介绍菜品时，将讲解视为一种艺术表演。用富有激情的语言描述食材的来源、烹饪的技法，使顾客在品尝美味的同时，还能领略到菜品背后的故事和独特之处。

9. 艺术装饰元素

在餐厅中巧妙融入艺术装饰元素，如艺术品、雕塑或壁画。这些元素不仅为用餐环境增添了独特的艺术氛围，同时也为顾客提供了视觉上的享受，使整个用餐场所如同一座充满文艺气息的画廊。

10. 服务沟通的音调

将服务人员的沟通音调视为音乐的节奏。通过语速、音高的变化，使沟通更加生动有趣，让整个用餐体验更富有情感。

11.意境营造与故事编织

将整个用餐体验看作一个有情节的故事。通过巧妙的编排和故事线索，为顾客创造出一个充满意境和情感的用餐故事，使他们参与其中，感受到一种独特的情感共鸣。

餐饮服务礼仪不是一个机械的流程，而是一场充满创意和艺术感的演出。通过艺术的方式来打磨每一个细节，使顾客在整个用餐过程中感受到文艺与美食的完美结合，从而创造出一场令人陶醉的用餐艺术。

【思考与练习】 ▮▮

1.请说出能够有效提升企业形象的顾客体验。

2.为什么优质服务需要流程设计？

【回顾与总结】 ▮▮

1.生活中，吃饭是日常，服务是基础，口味会有相似，服务却有温度，好的餐饮，靠品质服务取胜。

2.不同的餐饮服务案例说明优质的服务源于真实的顾客体验和不断更新的流程设计。

3.好的服务是信息的积累更迭，为顾客打造独特的体验，顾客会成为粉丝，自带传播属性。

第二十二章
餐厅各岗位服务礼仪

第一节　岗前准备

餐厅岗前准备对于确保餐厅的顺利运营和提供高质量的服务至关重要。餐厅管理者应该高度重视岗前准备工作，确保每位员工都能以最佳状态投入工作。

一、岗前准备的意义

1.提升顾客满意度

通过充分的岗前准备，员工能够熟悉工作流程、了解菜品信息、掌握服务技巧，从而在顾客到店时提供更加专业、高效、贴心的服务。细致而全面的岗前准备不仅能提升顾客的就餐体验，还能增强顾客对餐厅的好感度和忠诚度。

2.提高工作效率

岗前准备包括对工作流程的梳理、设备的检查与调试、食材的预处理等。这些工作的完成可以确保在营业高峰期，员工能够迅速响应顾客需求，减少等待时间，提高工作效率。

3.保障食品安全

在岗前准备阶段，员工会对食材进行严格的检查和处理，确保食材的新鲜度和安全性。同时，对厨房设备和餐具的清洁消毒也是岗前准备的重要内容，这有助于防止食品污染，保障顾客的饮食安全。

4.增强团队协作

岗前准备往往需要多个岗位的员工共同参与，如厨师、服务人员、清洁工等。在这个过程中，员工之间需要相互协作、沟通配合，这有助于增强团队的凝聚力和协作能力，为餐厅的顺利运营提供有力保障。

5.提升员工士气

通过岗前准备，员工可以感受到餐厅对工作的重视和对员工的关怀。这种氛围能够激发员工的工作热情和积极性，提升员工的归属感和满意度，从而进一步提升餐厅的整体服务质量。

二、岗前准备具体要求

（1）仪容整洁：员工应保持良好的个人卫生，穿着整洁的制服，并保持制服干净、无污渍。头发应梳理整齐，面部清洁，指甲干净无污垢。

（2）了解菜单：熟悉餐厅提供的所有菜品、饮料及特色菜肴，了解每种菜品的制作方法、成分、口味及配料，以便为顾客提供准确的推荐和建议。

（3）热情待人：始终保持微笑，展现友好和热情的态度，对每位顾客都要给予关注和尊重。

（4）举止优雅：在服务过程中，应保持优雅的举止和礼貌的言谈。在行走、站立、坐下和端送食物时，都应展现出专业的姿态。

（5）有效沟通：清晰、准确地与顾客沟通，确保他们了解菜单上的内容、特价菜品、推荐菜品以及餐厅的其他服务。在回答问题时，要保持耐心和礼貌。

（6）熟悉工作流程：了解并熟悉餐厅的工作流程，包括订单处理、菜品制作、结账、清理餐桌等。在高峰时段，能够快速而准确地完成任务，确保顾客能够享受到顺畅的用餐体验。

这六点要求是餐饮服务礼仪岗前准备的基础，遵循这些要求，员工可以为顾客提供优质的服务，并提升餐厅的整体形象。

第二节　岗位服务礼仪

一、迎宾岗

（一）仪容仪表

1.仪容要求

妆容：女性服务人员应化淡妆，唇红适度，避免浓妆艳抹或珠光宝气，不要佩戴过多的首饰。男性服务人员应注意保持面部清洁，不留胡须。

发型：女性服务人员的发型应梳理整齐，盘发或束发，不得披头散发。男性服务人员的头发应前不盖眉，鬓不过耳，后不过领。

指甲：员工的指甲应保持清洁并修剪整齐，不得留长指甲或涂指甲油，注意指甲缝的清洁。

2. 仪表要求

服装：员工的服装应该统一、清洁、整齐、挺直。衣袖和领口应保持干净，领口不能敞开，袖口不能卷起。根据要求，员工可能需要穿戴帽子、围裙等。

配饰：佩戴公司提供的工作牌，标识清晰可见，佩戴在左胸口上方。避免过多的个人饰品，保持整体形象的统一。

仪态要求：员工站立时，应挺胸收腹，面带微笑，目视前方。女性服务人员应将右手搭在左手上，男性服务人员应将左手搭在右手上。两手垂直放在小腹前，双脚呈 V 字形，双膝靠拢，脚跟靠紧。走路、说话、动作都应保持轻盈、稳重、得体、端庄。

（二）问候

（1）热情主动地问候：当顾客进入餐厅时，服务人员应主动上前问候。初次见面时，可以说"您好，欢迎光临"，并介绍自己的身份，如"我是 ×× 号服务人员"。根据时间和场合，还可以加入时间性问候，如"早上好""下午好"等。如果知道顾客的特殊日子，如生日或新婚，可以特别祝福，如"祝您生日快乐"或"祝您新婚快乐"。

（2）握手礼：常规情况下服务人员不宜主动与顾客握手，当顾客主动握手时，服务人员不应回避，而应礼貌地与之握手。握手时，应保持眼神交流，微笑示意，力度适中，不宜过紧或过松。

（3）保持微笑：微笑是服务礼仪中最基本的元素之一。服务人员应时刻保持微笑，向顾客传递友好和热情。

（4）保持耐心：在繁忙的餐厅中，顾客可能会因为等待或其他原因而感到不满。服务人员需要保持耐心，理解顾客的需求，并提供适当的帮助和解释。

（三）热情接待

（1）使用尊称：在服务场合对顾客要规范使用尊称。如"先生""女士"，并避免使用不熟悉或过于亲昵的称呼。

（2）提供必要信息：主动向顾客介绍餐厅的特色、推荐菜品和优惠活动，以优化顾客的用餐体验。

（四）灵活应对

在高峰时段要灵活应对，避免顾客等待时间过长，有序引导顾客就座。

1. 引导就座

（1）熟悉餐厅布局：迎宾员需熟悉餐厅布局，能够迅速引导顾客到达指定座位，减少混乱和拥堵。

（2）热情引导顾客：当顾客进入餐厅时，服务人员应面带微笑、热情欢迎，服务人员应以规范的手势引领顾客，手势要自然流畅，不要过于生硬或夸张。同时，服务人员应注意走位合理，步幅适度，避免与顾客发生碰撞。

2.介绍座位

（1）介绍座位：根据顾客的喜好，介绍不同座位的特色，如窗户景观、靠近音响的座位等。

（2）介绍环境：如果餐厅的环境较为复杂或有特殊的区域划分，服务人员可以主动向顾客介绍餐厅的环境和特色，以方便顾客更好地了解和享受餐品。

（3）助力就座：主动为顾客拉椅、推椅，确保椅子与桌子的距离适中。对于长时间用餐的顾客，建议提供额外的舒适设施。

3.接待特殊顾客

（1）接待老年人：提供安静、舒适的环境，避免过于嘈杂的音乐和过多的服务人员走动。服务时应有耐心，不催促，主动帮助他们解决问题，如协助点餐、提供放大镜等。

（2）接待残疾人：提供无障碍设施，如轮椅通道、坡道、电梯等。服务时应主动询问他们的需求，如需要特殊餐具、辅助设备等。在可能的情况下，提供手语服务或配备翻译人员。

（3）接待儿童：提供儿童餐椅、儿童餐具、儿童菜单等。服务时应耐心友好，与孩子们互动，让他们感到舒适和欢迎。同时，注意食品安全和卫生。

（4）接待孕妇：提供舒适的座位和安静的环境。服务时可以主动询问她们的口味和需求，提供适合孕妇的营养菜品和健康饮品。

（5）接待宗教信徒：尊重顾客的宗教信仰和习俗，提供符合他们需求的食品和饮品。

在接待有特殊需求的顾客时，前厅服务人员应保持礼貌、耐心和尊重，主动了解顾客的需求和喜好，并提供个性化的服务。同时，与后厨等其他服务人员保持良好的沟通和协作，确保为顾客提供高质量、贴心的餐饮服务。

4.道别礼仪

所谓"迎三分，送七分"，近因效应会影响客户在整个就餐环境的美好体验，送别作为服务的最后关卡，尤为重要。以下是前厅服务人员道别礼仪的一些关键点：

（1）提前准备：在顾客离开之前，服务人员应该提前作好准备，确保账单已经结算清楚，顾客没有遗忘任何物品。

（2）微笑和目光接触：当顾客起身离开时，服务人员应该微笑并与顾客进行目光接触，以表达尊重和友好。

（3）道别语：服务人员应该使用适当的道别语，如"谢谢光临""再见""欢迎下次再来"。这些话语应该真诚、热情，让顾客感受到他们的受欢迎程度。

（4）鞠躬或点头：在道别时，服务人员可以行30度鞠躬礼或点头致意礼，以表示尊重和敬意。传统规范的礼仪，可以增强顾客的整体用餐体验。

（5）引领顾客离开：如果餐厅有特殊的出口或门禁系统，服务人员应该主动引领顾客离开，确保他们能够顺利地离开餐厅。

（6）感谢和祝福：不要忘记向顾客表达感谢和祝福，如"祝您一路平安""希望您度过美好的一天"等，这些话语可以让顾客感受到餐厅的关怀和温暖。

总的来说，前厅服务人员的告别礼仪应该真诚、热情、专业，让顾客感受到尊重和欢迎。遵循相关的礼仪规范，餐厅可以提升顾客的满意度和忠诚度，为顾客留下美好的回忆。

二、服务岗

1. 仪容要求

发型：服务人员的发型应该保持整洁、干净、清爽。对于男性员工，头发前不过眉，侧不过耳，后不过领，不能留有鬓角，也不能染发，避免选择过于个性化的发型。对于女性员工，短发不过肩，长发盘起，束发要紧，刘海不遮眉。

面部：服务人员必须保持面部干净、清爽，口腔清新。眼内不能有分泌物、血丝、黑眼圈或疲劳无神。鼻毛不能外露，鼻孔内要保持清洁。每天刷牙，保持牙齿洁白、干净，口气清新，不能有异臭味。男性员工应每日剃须。女性员工上班前注意眉毛修饰，忌杂乱。

手部：工作前后彻底清洁双手，尤其确保指甲、手腕等重点部位；避免手部直接接触食品；工作过程中避免手部接触口鼻、头发、耳朵、眼镜等区域。

2. 仪表

制服：服务人员的制服必须保持整洁、熨烫平整，按需更换。确保无污迹、无变色变形。自己的衣服不外漏，双肩不能有头皮屑，领口、衣领不能有油污。领带平直，领结要打得漂亮。裤脚、衣袖不可卷起，衣领要平整，不能竖起。衬衣按要求穿着，不可一半掖在里面一半外露。要按照制服设计系上纽扣，挂上挂钩，系好皮带。同时，应爱护制服，使其无破损，无扣子脱落，无裂缝、掉边等现象。穿黑色的皮鞋或布鞋。

风度：服务人员应培养良好的风度、气质，这是礼貌修养的主要标志之一。风度、气质的培养需要长期的努力，包括心灵、性格、修养、情操等方面的修炼。

配饰：规范佩戴工作牌，通常戴在左胸前。个人饰品，如耳饰，要简约，以突显专业形象。

3. 热情微笑

微笑是最好的问候。热情的微笑可以缓解顾客的疲劳，为用餐氛围增色不少。

（1）真诚微笑：微笑应发自内心，真诚自然，不做作。服务人员应该时刻保持愉快的心情，将微笑从内心发出，传递给每一位顾客。微笑时，眼睛也应含着笑意，让顾客感受到你的热情和真诚。

（2）适度微笑：服务人员在微笑时，要注意微笑的幅度和频率，避免过度或不足。适度的微笑可以展现出服务人员的专业素养和亲和力，让顾客感到舒适和满意。

（3）微笑面对挑战：在餐饮服务中，服务人员可能会遇到各种挑战和困难，如顾客投诉、菜品上错等。在面对这些挑战时，服务人员应保持冷静，用微笑去面对和解决问题。这不仅能够缓解紧张氛围，还能够展现出服务人员的专业素养和应变能力。

（4）保持一致性：服务人员在为顾客提供服务时，应始终保持微笑，避免因为个人情绪或工作压力而影响微笑的表现。一致性的微笑能够让顾客感受到服务人员的专业和热情，提升顾客的满意度。

微笑是一种技能，需要通过不断的练习来提高。服务人员可以在空闲时间对着镜子练习微笑，或者通过参加培训课程和模拟演练来提高微笑的表现力。

4. 称呼礼仪

接待顾客时应规范使用尊称，如"先生""女士"，表达对顾客的尊重。避免使用过于生硬或者太过亲昵的语言。

（1）通用称呼：通常可以称呼顾客为"先生""女士"。对于年龄较大的顾客，可以使用"老先生"或"老太太"，也可根据当地习俗来称呼，以表示尊重。

（2）根据顾客的特定情况称呼：如果知道顾客的姓氏或职位，可以称呼他们的姓氏或职位，如"张先生""李女士""王经理"等，这会让顾客感到被重视和尊重。

（3）尊重顾客的个性和偏好：如果顾客有特定的称呼要求或偏好，服务人员应予以尊重。例如，顾客要求被称呼为"先生"而不是"女士"，服务人员应该尊重这一点。

应避免使用不恰当的可能引起顾客反感的称呼，如过于亲密或不够尊重的称呼。也要避免使用错误的称呼，如不加姓氏直接称为"小姐"。

5. 主动关注顾客需求

用心倾听顾客点餐时的需求，询问是否有特殊喜好或者饮食禁忌。通过关心，提供更加贴心的服务。

（1）清晰表达：服务人员需要能够清晰、准确地传达菜单上的菜品、饮料、价格等信息，以便顾客能够理解并作出选择。同时，服务人员还需要能够清晰地传达餐厅的政策、规定和特殊要求等。

（2）耐心倾听：服务人员需要耐心地倾听顾客的需求，确保理解顾客的点单和服务要求。在与顾客交流时，服务人员避免打断顾客，给予顾客足够的时间表达意见。

（3）礼貌尊重：服务人员需要以礼貌、尊重的方式对待每一位顾客，避免使用冷漠或粗鲁的语气。在与顾客交流时，服务人员需要注意自己的言行举止，保持谦虚谨慎的态度，尊重顾客的个人空间和权利。

（4）提供建议：如果顾客对菜单或餐品选择不确定，服务人员可以提供一些建议和推荐，帮助顾客作出选择。同时，服务人员还需要对菜品的特点、食材、做法等有一定的了解，以便能够回答顾客的问题。

（5）解决问题：如果顾客有任何问题或不满，服务人员需要积极地寻找解决方案，确保顾客满意离开。在处理顾客投诉或问题时，服务人员需要保持冷静、耐心和礼貌，及时采取措施解决问题，避免对餐厅声誉造成不良影响。

（6）注意细节：服务人员需要注意顾客的用餐习惯和喜好，比如对食物的特殊要求、饮料的选择等，尽量满足顾客的需求。同时，服务人员还需要注意餐厅的环境和氛围，确保每位顾客都能够在舒适的环境中用餐。

6. 专业服务

（1）熟悉菜单：对餐厅的菜品要了如指掌，包括口味、食材来源等，这样才能为顾客提供专业的建议和推荐。

（2）礼貌点菜：在点菜过程中，巧妙地使用礼貌用语，推荐厨师拿手的菜品或者是当季推荐，为顾客提供更有深度的用餐体验。

（3）适时关怀：关注顾客用餐进度，及时为顾客续水、更换餐具，确保用餐的流畅。对于有特殊需求的顾客，提供个性化的关怀服务。

7.异常情况处理

【案例】

某天，一家知名餐厅的前厅经理接到了一位顾客的投诉。顾客表示，他们在餐厅用餐时，发现菜品中有一只虫子，这让他们感到非常不适和失望。顾客认为餐厅的卫生状况令人担忧，要求餐厅对此事进行解释并赔偿。

前厅经理首先向顾客表示歉意，并承诺会尽快解决此事。然后，他请顾客稍等片刻，自己则迅速进入厨房了解情况。经过了解，前厅经理得知是厨师在制作菜品时疏忽大意，导致虫子进入了菜品中。

为了解决这个问题，前厅经理采取了以下措施：

再次向顾客诚挚道歉，并承认餐厅在这方面的疏忽，并向顾客保证，餐厅会立即采取措施，确保类似的问题不再发生。

为了弥补顾客的不满和失望，前厅经理主动提出为顾客更换一份新的菜品，并且赠送一份餐厅的特色甜点，以表达餐厅的歉意和诚意。

为了确保餐厅的卫生状况得到改善，前厅经理立即与厨师长沟通，要求厨师长加强对食材的检查和清洁工作，确保菜品的卫生和质量。

最终，前厅经理的处理方式得到了顾客的认可和满意。顾客表示，虽然他们在用餐过程中遇到了一些不愉快的事情，但是餐厅的态度和处理方式让他们感到非常满意和感动。顾客表示会继续支持这家餐厅，并向朋友推荐这家餐厅。

【分析】

这个案例表明，在餐饮服务中，前厅服务人员处理投诉的能力非常重要。当顾客遇到问题时，前厅经理需要迅速采取措施，解决问题并化解顾客的不满和失望。同时，前厅经理还需要与顾客保持良好的沟通和态度，让顾客感受到尊重和关注。这样，餐厅才能赢得顾客的信任和忠诚，提高顾客满意度和口碑。

投诉应对需要及时、专业、礼貌，以维护餐厅的声誉和顾客的满意度。以下是处理投诉的一些建议：

（1）倾听与理解：当顾客提出投诉时，首先要做的是倾听并理解他们的问题。保持冷静和耐心，不要打断顾客的发言，确保他们有机会完整地表达他们的不满和期望。

（2）道歉与认可：向顾客道歉，表达对他们不满的认可。即使问题不完全是餐厅的责任，也要对顾客的不满表示歉意，这有助于缓解紧张气氛并建立信任。

（3）记录投诉细节：在处理投诉时，确保记录下所有相关的细节，包括顾客的姓名、投诉的具体内容、发生的时间和地点等。这便于后续跟进和解决问题。

（4）解决问题：在理解顾客的投诉后，尽快采取措施解决问题。如果需要一些时间来处理，要向顾客说明情况，并告诉他们你将尽快解决。确保解决方案符合顾客的期望，并在可能的情况下提供额外的补偿或优惠。

（5）保持礼貌和专业：在处理投诉时，始终保持礼貌和专业。不要与顾客争吵或指责他们，而是与他们合作解决问题。如果顾客情绪激动或不满，尽量保持冷静，并使用温和的语言和态度来回应他们。

（6）跟进和反馈：在处理完投诉后，确保跟进并了解顾客的满意度。如果问题已得到解决，向顾客表示感谢并希望他们再次光临。如果问题仍未解决，继续采取措施并告知顾客进展情况。此外，将投诉反馈给管理层和相关部门，以便改进服务和产品质量。

总之，前厅服务礼仪处理投诉需要耐心、专业和礼貌。通过倾听、理解、道歉、记录、解决问题和跟进反馈等步骤，可以有效地处理投诉并提高顾客满意度。

8. 结账和告别

在结账环节要有条不紊，清晰地为顾客呈现账单。在结账时主动提供优惠信息，为顾客结账过程增添惊喜。

（1）及时送上账单：当顾客就餐结束时，服务人员应及时送上账单。根据就餐顾客的特点，判断账单应该交给谁。例如，如果是一对夫妻，账单一般先给男方；如果几人同时用餐，应问清楚顾客是一起结账还是分开结账。

（2）使用小托盘或票据夹：无论是送账单还是找零，都应该使用小托盘或票据夹，以显示专业和尊重。

（3）当面结清钱款：钱款一定要当面结清，尽量不要把很破旧或者很零碎的现金找给顾客，以示对顾客的尊重。

（4）准确核对账单：账单一定要准确，不要犯错甚至故意犯错，给顾客留下故意占便宜的印象，引起顾客不满，失去熟客。

9. 感谢顾客

（1）真诚感谢：顾客结账离开时，要表达真诚的感谢，如"感谢您光临，期待下次为您服务"，让顾客感受到你的诚意。

（2）主动征求意见：顾客用餐完毕，领班或者主管应主动征求意见，鼓励顾客提供对餐厅的建议和意见，以便餐厅持续改进服务品质。这是了解顾客对菜肴和服务意见的好机会，如果顾客有意见，应该第一时间解决。

（3）继续为顾客服务：即使顾客结账，也不代表服务结束了。服务人员应继续为顾客服务，比如换烟灰缸、斟倒茶水等，直到顾客离开。

（4）礼貌送别：当顾客站立时，作为值台员应依照女士优先的原则，马上帮助顾客拉椅子，提醒顾客不要忘记随身携带的物品，并协助顾客取、穿大衣和戴帽子。在餐厅门口与顾客友好话别，如："再见，欢迎您再次光临。"

三、传菜岗

传菜员的服装应保持整洁，符合餐厅形象。衣物颜色和款式要与公司标准一致，展现出专业与整齐。

1. 仪容要求

发型整洁，妆容清淡。避免佩戴过多的饰品，确保服装整洁无褶皱。手部清洁，指甲短而干净，指甲缝卫生，不涂指甲油。

2. 仪表要求

（1）穿着整洁的制服：制服应该保持整洁，无油污、无破损，并且按规定时间换洗。衣领和袖口应保持干净、烫平，不允许有污渍。

（2）正确着装：传菜员应按照规定着装，通常包括深色的袜子、黑色皮鞋或布鞋，鞋子应保持干净光亮。

（3）佩戴醒目的工作牌：工作牌应佩戴在指定的位置（工装口袋左上方），以便于顾客和服务管理人员识别。避免佩戴过于张扬或与工作不相关的个人饰品。

3. 行为规范

（1）保持良好的个人卫生，勤洗手，戴手套处理食物，确保传递的食物安全卫生。

（2）不得有露齿笑、大声喧哗、嚼口香糖等不文明行为。上岗前和工作中禁止饮酒，工作中不得吸烟。

（3）应以积极向上的工作态度对待工作，保持良好的职业道德，与同事和顾客保持礼貌、友善的交往，不得发生辱骂、侮辱和冲突行为。

（4）始终保持微笑和礼貌，并将服务招呼语说清楚，如"先生／女士，请慢用"等。

（5）保持工作区域的清洁，及时清理餐桌上的食物残渣和垃圾，保持清洁卫生的工作环境。同时，应注意防止食品交叉污染，传递餐具和菜品前需要洗手，并遵守卫生规范。

4. 传菜技巧

（1）熟悉菜品：传菜员需要熟悉菜单和菜品，以便在顾客点餐时能够迅速、准确地传达顾客的需求给厨师。同时，传菜员还需要了解菜品的制作时间和顺序，以便合理安排传菜的时间。

（2）菜品摆盘：学会艺术性地摆盘，确保每道菜品在盘中的位置和摆放方式符合餐厅的规定。需要熟悉菜单和菜品，以便在顾客点餐时能够迅速、准确地传达顾客的需求给厨师。

（3）提前了解顾客需求：在上菜之前，了解顾客的特殊要求，如对食材过敏或者是对某道菜有偏好，以提供更贴心的服务。需要与顾客、厨师和服务人员保持良好的沟通，确保菜品能够按时、准确地送达顾客的餐桌。在传菜过程中，传菜员应该及时向顾客报告菜品的制作进度，并在必要时与服务人员或厨师进行协调。

（4）注意菜品温度：保持菜品的温度适宜，确保热菜热、冷菜冷。在传递过程中要迅速而稳定，防止菜品在路上变凉。需要按照顺序和节奏传菜，以确保菜品能够按照顾客的需求及时送达。在传菜过程中，传菜员应该遵循"先到先传"的原则，避免菜品在传送过程中发生混乱或延误。

5. 与顾客互动

无论传菜员有多忙，遇到顾客时都应主动问候，如"您好""欢迎光临"等。这会让顾客感受到尊重和欢迎。

在餐厅中，传菜员可能会频繁走动。当路遇顾客时，传菜员应主动让行；若顾客主动让行，传菜员应表示感谢。

6. 介绍菜品

上菜时，可简短介绍每道菜的特色，为顾客提供更丰富的用餐体验。

7. 关注顾客需求

及时了解顾客的口味、偏好和饮食习惯等信息。如果顾客对菜品有任何特殊要求或需要，要及时反馈给厨房并确保在最短时间内满足顾客需求。

8. 关注顾客反馈

主动询问顾客对刚上的菜品是否满意，是否需要其他服务，及时对顾客的要求与建议予以反馈，以体现对顾客需求的关注。

9. 异常情况处理

（1）存在质量问题，如食材不新鲜、味道不对等，应立即停止传送，并及时通知厨房进行更正或替换。同时，向顾客解释情况并道歉，确保顾客得到满意的解决方案。

（2）菜品传送延误：如果菜品传送出现延误，传菜员应及时向顾客道歉，并解释延误的原因。如果可能的话，提供一些补偿措施，如赠送小吃或饮料，以缓解顾客的不满情绪。

（3）顾客要求退换菜品：如果顾客对菜品不满意并要求退换，传菜员应礼貌地询问原因，并立即通知厨房进行处理。在退换菜品时，要确保新菜品符合顾客的要求，并及时送达。

10. 应对顾客不满

当顾客对菜品或服务不满意时，要冷静应对，表达歉意并主动提出解决方案，以挽回顾客的满意度。

（1）顾客投诉：如果顾客对传菜服务或菜品提出投诉，传菜员应耐心倾听顾客的意见，并向顾客道歉。在了解具体情况后，及时通知餐厅管理人员或经理进行处理，以确保顾客的投诉得到妥善解决。

（2）餐具破损或不足：如果传菜员发现餐具破损或不足，应立即通知餐厅管理人员或经理进行更换或补充。在此过程中，要向顾客解释情况并道歉，确保顾客能够继续使用餐具，享受用餐体验。

（3）在处理异常情况时，传菜员需要保持冷静、礼貌和专业，确保顾客的用餐体验不受影响。同时，他们还需要与厨房等其他服务人员密切合作，确保餐厅的运营顺畅。

11. 结账和告别

（1）当顾客示意要结账时，传菜员应迅速而准确地传递账单给服务人员。确保账单清晰明了，没有错误或遗漏。

（2）在传递账单时，传菜员应保持礼貌和尊重，避免将账单直接扔给顾客或服务人员。

（3）顾客有疑问或要求，传菜员应及时与服务人员沟通，协助解决问题，确保顾客满意。

（4）顾客有打包剩菜的需求，传菜员应协助服务人员友好地为顾客打包，并确保打包过程符合卫生标准。

（5）顾客结账准备离开时，传菜员应主动向顾客道别，并感谢他们的光临，可以用礼貌的语言如"谢谢光临，欢迎下次再来"等。同时保持微笑并目送顾客离开，给顾客留下良好的印象。

12.提供意见反馈

鼓励顾客提供对餐厅的建议和意见，以便餐厅持续改进服务。

四、收银岗

1.仪容要求

收银员应保持面容清洁，注意口腔卫生。可以化淡妆，但不应过于浓重，以展现出自然、清新的形象。发型应整洁、大方，避免过于花哨或凌乱的发型。长发应束起，短发应梳理整齐，展现出干练、利落的形象。

2.仪表要求

（1）穿着整洁：收银员应穿着整洁的制服，制服应干净、无污渍、无破损。制服的颜色和款式应与餐厅的整体风格相协调，展现出专业和整洁的形象。

（2）配饰恰当：收银员在佩戴饰品时应注意适度，避免过于繁琐或夸张的配饰。可以佩戴简单的耳环、项链等，但不应影响整体形象的专业性。佩戴清晰的工作牌，标识明显可见，让顾客能够方便地识别和确认身份。

3.卫生规范

保持个人卫生，勤洗手，定期清理工作区域，确保结账台面整洁。

4.态度热情

收银员在面对顾客时应保持热情、友好的态度。微笑服务，主动与顾客打招呼，询问需求，展现出亲切、贴心的服务形象。

5.专业的结账服务

收银员在餐饮服务中扮演着至关重要的角色，尤其是在提供专业的结账服务时，他们的表现直接影响顾客对餐厅的整体印象。

（1）熟悉收银系统：熟练掌握餐厅的收银系统，能够快速而准确地完成结账流程。当顾客前来结账时，收银员应微笑并主动问候，如"您好，请问您需要结账吗？"这样的问候语可以营造出友好和温馨的氛围。

（2）精通支付方式：了解各种支付方式的操作流程，包括现金、刷卡、移动支付等，以提供更加灵活的结账服务。

（3）耐心解答疑问：收银员应迅速而准确地完成结账过程。在核对账单时，应仔细检查每一项消费，确保没有遗漏或错误，并与顾客当面确认清楚。当顾客有关于账单的疑问时，要耐心解答，清晰地解释每一笔费用的来源。

（4）注意隐私保护：在结账过程中，要保护顾客的隐私，确保顾客的支付信息不被泄露。当顾客使用信用卡支付时，收银员应避免大声读出卡号或询问过多关于卡片的信息。此外，收银员还应妥善对待顾客的个人信息，防止泄露或滥用。

6. 与顾客互动

（1）友好问候：在顾客结账时，给予友好的问候和微笑，让顾客感受到热情和关心。

（2）提供优惠信息：主动询问顾客是否有优惠券或会员卡，提供可能享受的折扣，提高顾客的满意度。

（3）处理投诉：当顾客对账单有异议时，要保持冷静，耐心听取顾客意见，并协调解决问题。

（4）关注顾客反馈：顾客结账后，可以询问其对服务的满意度，鼓励顾客提供宝贵意见。

7. 异常情况处理

（1）当顾客支付出现问题时，要及时协调解决，确保支付顺利完成。

（2）遇到收银系统或设备故障时，要注意安抚顾客情绪，同时迅速报告并协助技术人员解决，以减少顾客等待时间。

8. 结账和告别

（1）提供清晰明了的账单，包括每道菜品的详细费用，以便顾客核对。

（2）在顾客完成结账准备离开时，要表达真诚的感谢，如："感谢您光临，期待再次为您服务。"

（3）鼓励顾客通过满意度调查表、在线评价等途径，提供对服务的反馈，以促进服务的不断提升。

第三节　不同场景下的中西式服务礼仪

【案例】

在某高端品牌餐厅，一位服务人员在白酒服务中展现了出色的临场应变能力。一位顾客询问白酒推荐，但是表达了对当前品牌的陌生和犹豫。服务人员迅速反应，主动提供了一份精心准备的白酒介绍小册子，其中包括各个品牌的特色、酿造工艺以及与不同菜品搭配的建议。

顾客：今天我们进行聚会，请问能够帮忙推荐一下酒水吗？

服务人员：请问您有没有喜欢的酒类品牌？

顾客：我们今天会有女士，所以希望白酒不要太烈。

服务人员：如果是这样，我比较推荐酱香型白酒，它相对浓香或者清香，比较好入口，而我们这里正好有几款来自贵州茅台镇的白酒，采用的是红缨子糯高粱原料，天然的酒曲，不增加任何化学调香，用的也是最传统的工艺酿造，并且入喉不辣，比较适合女士。

顾客：听起来你很专业，我也觉得不错，那么一会儿麻烦你推荐一下。

服务人员：好的，如果您聚餐的人数不多，我们这里给您推荐的几款酱香型白酒还有小支装，我觉得适合浅酌，更不会浪费。

顾客：如果是这样就更好了。

通过服务人员的介绍，顾客对其中一款白酒产生了浓厚兴趣。服务人员立刻为其推荐了适合的酒杯，并详细解释了该白酒的口感特点。最后，顾客对服务人员的专业知识和热情服务感到非常满意，成功地选择了这款白酒，并表达了对服务人员的感谢。

顾客：今天的体验很好，我们得到了专业的推荐，菜品和白酒都很出彩。

服务人员：非常感谢您今天这么高的评价，为您服务是我们的荣幸。我们今天还为您准备了一对水晶白酒杯作为伴手礼，并祝您生活愉快。

顾客：我想我会成为你们的会员和忠实客户，以后聚餐宴请，就在你们家了。

【分析】

这个案例展示了服务人员在面对顾客的犹豫和陌生感时，能够迅速提供信息支持，展现专业知识和贴心服务，为顾客提供了更好的用餐体验。

一、中餐现场服务礼仪

（一）座次安排原则

1. 面门为上

当两人并排用餐时，面门的位置为上座，背门的位置则次之。这一安排遵循中餐的顺时针方向，以示尊重和吉祥。

2. 观景为佳

餐厅如没有优美布景或高雅演出，上座应为观赏角度最佳的位置。

3.以右为尊

在中国传统礼仪中，右为上座，左为下座。这是基于中餐上菜通常从顺时针方向开始，居右者因此会受到照顾。

4.居中为上

在宴会中，位于中央的座位为上座，尤其是当门位置不确定时。室内结构良好时，背景墙或风景好的靠窗位是首选。

5.主人坐主位

在中餐宴请场合，传统的八仙桌，若有正对大门的位置，主人一般坐在正对大门的位置，这个位置可以统观全局，方便招待客人。

如果是圆桌，一般情况下，主人坐在面向房门的位置，方便迎客和指挥上菜等事宜，也有部门地区可能会存在不同的习俗安排。

6.尊重主宾

在中国文化中，以客为尊。因此，主宾通常坐在上座，除非主人的身份地位比主宾高得多，或是长辈。有时主人的职位虽然比主宾高，但有事求于主宾，上座自然也要让给主宾。

7.按身份地位排序

在大型宴会中，座位应按照来宾的身份、地位、亲疏分设。例如，重要的顾客或长辈应坐在主位或靠近主位的位置。

请注意，中餐座次安排礼仪可能会因地区、文化和家庭习惯而有所不同。因此，在实际应用中，可根据具体情况和当地习俗进行调整。

（二）中式餐饮不同场合座次安排

1.宴会座次

宴会、家庭聚餐等场合，强调亲近与和谐。座次安排礼仪中的宴会座次礼仪是一个复杂而细致的过程，它涉及许多文化和传统的因素。以下是一些基本的宴会座次礼仪规则：

（1）主人和主宾的座位：主人通常坐在餐桌的主位，主宾则坐在主人的右侧，这是表示尊重和荣誉的位置。

（2）男女主人的座位：对于长方形餐桌，男女主人一般分别坐在餐桌的两端。如果是比较正式的场合，男主人往往坐在离入口较远的一端，女主人坐在离入口较近的一端，这样女主人可以最先迎接客人，并且方便指挥服务人员上菜等事务。

在圆形餐桌中，男女主人通常相对而坐。习惯上，以餐厅的入口为参照，女主人的位置在入口的右侧，男主人则在入口的左侧相对而坐，这能让男女主人方便地接待宾客，同时也便于照顾左右两边的重要客人。

（3）其他顾客的座位：其他顾客的座位按照他们的身份、地位和年龄等因素安排。通常，尊贵的顾客或长辈会被安排在主人的左边或右边。

（4）交叉排列：在一些宴会中，男女顾客会交叉排列，以便他们轻松地交谈。

（5）其他情况：座次的安排也应考虑到方便服务人员为顾客提供服务和照顾。在安排座次时，还需要注意以下细节。

①避免将不熟悉的顾客安排在一起，以免他们感到尴尬或不舒服。

②如果顾客有特殊的饮食习惯或需求，应尽量满足并安排在合适的位置。

③尽可能保持座次的平衡与和谐，避免出现一边过于拥挤或一边过于冷清的情况。

2. 商务宴请

对于商务宴请，可灵活调整座次，使宾主坐在比较私密且有利于交流的位置。

商务宴请座次礼仪的原则是：以右为上座，以主位为上座，以内侧为上座，以近为高、远为低。具体可以归纳为以下几个方面：

（1）主人一般会坐在面对着门的地方，此座位为主位，这样也方便主人看到顾客到达以做好迎接的准备。最重要的顾客一般都会被安排坐在主人的右手边，第二重要的顾客会被安排在主人的左边，依此类推。这是正式的中式基本座次安排。

（2）有多位主人时，双方可交叉排列，离主位越近地位越尊。多桌宴请时，每桌都有一位主桌主人的代表在座。

（3）如果主宾的身份高于主人，为表示对主宾的尊重，可以把主宾安排在主人的位置上，主人则坐在主宾的位置，即右侧的座位，第二主人坐在主宾的左侧。

（4）如果夫人跟随，其排名顺序与其丈夫相同。即在众多宾客中，男主宾排第一位，其夫人排第二位。

总的来说，商务宴请座次礼仪需要遵循一定的原则和规范，以确保宾客的舒适并表示尊重。同时，也需要根据具体情况进行灵活调整，以满足不同场合和顾客的需求。

3. 家庭聚会

在家庭聚会中，根据家庭成员的关系和年龄安排座次，营造温馨的氛围。

（1）长者优先：在家庭聚餐时，长者应该被安排在主位上，以示尊重。如果家中有多位长者，可以按照辈分或者年龄的长幼顺序来安排座位。辈分最高、年龄最长者要面向门口坐（俗称上座），接下来按辈分或年龄一右一左依次排列。

（2）男女分席：传统的餐桌礼仪要求男女分开座席，在现代家庭中，这一原则已经有所松动，但仍可以按照性别和年龄的顺序来安排座位。主人位置在中间，男女主人对坐，女主人右边是男主宾，左边是男次宾，男主人右边是女主客，左边是女次客，陪客则尽量往旁边坐。

（3）主人居中：家庭聚餐时，主人应该坐在中间的位置，以示主导。如果家中还有其他主人，可以按照辈分或者年龄的长幼顺序来安排座位。

（4）以右为上：遵循国际惯例，排定席位时，以右为尊是基本原则。就某一具体位置而言，按礼仪规范其右侧要高于左侧之位。

（5）面朝房门为尊：按礼仪的要求，面对餐厅正门的位置要高于背对餐厅正门的位置。

（6）照顾特殊情况：在安排座位时，应该注意照顾特殊情况，如果有人身体不适或者需要特殊照顾，应该将其安排在较为舒适的位置上。

此外，还有一些细节需要注意，如餐具的摆放、座位的间距等。总的来说，家庭聚会座次礼仪的目的是让长辈和主人感受到尊重和荣耀，让宾客感受到舒适和受欢迎，同时也体现了家庭的团结和谐。

（三）餐具摆放要求

一般来说，餐具有筷子、勺子、碗、盘子，酒杯等。摆放位置如下：

1.餐具摆放位置

（1）筷子：筷子是中餐餐具中最重要的餐具之一，应该摆放在碗的右侧，筷子的头部应该朝向桌子的中心，表示尊重。如果餐桌上有多位顾客，应该将筷子整齐地摆放在每个顾客的碗旁边。

（2）勺子：勺子应该摆放在筷子的右侧或者碗的右侧，勺子的头部应该朝向碗的中心，方便取食。

（3）碗：碗应该摆放在每位顾客的正前方，距离顾客身体约一拳的距离。如果是汤碗，应该放在碗的左侧，方便取汤。

（4）盘子：盘子应该摆放在碗的左侧或者右侧，根据不同的菜品和用餐顺序，可以适时调整盘子的位置。

（5）酒杯：放在碗的右上方，尽量不影响主食区域，使用餐更加舒适。

2.餐具使用细节

（1）餐具的卫生：在摆设餐具之前，应该先对餐具进行清洗和消毒，确保餐具的卫生和安全。

（2）餐具的材质和颜色：餐具的材质和颜色应该与餐桌和餐厅的装修风格相协

调，营造出舒适、和谐的用餐环境。

（3）餐具的数量和种类：餐具的数量和种类应该根据餐厅的规模和顾客的需求进行配置，既要满足顾客的用餐需求，又要避免浪费。

二、西餐现场服务礼仪

（一）座次安排原则

（1）法式座次安排（见图22-1）：相对而坐。男女主人通常在桌子两端面对而坐。

女士优先：女主人通常坐在桌子的第一主位，面对门。男主人则坐于第二主位，背对门。这是西餐礼仪的基本规则，体现了对女性的尊重。

以右为尊：男主宾坐在女主人的右边，女主宾坐在男主人的右边。

交叉排列：为方便男士照顾女士，男女应当交叉排列。熟人和生人也应当交叉排列，这样可以增加人们之间的交流和互动，达到社交的目的。

距离定位：座位的尊卑也取决于其距离主位的远近。距离主位越近的位置，其地位越尊贵。

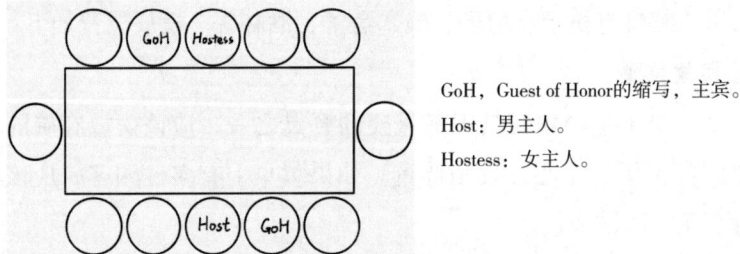

GoH，Guest of Honor的缩写，主宾。
Host：男主人。
Hostess：女主人。

图22-1　法式座次安排

（2）英式座次安排（见图22-2）：法式与英式座次安排大体一致，主要区别于男女主人位置。男女主人坐在桌子的两端，这样所有用餐者都能面对面而坐。

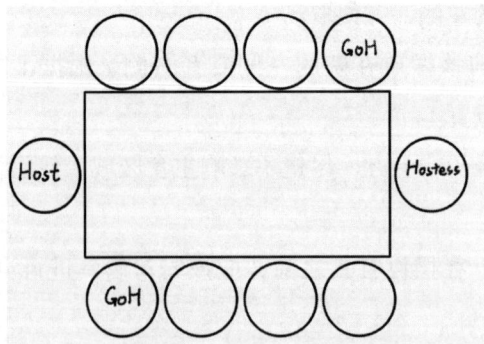

图22-2　英式座次安排

（二）餐具摆放位置

由于美式摆台相对而言更节省空间，酒店和餐饮场所大量使用美式摆台来举办半正式宴会和活动，于是它越来越受到大众的欢迎。目前美式摆台是全世界使用最广泛也是最常见的西式摆台方式，以下我们以美式摆台为例（见图 22-3）。

图22-3　美式摆台

1.美式摆台的特点

（1）美式摆台中甜品餐具摆放在盘子的正上方。

（2）美式摆台使用的是三角形摆台方式。水杯放在用餐者餐盘正中间的正上方，葡萄酒酒杯将从右向左呈斜直线依次排开。

（3）英式和美式摆台方式中，餐叉和餐勺都是面朝上摆放的。而法式摆台与美式摆台唯一的区别便是餐叉和餐勺都需面朝下摆放。

2.用餐期间休息时的餐具摆放方式

我们把餐盘想象成一个钟面。用餐期间暂时放置餐具时（通常是吃了三四口后），需将刀叉暂时放下，刀叉交叉后，叉口盖住刀刃；叉会占据"7"的位置。叉尖朝下，叉柄留在盘子外面，不要使整个叉都放入盘中；刀朝内放置，占据"4"的位置，刀柄同样留在盘子外面。整个摆放方式是"7：20"位置（图 22-4）。

图22-4　用餐期间休息时餐具的摆放

3.用餐结束时的餐具摆放方式

用餐完毕后，叉刀挨着，在"6：30"的位置摆放，叉尖朝上，刀刃向内（图22-5）。

图22-5　用餐结束时餐具摆放方式一

英式传统的餐具摆放位置是"6：30"，在其他欧洲国家以及美国就比较宽松，将餐具合并后摆放在"4：20"～"6：30"位置，都是合乎礼仪的（图22-6）。

图22-6　用餐结束时餐具摆放方式二

（三）西餐礼仪服务流程

1.迎接客人

客人到达餐厅时，服务员应面带微笑，主动上前问好，并询问是否有预订。如有预订，则热情引导客人入座；如无预订，则礼貌地将客人引领至适当的餐桌。

2.餐前准备

引导客人入座后，服务员应在2分钟内为客人呈上面包和水，以及餐前饮料，并在客人入座后5分钟内呈递菜单、酒单。之后，解释菜单，服务饮料，并做好点菜记录。记录完毕，立即将点菜单送至厨房。

3. 上菜服务

按照开胃品、汤或色拉、主菜、甜点的顺序上菜，每道菜之间适时更换餐具、加满冰水，并根据菜品搭配相应的酒水。在上菜过程中，注意保持餐桌整洁，及时清理用过的餐具。

开胃品：客人入座 15 分钟后进行服务。

汤或色拉：在清理完开胃品盘后 10 分钟内进行服务。

主菜：清理完第二道菜的餐具后 10 分钟内进行服务。

甜点：清理完主菜餐具后 15 分钟内进行服务。

4. 餐后服务

甜点之后，服务咖啡或茶，并清理甜点盘。然后服务餐后饮料，并主动询问客人是否需要加咖啡或茶。最后，呈递账单并收款，送客离店。在特殊场合，可准备小礼物赠送给宾客，以示对其支持的感谢。

（四）点菜服务技法

餐厅服务人员根据顾客需求，熟练地运用点菜服务技法，推荐最适合的菜品，提供优质的点菜服务，需要掌握以下几点。

1. 了解顾客需求

（1）问候与推荐：服务人员应该始终以热情的问候迎接顾客，并根据顾客的口味和喜好主动推荐菜品，提供个性化的建议。

（2）了解特殊需求：主动询问顾客是否有特殊的饮食需求，例如过敏、偏好或食物禁忌，以确保提供符合顾客期望的服务。

2. 菜单介绍

（1）熟悉菜单：服务人员应熟悉餐厅的菜单，包括每道菜的成分、烹饪方式以及特色，能够向顾客介绍每一道菜的原材料，增加顾客对菜品的信任感。服务人员应该了解每道菜品的食材来源和特点，以便为顾客提供更加详细的信息。例如，对于一道使用当地特色食材的菜品，服务人员可以向顾客介绍这种食材的独特口感和营养价值，增加顾客对菜品的兴趣。

（2）推荐招牌菜：在介绍菜单时，着重推荐餐厅的招牌菜品，让顾客更好地了解餐厅的特色。

3. 菜品口感描述

能够生动地描述菜品的口感，例如口感酥脆、香辣可口等，使顾客更容易作出选择。

（1）掌握烹饪方法：服务人员应该了解每道菜品的烹饪方法，以便为顾客提供更加专业的建议。例如，对于一道需要长时间烤制的菜品，服务人员可以向顾客解释烤制的过程和菜品的特点，让顾客对菜品有更深入的了解。

（2）关注菜品变化：餐厅的菜单可能会根据季节、食材供应等因素进行调整。服务人员应该关注菜品的变化，及时更新自己的菜品信息，以便为顾客提供最新、最准确的信息。

4. 推荐组合搭配

主菜与配菜推荐：根据顾客点的主菜，主动提供搭配的配菜建议，增强整体用餐体验。

（1）前菜与主菜的搭配：前菜通常是小分量的开胃菜，为主菜做准备。可以选择与主菜口味相似或形成对比的前菜，以增加口感的层次感。例如，如果主菜是肉类菜肴，前菜可以选择清淡的沙拉或海鲜；如果主菜口味较重，前菜可以选择清爽的汤品或蔬菜。

（2）肉类与配菜的搭配：肉类菜肴是西餐的主菜之一，通常会搭配一些配菜来增加口感和营养价值。配菜可以选择与肉类口感相似的蔬菜或菌类，也可以选择口感对比明显的蔬菜或豆类。例如，牛排可以搭配烤土豆、烤蘑菇和烤青椒等配菜。

（3）鱼类与配菜的搭配：鱼类菜肴也是西餐中的常见主菜，通常会搭配一些清淡的配菜来凸显鱼肉的鲜美。配菜可以选择一些海鲜、蔬菜或豆类，以提供不同的口感和营养价值。例如，烤鱼可以搭配蒸蔬菜、烤柠檬和烤面包等配菜。

5. 酒水搭配

若顾客点酒水，服务人员可以推荐与所选菜品相搭配的酒水，提升味觉享受。

（1）饮品与食物的搭配：饮品也是西餐中不可或缺的一部分，正确的饮品搭配可以增加用餐体验。一般来说，红葡萄酒适合搭配红肉类菜肴，白葡萄酒适合搭配鱼类和清淡的肉类菜肴，啤酒适合搭配口感较重的肉类菜肴，果汁和软饮料适合搭配轻口味的食物。

（2）根据顾客的口味和需求进行个性化的搭配推荐。例如，对于喜欢辣味的顾客，可以推荐搭配一些辣椒酱或辣味配菜；对于需要控制卡路里的顾客，可以选择低热量、高营养的配菜和饮品。

6. 灵活应对

对顾客的点菜意见和需求要认真倾听，在顾客犹豫不决时，耐心给予建议。

在顾客点菜的过程中，服务人员可以根据顾客的口味和需求提供一些建议，比如推荐特色菜品或搭配适合的酒水。

7. 确认订单

当顾客确定好菜品后，服务人员应及时接受点菜，并核对菜品和数量。在接受点菜的过程中，服务人员应仔细倾听顾客的要求，确保点菜的准确性。

8. 提供个性化服务

根据顾客的喜好，提供个性化的服务，例如调整辣度、增减食材等，以满足顾客的口味。

在菜品制作过程中，服务人员应保持与厨房的沟通，确保菜品能够及时上桌。上菜时，服务人员应按照西餐的上菜顺序进行，即开胃菜、汤、副菜、主菜、甜品和饮料。同时，服务人员应注意菜品的摆放和呈现方式，使顾客能够享受到最佳的用餐体验。

顾客用餐结束，服务人员应及时清理桌面，询问顾客是否需要其他服务，如添加咖啡或茶等。顾客离开时，服务人员应表示感谢并欢迎他们再次光临。

9. 保持用餐节奏

（1）适时服务：注意顾客的用餐节奏，适时为顾客添水、更换餐具，确保用餐过程流畅。

预测上菜时间：了解每道菜品的烹饪时间和所需材料，可以帮助服务人员预测上菜时间，并提前作好准备。

合理安排座位：根据餐厅的布局和顾客的需求，服务人员应该合理安排座位，确保顾客之间有足够的空间，避免拥挤或嘈杂的环境影响用餐节奏。

及时提供服务和菜品：服务人员应该根据顾客的需求和用餐进度，及时提供服务和菜品。在顾客需要加水、换盘或调整菜品时，服务人员应该迅速响应并满足需求。同时，服务人员也应该根据菜品的烹饪时间和顺序，合理安排上菜时间，确保顾客能够享受到美味的菜品。

（2）避免等待：力求菜品的上菜速度与顾客的用餐速度相匹配，避免让顾客感到漫长的等待。

注意用餐节奏的调整：在用餐过程中，服务人员应该注意顾客的用餐节奏，并根据需要进行调整。如果顾客用餐速度较快，服务人员可以提前准备好下一道菜品；如果顾客用餐速度较慢，服务人员可以适当延长服务时间，但注意不要打扰顾客用餐。

保持沟通和关注：服务人员应该与顾客保持良好的沟通，关注他们的需求和感受。如果顾客对菜品或服务有意见或建议，服务人员应该及时回应并采取措施。同时，服务人员应该主动询问顾客是否满意，并及时解决问题，确保顾客有愉快的用餐体验。

10. 问题解决及应对

道歉与问题解决是提升顾客满意度和维护品牌形象的关键环节。以下是关于顾客就餐服务中道歉与解决问题的建议。

（1）道歉的必要性与技巧。当服务中出现失误或不足时，及时向顾客道歉是必要的。这不仅能缓解顾客的不满，还能体现餐厅对顾客体验的重视。

以下是道歉的技巧：

真诚：道歉时应真诚、自然，让顾客感受到餐厅的诚意。

明确：明确表达歉意，说明原因，让顾客了解问题的根源。

及时：一旦发现问题，应尽快道歉，避免问题进一步恶化。

（2）问题解决的策略与步骤。

识别问题：当顾客提出问题时，服务人员应迅速识别问题的性质和影响，以便有针对性地解决。

寻求解决方案：根据问题的具体情况，与顾客共同商量解决方案。可以提出多种方案供顾客选择，以满足不同顾客的需求。

快速执行：一旦确定解决方案，服务人员应迅速、准确地执行，以减轻顾客的不满和损失。

跟进与反馈：问题解决后，服务人员应关注顾客的反馈，确保问题得到彻底解决。同时，将问题及其解决方案记录在案，以便未来参考和改进。

（3）预防问题的措施。

提高员工素质：通过培训和教育，提高员工的服务意识和技能水平，减少服务中的失误和不足。

优化服务流程：对服务流程进行持续优化和改进，提高服务效率和质量。

加强沟通协作：加强员工之间的沟通协作，形成团队合力，共同为顾客提供优质的服务体验。

11. 了解食物过敏

对于可能引起过敏的食材，事先了解顾客是否对其过敏，并在点菜时予以提醒。

在用餐服务中了解食物过敏是非常重要的，因为食物过敏可能会对顾客的健康造成严重影响，甚至可能导致生命危险。以下是一些在西餐服务中了解食物过敏的建议：

（1）询问顾客是否有食物过敏史：在顾客点餐时，服务人员应该主动询问顾客是否有食物过敏史，以便在准备食物时采取必要的措施。

（2）熟悉常见的食物过敏原：服务人员应该熟悉常见的食物过敏原，如小麦、乳制品、鸡蛋、大豆、花生、坚果、鱼类和贝类等。这样，在顾客点餐时，可以提醒顾客避免含有这些过敏原的食物。

（3）标记过敏食物：在顾客的点餐单上，服务人员应该清楚地标记出顾客过敏的食物，以确保厨房工作人员在准备食物时不会使用它们。

（4）提供替代菜品：如果顾客对某种食物过敏，服务人员应该提供替代菜品或建议，以确保顾客能够享用美味的西餐而不必担心过敏反应。

（5）培训员工：餐厅应该对员工进行食物过敏方面的培训，以确保所有员工都了解如何识别和处理食物过敏情况。

（五）酒水服务礼仪

专业的酒水服务礼仪能够确保顾客在享受美酒的同时，也能够感受到服务的细致与周到，从而增强整体的用餐体验。酒水服务礼仪主要包括以下几个方面：

1.提前准备

（1）了解酒水种类。服务人员应该熟悉餐厅提供的各种白葡萄酒和红葡萄酒，包括产地、品牌、口感等信息。

（2）检查酒水库存。在服务开始前，确保所推荐的酒水种类均有足够库存，以免顾客的选择受限。

2.介绍酒单

当顾客入座时，服务人员应该迅速介绍餐厅的酒单，并询问顾客是否需要推荐或帮助选择。注意顾客的口味偏好，了解他们是否有特殊要求，如口感、酒精度等，以提供更贴心的建议。

3.酒水服务

（1）白葡萄酒服务礼仪。

验酒：首先应擦净酒瓶外表的灰尘，检查酒标是否清洁完整，再将酒标朝向客人，请客人检验。

冰镇：白葡萄酒通常需要冰镇，可以置于冰桶内，上面用餐巾遮盖，在需要时取出。

开酒：开酒时需注意力度和姿势，避免木塞破碎或发出过大声响，取出木塞后，检查是否有变质现象，然后递给客人确认。

斟酒：斟酒前应在主人杯中倒入少许，让主人先品尝，得到许可后，从主人右侧的客人开始按顺时针方向给客人斟酒。斟酒时，红葡萄酒通常倒至酒杯的 1/3 处，而白葡萄酒可倒至 1/2 或 2/3 处，具体量可根据餐厅或客人的习惯来定，但不宜过满。

添酒：在客人的酒杯中的酒量剩余 1/3 左右时，应上前询问是否需要添酒，得到客人同意后再进行添酒。

（2）红葡萄酒服务礼仪。开瓶前，服务人员应当向主人展示红酒标签。

开启：使用正确的工具开启（如开瓶器），避免用力过猛或过快，以免破坏酒塞或酒液溅出。开启后，用干净的布或纸巾擦拭瓶口，确保无杂质。

滗酒：对于陈年的红葡萄酒，为了保证酒液的纯净，需要进行滗酒。将酒瓶直立，待杂物沉淀于瓶底后，轻轻将酒瓶倾斜，让酒液徐徐流入另一个容器中，直至瓶中仅剩混浊状酒液为止。

醒酒：服务人员可建议适当的醒酒时间，并在合适的时机为顾客倒好。

斟酒：通常倒至杯子的 1/3~1/2。倒酒时，应遵循顺时针方向，在每一个顾客的右侧逐一倒酒。在倒酒的最后阶段，可以轻轻晃动瓶子，以防止余液流下。

4. 陪同品尝

对于陌生的酒款，服务人员可以提供简要的品酒建议，包括欣赏酒色、嗅香、品味等步骤；若顾客对酒的特点或产地有疑问，服务人员应能够提供简明扼要的解释，以满足顾客的好奇心。

5. 过程中的服务

在顾客用餐过程中，注意及时补酒。服务人员应时刻留意酒杯中的酒量，及时为顾客补充酒水。

在服务的过程中，通过观察顾客的喝酒速度，礼貌地询问是否需要调整酒水的供应速度。

6. 结账前提供建议

在顾客结账前，服务人员可以推荐甜酒或餐后酒水，以提供更完整的用餐体验。结账时，服务人员应当提供详细的酒水清单，确保顾客了解自己所消费的酒款和数量。

以上酒水服务礼仪的技巧旨在提供细致周到的服务，使顾客在用餐过程中感受到高质量的餐饮体验。在实际操作中，服务人员应结合餐厅的特色和顾客的需求，巧妙地运用这些技巧。

第四节　各岗位培训要点

【案例一】

一家高档西餐厅在招聘新员工后，非常重视对他们的餐饮服务礼仪培训。通过系统的培训和实践操作，新员工在短时间内掌握了专业的服务技能，成功地为顾客提供了高质量的用餐体验。这不仅赢得了顾客的赞誉，也为餐厅带来了良好的口碑和稳定的客流。

以下是一个高档西餐厅成功服务的场景：

地点：×× 高档西餐厅

场景：一位穿着得体的女士走进餐厅，门口的侍者立刻迎上前去。

侍者："欢迎光临，女士。请问您有预订吗？"

女士："没有呢。"

侍者："没关系，这边请，我为您找一个舒适的位置。"

侍者引领女士来到一个安静且视野较好的位置，为女士拉开椅子。

侍者："请坐，女士。这是我们的菜单，您可以慢慢看。"

女士坐下后开始看菜单，不一会儿，另一位侍者端着一杯柠檬水走过来。

侍者："女士，这是为您准备的柠檬水，请慢用。在您看菜单的过程中，如果有任何问题随时叫我。"

女士看了一会儿菜单后，招呼侍者。

女士："请问你们这里的招牌牛排有什么特别之处吗？"

侍者："女士，我们的招牌牛排选用的是顶级的牛肉，经过精心的烹饪，口感鲜嫩多汁。搭配的配菜也都是新鲜的时令蔬菜，保证能给您带来美妙的用餐体验。"

女士："好的，那我就点这个招牌牛排吧。"

侍者："非常好的选择。请问您需要几分熟呢？另外，我们有一些优质的葡萄酒可以搭配您的牛排，您有兴趣了解一下吗？"

女士："七分熟吧。葡萄酒的话，先不用了，谢谢。"

侍者："好的，马上为您下单。"

不一会儿，牛排端上桌，侍者熟练地为女士摆放好餐具。

侍者："女士，您的招牌牛排，请慢用。祝您用餐愉快。"

女士用餐过程中，侍者不时过来查看，确保女士有良好的用餐体验。

女士用餐完毕后，侍者迅速上前收拾餐盘。

侍者："女士，今天的用餐还满意吗？"

女士："非常满意，牛排很美味，服务也很周到。"

侍者："很高兴能听到您这么说。希望下次还能为您服务。请问您是现金还是刷卡呢？"

女士："刷卡吧。"

侍者引领女士到收银台结账，结完账后，送女士至门口，并送上一支百合，女士心满意足地离开了。

侍者："感谢您的光临，祝您生活愉快。"

【案例二】

一家知名连锁餐厅通过定期为员工提供餐饮服务礼仪培训，成功提升了员工的服务质量和顾客满意度。培训内容包括基本的礼仪知识、沟通技巧、应对突发情况等方面。在实施培训后，该餐厅的顾客满意度明显提升，业绩也实现了稳步增长。

地点：××连锁餐厅

场景：一位年轻的男士带着家人走进餐厅，服务人员立刻热情迎上去。

服务人员："欢迎光临！几位这边请。"

男士："我们一共四个人。"

服务人员："好的，这边有个合适的四人桌，请坐。这是我们的菜单，有什么需要随时叫我。"

一家人开始看菜单，不一会儿，服务人员又端着一壶热水和几个杯子走过来。

服务人员："这是为您准备的热水，天气有点凉，喝点热水暖暖身子。"

男士："谢谢，你们服务很周到啊。"

服务人员："这是我们应该做的。请问您有什么特别的口味偏好或者饮食禁忌吗？"

男士："老人不能吃太辣，孩子喜欢吃甜的。"

服务人员："明白了。那推荐我们的清蒸鲈鱼，味道鲜美，不辣，很适合老人。还有我们新推出的水果布丁，孩子们应该会喜欢。"

男士："听起来不错，就点这两个吧，再加上几个家常菜。"

服务人员："好的，马上为您下单。请稍等。"

过了一会儿，菜陆续上桌。服务人员上菜时都会轻声介绍菜品。

服务人员："这是清蒸鲈鱼，小心烫。这是糖醋里脊，孩子们肯定喜欢。"

用餐过程中，服务人员不时过来查看，主动为客人添水。

服务人员："请问菜品还合口味吗？有什么需要改进的地方吗？"

男士："味道都很好，很满意。"

用餐完毕后，服务人员迅速过来收拾餐桌。

服务人员："今天的用餐还愉快吗？如果您有时间，欢迎在我们的线上平台给个好评，我们会继续努力为大家提供更好的服务。"

男士："一定，你们的服务确实很不错。"

服务人员："感谢您的认可，欢迎下次再来。"

一、迎宾岗

1.岗位职责认知

明确迎宾员的角色和职责，如迎接客人、引导入座、解答疑问等，强调其作为餐厅第一印象的重要性。

2.仪容仪表要求

培训迎宾员保持整洁、得体的仪容仪表，包括发型、妆容、着装等，展现专业形象。

3.服务礼仪

（1）迎宾礼仪：学习并实践标准的迎宾礼仪，如站立姿势、微笑服务、礼貌用语等。掌握引领客人的技巧，如手势指引、保持适当距离、关注客人需求等。

（2）沟通：在与客人交流时，注意语气、态度和措辞，确保沟通顺畅、友好。

（3）餐厅知识：了解餐厅的菜品、特色、布局等信息，以便更好地为客人提供指引和推荐。

（4）应急处理能力：培训迎宾员如何应对突发情况，如客人投诉、紧急情况处理等，确保能够迅速、妥善地解决问题。

（5）团队协作与沟通：强调与其他岗位员工（如服务人员、厨师等）的团队协作与沟通，确保餐厅整体运营顺畅。

（6）服务流程与标准：熟悉并掌握迎宾服务流程与标准，如迎客、引领、安排座位、送客等，确保服务过程规范、高效。

（7）个性化服务：培训迎宾员根据客人的不同需求和背景提供个性化的服务体验，提升客人满意度。

二、服务岗

（1）服务礼仪：培训服务人员掌握基本的服务礼仪，如仪容仪表、礼貌用语、微笑服务等，以展现良好的职业素养和专业的服务态度。

（2）菜品知识：熟悉餐厅提供的各类菜品，包括名称、口味、特色、烹饪方法等，以便向客人介绍和推荐，提高客人的点餐体验和满意度。

（3）服务流程与规范：了解并熟练掌握餐厅的服务流程和规范，包括迎接客人、引导入座、点餐服务、上菜服务、结账服务等，确保服务过程顺畅、高效。

（4）应对突发状况：培训服务人员如何冷静应对和处理各种突发状况，如客人投诉、菜品问题、意外事故等，以维护餐厅形象和客人满意度。

（5）团队合作与沟通：强调团队合作的重要性，培训服务人员与其他员工保持良好的沟通和协作，共同为客人提供优质的服务。同时，提升与客人的沟通能力，了解客人需求，提供个性化的服务。

（6）食品安全与卫生：了解食品安全知识和卫生标准，确保在服务过程中遵守相关规定，保障客人的饮食安全。

（7）推销技巧：培训服务人员掌握一定的推销技巧，适时向客人推荐餐厅的特色菜品或优惠活动，提升餐厅的营业收入。

三、传菜岗

（1）岗位职责认知：明确传菜员的角色和职责，如及时准确地将菜品从厨房传至餐桌，参与餐前准备和餐后清理工作。

（2）菜品知识：熟悉餐厅提供的菜品，包括名称、口味、特点等，以便快速准确地找到并传送菜品。

（3）托盘使用技巧：掌握托盘的平衡技巧，确保在行走过程中菜品稳定不洒落。

（4）传菜流程与规范：了解传菜的整个流程，包括核对菜品、传送至指定餐桌、与服务人员交接等，确保传菜过程顺畅无误。

（5）服务礼仪：培训传菜员在服务过程中的礼仪规范，如微笑服务、礼貌用语等，以提升顾客满意度。

（6）团队协作与沟通：强调团队协作的重要性，培训传菜员与前厅服务人员、厨房工作人员的沟通协调技巧，共同提高工作效率。

（7）卫生与安全：注重个人卫生和食品安全，遵守传菜过程中的卫生标准，避免交叉污染和安全事故的发生。

（8）应急处理能力：培训传菜员应对突发情况的能力，如菜品洒落、顾客询问等，确保能够迅速妥善处理。

四、收银岗

（1）收银系统操作：熟悉并掌握收银机的使用方法，包括录入商品、结算、找零、打印小票等，确保收银流程快速准确。

（2）支付方式：了解并熟练操作各种支付方式，包括现金、银行卡、移动支付（如支付宝、微信支付）等，满足不同顾客的支付需求。

（3）财务知识与管理：学习基本的财务知识，如营业收入核算、发票管理、备用金管理等，确保收银工作符合财务规定。

（4）顾客服务技巧：培养良好的顾客服务意识，掌握沟通技巧，耐心解答顾客疑问，处理顾客投诉，提升顾客满意度。

（5）安全防范意识：增强安全防范意识，学会识别假钞，防止收银过程中的欺诈行为，确保资金安全。

（6）应急处理能力：培训收银员应对突发情况的能力，如收银系统故障、顾客纠纷等，确保能够迅速妥善处理。

（7）遵守规章制度：学习并遵守餐厅的各项规章制度，包括收银流程、服务态度、卫生标准等，保持良好的职业素养。

【回顾与总结】

1.餐厅不同场景所对应的服务人员应该在合适的位置作好准备。

2.服务人员应该熟练运用各种不同的模式，在不同场景中能快速切换。

3.如果餐厅有更多场景或功能，就应该在不同属性场景内实现多种服务。

【思考与练习】

1.为什么要学会在不同场景下使用不同的侍酒方式？

2.白酒服务中，常见酒类对应的菜品如何推荐？

第二十三章
打造服务至上的体验

服务至上，就是把顾客的需求和满意度放在首位，竭尽全力为顾客提供最好的服务体验。它不仅仅是一句口号，更是一种深入骨髓的服务理念，要求我们在每一个细节上都追求完美，让顾客感受到我们的用心和关怀。无论是解答问题、提供帮助，还是处理投诉、解决问题，都应该秉持服务至上的原则，用我们的专业、热情和耐心为顾客创造一个舒适、愉悦的服务环境。

第一节　服务至上原则

【案例】

一天，一位年长的顾客来到一家知名餐厅。由于年龄和健康原因，他对食物的选择和口味有一些特殊的要求。

地点：××连锁餐厅

场景：一位头发花白的老人缓缓走进餐厅，服务人员赶忙上前相迎。

服务人员："欢迎光临。大爷，您请这边坐。"

老人："哎，好。你们这儿有啥适合我这牙口不好的人吃的不？"

服务人员："大爷，您放心。我们有很多菜品都适合您呢。比如说南瓜粥，口感软糯香甜；清蒸蛋羹，特别嫩滑。另外，我们的炖菜系列也很不错，像土豆炖牛肉，牛肉炖得很烂乎，土豆也很绵软。"

老人："我不太能吃辣，也不能吃太咸。"

服务人员："明白，我们可以为您特殊备注，让厨师在烹饪的时候少盐不辣。那您看您想点些什么呢？"

老人："那就来个南瓜粥和土豆炖牛肉吧。"

服务人员："好的，大爷。您稍等，菜很快就会上来。如果您还有其他需求随时叫我。"

不一会儿，菜品上桌。

服务人员："大爷，您的南瓜粥和土豆炖牛肉来了。请慢用。"

老人在吃饭过程中，不小心将餐具掉落在地上。

老人："哎呀，不好意思。"

服务人员："没关系，大爷。您别着急，我马上给您换一套干净的餐具。"服务人员迅速拿来新餐具，并将地上的碎片清理干净。

吃饭间隙，服务人员看到老人的茶杯空了。

服务人员："大爷，我给您添点茶吧。"

老人："好啊，谢谢你。"

用餐完毕。

服务人员："大爷，今天的用餐还满意吗？"

老人："满意满意，你们这服务真周到。"

服务人员："很高兴您能满意。大爷，我送您到门口吧。"

服务人员搀扶着老人走到门口。

服务人员："大爷，您慢走，欢迎下次再来。"

老人："好，你们这服务真好，我一定会再来的。"

【分析】

服务至上可以不断提升顾客满意度和忠诚度，为企业的持续发展和品牌形象的塑造奠定坚实的基础。以顾客的需求和满意度为中心，为他们提供卓越、极致的服务，以满足顾客的期望并超越其预期，需要注意以下几点。

一、以顾客需求为中心

1.顾客至上

每一次的服务都是对顾客的深情表白，顾客的满意是餐饮人不懈的追求。"顾客至上"不仅是商业活动中的基本准则，更是企业成功的关键所在，确保每个环节都能够以顾客需求为导向，真正站在顾客的角度，通过提供细致入微的贴心服务，将理念转化为实际行动，来提升顾客满意度和忠诚度，从而实现餐厅的长期稳定发展。

2.个性化服务

【案例】

某五星级酒店的餐厅里，一位来自日本的顾客带着他的家人前来用餐。餐厅经理在接待时，注意到这位日本顾客对食物的要求非常严格。

地点：××连锁餐厅

场景：一位气质儒雅的日本顾客带着妻子和两个孩子走进餐厅。服务人员立刻热情迎上，脸上洋溢着真诚的笑容。

服务人员："欢迎光临！几位这边请。"

日本顾客微微领首："谢谢。我们一家对食材要求比较高，特别是海鲜，一定要足够新鲜。"

服务人员笑容不变，语气笃定地说："您放心，我们餐厅对食材的把控非常严格。海鲜都是每天清晨从当地最好的海鲜市场新鲜采购回来的，绝对保证品质。而且我们的厨师团队在处理海鲜时，也会最大限度地保留海鲜的鲜美口感。"

这时，日本顾客的妻子轻声说道："我们对餐具也很讲究。"

服务人员连忙回应："请您放心，我们为顾客准备了多种精美的餐具，可以满足不同顾客的需求。而且我们的餐具都是经过严格挑选和清洗消毒的，保证干净卫生。"

日本顾客点了点头："那请把菜单拿给我们看看吧。"

服务人员双手递上菜单，微微欠身："好的，请看。我们这里有各种新鲜的海鲜菜品，比如清蒸石斑鱼，这道菜选用的都是活蹦乱跳的石斑鱼，经过精心处理后，采用最能凸显鱼鲜美的清蒸方式烹饪。还有白灼虾，每一只虾都个大饱满，虾肉鲜甜紧实。"

日本顾客仔细看着菜单，指着清蒸石斑鱼问道："这条石斑鱼真的新鲜吗？"

服务人员认真地回答："绝对新鲜。我们有专门的海鲜储存区域，保证海鲜在最佳状态下保存。而且我们的厨师在烹饪前都会再次检查海鲜的新鲜度，确保每一道菜都能让顾客满意。"

日本顾客："好，那我们就点这个清蒸石斑鱼，再来一份白灼虾和一些适合孩子吃的菜品吧。"

服务人员快速记录下订单："好的，马上为您下单。请稍等。"

过了一会儿，菜陆续上桌。服务人员上菜时，动作轻柔优雅，每一道菜都用精美的餐具摆放得恰到好处。

服务人员轻声介绍道："这是您点的清蒸石斑鱼，我们选用了最能衬托鱼鲜美的盘子来盛装，您看这鱼的色泽，就知道有多新鲜了。还有这白灼虾，搭配了精致的小碟，方便您蘸取调料。另外，这些是为孩子们准备的菜品，营养丰富，口味也比较清淡。"

日本顾客尝了一口清蒸石斑鱼，露出满意的笑容："味道非常好！真的很新鲜。"

用餐过程中，服务人员不时过来查看，主动为顾客添水、更换骨碟。看到孩子们吃得开心，服务人员还贴心地送上了一些小零食。

用餐完毕后，服务人员迅速过来收拾餐桌。

服务人员："您今天的用餐还满意吗？"

日本顾客："非常满意。你们的服务很周到，菜品也很美味。"

服务人员："很高兴能听到您这么说。希望下次还能为您服务。"

服务人员送日本顾客一家到门口，微微鞠躬。

服务人员："感谢您的光临，祝您和家人生活愉快。欢迎下次再来。"

【分析】

个性化服务是指根据顾客的个人喜好、需求、文化背景等因素，为其提供独特的、有针对性的服务，这种服务不仅满足了顾客的需求，还让顾客感受到了被尊重和特别对待，从而增强顾客的满意度、愉悦感、忠诚度。同时也增强了餐厅的竞争力和市场地位，推动了产品和服务的创新和发展。

二、服务质量高标准

服务质量是餐饮业加强竞争的重要因素。在各种竞争中，以质量竞争为首，谁能准确分析顾客的消费心理，提供全面的优质服务，吸引顾客光临，谁就能在竞争中取胜。高标准的服务质量体现在以下几个方面：

1. 菜品质量

"凉拌熟拌造型全，日月江河入碗盘。"将各种食材巧妙地搭配和摆盘，使得菜品不仅味道鲜美，视觉上也极具观赏性。在对菜品的质量把控中，厨师作为菜品的"灵魂工程师"需具备高超的烹饪技艺，确保菜品口感、味道、色泽均达到最佳状态。

食材的选取也是关键，要选择新鲜、无过期、无变质食材，可定期推出新菜品，满足顾客的多样化需求，要保持菜品的独特性和吸引力。还要注重菜品的摆盘艺术，使菜品在视觉上给顾客带来享受。

2. 服务态度

"春风吹拂迎客来，花开笑靥喜相迎。"服务人员应以真诚的微笑和友善的态度迎接每一位顾客，细致引导顾客入座，主动询问、耐心倾听顾客的需求，提供细致入微的关怀，时刻关注顾客的需求，礼貌地送客。这些热情周到的表现都能够提升顾客的用餐体验，增强顾客对餐厅的信任和忠诚度。

另外，服务人员应具备专业的服务知识和技能，对顾客的需求能够迅速作出响应，并准确地进行处理，确保顾客在用餐过程中得到及时、周到的服务，在展现对顾客时间重视的同时也提升了餐厅品牌形象。

3. 环境卫生

"餐厅环境无小事"，它直接关系到消费者的健康与安全，是餐饮行业不可忽视的重要环节。厨房作为餐饮服务的核心区域，应保持干净、整洁，定期擦拭台面、设备和地板，避免食物交叉污染；餐具需严格清洗和消毒，确保顾客使用的餐具干净、卫生；保障餐厅内部环境干净、整洁、无杂物、无异味；服务人员需保持良好的个人卫生习惯，如勤洗手、穿戴整洁的工作服等。每一个细节都考虑周到，让顾客在用餐的过程中感受到体贴的服务。

4. 服务效率

松下幸之助说："忙碌和紧张，能带来高昂的工作情绪；只有全神贯注时，工作才能产生高效率。"提高服务效率还可以提升顾客体验、减少等待时间、增加满意度和忠诚度。

为了提高服务效率，餐厅可提供便捷的预订服务，如电话预订、在线预订等，方便顾客提前安排用餐计划；在服务中要做到在保证菜品质量的前提下，尽量提高上菜速度，减少顾客等待时间；另外，结账流程需简洁明了，避免繁琐的步骤和长时间的等待。

5. 顾客反馈

在服务中了解顾客真实需求和感受，及时发现服务中存在的问题与不足，优化服务流程，提高服务质量，增强客户忠诚度。

三、环境氛围营造与管理

1. 舒适雅致

餐厅的环境设计和装饰应舒适、温馨、优雅，给顾客带来愉悦的用餐体验。餐厅应保持干净整洁，提供舒适的座位和音乐，为顾客营造一个宜人的就餐环境。

2. 文化融合

餐厅可以融入当地文化或特定主题元素，营造独特的文化氛围，让顾客在品尝美食的同时感受到文化的魅力。

3. 沟通协作

通过每日早会、周会或月会，让团队成员了解餐厅的运营情况、目标、问题和解决方案。使用内部通信工具，如微信群、钉钉等，及时传达重要信息，提高工作效率。在高压环境中，鼓励团队成员相互支持，团队成员之间的有效沟通和协作可以确保整个团队能够更好地应对挑战。

【案例】

某餐厅在周末高峰期，由于客流量增大，前厅和后厨之间的沟通出现障碍。为了提高效率，餐厅经理决定设立内部通讯群组。他建立了一个微信群，将前厅和后厨的团队成员都加入其中。通过这个群组，前厅可以实时向后厨传达顾客的点餐信息，后厨也可以及时反馈菜品制作进度。

四、持续改进与创新

【案例】

在某知名连锁餐厅，一位老年顾客在点餐时显得有些困惑。他不停地翻看菜单，却始终无法决定要点什么。服务人员小王注意到了这个情况，她没有急于推荐菜品，而是微笑着走到老年顾客身边，轻声问道："先生，有什么可以帮助您的吗？"

老先生有些不好意思地说："我想点个清淡点的，但是这些菜名我都看不太懂。"小王立刻明白了他的困扰，主动拿起菜单，耐心地为他解释每道菜的成分和口味。在听取了顾客的饮食偏好后，小王还为他推荐了几道符合要求的菜品。

在整个过程中，小王始终保持微笑，用温柔的声音与老先生交流。她的主动倾听和贴心服务让顾客感到非常温暖和舒适。最后，老先生不仅点到了满意的菜品，还对小王的服务赞不绝口，表示下次还会再来这家餐厅用餐。

1.倾听反馈

主动倾听不仅能够使顾客感受到被尊重和重视，还能帮助服务人员更好地了解顾客需求，提供精准、周到的服务。同时，建立完善的顾客反馈机制，及时收集和处理顾客的意见和建议，了解顾客的需求和期望变化，是持续改进和创新的重要环节。

2.创新服务

在服务过程中根据顾客的反馈和市场需求的变化，寻找创新点和创新服务模式以提供新颖独特的体验，满足顾客的多元化需求并保持竞争力。

3.培训提升

至上服务要求持续提升服务标准，不断追求卓越。定期对服务人员进行培训和考核，提升他们的服务技能和职业素养，确保服务质量始终保持在较高水平，以应对不断变化的市场需求和顾客期望。

五、诚信经营与品牌建设

餐饮企业应坚持诚信经营的原则，确保食材新鲜、菜品卫生安全、价格合理透明等，赢得顾客的信任和口碑。通过优质的服务和独特的品牌形象吸引和留住顾客，形成品牌忠诚度和市场竞争力。

遵循服务至上原则，对于提升员工专业素养、提高顾客满意度、增强品牌形象以及适应市场变化等方面具有重要意义。员工通过不断学习和提升，为顾客提供更优质的服务，推动餐饮业务的成功。

第二节　打造有温度的至上服务

一、"百问百答"的关键优势和影响

"百问百答"通常指一种知识问答形式或服务模式。

从形式上看，它可能是一本书、一个线上文档或一个互动平台，包含了大量不同主题的问题以及对应的详细答案。这些问题涵盖广泛的领域，如科学、文化、生活常识等，可以满足不同读者或用户的求知需求。

从服务模式上看，在企业客户服务、教育教学等场景中，"百问百答"意味着针对特定产品、服务或学科知识，整理出常见的100个甚至更多的问题，并为每个问题提供准确、清晰的答案，以帮助客户快速解决问题或让学习者更好地掌握知识。例如，一家电子产品公司可能会为其产品准备一份"百问百答"手册，以解答用户在使用产品过程中可能遇到的各种问题。

总之，"百问百答"旨在通过系统地整理问题和答案，为人们提供便捷、全面的知识获取渠道和问题解决方案。

"百问百答"助力对客服务是一种注重深度沟通和全方位解答顾客问题的服务理念。在餐饮服务中，"百问百答"的实践可以带来多重益处，提升顾客体验，增强品牌形象，并促使口碑传播。

（一）深入了解顾客需求

关键优势：通过主动提问，服务人员能够深入了解顾客的口味偏好、饮食习惯、特殊需求等。

影响：餐厅可以根据顾客的个性化需求提供定制化服务，提高顾客满意度。

（二）建立个性化关系

关键优势："百问百答"服务有助于建立亲密的个性化关系，服务人员可以更好地理解和满足顾客的期望。

影响：个性化的服务能够让顾客感受到被重视，提高顾客的忠诚度，促使他们再次光顾。

（三）提升服务质量认知

关键优势：主动回答顾客提出的问题，有助于提升服务人员的专业素养和对菜品知识的了解。

影响：服务人员的专业形象会让顾客对整体服务产生信任感，提高品牌形象和口碑。

（四）引导顾客体验

关键优势：通过"百问百答"，服务人员可以向顾客介绍特色菜品、餐厅文化，引导顾客全面地体验餐厅。

影响：顾客更有可能尝试新的菜品或体验特色服务，从而增加消费频率和订单额。

（五）提高顾客满意度

关键优势：主动关注顾客需求，解答问题，确保顾客对餐厅的服务和菜品有全面的了解。

影响：顾客满意度的提升将使得顾客更愿意推荐餐厅，增加回头率，对口碑和品牌形象有积极影响。

（六）积极回应投诉和建议

关键优势："百问百答"的服务理念使得服务人员能够及时了解顾客的投诉和建议。

影响：及时回应和解决问题将带来积极的影响，防止负面信息传播，同时展示餐厅对顾客的关注。

（七）口碑传播和社交媒体效应

关键优势：顾客在社交媒体上分享良好的用餐体验，引发口碑传播效应。

影响：积极的社交媒体效应将吸引更多顾客关注，提高品牌曝光度，有助于吸引新顾客。

通过深入实践"百问百答"服务理念，餐厅能够与顾客建立更紧密的关系，提供更具个性化和深度的服务，从而在竞争激烈的餐饮市场中脱颖而出。这种服务理念不仅仅是顾客服务的手段，更是品牌塑造和经营策略的一部分。

【案例】

在一个独特的餐厅里，服务不仅仅是为了满足顾客的基本需求，更是一场与顾客深度互动的盛宴。让我们来看看餐厅服务人员是如何运用"百问百答"来满足顾客用餐需求的。

主动关切：

服务人员热情迎接顾客，微笑着询问："您好！今天有什么特别的口味或食材您比较喜欢吗？"这一问，就像是为顾客打开了一扇通向美食世界的大门。

个性化推荐：

服务人员巧妙地引导："我们这里有一道特色菜，它搭配了您喜欢的食材，您会喜欢的。另外，您对辣的口味有什么要求？我们可以根据您的口味调整一下。"通过主动的"百问百答"，服务人员为顾客量身定制了一份菜品。

解答疑虑：

顾客犹豫着："这道菜是什么味道？"服务人员笑着解释："这道菜是我们的招牌菜之一，口感鲜嫩，搭配特制的普汁，非常美味。如果您对食材有顾虑，我们可以为您调整，确保符合您的口味。"通过详细的解答，服务人员打消了顾客的疑虑。

特殊需求处理：

另一位顾客："我有乳糖不耐受，有没有适合我的甜点？"服务人员专业地回答："当然，我们有一些无乳制品的甜点，您可以尝试我们的××甜品，非常适合您。"通过主动的"百问百答"，服务人员满足了顾客的特殊需求，让他们感受到贴心的关怀。

餐后回访：

用餐结束后，服务人员询问："这顿饭您满意吗？我们有什么可以改进的地方吗？"通过主动的餐后回访，服务人员展示了餐厅对顾客的重视。

社交媒体分享：

顾客离开餐厅后，通过社交媒体分享："在这家餐厅，服务真的很贴心，每道菜都有服务人员详细解释，满足了我的口味，太喜欢了！"通过主动的"百问百答"服务，餐厅激发了顾客的主动分享，形成了良好的口碑。

【分析】

这样的服务场景，就像是一场美妙的对话，餐厅通过主动的"百问百答"，打破了传统服务的边界，创造了更为深刻的用餐体验。这种服务不仅是为了满足需求，更是为了创造一种个性化、贴心的用餐记忆，从而在竞争激烈的餐饮市场中脱颖而出。

二、意外情况应对

在服务过程中难免会发生一些意外情况，服务人员面临各种问题时快速、有效地处理，是服务人员专业素质的一种体现。

（一）菜品上错或质量不符合要求

（1）向顾客道歉，并立即撤下有问题的菜品。

（2）根据顾客要求重新制作或替换菜品。

（3）对于严重的质量问题，可以考虑赠送小吃或饮料以表达歉意。

（二）服务人员不小心弄脏顾客衣物

（1）向顾客道歉，并使用纸巾或湿巾帮助清理。

（2）如果无法清理干净，提供干洗或洗衣服务，并承担相关费用。

（3）向顾客提供一次性围裙或餐巾纸，以防止类似情况再次发生。

（三）顾客要求退菜或取消订单

（1）了解顾客退菜或取消订单的原因，并尽量满足其合理要求。

（2）如果菜品已上桌，可以与顾客协商打折或赠送其他菜品。

（3）如果顾客坚持退菜，确保及时撤走并退款。

（四）顾客投诉服务不周

（1）向顾客道歉，并虚心听取其投诉意见。

（2）立即采取措施改正错误，如更换服务人员、调整座位等。

（3）对于严重的服务问题，可以考虑赠送优惠券或礼品以表达歉意。

（五）顾客存在醉酒或无礼行为

（1）保持冷静和礼貌，尽量避免与顾客发生冲突。

（2）尝试与顾客沟通，了解其需求并提供帮助。

（3）如果情况严重，可以请求其他同事或管理人员的协助，以确保顾客和其他顾客的安全。

（六）顾客提出特殊要求

（1）尽量满足顾客的合理要求，如调整菜品口味、提供特殊餐具等。

（2）如果无法满足要求，向顾客解释原因并提供其他可行的解决方案。

（3）在服务过程中保持与顾客的沟通，确保满足其需求。

总之，在餐饮服务礼仪行业中，提供问题解决方法的关键在于积极倾听顾客需求、迅速采取行动、真诚道歉和提供补偿。通过不断提升服务质量和处理问题的能力，可以赢得顾客的信任和忠诚。

三、积极解决问题

使用积极解决问题法，为顾客提供愉悦的服务体验，使其感受到额外的关怀。下面我们将探讨如何通过优秀的服务礼仪来积极解决问题。

1.服务态度

餐饮服务人员应该始终保持热情、友善和尊重的态度，对每一位顾客都给予充分的关注和照顾。这种态度能够让顾客感受到被尊重和重视，从而提高他们的满意度。

2.有效沟通

服务人员应该具备良好的沟通能力，能够清晰地解答顾客的问题，满足他们的需求。在与顾客交流时，应该保持耐心，倾听他们的意见和建议，以便不断改进服务质量。

3.关注细节

从迎接顾客、引领座位、点餐服务、送餐上桌到结账送别，每一个环节都应该注重细节，让顾客感受到无微不至的关怀。例如，服务人员可以根据顾客的喜好和需求，为他们推荐合适的菜品或提供个性化的服务。

4.及时响应

当顾客需要帮助或提出问题时，服务人员应该迅速作出反应，解决问题并满足顾客的需求。这种高效的服务能够让顾客感受到专业和信赖，提升他们的整体体验。

5.团队协作

餐饮服务人员应该相互支持、密切配合，共同为顾客提供优质的服务。通过团队协作，可以确保服务流程的顺畅进行，提高服务效率和质量。

6.持续改进

餐饮企业应该定期收集顾客反馈和建议，分析服务中的不足和问题，并采取有效的措施进行改进。通过不断地优化服务流程和提升员工素质，可以为顾客提供更加优质的服务体验。

总之，创造积极的餐饮服务体验需要餐饮服务人员具备良好的服务态度，有效沟通、关注细节、及时响应和团队协作的能力。同时，企业也应该注重服务的持续改进，以满足顾客不断变化的需求和期望。只有这样，才能在激烈的市场竞争中脱颖而出，赢得顾客的青睐和信任。

四、附加元素

在解决问题的同时，考虑是否可以加入一些附加元素，如小礼物、特殊服务等，提升整体服务水平。

1.个性化服务

根据顾客的需求和喜好，提供个性化的推荐和建议。例如，了解顾客的饮食偏好，提供特殊的菜单选项，或者了解顾客是否有食物过敏，提供相应的替代菜单。

2.快捷预订和排队系统

为了减少顾客的等待时间，餐厅可以提供在线预订系统和排队叫号系统。顾客可以提前预订座位，不用再排队等候，节省时间。

3.专业的餐饮建议

服务人员应该精通菜单，能够给出专业的餐饮建议，帮助顾客更好地选择和搭配菜品。

4.桌面服务设施

除了提供基本的餐具、餐盘和餐巾纸，餐厅还可以在桌子上放置一些小物品，如口香糖、牙签、纸巾等，以方便顾客使用。

5.庆祝活动服务

餐厅可以提供特殊的庆祝服务，如生日派对、情侣约会或婚庆等，提供个性化的菜单、装饰和服务，为顾客创造难忘的回忆。

6.增值服务项目

如提供免费的擦鞋服务、针线包、应急药品等，以满足顾客的临时需求。

第三节　打造特色的至上服务

一、品牌特色化服务

在信息爆炸的时代，我们每天都被各种各样的品牌信息所包围，如果一个品牌没有自己的特色，就很难在消费者心中留下深刻的印象，怎样与消费者建立紧密的联系，使其对品牌产生强烈的认同感和忠诚度，在激烈的市场竞争中脱颖而出呢？可以通过以下方式进一步细致区分，以创造出更丰富、更个性化的用餐体验。

（一）菜单设计

定制化菜单：提供能够根据个人口味、饮食偏好或营养需求进行定制的菜单。例如，为素食者提供丰富多彩的素食菜单，或者为健身人士提供低卡路里选项。

季节性菜品：根据季节变化，推出特有的季节性菜品，突显食材的新鲜度，吸引顾客尝试新的口味。

（二）用餐环境

主题化布置：定期更换餐厅的主题装修，营造出不同的氛围。例如，春季可以是花园主题，冬季可以是温馨的火炉氛围。

艺术性摆设：在餐厅内摆放一些艺术性的装饰品，如画作、雕塑，为用餐环境增添独特的艺术氛围。

（三）庆生服务

庆生定制：提供个性化的庆生服务，例如定制生日蛋糕、主题蛋糕，以及在菜单中加入庆生特色菜品。

庆生活动：在顾客生日时，组织小型庆生活动，例如唱生日歌、赠送小礼品，增强顾客对品牌的情感链接。

（四）互动活动

厨艺互动：提供厨房开放日，让顾客近距离观看厨师的烹饪过程，甚至参与其中，体验特色美食的制作。

美食分享活动：定期举办美食分享会，邀请顾客分享他们在餐厅的用餐体验和最喜欢的菜品。

（五）互动设施

在餐桌上放置互动式设备，让顾客可以在用餐的同时参与小型互动游戏、观看独特的视频内容或选择背景音乐，从而提升整体用餐体验。

（六）市场营销

在市场营销活动中使用个性化的宣传物料，例如个性化海报、宣传册，突出品牌的独特之处，引起潜在顾客的兴趣。

通过以上细致区分，品牌能够更全面地满足顾客多样化的需求，使个性化服务贯穿于餐饮体验的方方面面，从而打造独一无二的品牌形象，吸引并留住更多的顾客。

二、特色服务创新

当深入思考品牌特色服务时，餐饮行业可以在以下方面进行更为细致的创新和提升。

1.顾客偏好的记录与利用

通过使用智能点餐系统或移动应用，记录顾客的点餐历史、喜好和反馈。餐厅可以运用大数据分析，更好地了解顾客的口味，提供更个性化的建议和服务。

2.互动性的虚拟菜品体验

借助增强现实（AR）或虚拟现实（VR）技术，为顾客提供互动性的虚拟菜品体验。例如，通过 AR 菜单，顾客可以在桌上看到菜品的 3D 投影，了解菜品的起源和制作过程。

3.个性化的主题活动

做好专属活动策划，不仅举办季节性的主题活动，还可以根据顾客的生活习惯、兴趣爱好，策划更个性化的活动。比如，举办迎接新年的特色晚宴，或者是以电影、音乐为主题的独特活动。

4.数字化的个性化服务推送

通过移动应用向顾客发送个性化的推送通知，提醒他们特别活动、新品推荐或个人专属优惠。这可以在用餐前、用餐时或离店后实现，提高顾客的参与度。

5.服务流程个性化设计

提供在线预订系统，让顾客可以提前选择自己喜欢的座位，如靠窗位置或私密用餐区域，以及是否需要特殊服务；服务人员主动了解顾客的口味偏好，并根据个人习惯进行推荐，如提供特殊口味的饮品或小吃。

6.个性化礼品和奖励计划

推出专属礼品，如个性化的餐具、定制的餐巾，作为会员奖励或特别促销活动的赠品；建立个性化的积分体系，根据顾客的消费历史、偏好和参与度，提供相应的奖励和特权。

通过以上方面的深入创新，餐饮品牌可以实现更加细致入微的个性化服务，为顾客创造更独特、个性化的用餐体验，进而提升品牌的竞争力和忠诚度。这种深度个性化服务能够使品牌在激烈竞争中脱颖而出，赢得更多的顾客。

三、面向特殊顾客的服务

特殊顾客是指有一些特殊需求、偏好或者面临特殊情况的顾客，例如儿童、老年人、残障人士以及过敏患者等。为这些特殊顾客提供用心服务，需要品牌在多个方面进行周到的考虑和创新。

（一）特殊人群的友好服务

1.儿童友好服务

（1）舒适座椅：提供安全舒适的儿童座椅，满足儿童就餐需求。

（2）儿童菜单和餐具：提供适合儿童口味的菜单，并使用具有儿童特色的餐具，如有趣的图案和颜色。

（3）儿童活动区：在餐厅设置儿童活动区，提供玩具、颜料、纸张等，让儿童在用餐过程中感到愉悦。

2.老年人友好服务

（1）舒适座椅和环境：提供符合老年人需求的舒适座椅和环境，如易于进出的座椅和充足的照明。

（2）易读菜单：提供大字体、清晰易读的菜单，以方便老年顾客点餐。

（3）专属优惠：推出适合老年人的特别优惠，吸引他们常来就餐。

3.残障人士友好服务

（1）无障碍设施：确保餐厅内设有无障碍通道、卫生间和无障碍座椅，以方便残障人士的进出。

（2）服务人员培训：对员工进行培训，使其能够友好地应对残障人士的需求，如提供辅助服务、帮助搬运餐具等。

4.过敏患者友好服务

（1）明确标注过敏原：在菜单中清晰标注过敏原，帮助过敏患者避免食物过敏。

（2）定制菜单选项：提供能够满足特殊食物需求的定制菜单，以确保过敏患者有多样化的选择。

（二）特殊人群的心理关怀服务

（1）温暖的问候和关怀：向特殊顾客传递温暖的问候和关怀，使他们感到被尊重和受到重视。

（2）主动提供帮助：对于有需要的特殊顾客，主动提供帮助，如搬运椅子、提供额外餐巾纸等。

（3）即时调整服务策略：如果特殊顾客在用餐中提出额外需求或遇到问题，餐厅应该能够迅速、灵活地调整服务策略，以解决问题并确保顾客满意。

通过以上服务举措，餐饮品牌可以为特殊顾客提供更贴心、个性化的服务，创造出更包容的用餐环境，让特殊顾客感受到品牌的平等、友好、用心关怀、尊重和礼遇。

好的服务来自用心与细心。创造"顾客至上"的服务，离不开"以客户为中心"的服务理念，"以人为本"的服务细节，提供惊喜服务更需要我们从系统、流程、细节、态度等每一个触点，不断打磨，不断精进，不断创新。

【思考与练习】

1.什么样的餐饮服务能让顾客持续消费？

2.个性化服务体现在哪些方面？

【回顾与总结】

1.好的服务理念需要根植于心，随时随地有服务意识。

2.体验顾客之所感，想顾客之所想。

3.用专业的服务打动人心，个性化定制服务成为趋势。

第二十四章
餐饮客服管理与投诉应对

【案例】

地点：××餐厅

场景：一位顾客满脸怒色地快步走到餐厅前台，大声说道："你们这是什么服务！我都在这儿等了快一个小时了，点的菜还没上！我还有急事呢，你们这不是耽误我时间吗？"

餐厅经理听到动静，急忙迎上前去，脸上堆满歉意。

经理："非常抱歉，先生，让您久等了。这是我们的失误，我马上了解一下具体情况。"经理迅速叫来负责这位顾客区域的服务人员，低声询问事情的经过。服务人员有些紧张地解释道，是厨房在准备一道复杂菜品时出了点小问题，导致后面的菜都被延误了。

经理回到顾客面前，深深地鞠了一躬。

经理："先生，实在不好意思，由于厨房的一点小意外，导致您的菜延误了这么久。我们会立刻为您优先处理，并且这一餐给您打八折，以表我们的歉意。另外，为了表达我们的诚意，再送您一份我们餐厅的特色甜品，您看可以吗？"

顾客的脸色稍微缓和了一些，但还是有些不满。

顾客："这还差不多。但你们以后可得注意，不能再让顾客等这么久。我今天是有重要的事情，被你们这一耽误，全乱套了。"

经理："您说得对，我们一定会加强管理，避免类似情况再次发生。您点的菜马上就会送过来，请您稍等。我会亲自盯着厨房，确保以最快的速度为您上菜。"

不一会儿，服务人员小心翼翼地端着菜陆续上桌。经理再次过来询问。

经理："先生，菜的口味还符合您的要求吗？如果有任何问题随时跟我们说，我们一定立刻解决。"

顾客尝了一口菜，微微点了点头："嗯，味道还不错。这次就算了，希望你们以后真的能改进。"

用餐完毕。

经理："先生，感谢您的理解和支持。希望您下次再来的时候能有更好的体验。如果您以后有任何特殊需求，可以提前跟我们说，我们一定尽全力满足您。"

顾客："行，这次处理得还可以，下次我会再考虑来这里。"

第一节　餐饮客服管理方式

餐饮服务业客服的管理思路应当围绕提升顾客满意度、提高服务质量和效率，以及促进顾客忠诚度等方面展开。以下是一些具体的思路和建议。

（一）顾客需求调研

制订详细的市场调研计划。包括采集数据的方式、样本选择、调查问卷设计等。

设计深度访谈的问题清单，以确保从受访者中获取更详细和深入的信息。

（二）个性化预订服务

确保预订系统与其他管理系统的顺利集成，例如：POS 系统、库存管理系统等。

预订团队培训，提供具体的培训模块，包括系统使用、沟通技巧、解决问题的方法等。

（三）定期顾客反馈

在店内、网站、App、社交媒体等多个渠道设置反馈通道，方便顾客反馈。

使用专业的反馈管理工具，建立系统化的反馈管理流程，确保每一条反馈都能得到妥善处理。

（四）建立顾客档案

优化点餐系统和服务流程，确保在不打扰顾客的情况下顺利收集信息。

利用智能系统，提前为服务人员提供顾客生日、纪念日等信息提醒，确保服务的个性化。

（五）特殊活动提前规划

编制详细的活动策划方案，包括活动主题、预期效果、实施步骤、责任分工等。

制作详细的资源整合清单，包括场地、人力、物资等，确保各项准备工作一一到位。

（六）服务预案制定

制定详尽的服务预案手册，明确不同场景下的服务流程、责任人、应急联系人等。

定期进行不同场景的演练，确保服务团队对于各种情况都能够熟练应对。

（七）员工培训

将员工培训划分为不同模块，包括技术培训、沟通技巧、服务心理学等。

提供实际场景的模拟培训，让员工在模拟中真实感受并学习如何处理各种服务场景。

（八）数据分析和预测

在 POS 系统和其他数据源中细化数据采集，确保能够获取各种关键信息。

设定定期报告和分析的时间表，确保数据分析的周期性进行，及时发现问题和机会。

第二节　顾客投诉应对

【案例】

星巴克

概述：星巴克以其注重顾客体验而闻名。星巴克曾经面临一些投诉和负面事件，其中一个著名的案例涉及一名顾客在咖啡中发现异物，引起了公众关注。

应对策略：星巴克迅速回应了事件，公开道歉，并表示将进行全面调查。与此同时，他们还采取了主动的措施，比如在社交媒体上与顾客进行直接对话，表达了歉意，并分享了改进的计划。

结果：这种公开、透明的回应赢得了一些顾客的理解，而且通过采取措施改进质量控制，星巴克成功挽回了声誉。

麦当劳

概述：麦当劳是全球最大的连锁快餐企业之一，曾经遇到过一些有关食品质量和服务的投诉，包括食品安全问题和服务效率。

应对策略：麦当劳一直在推动其食品质量和服务标准。他们通过定期的员工培训、质量控制程序和与供应商的合作来确保产品质量。此外，麦当劳还通过开设儿童友好餐厅和引入健康菜单选项等方式，满足了多元化的顾客需求。

结果：麦当劳的品牌一直保持着全球知名度，并且通过不断改进和适应市场变化，成功地维护了其在快餐行业的地位。

达美乐

概述：达美乐曾经因为产品质量和配送服务的问题受到了一些投诉。一次，一名员工在 YouTube 上传了一段关于食材准备的视频，引起了公众的关注。

应对策略：达美乐采取了果断的措施，迅速关闭相关视频，并在社交媒体上发布了一段公开道歉的视频。此外，他们承诺进行全面的产品和服务改进，并通过透明的沟通渠道与顾客保持联系。

结果：达美乐通过成功转变品牌形象，改进产品和服务，以及加强沟通，重塑了顾客对品牌的信任。

【分析】

服务行业都会不可避免地面临顾客投诉，这是否是一件令人"谈诉色变"的事情呢？以上例子，告诉了我们答案，当遇到顾客投诉时能够保持冷静、恰到好处地处理，就可以将顾客投诉转化为提升顾客满意度和忠诚度的机会，进而"转诉为惊"。

一、顾客投诉的价值

投诉背后蕴藏着什么？如何"变诉为惊"？投诉又会给企业带来什么价值？以此为契机帮助企业更好地提升、发展，就需要从业者能够透过顾客投诉表象发现其背后蕴含的价值。

1. 市场洞察与趋势分析

通过仔细分析顾客投诉，企业能够洞察市场中的潜在趋势。投诉往往反映了市场上的普遍问题或顾客的共同需求。通过深入挖掘这些共性问题，企业可以更准确地了解市场的动向，为未来制定战略提供有力支持。例如，如果多个顾客投诉同一问题，可能表明市场对某个方面的关注度较高，企业可以优先关注这个问题并提供解决方案。

2. 差异化定位与竞争优势

通过分析投诉，企业可以找到差异化定位的机会。某些投诉可能暗示了市场上产品或服务的共同痛点，而企业通过提供独特的解决方案，能够在市场上建立差异化竞争优势。对于投诉中涉及的问题，企业可以思考如何以创新的方式解决，从而在竞争中脱颖而出。

3. 消费者行为心理解读

顾客投诉中蕴含了消费者的情感和期望，通过深入理解这些情感，企业可以更好地理解消费者行为的心理动因。这种理解对于产品、服务、市场推广等方面的决策都至关重要。例如，一些投诉可能反映了顾客对品牌的情感关联，而企业可以通过强化这种情感链接来增强品牌忠诚度。

4. 市场定位调整与目标群体优化

通过仔细分析投诉，企业可以检讨自己的市场定位是否准确，是否符合目标群体的真实需求。有时，投诉可能意味着企业的目标群体并非最终受益者，或者市场定位不够精准。通过对投诉的深入分析，企业可以调整市场定位，优化目标群体，提高产品或服务的市场适应性。

5. 品牌情感链接

投诉处理过程中展现关怀和负责的态度，有助于在市场中建立更深层次的品牌情感链接。通过关心顾客的反馈并积极解决问题，企业可以赢得顾客的信任和认可，形成持久的品牌忠诚。这种情感链接能够在市场上树立品牌形象，吸引更多的潜在顾客。

6. 服务体验设计与提升

通过深度分析投诉，企业能够识别出服务体验中的痛点和不足之处。这种深层次的了解有助于企业进行有针对性的服务体验设计和提升。通过解决投诉中涉及的问题，企业可以优化服务流程、改进员工培训，并确保提供令顾客满意的服务体验。

7. 口碑营销与社交传播

积极解决顾客投诉不仅有助于防止负面口碑的传播，还有利于在市场上形成积极的口碑效应。顾客满意度的提升和品牌积极回应问题的形象，会成为口碑传播的有力助推器。社交媒体等平台上的正面反馈将促使更多人了解和信任企业，产生良好的社交传播效应。

8. 产品创新与市场引领

通过深入分析顾客投诉，企业能够发现产品或服务的创新机会。投诉往往暗示了市场上现有产品或服务的不足之处，通过解决这些问题，企业有机会推出更创新、更能满足市场需求的产品或服务，从而引领市场发展方向。

9. 顾客生命周期管理

分析顾客投诉可以帮助企业更全面地了解顾客在生命周期中的需求变化。不同阶段的投诉可能反映出不同的关切点，通过合理响应，企业可以制定更具针对性的顾客生命周期管理策略，提高顾客忠诚度，促使顾客长期维系。

10. 市场危机转机

将顾客投诉视为市场危机的转机，企业可以通过巧妙处理，改变负面事件的走势。在解决投诉的过程中展现出色的服务态度，能够转危为安，提升企业在市场上的危机处理能力，维护市场声誉，有助于稳固市场地位。

综上所述，客户投诉背后蕴含着丰富的价值，应将客户投诉视为宝贵的资源，不要单纯把投诉看成对企业的负面影响和工作中的威胁，更要看到它带来的机会，以此不断提升服务质量，增强客户满意度和忠诚度。

二、顾客投诉的服务要素

当处理顾客投诉时，采用温暖而细致的步骤去解决问题，需要在每个环节都付出关怀和用心。

（一）深度倾听

深度倾听是解决顾客投诉问题的基础。这不仅是对顾客问题表面的认知，更是对顾客情感和感受的理解。餐饮服务业在这一环节需要通过认真倾听、正确理解，准确分析顾客的投诉信息，确保对问题的本质有清晰的认识，这意味着关注投诉的语气、表达方式以及可能隐藏在言辞背后的真实需求。通过了解顾客的情感背景，企业可以更全面地洞察顾客的需求，为制订个性化解决方案打下坚实基础。

深度倾听还包括对顾客反馈的积极回应，及时而且具体。这不仅传达了企业对问题的认真态度，也为后续的解决过程打下积极的沟通基础。通过充分了解顾客的反馈，企业能够更准确地判断问题的严重性，并为个性化解决方案的制订提供更多信息。

（二）表达共情

在回应顾客时，建立情感联络是温暖而细致的关键步骤。使用一些温暖的词汇，如"我们深感抱歉""理解您的感受"等，以表达对顾客困扰的理解和共鸣。这样的语言不仅是礼貌用语，更是在情感上与顾客建立联系的方式。

情感链接的目的是使顾客感到他们的问题不是被漠视，而是引起了企业的深刻关注。通过共鸣，企业能够更好地理解顾客所经历的不便，从而更有针对性地提供解决方案。这也是建立信任关系的关键一步，让顾客感受到企业是理解他们的需求的。

（三）保持透明度

解释问题的原因及处理措施时要保持透明度，不仅需要揭示问题的表面原因，更要深入阐释问题发生的根本原因以及解决问题所采取的措施。透明度建立在真实和诚信的基础上，通过与顾客分享企业内部的问题诊断、处理过程，让顾客对事件有更深入的了解和理解。在处理过程中企业需要解释问题发生的原因、采取的措施。解释时语言简洁清晰，避免使用过于专业或难以理解的术语，确保顾客能够听明白。

1. 保持透明度的重要性

透明度意味着企业愿意公开其操作过程、食材来源、价格构成等信息，使顾客能够了解并信任所消费的产品和服务。它的重要性体现在以下几个方面：

（1）增强顾客信任：顾客更倾向于选择透明度高、信誉良好的企业。

（2）提高品牌声誉：透明度有助于树立企业的良好形象，提升品牌价值。

（3）促进企业持续改进：通过收集顾客的反馈和建议，企业可以不断改进和优化服务。

2. 实现透明度的方法

（1）公开信息：在餐厅内显著位置展示菜单、食材来源、制作过程等信息，让顾客了解所消费的产品和服务。

（2）提供详细信息：在菜单上标注菜品的营养成分、过敏原等信息，以满足顾客的特殊需求。

（3）建立沟通渠道：设置意见箱、在线评价系统等方式，收集顾客的反馈和建议，及时回应顾客关切。

【案例一】

某知名火锅品牌通过在其官方网站和门店内展示详细的食材来源和制作过程，赢得了顾客的信任。同时，该品牌还设立了食品安全监督热线，方便顾客举报食品安全问题。这一举措不仅提高了品牌的透明度，还增强了顾客对品牌的忠诚度。

【案例二】

一家倡导健康饮食的餐厅在其菜单上标注了每道菜品的热量、脂肪、蛋白质等营养成分，以及是否含有过敏原。这一举措不仅满足了健康饮食者的需求，也增加了其他顾客对餐厅的信任度。此外，该餐厅还定期举办顾客互动活动，收集顾客的反馈和建议，不断改进服务质量。

（四）主动提供解决方案

通过主动提供解决方案，企业向顾客展示了自己对问题的积极态度，以及致力于问题解决的决心。有时候问题的解决不仅是技术性的，还包含了满足顾客情感需求。因此，主动解决方案需要兼顾技术性和情感性两个方面。

（五）个性化补偿

个性化补偿的目的是表达真诚歉意，让顾客感受到被重视，并在一定程度上弥补他们的不满。个性化补偿可以是根据顾客的偏好定制的礼物，一张专属的优惠券，或者额外的服务。因此，这要求企业对顾客有足够的了解，了解他们的喜好和期望。这需要在平时与顾客的互动中积累信息，或者通过其他方式主动收集顾客的偏好。

（六）跟进关怀

跟进关怀可以是一个持续性的过程，通过电话、邮件或短信等方式定期收集反馈和沟通，了解顾客对解决方案的满意度。这种关怀不仅巩固了解决问题的效果，更为持续改进提供了宝贵的反馈信息。

三、应对紧急顾客投诉的策略

【案例】

Chipotle（墨西哥卷饼连锁品牌）

概述：2015 年，Chipotle 遭遇了一场影响深远的食源性疾病暴发危机。数百名顾客食物中毒，导致销售额急剧下降，品牌声誉受到严重损害。

应对策略：

关闭门店：Chipotle 迅速关闭所有门店，展开全面的调查，并与卫生部门合作，查明疾病暴发的原因。

透明公开：公开向顾客致以真诚的歉意，并在多个渠道上透明地公布了问题的详细情况，包括致病原因和应对措施。

供应链审查：对供应链进行全面审查和改进，加强食品安全措施，确保问题不再发生。

全员培训：对全体员工进行食品安全培训，提高员工对卫生标准的认识和执行力。

推出新营销活动：推出新的市场营销活动，强调食品安全、新鲜食材和透明度，以重新树立品牌形象。

结果：Chipotle 的积极应对危机的策略在一定程度上恢复了顾客信任。通过加强食品安全措施和改进品牌形象，Chipotle 逐渐走出危机，取得了一定程度的复苏。

肯德基

概述：在中国，肯德基曾经面临供应链问题，导致鸡肉质量问题，引发广泛关注和顾客不满。

应对策略：

公开致歉：肯德基迅速向顾客公开致歉，承认问题的存在，并表达对顾客的关心和歉意。

关闭门店：问题门店立即关闭，进行全面检查和整改，以防止不合格产品再次流入市场。

改进供应链：对供应链进行全面检查和升级，与供应商密切合作，提高产品质量和食品安全标准。

大规模品牌宣传：启动大规模品牌宣传活动，强调品牌一贯的高标准和对食品安全的承诺。

结果：通过公开的危机公关策略和改进措施，肯德基重新赢得了中国市场的信任。他们积极应对危机的态度，有助于重新建立品牌信誉。

通过以上案例我们看到，当遇到紧急投诉时，优秀的投诉处理能够快速减少投诉对企业造成的负面影响，还能助力避免客户流失、声誉受损等不利情况发生。那么，怎样有效应对紧急投诉呢？我们需要注意以下几点：

（一）紧急响应团队建设

明确分工与职责：在团队中明确各成员的角色和职责，确保团队协同合作。建议设置专门的在线协作平台，方便团队成员实时分享信息、协商解决方案。

制定应急手册：制定详细的应急操作手册，包括应急团队的通信流程、紧急状况的分类、联系方式等。手册需要随时更新，确保团队掌握最新的操作流程。

（二）紧急热线与即时通信

升级语音系统：在紧急热线上设置语音识别系统，使顾客能够通过语音方式快速描述问题。在即时通信中，使用自动回复系统，引导顾客选择问题类别，提高问题识别效率。

实时更新信息：为避免信息滞后，实时更新策略，确保所有平台上的信息都是最新的。及时更正错误信息，避免引起误导。

（三）即时培训

利用模拟软件或虚拟现实技术，进行虚拟紧急情况培训，提高团队成员在高压环境下的应对能力。

针对紧急情况的变化，随时更新培训内容，确保培训内容与实际情况紧密结合。

（四）信息公开

通过社交媒体、官方网站等渠道，提供具体而清晰的信息。发布信息时，综合考虑顾客的语言和文化背景，确保信息易于理解。

采用实时更新机制，不仅要及时发布信息，还要在有新的进展时迅速更新，保持透明度。

（五）持续跟进与满意度调查

不仅在解决问题后进行一次跟进，而且建立定期的跟进机制，以确保问题的解决是长期有效的。

制定定期的满意度调查计划，不仅询问顾客对解决方案的满意度，还收集顾客对整个投诉处理流程的评价。

（六）备份供应链与设施

与备用供应商建立战略伙伴关系，确保备用供应链的质量和可靠性。定期进行供应链风险评估，提前预防潜在的问题。

利用备用设施定期演练，以确保在紧急情况下能够迅速切换到备用设施，并维持正常运转。

（七）数据分析与改进

利用高级数据分析工具，深入挖掘数据背后的信息，找出问题的深层次原因，以制订更有针对性的改进计划。

设定固定的改进周期，通过不断学习和改进，提高应急措施的效率和灵活性。

（八）紧急补偿与关怀

针对不同的问题制订个性化的紧急补偿方案。例如，配送延误，可以提供免费或折扣的配送服务。

通过顾客数据库获取顾客偏好信息，提供个性化的关怀。例如，送上顾客喜欢的美食或提供特别定制的服务。

（九）员工心理健康支持

除了安排心理健康支持人员，建立员工支持群体，互相分享情感和经验，增强团队凝聚力。

长期实施员工心理健康培训计划，使员工能够更好地理解和应对紧急情况下的心理压力，提高抗压能力。

（十）社交媒体监测与应对

建立社交媒体监测系统，实时追踪和分析顾客在社交平台上的反馈。在发现负面信息时，能够迅速作出回应。

对于社交媒体上的投诉，不仅要公开回应，还要在适当情况下通过私信进行进一步沟通，解决问题，并表达真诚的歉意。

（十一）危机公关计划

制订全面的危机公关计划，包括事前预案、危机发生时的应对策略以及危机后的声誉修复计划。

与媒体建立紧密的联系，确保在危机发生时，能够及时发布准确的信息，防止虚假信息传播。

（十二）虚拟投诉处理平台

引入虚拟助手或智能客服系统处理一部分简单的投诉，从而提高投诉处理的效率。

设置系统自动反馈功能，对于已解决的投诉，向顾客发送满意度调查或感谢函，促进积极的用户体验。

（十三）跨部门协同

建立跨部门协同机制，确保在处理复杂投诉时，不同部门之间能够协同工作，共同解决问题。

设定定期的跨部门协商会议，分享信息、经验和最佳实践，以提高整体协同效率。

（十四）技术支持与创新

引入先进技术，如人工智能、大数据分析等，提高投诉处理的智能化水平。

定期进行技术创新，例如，引入新的应用程序、在线服务等，以满足顾客不断变化的需求。

（十五）跨渠道一体化体验

确保顾客在不同渠道（线上、线下）获得一致的服务体验，包括投诉处理流程和服务水平。

集成各个渠道的数据，建立统一的数据平台，以提高对顾客历史记录的全面了解。

（十六）品牌价值宣传

在危机期间，积极传递企业的核心价值观和品牌承诺，加强品牌形象的正面宣传。

通过成功解决投诉案例的故事，传递企业对顾客关怀的真实表达，增强品牌的人情味。

（十七）员工奖励与激励

设立员工奖励机制，对在紧急情况下表现出色的员工进行认可和奖励，提高团队的积极性。

建立员工表彰制度，例如员工月度表彰，让表现突出的员工成为榜样，激发团队成员的团结和进取精神。

（十八）合作伙伴关系

与相关行业的合作伙伴建立紧密的合作关系，共同应对影响整个供应链的紧急情况。

建立信息共享机制，确保在紧急情况下，能够及时获得合作伙伴的支持和协助。

（十九）环境责任

强调企业的社会责任感，通过环保活动、慈善捐赠等方式，向社会传递积极的企业形象。

确保企业的经营策略、行为与社会环境保护相协调，增加企业的可持续性。

（二十）法律合规

确保企业的投诉处理流程符合相关法律法规要求，防范潜在的法律风险。

在紧急情况下，及时寻求法律支持，确保企业在法律层面的合规性。

通过这些更为详尽和细致的内容，餐饮服务企业可以更全面地应对紧急情况，保障业务的稳定运营，提升顾客满意度，并在市场中树立更好的品牌形象。

四、应对意外顾客投诉的策略

意外顾客投诉是指客户因非预期或突发情况而产生的不满或投诉。应对意外顾客投诉，直接关乎顾客的满意度、品牌的形象以及长期的顾客关系。下面通过几个案例来说明这些策略是如何在实际操作中发挥作用的。

（一）迅速响应与团队协同

建立紧急响应团队，确保成员了解各自职责，通过在线协作平台实时分享信息，迅速形成协同合作。

【案例】

在一个繁忙的周末晚上，一家知名连锁餐厅的某分店突然收到了一位顾客的投诉。这位顾客在社交媒体上公开发文，称其在该餐厅的食物中发现了异物，并附上了相关照片。这条投诉迅速引起了公众的关注和讨论，对餐厅的声誉构成了威胁。

面对这一突发情况，餐厅迅速启动了应对机制。

（1）迅速响应：餐厅的管理层在发现投诉后，立即指派了一名顾客服务经理与这位顾客取得联系。顾客服务经理首先向顾客表达了诚挚的歉意，并承诺会尽快调查此事。同时，他向顾客询问了更多的细节，包括就餐的具体时间、位置以及发现异物的具体情况。为了表达诚意，餐厅还主动提出为顾客退款，并邀请其在问题得到解决后重新光临。

（2）团队协同：在内部，餐厅的管理层迅速召集食品安全、运营和公关等多个部门，组成了一个紧急应对小组。这个小组首先回顾了当日的食品安全检查记录，确认了食材的来源和加工过程没有问题。接着，他们调取了当日的监控录像，以了解顾客在就餐过程中的具体情况。通过仔细分析录像，他们发现异物很可能是在顾客就餐过程中不小心掉入的。

（3）确认事实后，餐厅的公关部门迅速起草了一份公开声明，向公众解释了事情的来龙去脉，并再次向受影响的顾客表示歉意。同时，他们强调了餐厅对食品安全的重视，以及将采取措施来避免类似事件的再次发生。这份声明在社交媒体上发布后，很快得到了大量的转发和评论，大部分人对餐厅的及时响应和积极态度表示了赞赏。

此次事件中，餐厅通过迅速响应与团队协同的方式成功化解了危机。这不仅挽回了顾客的信任，也提升了品牌的社会形象。更重要的是，他们从中汲取了教训，进一步完善了食品安全和顾客服务流程，为防止类似事件的再次发生奠定了坚实的基础。

（二）设置语音识别系统

在紧急热线中设置语音识别系统，通过即时通信使用自动回复系统，以提高问题识别效率，保障及时响应。

【案例】

某知名连锁餐厅的紧急热线中集成了语音识别系统。某天晚上，由于厨房设备突发故障，导致一道招牌菜的制作时间大大延长。顾客在等待过程中感到不满，于是拨打了餐厅的紧急热线进行投诉。

（1）语音识别系统的作用。当顾客拨通电话后，语音识别系统自动接听，并友好地提示顾客："您好，感谢您联系我们。为了更快速地解决您的问题，请说出您的投诉内容。"顾客于是说出他们等待菜品过久的不满。

（2）系统分析并分类投诉。语音识别系统通过自然语言处理技术，将顾客的投诉内容转化为文本，并分析其关键词和情感倾向。系统识别出这是一个关于等待时间过长的投诉，并将其归类为"服务效率"问题。

（3）自动回复系统介入。在识别出投诉内容后，自动回复系统立即启动，向顾客发送一条即时消息："非常抱歉让您等待过久，我们的厨房目前遇到了一些技术问题。为了弥补您的不便，我们将为您提供一份免费的甜点，并承诺在下次用餐时为您提供额外的折扣。同时，我们的服务人员将尽快为您上菜。"

（4）服务人员后续跟进。与此同时，餐厅的管理系统也自动将这一投诉通知给附近的餐厅管理人员。管理人员立即赶到现场，向顾客道歉，并解释当前的情况。他们还提供了一份致歉信和优惠券，以表示对顾客的歉意和感谢。

通过这种集成语音识别系统和自动回复系统，餐厅能够在第一时间内对顾客的投诉作出响应，即使在高峰时段或人员紧张的情况下也能保持高效沟通。这不仅能够缓解顾客的不满情绪，还能展示餐厅对顾客体验的重视，从而维护品牌形象和顾客忠诚度。

（三）实战培训与模拟技术

利用模拟软件和虚拟现实技术进行实战培训，提高团队在高压环境下的应对能力，并根据紧急情况的变化进行及时更新。

【案例】

一家知名连锁餐厅引入了一款名为"餐饮投诉 VR 模拟器"的虚拟现实软件，用于培训员工应对顾客投诉。这款软件可以模拟出餐厅中可能出现的各种投诉场景，如菜品质量问题、服务态度问题、环境卫生问题等。

（1）情景模拟。在培训过程中，员工需要戴上虚拟现实头盔，进入模拟的餐厅环境。他们可能会遇到一位因为菜品不符合口味而愤怒的顾客，或者是一位因为服务人员态度冷淡而感到不满的顾客。员工需要根据所学的应对技巧和方法，与虚拟顾客进行沟通，解决问题，直到顾客满意为止。

（2）反复练习。员工可以通过反复练习和模拟，逐渐熟悉并掌握应对各种投诉的技巧和方法，提高他们的应变能力和处理投诉的能力。同时，这种培训方式还可以增强员工的团队协作能力，因为在实际工作中，员工需要相互协作，共同应对投诉，解决问题。

（3）实战培训。除了虚拟现实软件外，还可以利用模拟软件来进行实战培训。这些软件可以模拟出餐厅的运营过程，包括点餐、制作菜品、送餐、结账等各个环节。员工可以在模拟软件中进行实际操作，学习如何高效地完成各项工作，并应对可能出现的各种问题。通过这种方式，员工可以更加深入地了解餐厅的运营过程，提高自己的工作能力和应对能力。

总之，利用模拟软件和虚拟现实技术进行实战培训是一种非常有效的应对意外顾客投诉的方法。通过模拟真实场景和反复练习，员工可以提高自己的应变能力和处理投诉的能力，增强团队协作能力，为餐厅的优质服务提供有力保障。

（四）信息公开与补偿方案

通过社交媒体、官方网站提供清晰信息，实时更新以保持透明度。对不同问题制定个性化的紧急补偿方案，例如，配送延误可提供免费或折扣服务。

【案例】

一家知名连锁餐厅"美味佳肴"近期收到了一些关于食物过敏问题的投诉。顾客反映菜单未能明确标注某些菜品包含的过敏成分，导致他们在用餐后出现了过敏反应。为了应对这一意外情况，餐厅采取了以下措施：

（1）社交媒体回应。首先，餐厅在其官方微博和微信平台上公开回应了这些投诉，向受影响的顾客表示歉意，并承诺会立即采取措施进行改进。其次，餐厅还发布了一篇详细的博客文章，解释了过敏标签的重要性，并承诺将在所有门店实施更严格的标签规定。最后，餐厅鼓励顾客在遇到类似问题时，通过社交媒体私信或留言，以便他们能够更快地了解并解决问题。

（2）更新官方网站。餐厅在官方网站上设置了一个专门的"过敏信息"页面，详细列出了所有菜品可能包含的过敏成分，并提供了清晰的标签供顾客参考；还包含了餐厅对过敏问题的承诺和改进措施，以及过敏顾客在餐厅用餐时的特殊注意事项。为了保持信息的实时性和准确性，餐厅安排专人负责更新这个页面，确保所有信息都是最新的。

（3）透明度提升。餐厅在店内显眼位置设置了过敏信息公告板，方便顾客随时查看。餐厅定期在社交媒体和官方网站上发布关于食品安全、过敏防控等方面的知识普及文章，提高顾客对过敏问题的认识。

通过这些措施，餐厅不仅有效地回应了顾客的投诉，还通过社交媒体和官方网站提供了清晰的信息并保持了透明度，增强了顾客对餐厅的信任和满意度。同时，这也为餐厅提供了一个改进的机会，使他们能够更好地满足顾客的需求，提升品牌形象。

（五）持续跟进与满意度调查

制订跟进计划，确保解决问题长期有效。制订定期的满意度调查计划，包括对整个投诉处理流程的评价。

【案例】

某知名连锁餐厅收到了一位顾客的投诉，称在用餐过程中发现食物中有异物。餐厅立即启动了投诉处理机制，并向顾客道歉，表示会尽快调查并解决问题。

接下来，餐厅按照制订的跟进计划采取了以下措施：

（1）调查原因。餐厅迅速联系了负责该批次食材的供应商，并要求其进行调查。同时，餐厅也检查了自身的厨房操作流程，以确定问题是否出现在餐厅内部。

（2）解决问题。经过调查，发现异物是供应商在食材加工过程中不慎混入的。餐厅立即与供应商沟通，要求其进行整改，并确保未来不会再出现类似问题。同时，餐厅也加强了对食材入库的检查流程，确保食材的质量安全。

（3）跟进与反馈。餐厅定期与供应商保持沟通，跟进整改情况，并要求供应商提供改进措施的报告。此外，餐厅还加强了对员工的培训，提高员工对食品安全和顾客服务的重视程度。

（4）预防措施。为了避免类似问题再次发生，餐厅制定了一系列预防措施，如加强食材验收标准、定期对厨房设备进行维护和清洁、加强员工食品安全培训等。

这个例子展示了制订跟进计划在应对意外顾客投诉中的重要性。通过制定详细的跟进计划，餐厅能够有条不紊地处理投诉，确保问题得到彻底解决，并采取预防措施防止问题再次发生。这有助于提高餐厅的服务质量和顾客满意度，为餐厅的长期发展奠定坚实基础。

（六）备份供应链与设施演练

与备用供应商建立伙伴关系，定期进行供应链风险评估。定期演练备用设施，确保在紧急情况下能够迅速切换并保持运营。

【案例】

有一家知名连锁餐厅，它一直以高质量食品和服务著称。为了确保其运营的稳定性和应对可能的供应链中断，该餐厅与两家主要的食品供应商建立了长期合作关系，同时还与一家备用供应商签订了协议。一天，由于一场突如其来的暴风雨，主要供应商的物流中心受损，无法正常为餐厅提供食品。这时，餐厅立即启动了应急计划。

（1）迅速联系备用供应商。迅速与备用供应商联系，并确认其有能力提供所需的食品。由于备用供应商之前已经与餐厅进行了多次沟通和协作，对餐厅的需求和规格非常了解，因此能够迅速调整生产计划，满足餐厅的紧急需求。

（2）定期进行供应链风险评估。餐厅还定期进行供应链风险评估，识别潜在的供应链风险，并制定相应的应对措施。在这次事件中，餐厅能够迅速响应，部分得益于之前的风险评估工作，使得餐厅对可能出现的供应链问题有所准备。

（3）利用备用设施定期演练。餐厅还利用备用设施定期演练，确保其在紧急情况下能够正常运行。在这次主要供应商出现问题时，餐厅的备用设施得以迅速启动，确保了餐厅的正常运营和服务质量。

综上所述，通过与备用供应商建立伙伴关系、定期进行供应链风险评估以及用备用设施定期演练，这家餐厅成功地应对了一次意外的顾客投诉，确保了服务的连续性和食品供应的稳定性。这不仅提高了顾客的满意度，也增强了餐厅的市场竞争力。

（七）高级数据分析与技术创新

利用高级数据分析工具深入挖掘问题原因，制订有针对性的改进计划。引入先进技术，如人工智能、大数据分析，提高投诉处理的智能化水平。

【案例】

一家知名连锁餐厅收到了来自一位顾客的投诉。这位顾客在用餐过程中遇到了食物过敏的问题，他点了一份声称不含过敏成分的菜品，但在食用后发现其中含有使他过敏的食材，导致他出现了严重的过敏反应。餐厅在收到投诉后，立即启动了应对顾客意外投诉的流程。

（1）查看点餐记录。餐厅使用了智能点餐系统来查看这位顾客的点餐记录，并与其过敏信息进行匹配，试图找出可能导致过敏的具体食材。通过智能点餐系统，餐厅发现该顾客在过去也曾多次在这家餐厅用餐，并且每次都会特别注明对某些食材过敏。

（2）监控录像分析。餐厅利用人工智能技术对厨房的监控录像进行了分析。通过人工智能技术，餐厅能够识别出菜品制作过程中的各个环节，包括食材的选取、加工、烹饪等。通过分析录像，餐厅发现，在制作这道菜品的过程中，厨师可能误将一种含有过敏成分的调料加入菜品中，导致了这次意外事件的发生。

（3）统计分析。为了进一步挖掘原因，餐厅还利用大数据分析工具对近期内发生的类似投诉进行了统计分析。通过大数据分析，餐厅发现，近段时间类似的投诉事件时有发生，而且大多数都涉及某些特定的食材和调料。这使得餐厅能够更全面地了解问题的根源，从而采取相应的措施来避免类似事件的再次发生。

基于以上分析，餐厅采取了以下措施来解决问题并改进服务质量：

对厨师进行重新培训和考核，确保他们能够准确地识别和避免使用可能导致过敏的食材和调料；加强了食材和调料的采购和储存管理，确保食材的新鲜度和安全性；在智能点餐系统中增加了更加详细的过敏提示功能，以便顾客在点餐时能够更准确地了解菜品中是否含有可能导致过敏的食材；建立了更加完善的顾客投诉处理机制，确保顾客在遇到问题时能够及时得到帮助和解决。

通过以上措施，餐厅成功地解决了这次意外顾客投诉事件，并提高了服务质量，增强了顾客的满意度和忠诚度。同时，餐厅通过利用先进技术、人工智能和大数据深入挖掘原因，找到了问题的根源，为今后的改进提供了有力的支持。

（八）员工心理健康支持与培训

建立员工支持群体，实施员工心理健康培训计划，提高抗压能力。长期进行员工心理健康培训，增强团队凝聚力。

【案例】

一家知名连锁餐厅收到了来自顾客的投诉。顾客在用餐过程中发现食物中有异物，对此感到非常不满并向餐厅提出了投诉。接到投诉后，餐厅迅速采取了以下措施：

（1）建立员工支持群体。餐厅设立了一个内部员工支持群体，由经验丰富的员工和管理层组成。当收到顾客投诉时，这个支持群体迅速介入，为处理投诉的员工提供必要的支持和指导。在这个案例中，支持群体成员为处理投诉的员工提供了情绪支持，帮助她保持冷静，并提供了解决投诉的具体建议。

（2）实施员工心理健康培训计划。餐厅定期进行员工心理健康培训，教授员工如何应对压力、管理情绪以及有效沟通。在这次投诉处理过程中，受过培训的员工能够更好地控制自己的情绪，以同理心去理解顾客的不满，并通过友善、专业的态度来缓解顾客的情绪。

（3）提高抗压能力。餐厅通过组织定期的团队建设活动、压力管理课程和个人成长工作坊，帮助员工提高抗压能力。在处理投诉时，具备较高抗压能力的员工能够迅速应对突发状况，保持冷静，并采取有效措施解决问题。在这个例子中，员工在面对投诉时表现出了高度的专业素养和应变能力，成功化解了顾客的不满情绪。

通过上述措施，餐厅成功地处理了顾客的投诉，不仅挽回了顾客的信任，还提升了整体的服务质量。这个例子展示了如何通过建立员工支持群体、实施员工心理健康培训计划以及提高抗压能力来有效应对餐饮服务行业中的顾客意外投诉。

（九）危机公关计划与品牌宣传

制订危机公关计划，包括事前预案和声誉修复计划。在危机期间传递企业核心价值观和品牌承诺，通过成功解决案例的故事传递企业对顾客关怀的真实表达。

【案例】

一家知名连锁餐厅突然收到了一则投诉，称一位顾客在用餐过程中发现食物中有异物，导致该顾客及其家人出现了严重的食物中毒症状。面对这一突如其来的危机，餐厅立即启动了危机公关与品牌宣传计划。

（1）发布致歉声明。餐厅迅速通过官方社交媒体平台以及公司网站发布了一份声明，对此次事件表示歉意，并承诺将尽快调查事件原因，采取一切必要措施确保类似事件不再发生。同时，餐厅还主动与受影响的顾客取得了联系，表达了关切之情，并表示将全额承担顾客的医疗费用和其他相关损失。

（2）成立调查小组。餐厅成立了专门的事件调查小组，对事件进行了全面、彻底的调查。通过调查发现，此次事件是供应商在食材处理过程中疏忽所致。于是，餐厅立即与该供应商解除了合作关系，并对所有供应商进行了重新审查，以确保食品安全。

（3）与媒体沟通。在事件处理过程中，餐厅积极与媒体沟通，提供事件的最新进展和相关信息。同时，餐厅还通过社交媒体平台发布了一系列关于食品安全和餐厅质量控制的文章，以增强公众对餐厅的信任度。

（4）弥补顾客损失。为了弥补受影响顾客的损失，餐厅推出了一系列优惠活动，例如为受影响的顾客提供免费的餐券、优惠券等。此外，餐厅还邀请了当地知名的食品安全专家举办讲座，向顾客普及食品安全知识，增强顾客的食品安全意识。

通过以上危机公关与品牌宣传计划的实施，这家餐厅成功地化解了危机，重新赢得了顾客的信任，维护了品牌形象。同时，这一事件也成为餐厅加强质量管理和食品安全控制的重要契机，推动了餐厅的整体提升和改进。

（十）员工奖励与激励

设立员工奖励机制，对在紧急情况下表现出色的员工进行认可和奖励。建立员工表彰制度，激发团队的积极性。

【案例】

某知名连锁餐厅收到了一位顾客的投诉，这位顾客在用餐时，由于服务人员疏忽，将一道他不喜欢的食物误送上了桌。尽管食物本身没有问题，但对于这位顾客来说，这是一次不愉快的体验。

餐厅管理层在了解到这一投诉后，迅速启动了紧急应对程序。

（1）向顾客诚挚道歉。他们首先向顾客表达了诚挚的歉意，并承诺会采取措施防止类似事件再次发生。同时，他们向当值服务人员指出了这次失误，并要求其反思并改进。

（2）设立员工奖励机制。为了鼓励员工在处理此类投诉时更加积极和有效，餐厅管理层决定实施员工奖励机制。他们设立了一个"顾客满意度杰出贡献奖"，以表彰那些在解决顾客投诉中表现出色的员工。在投诉处理中，因为当值服务人员迅速道歉、承认错误，并积极采取措施解决问题，餐厅管理层对他的表现给予了高度评价，并在全体员工会议上颁发了这一奖项。除了颁发奖项外，餐厅还给予这位服务人员其他形式的奖励，如提供额外的培训机会、晋升至更高职位的考虑，以及一笔象征性的奖金。这些奖励不仅是对他个人表现的认可，也是对其他员工的激励。

（十一）跨渠道一体化体验与合作伙伴关系

确保顾客在不同渠道获得一致服务体验，建立跨部门协同机制，共同解决问题。与相关行业的合作伙伴建立紧密合作关系，共同应对影响整个供应链的紧急情况。

【案例】

一家知名连锁餐厅收到了一位顾客的投诉。这位顾客在通过餐厅的官方微信公众号预订座位时，遇到了系统故障，导致无法成功预订。顾客因此感到不满，并在社交媒体上表达了对餐厅服务的不满。

面对这一投诉，餐厅采取了以下措施来确保顾客在不同渠道获得一致的服务体验：

（1）统一服务标准。餐厅首先检查了其官方网站、微信公众号、电话预订等不同预订渠道的服务流程和系统稳定性。确保所有渠道的服务标准一致，避免因系统或人为原因导致的不一致体验。

（2）及时响应。餐厅的顾客服务团队注意到了社交媒体上的投诉，立即通过私信联系顾客，表达歉意，并主动提出解决方案。这种及时的响应让顾客感受到餐厅对投诉的重视。

（3）建立跨部门协同机制。餐厅的顾客服务团队迅速与技术支持部门联系，了解系统故障的具体原因。同时，市场营销部门也介入其中，准备在社交媒体上发布关于此次事件的声明和解决方案，以展示餐厅对顾客体验的重视。

（4）共同解决问题。在跨部门协同机制下，技术支持部门迅速修复了系统故障，并对预订渠道进行了优化。顾客服务团队则与投诉的顾客保持沟通，告知其系统故障已修复，并为其提供额外的优惠券或礼品作为补偿。市场营销部门在社交媒体上发布了关于此次事件的声明，向公众致歉，并强调了餐厅对顾客体验的承诺。

通过这一系列措施，餐厅不仅解决了顾客的投诉，还展示了其对顾客体验的高度重视。这种一致的服务体验和跨部门协同机制有助于提升顾客满意度和忠诚度，维护餐厅的品牌形象。

（十二）环境责任与法律合规

强调企业的社会责任感，通过环保活动、慈善捐赠等方式，向社会传递积极的企业形象。确保企业的投诉处理流程符合相关法规和法律要求，及时寻求法律支持。

【案例】

"绿源美食"收到了来自一位顾客的投诉。这位顾客在享用晚餐后，发现食物中有异物，感到非常失望和不适。他通过餐厅的官方投诉渠道表达了自己的不满。

"绿源美食"的管理层在收到投诉后，迅速采取了以下步骤来解决问题并传递积极的企业形象：

（1）道歉和解决问题。餐厅通过电话向顾客道歉，并承诺全额退款，同时提供免费的餐券，邀请他再次光临餐厅以体验改进后的服务。

（2）环保活动推广。为了向顾客和社会展示餐厅对环保的承诺，餐厅决定举办一次"绿色用餐"活动。在这次活动中，餐厅鼓励顾客使用可循环利用的餐具，减少一次性塑料用品的使用。同时，餐厅还向顾客宣传垃圾分类和节约食物的重要性。

（3）慈善捐赠。为了化解这次意外给顾客带来的不满，餐厅决定以这位顾客的名义向一家当地的慈善机构捐赠一定金额的资金，用于支持社区的发展和改善弱势群体的生活条件。这一行动不仅展示了餐厅的社会责任感，还向顾客传递了餐厅对社区和公众的关心。

通过这一系列行动，"绿源美食"不仅成功地解决了顾客的投诉，还通过环保活动和慈善捐赠等方式向社会传递了积极的企业形象。这种处理方式不仅提升了餐厅的品牌形象，促进了业务稳定运营，还增强了顾客对餐厅的信任和忠诚度。

【思考与练习】

1. 进行不同类型顾客投诉的应对场景分析。

2. 如何巧妙使用社交媒体提升企业形象？

【回顾与总结】

1. 借助现代技术手段设置系统的培训计划。

2. 懂得顾客投诉的价值。

3. 拥有足够的危机意识和处理问题的能力。

附录
日式服务礼仪介绍

日语中"もてなす"一词是指招待、接待、款待，即为顾客提供基本的服务行为，强调的是动作。而"おもてなし"加了敬语"お"，强调的是本心，也就是从心出发的极致关怀，也可以称作"至上服务"。东京奥运会申办时的演讲也使用了这个词，现在它已经成为"日式服务礼仪"的代名词。实际上，我在访问各国时受到的"款待"，都是值得学习且不能忘记的经验。每个国家都有自己独特、优雅的"服务礼仪"标准，那么，为什么日式服务礼仪会在全球范围内受到高度评价和认可呢？

首先，我们通过强调细致入微的服务，确立高度标准化与流程化体系，确保客人得到一致且高品质的服务体验；其次，将"客户至上"的理念贯穿服务始终，通过满足客户"五感体验"，为其提供惊喜服务，让客户拥有宾至如归的亲切感和温馨感。此外，服务业员工通常要接受长期的专业培训，以确保他们拥有为顾客提供卓越服务的能力。这样的服务礼仪渗透在各个行业或场合，比如，酒店、餐饮、高级沙龙、医疗服务、富裕阶层的金融服务市场等。

那么，为了做到"对对方表里如一、诚心接待"，需要如何来进行培训呢？

第一，增强员工的服务意识。把"心的教育"作为培训的重要环节来实施。在培训现场"将服务礼仪付诸实践"的标语，展示给大家，并反复强调无私、真诚，珍惜顾客的必要性和重要性。

第二，提升服务细节意识。尽可能详细地共享当日需要迎接的客户信息，以便员工能事先了解自己能做的事，更好地付诸实践。总之，一方面对客户展现出"款待之心"，带给对方感动和喜悦；另一方面对于服务人员个人来说，其因怀着"款待之心"投入工作而能真实体会到工作的成就感和自豪感。

第三，强调"知行合一"的服务。怀着"款待之心"的同时，以对方看得见的方式用行动传达出来是非常重要的，也就是做到"内外兼修""知行合一"。为此，需要每日练习表情、举止、敬语及语言的表现能力、引路及洽谈咨询所需的知识储备等。在服务现场，"接待客户的基本姿势"也是培训中非常重要的一环。在日本不论是"购物""用餐""住宿""SPA/温泉""设施利用""观光指南"等场合中，工作人员接待客户的服务态度都会给人留下深刻印象。总之，用行动去表达你的"款待之心"是最直接、最实用的方式。

下面就来聊聊我们在服务礼仪中的具体行动吧！

在服务礼仪中我们强调触动客户"五感"体验（视觉、听觉、嗅觉、味觉、触觉）。那么，如何在工作中执行呢？在这里给大家介绍几种方法。

一、"Nagori"之手（可意译为："恋恋不舍"之手）

这是一种既能表现留恋之情，又能展现礼貌之意的服务款待应对方式。

举个例子：在递接资料（宣传册）或物品时，不应在递交给对方之后立即把手收回，而应慢慢地将手收回。此举体现出这个"请"字的内涵。这是日本特有的一种服务表现形式。操作中收手这个动作容易做得快速，但若有意识地放慢收手速度，此时，对方感受到的不仅仅是礼貌，还会有仔细与慎重之意。这个动作在被称为"日式服务礼仪的原点"——茶道中也被广泛应用，体现出鲜明的"日式款待"特色。

二、出迎礼仪服务

出迎这个瞬间是决定第一印象好坏的关键环节，如果出迎时留下坏印象，再试图让客人转变观念是很难的。无论客人是否提前预约，接待者都应保有客户随时到来的意识，以为最高级别的接待作出万全准备。下面介绍出迎的三个要点。

（一）出迎三步法

出迎三步法就是客人到来时，服务人员主动上前迎三步，传递出积极主动接待客人的含义，想要给客人留下美好的第一印象，就从这一刻开始吧。这里要注意有以下几个场景：

（1）服务人员站在开放空间，客人到来时主动向客人迎两三步。

（2）服务人员在柜面或服务台，要走到开放空间再出迎。

（3）服务人员在柜面或服务台不能出来时，身体前倾半步。

（二）称呼对方名字

（1）客人提前预约的话，称呼对方名字会提高对方存在感。

（2）若是当场知道对方名字，之后见面时就应该称呼对方名字。

（三）笑脸相迎

用温暖的笑容打招呼是日式服务礼仪的原点。

三、欢送礼仪服务

欢送就是给对方留下恋恋不舍的余韵，欢送到最后一刻给对方加深印象，在客户接待环节中，直到最后几秒都不能放松，所有的一切都凝缩在离别的瞬间。接下来介绍一下欢送的三个要点。

（1）欢送七步法：欢送时一边说感谢用语，一边向外送出七步。

（2）全员欢送：大家需要一起欢送，所有员工都要珍惜每一位客人，并进行至上服务接待。

（3）利用最后几秒抓住客户的心，最后欢送的环节若变得杂乱无章，之前的礼貌接待全都化为泡影。

出迎时有首印效应，欢送时有亲近效果，欢送并非结束，而是下次再来的开始，为了让客人还想再来，用心欢送吧！

四、洒水服务

这是源自日本"茶道"的一种观点。在炎热的日子迎接客人时，不仅可以通过"洒水"降温，使环境变得凉爽，还可以清扫灰尘、净化场所。另外，还代表着"已准备好迎接客人了，请进！"的服务内涵。全面清扫，提供漂亮、整洁的场所，营造一种令人舒心的场地环境，来迎接重要的客人，这也是"日式服务礼仪"的体现。

五、得体的寒暄用语

得体的寒暄语不仅是一种语言交流方式，更是日本文化和服务精神的体现。

（1）迎接时：我们所面对的顾客形形色色，想法各有不同，正因如此，迎合对方、并结合对方的现状进行寒暄是非常有必要的。如：在炎热酷暑中，仅对好不容易到店的客户说一句"欢迎光临"是不够的，若能添加一句"欢迎光临！感谢您在这酷暑日里光临本店！"抑或在一个雨天，服务人员添加一句"非常感谢您雨天还来店光顾"这样的寒暄语后，大家会感觉如何呢？是不是不仅让顾客感受到了关怀，还能创造与顾客进一步对话的契机？

（2）欢送时：在客人离店时，不要说一句"谢谢"就结束，需要再添加一句寒暄语，大大增加客户的满意度和好感度。如：经常被使用的"期待您的再次光临！"或"下月菜单会变，如果可以的话请一定来店光临哦！"作为最后关怀用语，也可以提示下"没有遗忘物品吗？"相互确认后愉悦地欢送客人。

无论是迎接还是欢送，只需加一句寒暄用语，便能通过"听觉"向对方传达出服务情感。可以说这也只有在现场的工作员工才会想到并展现出的"日式服务礼仪"特色。

中国，无论是在全球经济体量，还是在世界各地到访人数上，都位列世界前茅，这样的国家备受世界所关注。但也正因如此，人们在各方面就会显得更加挑剔。做得不好会被说得更差，做得好会被说是理所应当。

在"服务及礼仪"方面，如果给客人稍微留下一点点不好印象的话，恐怕客人对该国民风的印象也会随即变差，那对中国来说便是非常大的损失。因此，我来到中国当面对许多培训讲师做"服务礼仪的标准"培训时，内心就会升起一种强烈的使命感。希望今后能一边开展"服务礼仪"之"知行合一教育"的培训，一边推进"中国特色的服务礼仪"事业。我为能助力打造受世界高度评价的"中国特色服务礼仪"而深感自豪。

栗原道子

译者：徐立敏

作者介绍：栗原道子，日本服务行业标杆企业 Cresco Partners Inc. 创始人及董事成员之一，日本高级服务礼仪咨询培训师认证导师，日本庆应大学研究生部特聘礼仪讲师，日本早稻田大学特邀礼仪讲师。栗原老师曾经任职日本航空公司（JAL）国际线乘务员 10 年，拥有 28 年的培训讲师经验。